普通高等教育"十一五"国家级规划教材

数字经济高质量人才培养系列·大数据管理

商务智能

原理与方法

/ 第3版 /

陈国青　卫强　张瑾◎编著

电子工业出版社
Publishing House of Electronics Industry
北京·BEIJING

内 容 简 介

处在大数据时代发展的重要节点上，面对数字化生活的新需求、数字化转型的新格局及数字经济的新业态，商务智能正在扮演着越来越重要的角色。商务智能通过数据挖掘和机器学习技术从海量多模态数据中发现潜在、新颖和有用的知识，以支持管理与决策。它是内在技术的，同时也是面向管理决策问题的。

本书旨在把握前沿趋势，以基础篇、方法篇、专题篇三大板块的形式，为读者提供一个技术与管理的融合视角，介绍和阐释商务智能领域的主要知识内涵，包括面向管理决策的商务智能基本原理、主流方法、应用情境和发展前景，帮助读者理解如何通过商务智能进行大数据/人工智能分析和赋能，从而提升组织和个体的核心能力及其竞争优势。

本书既可以作为高等学校信息管理与信息系统、大数据管理与应用、电子商务、管理科学与工程以及工商管理、计算机应用等相关学科专业的高年级本科生和研究生的专业课教材，也可以作为财经类或其他工程类专业学生的专业课/选修课教材，还可以为社会各领域信息化培训和相关管理决策人员提供参考。

未经许可，不得以任何方式复制或抄袭本书之部分或全部内容。
版权所有，侵权必究。

图书在版编目（CIP）数据

商务智能原理与方法 / 陈国青，卫强，张瑾编著. —3 版. —北京：电子工业出版社，2023.4
ISBN 978-7-121-45388-5

Ⅰ．①商… Ⅱ．①陈… ②卫… ③张… Ⅲ．①电子商务－高等学校－教材 Ⅳ．①F713.36

中国国家版本馆 CIP 数据核字（2023）第 062479 号

责任编辑：章海涛　　　　　　　特约编辑：刘宪兰
印　　刷：三河市双峰印刷装订有限公司
装　　订：三河市双峰印刷装订有限公司
出版发行：电子工业出版社
　　　　　北京市海淀区万寿路 173 信箱　邮编：100036
开　　本：787×1092　1/16　　印张：23.75　　字数：600 千字
版　　次：2009 年 9 月第 1 版
　　　　　2023 年 4 月第 3 版
印　　次：2023 年 11 月第 2 次印刷
定　　价：78.00 元

凡所购买电子工业出版社图书有缺损问题，请向购买书店调换。若书店售缺，请与本社发行部联系，联系及邮购电话：(010) 88254888，88258888。

质量投诉请发邮件至 zlts@phei.com.cn，盗版侵权举报请发邮件至 dbqq@phei.com.cn。

本书咨询联系方式：192910558（QQ 群）。

前　言

不断动态涌现、交融渗透的技术革命与管理变革,给我国经济社会生活持续提供了难得的动力、多样性和探索空间,同时带来了知识的更迭、复杂性和诸多挑战。处在大数据时代发展的重要节点上,面对数字化生活的新需求、数字化转型的新格局,以及数字经济中的新业态,本书旨在把握前沿趋势,为读者提供一个技术与管理的融合视角,介绍和阐释商务智能领域的主要知识内涵,包括面向管理决策的商务智能基本原理、主流方法、应用情境和发展前景。

作为一个相对新兴的领域,商务智能(Business Intelligence,BI)在近些年来得到了飞速发展。首先,商务智能是不断拓新的理论、方法、技术发展的产物,是信息科学、管理学、决策科学等学科的交叉领域。其次,商务智能通过数据挖掘和机器学习技术从海量多模态数据中发现潜在、新颖和有用的知识,以支持组织的管理与决策。它是内在技术的,同时也是面向管理决策问题的。最后,商务智能包括一系列高级商务分析(Business Analytics,BA)方法,具有广阔的应用前景。特别值得一提的是,商务智能的应用既可以建立在组织中的全面信息化实施框架基础之上,也可以仅针对具体业务问题在局部业务单元和环节上展开。此外,在大数据环境中,内外数据融合成为商务分析的基本特征。也就是说,商务智能的视角也从传统的组织内部拓展到组织外部,并更具有社会化、移动化、智能化的特点。

由于商务智能已经形成了比较成熟的知识体系框架,而在知识内涵上又与信息技术革新和管理应用需求保持联动,所以从数字化演进的角度出发,商务智能具有鲜明的动态性和时代感。鉴于此,开展商务智能知识教育和人才培养是我国现代化建设乃至数字经济发展的需要,也是我国高校相关学科(如管理科学与工程、工商管理等)和相关专业(如信息管理与信息系统、大数据管理与应用、电子商务、计算金融、管理工程等)建设的重要内容。

本书仍然采用与前两版(《商务智能原理与方法》,电子工业出版社,2009年、2014年版)一致的主体构架,包括基础篇、方法篇、专题篇三大知识板块。整体上沿着商务智能应用、方法和发展的总脉络,试图较全面地涵盖商务智能领域的基础知识和主流内容,同时融入若干前沿成果以体现新兴特征与前瞻性,如机器学习、大数据、人工智能等方面的新内容。

基础篇着重介绍商务智能的概念和用途、应用领域和环境,以及对于组织管理决策的影响。其中更新了各章相关内容并注重体现大数据特征、用户生成内容(User Generated Content,UGC)、移动商务和社会商务应用等知识点,同时新增了企业知识发现、数据平台、新型商务智能系统等方面的内容。

方法篇详细讨论商务智能领域和业务管理决策中的重要机器学习和商务分析方法。其中更新了原有关联、分类、聚类、社会网络分析等主要知识形式和挖掘方法的相关内容，注重体现大数据、人工智能等知识点，同时新增了概率图模型、神经元网络、多模态数据表征等内容。

专题篇重点关注商务智能领域的若干课题。其中更新了关联分类、不确定性知识发现、推荐方法、商务智能的经济社会影响等相关内容，新增了信息提取与洞察（如"大数据—小数据"问题）、智能推荐（如多模态信息推荐、序列推荐、捆绑推荐）、人工智能赋能、数据治理等内容。

本书既可以作为高等学校信息管理与信息系统、大数据管理与应用、电子商务、管理科学与工程以及工商管理、计算机应用等相关学科专业的高年级本科生和研究生的专业课教材，也可以作为财经类或其他工程类专业学生的专业课/选修课教材。教学中可以单独或组合性地使用本书知识板块的内容。此外，本书内容可以为社会各领域信息化培训和相关管理决策人员提供参考。

本书内容反映了我们多年在教学实践和素材上的积累，也部分反映了我们相关研究团队的若干成果。我们衷心感谢清华大学经济管理学院（暨电子商务实验室、人工智能管理研究中心、中国零售研究中心）、清华大学现代管理研究中心、中国人民大学商学院对于相关研究和本书编写提供的工作条件，衷心感谢教育部人文社会科学重点研究基地项目的资助（17JJD630006）和国家自然科学基金项目的资助（72172070、72072177、71772177）。本书从第 1 版的立意、写作到完稿及之后的各版修编过程都得到了许多专家学者的关注和支持，包括国家信息化专家咨询委员会和信息化与信息社会丛书编委会的曲维枝主任、周宏仁副主任等及大连理工大学的王众托院士、哈尔滨工业大学的李一军教授等专家学者的意见和建议，对此我们深表谢意。除了本书编著者参与的研究工作以及负责本书各版的整体框架和知识模块设计、各章修编和统纂，感谢本书作者所在研究团队其他部分成员在相关领域的学术贡献以及本书各版编写团队的高水平工作。特别地，在本书第 3 版修订过程中，清华大学博士生金恩泽、田智航、王涵菲、庄园等参与了素材整理及部分初编工作，做出了辛勤努力和出色贡献。同时，我们由衷感谢电子工业出版社及刘宪兰编辑在本书策划、协调、修编和出版发行中所做的大量杰出工作。

由于时间和水平有限，本书难免存在不足之处，恳请广大读者批评指正。

陈国青　卫强　张瑾

2022 年 8 月于北京

目 录

基 础 篇

第 1 章 引言 · 003
- 1.1 商务智能简介 · 004
- 1.2 商务智能与信息社会 · 007
  - 1.2.1 信息技术提升信息社会发展水平 · 007
  - 1.2.2 商务智能是信息社会的产物 · 010
  - 1.2.3 商务智能是信息社会繁荣的推动力 · 011
- 1.3 商务智能与企业管理 · 013
  - 1.3.1 商务智能在企业管理中的作用 · 013
  - 1.3.2 商务智能协助企业管理的方式 · 014
  - 1.3.3 商务智能的商业价值 · 015
- 1.4 商务智能的方法 · 016
- 1.5 商务智能的数据 · 019
- 小结 · 020
- 思考与练习 · 021

第 2 章 商务智能应用 · 022
- 2.1 制造领域应用 · 023
- 2.2 金融领域应用 · 026
- 2.3 通信领域应用 · 029
- 2.4 生物和医药领域应用 · 031
- 2.5 零售和营销领域应用 · 033
- 2.6 移动商务应用 · 036
- 2.7 社会化商务应用 · 037
- 小结 · 039
- 思考与练习 · 040

第 3 章 商务智能过程 · 041
- 3.1 数据库与事务处理 · 043
  - 3.1.1 数据库与数据库管理系统 · 043
  - 3.1.2 在线事务处理 · 044
- 3.2 数据仓库与在线分析处理 · 045
  - 3.2.1 从事务处理到分析处理 · 045
  - 3.2.2 数据仓库 · 047

3.3 企业知识发现···050
    3.3.1 OLAP 与知识发现·····································051
    3.3.2 企业内部知识发现·····································052
    3.3.3 企业外部知识发现·····································052
小结···054
思考与练习···054

第 4 章 数据平台···055

4.1 数据处理技术演进···056
4.2 数据仓库过程与体系结构······································058
4.3 数据集成、提取与转换··060
    4.3.1 数据提取··060
    4.3.2 数据转换··062
    4.3.3 数据加载··063
    4.3.4 ETL 设计与开发··063
4.4 数据仓库开发、管理与安全···································064
    4.4.1 数据仓库开发模式·····································064
    4.4.2 数据仓库设计··066
    4.4.3 数据仓库的逻辑数据模型······························068
    4.4.4 元数据··070
    4.4.5 数据仓库的安全··072
4.5 分布式数据平台···074
    4.5.1 分布式数据平台概念···································074
    4.5.2 分布式数据平台与功能组件····························075
4.6 云数据平台··078
    4.6.1 云数据平台概念··078
    4.6.2 云数据平台与商务智能·································079
小结···081
思考与练习···081

第 5 章 构建商务智能环境·······································083

5.1 商务智能环境··084
    5.1.1 确定数据可用的能力···································084
    5.1.2 数据挖掘的能力··085
    5.1.3 用户与系统交互的能力································085
5.2 商务智能组织··086
    5.2.1 外包商务智能··088
    5.2.2 内给商务智能··089
    5.2.3 商务智能组织成员·····································090
5.3 商务智能系统··090

  5.3.1 商务智能基础设施 ·· 090
  5.3.2 商务智能系统软件 ·· 091
  5.3.3 商务智能系统产品 ·· 094
小结 ··· 096
思考与练习 ··· 096

方 法 篇

第6章 数据预处理 ··· 099
6.1 数据预处理简介 ·· 100
  6.1.1 数据预处理的原因 ·· 100
  6.1.2 数据预处理的目的 ·· 102
  6.1.3 数据预处理的方法 ·· 102
6.2 数据清洗 ··· 103
  6.2.1 缺失数据处理 ·· 103
  6.2.2 噪声数据处理 ·· 105
6.3 数据集成、规范与归纳 ··· 107
  6.3.1 数据集成处理 ·· 107
  6.3.2 数据规范化处理 ··· 108
  6.3.3 数据归纳处理 ·· 110
6.4 数据消减 ··· 115
  6.4.1 数据冗余清除 ·· 115
  6.4.2 数据采样 ·· 116
  6.4.3 数据立方合计 ·· 117
  6.4.4 数据属性选取与生成 ·· 118
  6.4.5 数据压缩 ·· 120
  6.4.6 数据离散化与概念分层 ··· 121
小结 ··· 124
思考与练习 ··· 125

第7章 关联规则 ·· 126
7.1 关联规则简介 ··· 127
7.2 关联规则挖掘方法 ··· 130
7.3 关联规则兴趣性 ·· 133
7.4 关联规则知识形式扩展 ··· 136
  7.4.1 广义关联规则 ·· 136
  7.4.2 数量关联规则 ·· 138
  7.4.3 时态关联规则 ·· 139
7.5 简单关联规则 ··· 140
小结 ··· 143
思考与练习 ··· 144

第 8 章 分类分析 ... 145

8.1 分类分析简介 ... 146
8.2 决策树分类 ... 147
8.2.1 决策树构建 ... 148
8.2.2 决策树剪枝 ... 151
8.3 贝叶斯分类 ... 153
8.3.1 贝叶斯定理 ... 153
8.3.2 简单贝叶斯分类器 ... 153
8.3.3 贝叶斯信念网络 ... 155
8.4 其他分类方法 ... 157
8.4.1 神经元网络分类 ... 157
8.4.2 支持向量机分类 ... 157
8.4.3 懒惰型分类器 ... 158
8.5 分类准确率 ... 159
8.5.1 分类准确率比较与评估 ... 159
8.5.2 提高分类器的准确率 ... 164
小结 ... 165
思考与练习 ... 165

第 9 章 聚类分析 ... 167

9.1 聚类分析简介 ... 168
9.2 相似度与距离测度 ... 169
9.3 聚类分析方法 ... 172
9.3.1 划分方法 ... 172
9.3.2 层次方法 ... 173
9.3.3 基于密度的方法 ... 175
9.3.4 基于网格的方法 ... 175
9.3.5 基于模型的方法 ... 176
9.4 k-means 方法 ... 176
9.5 DBSCAN 方法 ... 179
小结 ... 184
思考与练习 ... 185

第 10 章 社会网络分析 ... 186

10.1 社会网络的中心性 ... 187
10.1.1 度中心性 ... 188
10.1.2 贴近中心性 ... 188
10.1.3 中介中心性 ... 189
10.2 社会网络的权威 ... 190
10.2.1 度权威 ... 190

		10.2.2　邻近权威	191
		10.2.3　等级权威	192
	10.3	引用社会网络	192
		10.3.1　同引分析	192
		10.3.2　引文耦合	193
	10.4	社会网络的链接分析	193
		10.4.1　PageRank 算法	194
		10.4.2　HITS 算法	196
	10.5	社会网络中的社区	198
	小结		199
	思考与练习		200

第 11 章　概率图模型　201

- 11.1　概率图模型简介　202
- 11.2　朴素贝叶斯模型　203
- 11.3　隐马尔可夫模型　205
  - 11.3.1　马尔可夫过程　205
  - 11.3.2　隐马尔可夫建模与处理　206
- 11.4　高斯混合模型　209
- 11.5　LDA 模型　211
- 小结　214
- 思考与练习　215

第 12 章　神经元网络　216

- 12.1　神经元网络简介　217
- 12.2　前馈神经元网络　218
  - 12.2.1　神经元　218
  - 12.2.2　激活函数　218
  - 12.2.3　前馈神经元网络　220
- 12.3　卷积神经元网络　222
  - 12.3.1　卷积层　222
  - 12.3.2　汇聚层　224
  - 12.3.3　卷积神经元网络结构　225
  - 12.3.4　典型卷积神经元网络　225
- 12.4　循环神经元网络　226
  - 12.4.1　循环神经元网络基础结构　227
  - 12.4.2　长/短期记忆网络　228
  - 12.4.3　门控循环单元网络　230
- 12.5　注意力机制　231
  - 12.5.1　多头注意力模型　232

　　　　12.5.2　自注意力模型 232
　　小结 234
　　思考与练习 234

第 13 章　多模态数据表征 236
　13.1　文本表征 237
　　　13.1.1　词袋模型 237
　　　13.1.2　Word2vec 模型 239
　　　13.1.3　Doc2vec 模型 240
　　　13.1.4　主题模型 241
　13.2　图像表征 243
　13.3　音频表征 244
　13.4　视频表征 247
　　小结 248
　　思考与练习 248

专　题　篇

第 14 章　信息提取与洞察 251
　14.1　"大数据—小数据"问题概述 252
　14.2　代表性信息提取 254
　　　14.2.1　代表性评估测度 254
　　　14.2.2　代表性信息提取方法 255
　14.3　一致性信息提取 257
　　　14.3.1　一致性评估测度 258
　　　14.3.2　一致性信息提取方法 259
　14.4　多样性信息提取 260
　　　14.4.1　多样性评估测度 261
　　　14.4.2　多样性信息提取方法 262
　　小结 263
　　思考与练习 264

第 15 章　关联分类 265
　15.1　生成分类关联规则 266
　15.2　分类关联规则剪枝 269
　　　15.2.1　后剪枝方式 269
　　　15.2.2　先剪枝方式 272
　15.3　构建分类器 275
　　　15.3.1　单一规则分类器 275
　　　15.3.2　多规则分类器 277
　15.4　混合型关联分类 278

15.5 GARC 方法解析 ··· 278
    15.5.1 GARC 思路与算法框架 ··· 279
    15.5.2 数据实验与方法比较 ··· 282
小结 ··· 285
思考与练习 ··· 286

第 16 章 不确定性知识发现 ··· 288

16.1 不确定性信息表达 ··· 289
16.2 分区中的边界问题 ··· 296
16.3 数据间的部分隶属性 ··· 300
16.4 不完整数据依赖 ··· 303
小结 ··· 307
思考与练习 ··· 307

第 17 章 智能推荐 ··· 309

17.1 信息推荐方法 ··· 310
    17.1.1 推荐系统概述 ··· 310
    17.1.2 协同过滤推荐方法 ··· 312
    17.1.3 推荐系统评测指标 ··· 314
    17.1.4 消费者信息搜索过程中的推荐 ··· 316
17.2 多模态信息推荐 ··· 319
    17.2.1 多模态信息表征 ··· 320
    17.2.2 多视图信息整合 ··· 322
    17.2.3 商品推荐场景 ··· 322
17.3 序列推荐 ··· 323
17.4 捆绑推荐 ··· 325
小结 ··· 328
思考与练习 ··· 328

第 18 章 商务智能的经济社会影响与发展 ··· 329

18.1 商务智能与管理决策 ··· 330
18.2 商务智能的发展趋势 ··· 332
    18.2.1 移动商务智能 ··· 332
    18.2.2 人工智能赋能 ··· 333
    18.2.3 数据安全与隐私保护 ··· 334
    18.2.4 数据治理 ··· 336
小结 ··· 337
思考与练习 ··· 338

参考文献 ··· 339
索引词检索目录 ··· 362

基础篇

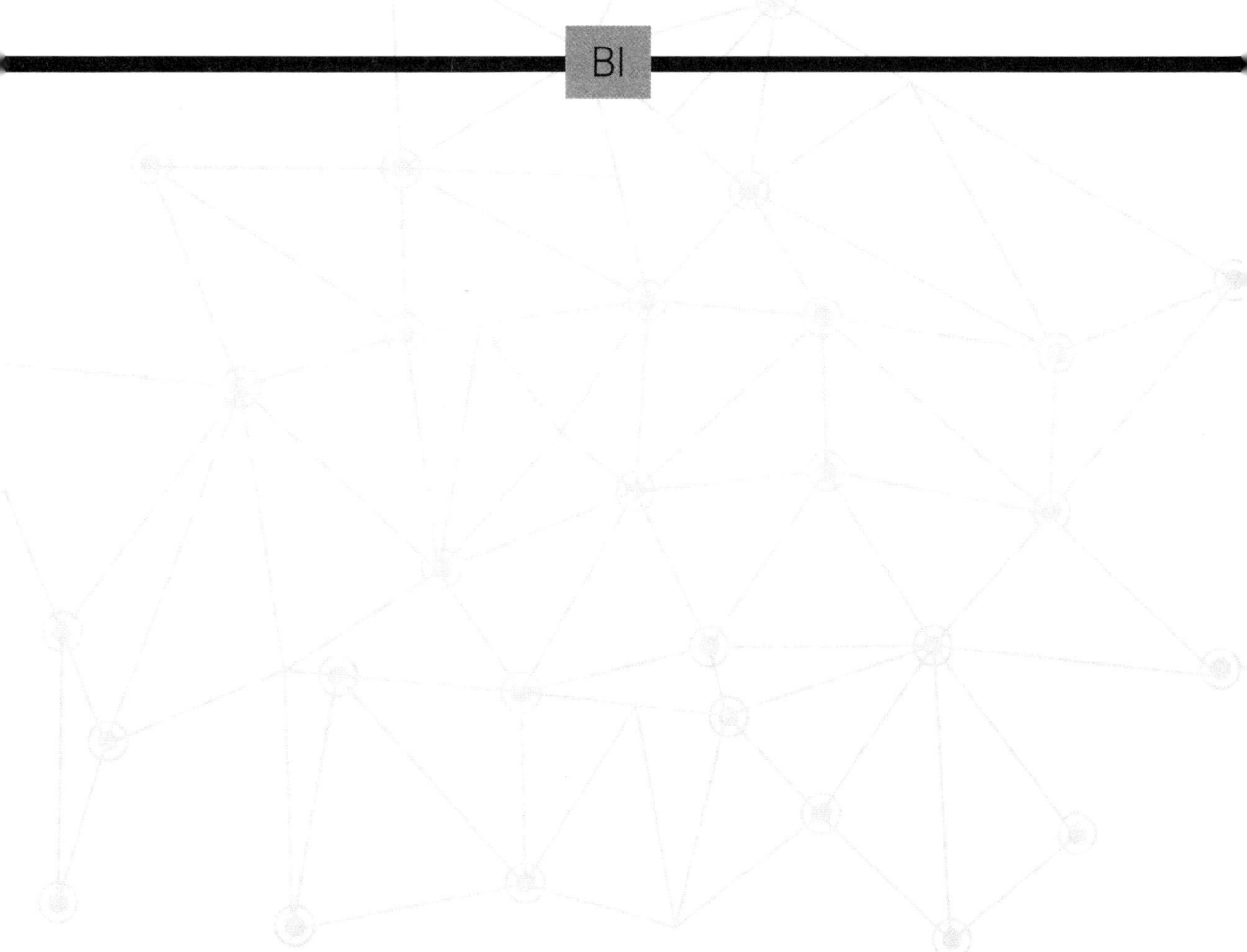

BI

第 1 章

引 言

BI

　　回眸漫漫的历史长河，人类习惯用最具代表性的生产工具来描述文明划过的轨迹：从石器时代到青铜器时代，再到铁器时代和蒸汽时代。用这种思维模式来看待过去的一百年，我们会说，人类已从电气时代步入了信息时代。世界上第一台电子计算机 ENIAC 的神奇并未因第二次世界大战炮声的远去而消退。没有硝烟的商业战场为信息通信技术的蓬勃发展和广泛应用提供了靓丽的舞台；Apple 计算机的出现、Microsoft 软件的盛行、Google 搜索的普及、智能手机的风靡、淘宝平台的繁荣、微信的流行等，不仅彻底改变了商务活动的形式与内容，更潜移默化地影响着人类日常生活中更广阔的领域。信息量、信息传播速度几何级数般的增长也对信息处理能力及应用手段不断提出新的需求。当获取信息越发容易时，有效分析数据并支撑管理决策的能力逐渐成为企业逐鹿商场的核心竞争力，使之成为"智慧"的企业。这就是本书将讨论的商务智能。

本章学习重点
- 商务智能与信息社会
- 商务智能与企业管理
- 商务智能与数据科学
- 商务智能与新技术融合

随着现代信息技术（Information Technology，IT）的飞速发展，计算机系统、互联网（Internet）和移动终端（如智能手机、平板电脑等）的广泛应用使得社会活动、组织运作和个人生活日趋数字化。一方面，作为日常经济活动的主体，企业收集和存储了大量数据，如市场情况、客户资料、订单、库存状态、生产过程、交易账目、通信记录等。这些数据反映了企业内部机制和运作管理状态的重要内容，称为企业内部数据。另一方面，企业的运作管理受到企业外部活动的影响，而且这种影响在社会化媒体和用户广泛参与的背景下日趋强烈，如评论、口碑、流言、商誉和舆情等，构成了企业外部数据。只有对这些企业内/外部数据进行充分、及时的分析和利用，才能增进对企业业务、用户行为、发展潜力、社会形象的理解，提高管理决策水平，有助于发现新的市场机会和创新模式，赢得可持续的生存和竞争优势。这种对海量数据进行分析和利用的迫切需求促成了商务智能（Business Intelligence，BI）的产生，并且成为三十多年来学界和业界研究和应用的热门课题之一。纵观信息技术创新和应用的发展趋势，结合信息化进程的移动性、虚拟性、个性化、社会性、极端数据等主流特征，以及的物联网、云计算、大数据、人工智能为标志的新兴计算范式变革，商务智能的研究和应用将具有更加广阔的前景，并将在企业决策和高质量发展中发挥更加重要的作用。

1.1　商务智能简介

在经济管理活动中，数据代表着对现实世界及业务活动的事实性记录，信息可以被理解为以数据的形式存在的、对现实世界语义的反映，知识代表着被组织起来用于解决问题的信息，智能则意味着利用知识以获取效益的能力。图 1-1 显示了从数据到智能的层次性联系。

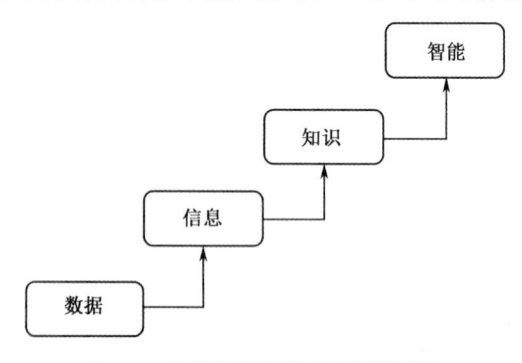

图 1-1　从数据到智能的层次性联系

企业中存储、流动、转换、展示的内部数据以及与运作管理相关的外部数据构成了企业的信息资源。对数据的有效管理与利用是信息资源管理的基础性任务[1]。随着信息技术创新和应用的发展及数字化进程的不断深入，信息资源日益成为企业的战略性资源。对信息资源的开发与利用已经成为企业在竞争中生存并获取优势的必要途径[2]。

信息资源的开发与利用包含两层含义：首先，数据只有得到有效的获取、管理和组织，才能通过系统化的应用服务于企业和组织的管理和决策；其次，对信息资源的利用存在着一个由浅入深、由单一到综合的提升过程[1]。如图 1-2 所示，从企业对信息应用的角度，也就是根据企业对于得到的数字化信息进行利用以支持决策的程度，信息系统可以分为在线事务处理（OnLine Transaction Processing，OLTP）、在线分析处理（OnLine Analytical Processing，OLAP）和知识发现（Knowledge Discovery in Databases，KDD）三个层次。

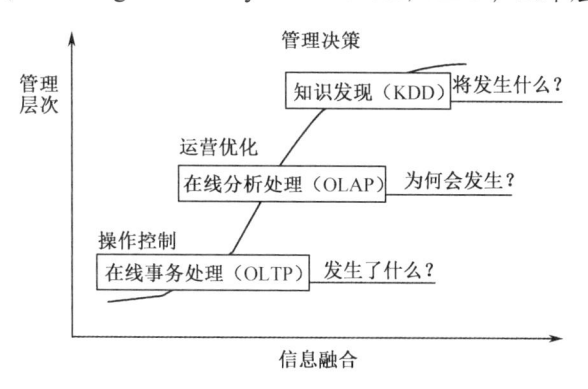

图 1-2　信息融合与管理支持层次

事务处理指的是围绕企业的基本业务和生产过程的自动化，对数据和信息进行加工和处理。在管理中，它主要回答"发生了什么"的问题。分析处理指的是围绕企业的分析和控制功能，对数据和信息进行回溯、分维、切片和 what-if 分析，从而回答"为何会发生"的问题。知识发现则是围绕企业的经营策略和竞争优势，对数据和信息进行挖掘和整理以求获得支持决策的知识，进而回答"将发生什么"的问题。

这三个层次逐级提升，是围绕着对信息资源的开发、管理和利用展开的。事务处理层要求实现数据的电子化采集、交换和处理；分析处理层要求对数据进行多维度的综合整理；知识发现层要求对数据进行深入的、智能化的挖掘分析，以寻找潜在的新颖知识。换句话说，知识发现是信息资源利用从数据和信息层次上升到知识和智能层次的关键纽带。当代信息技术具有的强大的计算能力，使得人们能够对数据进行多层次和多角度的处理，以获取新颖的、具有潜在有用性的知识。由于这些知识是事先未知的，也难以通过已有的规则或模式推断得到，因此，如果它反映了业务运作中潜在的某种规律性并被及时利用和把握，将对企业竞争优势的获取产生不容忽视的作用[3]。

上述信息资源利用的三个层次在很大程度上代表着现代企业竞争力水平的三个台阶。当信息技术与信息系统应用推动着企业的信息融合水平从基本的事务处理发展到智能化分析的层次时，企业的管理者才能真正站在信息资源的瞭望塔上获得全局性视野，全面性的企业绩效管理和竞争决策才成为可能。正如耶鲁大学伊恩·艾尔斯（Ian Ayres）所说："在当今时代，顶尖级别的组织机构每天都在以闪电般的速度分析大量的数据，以获取对人类行为的深层认知……这种新一代的决策者正在成为当今社会的掌舵者。"[4]

当前，企业数字化的发展呈现出集成化和智能化两大趋势。在集成化方面，从传统的物料需求计划系统（Material Requirement Planning，MRP）、制造资源计划系统（Manufacturing Resources Planning，MRP II）中发展出企业资源计划系统（Enterprise Resource Planning，ERP），将采购、生产、销售、财务和人力资源等信息系统基本功能连为一体，形成了整个组织范围内的集成化信息系统。同时，电子数据交换技术和电子商务的发展不断推动着企业间信息系统的集成，其典型代表包括供应链管理系统、客户关系管理系统及电子商务交易平台系统等。而智能化方向的发展使得信息系统应用在全面集成的同时，逐步将其支撑力融合在企业的核心竞争目标绩效的提升上。因此，商务智能可以视为企业信息化达到一定高度的产物。

在这样的背景下，企业信息系统市场与商务智能市场出现了大规模的整合趋势。全球三大商务智能厂商 Business Objects、Cognos 和 Hyperion 分别被 SAP、IBM 和 Oracle 公司收购，也从侧面反映出在企业集成化信息系统的基础上，融合具有绩效管理和决策支持能力的商务智能应用正在成为提升企业竞争力水平的一个新的突破点。

商务智能是一个涉及信息科学、管理学、决策科学、数据科学等多学科知识的交叉领域，又具有很强的与应用背景密切融合的特征，人们往往从理论与实践、方法与技术等不同的角度对"商务智能"概念给出不同的解读。

1989 年，Gartner Group 的 Howard Dresner 在提出"商务智能"时认为，它是通过应用基于事实的支持系统进行商业决策支持的一系列概念和方法[5]。IBM 公司认为，商务智能是基于数据仓库、数据挖掘和决策支持中的先进技术等，收集相关的信息并加以分析，以发现商业机会和针对客户需求制定相应战略[6]。按照 Oracle 公司的观点，"商务智能"是在合适的时间提供合适的数据访问以制定正确的决策[7]。DM Review 杂志①将"商务智能"理解为一个过程，一个依赖人、过程、数据、工具和方法论来制定更好的决策的过程[8]。数据仓库与商务智能专家 Larissa Moss 认为，"商务智能"不是产品，也不是系统，而是一个体系，是一系列集成的应用，提供商业数据的查询和决策支持[9]。而 Brian Larson 认为，"商务智能"是一种行为，即在一定的时间内向决策人员提供准确、有用的信息，以有效地支持决策活动[10]。

概括来说，商务智能是一个从大规模（海量）数据中发现潜在的、新颖的、有用的知识的过程，旨在支持组织的业务运作和管理决策。数据挖掘（Data Mining，DM）和机器学习（Machine Learning，ML）是商务智能的核心技术，以一系列商务智能的理论和方法为基础。

商务智能概念中蕴含如下四要素。

(1) 大规模数据。商务智能是从海量数据中发现知识，因此数据挖掘/机器学习的效率是一个重要考量标准。许多传统的数据分析和信息查询方法面对海量数据时往往显得力不从心，因而对方法的扩展和创新成为必然。

(2) 数据驱动（Data-driven）。由于数据规模的缘故，传统的建模假设很难人工穷举数据

---

① 美国著名的《商业智能和数据仓库》杂志。

变量和属性组合，而商务智能方法通常自动地考虑数据变量和属性之间的组合关系，以获得相应的知识模式。

（3）潜在新颖性。商务智能通过数据挖掘/机器学习获得的知识不是显见的，而是新颖的。这就使得这些知识用于决策时往往能够帮助企业获得竞争对手不曾掌握的信息，进而取得竞争优势。从此意义上，数据挖掘技术也称为优势提升技术。

（4）知识有用性。通过商务智能得到的知识是用于业务运作和管理决策的。这就决定了商务智能的应用是对背景依赖（Context-dependent）的，也就是说，所发现的知识的有用性通常与应用环境（包括应用问题、环境条件、决策者等）密切相关。

特别值得指出的是，自 20 世纪 80 年代末商务智能被提出以来，"商务智能"和"商业智能"成为中国业界和学界惯常的用法，也是多个国际主流商务智能系统在中国市场上的叫法。这其中的一个可能的原因是早期的一些经典商务智能应用发生在商务/商业领域，如超市购物关联问题、银行信用分类问题等。在此，我们将沿用商务智能的叫法，但其应用不限于商务/商业领域，而是广义地面向组织（如企事业单位等）活动的所有业务领域。再者，Business Analytics（BA）是近年来在业界和学界常用的一个概念，我们称之为深度商务分析（或深度业务分析）。一般，深度商务分析是现阶段（如大数据/人工智能背景下）商务智能的概念，所以经常互用。具体说来（见图 1-2），商务智能的大量应用正在从前期的"OLAP 为主—KDD 为辅"模式转向"OLAP—KDD 并重"模式。这也是"深度商务分析"中"深度"的含义所在。

此外，为方便起见，下文将习惯性地使用"企业"作为"组织"的广义用法。当然，在必要的时候，将区分说明企业与其他组织形式在相关问题上的差别。

1.2　商务智能与信息社会

以摩尔定律速度发展起来的信息技术在当前的信息社会呈现了高加速度的快速发展态势，信息技术的形态多样，技术特征迭代创新，形成了信息社会的数字化支撑，丰富了信息社会的数字化内涵。信息技术在促进信息社会不断向前发展的同时，也创造了商务智能的发展沃土，商务智能进一步提升了信息社会的繁荣水平。

1.2.1　信息技术提升信息社会发展水平

自从个人计算机出现以来，信息技术一直处于持续而迅猛的发展之中。各种新兴技术层出不穷，推动着人类社会、经济、生活一波又一波的变革浪潮。20 世纪末期以来，互联网得到了广泛而深入的普及，从而触发了以社会性、虚拟性、移动性、个性化和大数据为典型特征的新一代信息技术的应用形式。新兴技术和新兴应用不断涌现，创造了一个动态变化的商务环境。在这样的形势下，企业管理信息系统、电子商务系统、知识管理系统、Web 2.0 等技术和应用融合在一起，日益显示出其强大的生命力和巨大的商业价值，进一步推动信息经济和信息社会的大繁荣。以 5G（5th Generation Mobile Communication Technology，第五代移动通信技术）、物联网、云计算、人工智能等为代表的新兴技术也为信息社会的发展注入了新的时代元素。

相较于 4G，5G 具有数据传输速率更高、时延更低、带宽更高、设备连接密度更高、能耗更低等诸多优势[11]。5G 正在重新定义世界连接的方式，未来数以亿计 5G 设备将产生新一轮更大的数据浪潮，更多的数据可以被应用在商务智能和商务分析中，进而发掘有效信息，推动企业的高质量发展。同时，各类行业的产品、服务、业务和运营模式都可能因 5G 赋能而产生更为多元的变化。例如，在零售业中，基于 5G 的增强现实和虚拟现实应用为消费者创造随时随地自由可视化体验产品的可能，提高消费者的满意度与购买意愿；在媒体娱乐行业中，依托 5G 技术，移动设备可以支持更高质量的流媒体；在制造业中，5G 技术使得利用高分辨率视频、触觉反馈、温度或其他传感器构建大型传感器网络成为可能，可用于工厂车间机器/机器人的预测性维护，识别和跟踪供应链中的货物并进行远程质量检查和诊断等。

物联网（Internet of Things，IoT）是一个由相互连接的智能设备和传感器组成的系统网络，这些微型智能设备和传感器实时采集需要监控的物体或过程信息，并将收集到的数据用于进一步的存储、处理和分析。物联网为企业描绘了跨时间、跨地点和跨功能的综合业务环境的整体视图，并为后续商务智能分析提供了信息数据来源[12]。商务智能大数据分析解决方案使企业能够从物联网设备生成的海量数据中发掘商业洞察和管理启示，帮助企业提高运营效率、开发新产品、强化服务质量、提升风险管理水平，真正实现物联网的宝贵价值。

云计算（Cloud Computing）旨在通过一系列动态和虚拟化的整合优化计算资源技术，以类似效能（Utility）的方式（如电力供应形态），提供"随时获取，按需使用"的计算服务。云以透明的方式为用户提供基础设施访问、计算平台、软件、数据乃至业务流程的标准化服务，派生了 IaaS（Infrastructure as a Service）、PaaS（Platform as a Service）、SaaS（Software as a Service）、DaaS（Data as a Service）和 BPaaS（Business Process as a Service）等产品和服务形态[13]。企业希望通过使用创新的商务智能解决方案在市场上获得竞争优势。一般而言，商务智能解决方案的集成涉及大量的人力和财务资本，对于许多中小型企业而言，对传统商务智能解决方案的大量投资通常是难以支撑的。此时，基于云计算的云 BI 解决方案应运而生。对于希望提高敏捷性、降低 IT 成本并利用商务智能和云计算优势的企业而言，云 BI 是一个合适的选择。云 BI 可以帮助企业在无须大量资本支出的情况下提高单位成本效益，在保持业务灵活性和扩展性的同时，提高数据存储的可靠性，增强企业数据分享和业务运营能力。随着云变得更加安全、可靠和经济实惠，商务智能与云计算的结合也将进一步提升。

人工智能（Artificial Intelligence，AI）泛指可模仿人类智能来执行工作任务，并基于收集的大规模信息对自身进行迭代式改进的系统和机器，可以通过自主式学习、分析复杂数据，并通过一定的自然对话方式与人类进行交互，从而达到增强人类认知、分析和决策的能力，甚至在特定场景下取代人类的决策与执行，如在围棋比赛中大杀四方的 AlphaGo、移动支付中的快速人脸识别模块、客服系统中的聊天机器人等。人工智能技术在 20 世纪 50 年代提出后，经过几轮起伏不断发展，随着高速计算和大规模并行计算技术、大数据技术和以深度学习为代表的高性能算法的进步和助力，在近十年形成一些"质变"，特别是在自然语言处理、语音识别与合成、图像识别和分析、生成式人工智能（AIGC）等领域已出现一些较为成熟的工具和应用。这些人工智能方法、模型和算法，与商务智能系统采用的数据挖掘和机器学习技术一脉相承，越来越多地在商务智能系统中不断得到整合和集成，提升了商务智能系统的"智能化"决策支持水平。

以 5G、物联网、云计算、人工智能等为代表的新兴信息技术催生计算范式（Paradigm of Computing）向外部性和集中式转变，体现为物理上分散、逻辑上集中的特征。5G、物联网、云计算和人工智能强调物体间、虚拟资源间、人机间的互连，扩展了信息技术应用的疆界。这种外部性使得人—物信息交换、虚拟资源配置、内/外部数据融合成为新的计算范式特征。无处不在的探测感应装置、互联网络、移动终端、社会化媒体使得数字世界和计算能力处于物理上高度分散的分布式状态。与此同时，5G、物联网、云计算、人工智能等技术应用强调信息整合、数据平台、全局视图及高阶智能应用，呈现出了一种新型集中式智能计算范式。

信息技术的飞速发展和深入应用不断推进社会的进化。我们所处当前社会的一个重要的标志性特征就是技术融合（或称为 IT 融合）。也就是说，当前所处的信息社会与以往的工业社会、农业社会相比，处于一个前所未有的技术大融合的阶段。这体现在两方面：技术透明性和技术渗透性。技术透明性是指，由于技术水平的提高和广泛的业务应用，在越来越多的产品和服务中，顾客往往感觉不到（也无须过多了解）内在的技术细节。例如，手机用户无须了解无线通信基站的工作方式和信号发送指标，网络用户也无须了解网络通信的底层协议结构。最终用户只需了解技术呈现出的效用即可，因此技术对于用户来说具有透明性。这种技术透明性在信息社会中尤为明显。技术渗透性是指技术对人类社会和生活的方方面面的影响深度。在工业社会早期（18 世纪），虽然在工厂中大量的蒸汽机及机器设备得到应用，而人们在生活中仍然很大程度上保持着传统的生活方式，如交通还是靠人力或畜力。到 19 世纪，蒸汽火车等交通工具才得到发明，但并不是所有的普通民众可以轻易享用的。这个技术渗透的过程经过了约 100 年。而在信息社会，新技术从发明到获得普通民众使用的速度大大加快，对民众生活方方面面的影响也更深入。例如，从第一封 E-mail 发出到 E-mail 技术在全球范围内得到普及并成为人们日常生活中最常用的信息技术之一，也就经过了约 20 年时间。又如，录音机从出现到获得 5000 万受众用了 38 年时间，而互联网获得同样规模的受众仅用了 4 年[356]。

近年来，随着信息技术不断进步与社会经济生活的数字化改造，全球数据量正呈现出前所未有的爆发式增长态势[14]。国际数据公司（IDC）的数字宇宙研究报告称：2020 年，全球被创建和被复制的数据总量达到 64.2 ZB，且增长趋势大约每 2 年翻一番，预计 2025 年将超过 180 ZB[15]。与此同时，数据复杂性急剧增长，其多样性（多源、异构和富媒体等）、低价值密度（大量不相关信息和知识"提纯"难度高）、实时性（流数据，需实时生成、存储和分析）等复杂特征日益显著。"大数据"（以超规模、多样性、低价值密度和实时性为显著特征的数据）成为重要话题，并在业界和学界引起广泛关注[16-20]。

信息技术的进步和融合对于人们的社会生活和经济活动产生着日益深远的影响。一方面，企业中许多传统的业务决策问题逐渐变成了基于信息分析的决策问题。例如，通过产品浏览日志和评论内容分析以获得网络购物用户的行为偏好，通过社会传播和关系强度分析以辨识舆论领袖和群体联系，通过对搜索引擎日志和广告内容的分析和匹配来推荐适合的关键字广告，通过对股票交易数据的深度模式挖掘来设计程序化高频交易策略，通过特征提取和相似关系构建目标人群和业务策略等。另一方面，随着技术创新信息产品（如软件和 IT 服务等）及其应用（如虚拟体验、个性推荐、社会网络和网络搜索等）呈现出越来越丰富的形态和特征，催生出新模式（如线上线下互动的 O2O (Online-to-Offline 或 Offline-to-Online) 运作模式、融合渠道 (Omnichannel) 业务模式）、新业态（如众包 (Crowdsourcing)、数据标注、视频直播电商等生产组织和商业模式）、新人群（如生活在赛博空间 (Cyberspace) 中的人群及其行为和需求）等。在这两方面，商务智能之数据挖掘/机器学习技术均扮演着重要角色。

1.2.2 商务智能是信息社会的产物

信息社会的技术融合使技术透明性和渗透性非常高，这也为商务智能的产生和发展提供了肥沃的土壤，使得企业和广大用户可以利用强大的信息工具和智能分析方法来从业务运作和数字化生活中提取信息和知识，进一步为企业决策和生活需求提供有效支持，使企业获得可持续竞争能力、广大用户获得高质量的服务。

具体说来，信息社会中技术融合的深化使企业和个人面临着数据激增的问题。特别是，相对于数据海洋的浩瀚流量，与个体企业或个人相关的价值信息显得相对微小，这就是所谓的大数据时代的低价值密度特征。而传统分析工具的功能有限，传统的业务报告和面向用户的浏览和提取服务无论在内容上还是时效性上都难以满足需要。

1. 数据充足而知识相对匮乏

现代信息技术的发展产生了以数字业态为代表的数字经济。在这一新型的经济和社会形态中，企业活动面临日新月异的市场环境和挑战，信息成为关乎企业兴衰成败的战略性资源；人们在社会生活中对于数字内容的依赖和参与感，使得信息成为关乎现代生活质量的基础性资源。企业中和社会上普遍存在数据充足而知识相对匮乏的矛盾，迫切需要将大量数据转化为有价值知识的技术和能力。这种对能够处理和控制信息的新技术的强烈需求不断催生着商务智能技术与应用。

2. 传统分析工具的整合能力有限

在过去的几十年，许多组织耗费大量财力和人力建立了联机事务处理（OLTP）系统和企业资源规划（ERP）系统等，这些系统在极大地改善数据自动处理能力的同时，也存在着获取和连接与企业（或部门）活动密切相关的外部数据的局限性，包括与客户和供应商数据的连接、与社会网络和企业舆情数据的连接、与电子商务生态圈数据的连接等，这给从全局的角度观察和分析企业运作、价值链管理和竞争态势带来了很大困难。用户被限定在有限的数据对象中，无法连接不同的信息源，更无法进行整合和进一步的分析，大大降低了解决方案的实用性和灵活性。

3. 传统报告不能满足用户需要

由于传统报告以业务支持为导向，而不是以分析为导向，因此传统报告的弊端之一在于数据细节水平与实际需求的不匹配，即决策者不能得到所需的有关现状、异常情况或未来趋势的有价值信息；弊端之二，在传统报告格式固定、时效性差、流动性弱，处理这样的业务数据时，在时间和资金上都会造成极大的浪费；弊端之三，在于传统报告对问题的分析和解答不够全面和透彻，尤其是涉及多部门、多角度的深层次的问题时，传统报告显得束手无策。

商务智能在有效解决上述问题方面可以发挥重要作用。商务智能是分等级的，可以提供高层次的汇总，也可根据需要挖掘细节；商务智能是多维的，给人们提供了从不同角度分析数据的能力。

4. 信息技术及应用的推动

基于互联网的企业运作模式、电子商务、电子支付、移动和位置服务、社会化媒体等应用的发展普及，为商务智能实践提供了有利环境。另外，信息技术的进步和创新，如物联网技术、移动通信技术、大容量存储技术、数据仓库管理工具、数据挖掘算法、社会网络分析、云计算平台、大数据分析与人工智能等的发展，使得商务智能在理论和方法上不断丰富和发展。网络技术促进了供应商、分销商、合作伙伴、零售商与生产者之间的数据访问和共享，物联网和云计算平台进一步支撑了人们数字化生活的需求和服务整合。特别是在大数据和人工智能背景下，数智化及其赋能[21]日益成为企业竞争生存、创新发展的核心能力，使得商务智能理论与方法既面临新的挑战，也具有广阔的发展前景。

1.2.3　商务智能是信息社会繁荣的推动力

商务智能为企业提供有效的决策支持技术和工具。从最初的基本报表到多维分析和知识发现，帮助企业改善内部的经营，使企业能够创造更大的社会价值；同时，商务智能技术赋予了企业强大的创新动力，这些又成为推动信息社会和数字经济繁荣的重要动力。

尽管商务智能最初在企业中得到应用，但它的应用领域并不局限于企业。只要一个组织有大量的数据存储，或面对着大量相关的外部数据，就意味着具有进行智能分析的需求和必要性，商务智能就有用武之地。实际上，商务智能正在渗透到各行各业及各种职能中。例如，在银行业中，商务智能可以帮助工作人员更为精准地识别可能的违约者，从而实现贷款申请流程的自动化审批，监测信用卡和网上银行交易欺诈行为，预测客户偏好从而推荐相应产品服务实现客户价值最大化等。在零售物流行业中，商务智能可以预测特定地点、时间条件下不同产品的销量，从而实现库存调整、物流优化，结合市场销售情况分析识别不同产品之间的销售关联，进而优化促销策略等。在证券行业中，商务智能能够预测股票和债券价格的波动方向与幅度，评估特定问题和事件对于市场整体交易走势的影响，识别和防范证券交易中的欺诈行为等。在旅游业中，商务智能可以预测不同产品服务（如预订机票、酒店、车辆）的销售情况，以优化产品服务价格实现收益管理，定位目标客户并提供个性化服务。在医疗行业，商务智能也能够挖掘症状、疾病及治疗方法之间的联系，预测手术成功率，辅助医务人员做出正确、合理的决定。在市场营销领域，商务智能能够为目标客户提供更有价值的营销信息，在对与客户、产品、环境相关的海量数据进行智能化分析的基础上，实现对市场客户的精准细分，针对不同客户的不同特点，以最有效的方式和渠道去推介最适合的产品。像 Amazon 这样的网上零售商，凭借强大的数据挖掘管理，往往能在客户进入网站的时刻就向他们展示出最有吸引力的商品。除此以外，商务智能还被广泛运用于制造、保险、文体娱乐等行业，解决具体问题或探索新兴的商业机会，为使用者持续创造竞争优势。

近年来，商务智能渐渐进入政府机构，扮演日趋重要的角色。传统的政府机构管理中同样存在着数据孤岛、信息整合能力有限等问题，政府机构由于各种原因无法及时掌握下级机关的财务、绩效等情况，给政府机关实现科学化、精细化的管理和决策造成障碍。商务智能将来自业务支撑系统的财务、医疗、人事等结构化数据与协同办公、档案管理等行政办公系统中的报表、公文、档案等非结构化数据信息组织起来，同时结合社会舆情和民生热点进行信息分析，形成整个政府业务和公共管理的全局视图。在此基础上加以科学的分析，将其转化为辅助管理者决策的知识，及时解决政策执行中存在的各种问题。同时，商务智能软件提供的可信和及时的分析结果，可以帮助政府部门加快决策进程，缩短办事周期，提高整个机构的透明度，促进公共服务水平的提升。

此外，商务智能的信息提取和分析手段将大大帮助社会公众和用户有效获取生活资讯和相应支持（如关键词查询搜索、购物产品推荐、精准广告推送、评论概述提取、出行路径优化、好友和关系辨识等），并支持大量社会公众和用户参与生成的数据和信息（公众生成内容（Public Generated Content，PGC）或用户生成内容（User Generated Content，UGC），如博文、评论、意见、消息、情绪和创意等）的获取、分析和共享。

1.3　商务智能与企业管理

商务智能在企业管理中扮演着越来越重要的角色，本节以其在企业管理中的作用、方式及商业价值三方面进行说明。

1.3.1　商务智能在企业管理中的作用

商务智能对战略决策的支持表现在对公司战略、业务战略和职能战略等方面。在公司战略决策支持上，商务智能可以根据公司各战略业务单元的经营业绩和经营定位来选择合理的投资组合战略。在业务战略决策支持上，商务智能可以进行企业外部因素分析，如外部环境分析、行业状况分析、竞争对手分析、企业舆情分析等，以帮助各战略业务单元制定竞争策略。在职能战略决策支持上，商务智能可以在分析企业内部因素（如技术实力、资源能力、资本实力、投资方案、竞争实力和优/劣势等）的基础上为职能战略的决策提供科学的依据。

商务智能可以在企业各层面和职能中发挥作用，如营销管理、销售管理、客户关系管理、财务分析、供应链管理、人力资源管理等能够利用商务智能来提高决策水平和改善业务绩效，增强企业核心能力。

（1）在营销领域，商务智能可以使用分类和预测等技术，分析长/短期需求、市场机会和企业利益增长点，分析和预测市场容量、占有率、细分情况和风险程度，策划和评价市场营销策略等，据此调整和优化其市场营销策略，以获得最大的成功。

（2）在销售管理方面，商务智能的作用可以体现在产品销售情况分析和服务信息反馈、新产品开发预算和销售预测等方面，基于销售、库存、财务和人事等多种基础数据进行多角度分析，给出销售情况分析和趋势预测等辅助决策信息。

（3）在客户关系管理方面，商务智能可以根据消费记录及客户档案资料进行客户群分析，以及对他们的消费能力、消费习惯、消费周期、忠诚度、盈利能力、客户促销分析等进行分析，从而为企业更准确地理解客户的行为和趋势、挖掘潜在客户、制定相应的促销和服务策略、争取和保持客户等提供支持。

（4）在财务分析上，商务智能可以满足企业管理者对费用支出情况的查询、应收账款和应付账款的分析等方面的财务分析，有助于提高在现金流量、资产负债和资金回收率等方面的决策科学化水平。此外，根据公众/用户生成内容（PGC/UGC）数据（如关键词搜索轨迹、事件评论热度和话题内容演化走向等），可以进行财务状况关联分析和股价走势预测，为管理决策提供支持。

（5）在供应链管理上，商务智能可以进行流程分析、供应商评价、分销商管理和物流成本分析等，既可以满足对物流、供应和销售相关情况的基本层次的查询，也可以辅助对深层次的问题的决策，如进行库存调整及优化，以保证有效、合理周转等。

(6) 在人力资源管理方面，商务智能可以基于翔实的数据进行多视角的人力资源统计分析，基于企业内岗位需求和市场上人才大数据进行智能分析和匹配，来挖掘潜在人才。商务智能的人力规划分析也可以实现不同角度的员工工资查询和分析，结合完成的工作量，提高员工利益分配的科学性。

归纳起来，商务智能的作用至少有以下四方面。

(1) 理解业务。商务智能可以用来对各项业务进行准确的评估，帮助理解业务的驱动因素，识别对业务产生影响的关键因素，积极推动业务发展，培养良好发展态势，规避潜在的风险。具有前瞻性的商务智能将帮助企业有效地解决所面临的各种问题和挑战。

(2) 衡量绩效。商务智能能够从企业各种应用系统中提取各种基础绩效指标与关键绩效指标（KPI），对员工的工作绩效进行追踪、衡量和评价，也可以进行其他各种绩效（财务的和非财务的、前台的和后台的、企业内的和供应链内的、组织的和个人的）的跟踪和管理，充分分析现有系统的执行力，从而完成业务流程的调整和优化。以商务智能为基础的企业绩效管理已成为欧美企业目前最热门的管理和信息技术课题之一。

(3) 改善关系。商务智能可以提供有关业务状况的有用信息、提高企业知名度、改善整个信息链的效率。商务智能也有助于加强客户忠诚度，一个参与其中并掌握充分信息的顾客更有可能购买你的产品或服务。商务智能有利于企业维持各种良好的关系，在问题转化成危机之前及时采取措施。

(4) 创造商机。掌握各种商务数据和信息的企业可以出售这些信息从而获得利润，但是企业需要发现信息的买主并找到合适的传递方式。通过构建基于信息分析的能力是当前许多企业成功进行转型升级的关键，也是新企业寻找机遇、创新发展的关键。

总之，商务智能可以帮助企业从大量内/外部数据中得到结论性的、基于事实的和具有实施性的信息和知识，使企业更快、更容易地做出高水平的决策，使企业管理者和决策者更清晰地了解业务状况，建立良好的关系，从而提高工作效率、增加利润并迅速发现商业机会。

1.3.2　商务智能协助企业管理的方式

商务智能为决策者提供可以用于决策的量化信息和知识，以提高决策水平和决策效率。商务智能主要通过以下五种方式协助企业管理。

(1) 基于目标的管理。一个企业或组织可能有众多的绩效目标。在横跨整个企业的信息系统上，结合外部的数据和信息，商务智能能够计算跨组织的绩效目标，与同行业或工业标准相比，便于企业明确自身的竞争优势。

(2) 基于异常的管理。商务智能具备即时计算各种绩效目标的能力，从而可以检测实际指标与计划目标之间的偏差。当偏差过大时，系统将迅速通知相关管理人员，便于及时采取措施。而将例外管理与工作流技术相结合，可以使整个例外管理更加自动化。

（3）基于事实的管理。企业的 ERP 系统在日常交易和处理中积累了大量的事实和数据。商务智能将企业目标与事实结合，使管理人员进一步分析原因或趋势，查询并探测相关信息。

（4）基于外部数据的管理。在大数据背景下，企业外部数据（如社会网络数据、PGC/UGC 数据等）在企业运作和价值创造过程中发挥着越来越重要的作用。商务智能能通过获取、关联和分析企业外部数据，获得企业状态、竞争环境、社会关系和品牌形象等重要信息，便于管理人员进行及时响应和科学决策。

（5）基于智能协同的管理。商务智能可实现企业外部资源与内部资源的协同集成，使管理人员不仅可以充分协同调度企业内部资源，还可以与客户、供应商及业务环境协同同步，改进商务协作及决策方式，有效地解决和避免目前信息系统中存在的诸多资源管理失调问题。

需要说明的是，商务智能不仅涉及相关的软件与工具，也承载着特定的业务和决策模式。商务智能的良好应用往往不仅是技术问题，更包括与业务和决策融合的问题，这样才能有效、充分地发挥其作用。

1.3.3 商务智能的商业价值

信息技术给企业带来的回报可以总结为三层。第一层，信息技术可以提高速率，即加速现有流程、提升业务响应能力；第二层，信息技术可以提高生产率，即以较少的人力、物力完成较多的工作；第三层，信息技术可以改变或完善企业的经营模式，从而取得竞争优势。

据市场调研机构 IDC 对欧洲和北美 62 家采用商务智能的企业的调查分析[22]显示，这些企业的 3 年平均投资回报率为 401%，其中 25%的企业的投资回报率超过 600%。调查结果还显示，一个企业要想在复杂的环境中获得成功，高层管理者必须能够控制极其复杂的商业结构，若没有翔实的事实和数据支持，是很难办到的。那些在商务智能领域投资并已得到回报的企业是最好的例子。日本最大的 CD 和视频零售商 Tsutaya，运用客户关系管理系统、数据仓库，通过下属的 TOL（Tsutaya 在线）为客户提供服务。TOL 在当时日本经济状况不佳的情况下，使 Tsutaya 利润增长了 48%。

需要说明的是，商务智能作为对信息的提炼和知识的积累，是企业的一项重要的隐性资产，不能只用传统的指标来衡量。麻省理工学院（MIT）的信息管理研究机构首席研究员 Eric Brynjolfsson 花了近 10 年的时间研究信息技术成本和收益，他的研究表明，信息技术投资中高达 90%的成本和收益都是隐性的[23]。企业在进行信息技术投资评估时，必须公正地分析显性和隐性两方面的信息，从而获得适当的平衡。商务智能作为一项信息技术投资，其总体价值也包括显性和隐性两方面，因而需要在评估的时候做好平衡。

市场研究集团 Gartner 建立了 VOI（Value on Investment）投资价值的理论框架，用来衡量隐性资产投资所创造的价值和财富，特别适合衡量企业从商务智能中获得的总体价值[24]。由美国商务智能专家莫斯和阿特瑞提出的分析框架列举了收入增加、利润增加、客户满意度提高、节省和市场份额增加五个收益类别，大多数是商务智能的显性收益，但也包括了像客户满意度这样的隐性价值。此外，BASE 咨询公司、Nucleus 研究公司都提出了商务智能的成本和投资回报的计算方法[55]。

当前，大数据技术和服务市场呈现快速增长态势。以麦肯锡评估西方产业数据为例，大数据将能使欧洲发达国家政府节省至少 1000 亿欧元（约 7280 亿元人民币）的运作成本；使美国医疗保健行业降低 8%的成本（每年约 2 万亿元人民币）；并使得大多数零售商的营业利润率提高 60%以上[16]。据 IDC 调研，2021 年，全球大数据和业务分析解决方案的支出达到 2157 亿美元，与之相比 2010 年的数额为 32 亿美元，并预计 2021—2025 年年度复合增长率将高达 12.8%①。这里，大数据市场价值的重要成分是通过大数据分析应用实现的，其中商务智能扮演着主要角色。

1.4 商务智能的方法

商务智能的关键是要通过深度数据分析获取知识以支持决策，其中数据挖掘和机器学习是商务智能的核心方法。本节将对这两种方法进行简要介绍。

传统意义上，数据挖掘主要针对数据库数据进行知识发现。随着大数据时代的到来，数据已经不仅局限于传统数据库的框架中，相应的数据挖掘和知识发现技术能处理和分析的数据范围也不断扩大，包括结构化的数据库数据和非结构化的大规模数据。简而言之，数据挖掘主要基于人工智能、数据库、统计学等技术，高度自动化地分析大规模数据，做出归纳性的推理，从中挖掘出潜在的模式，预测客户的行为，帮助企业决策者调整经营策略，减小风险，做出正确的决策。

从认识层面，数据挖掘的基本目标是预测（Prediction）和描述（Description）。所谓预测，就是利用数据中已知的变量和字段来确定一些感兴趣的未知或未来的值。而描述集中于寻找一种人类能够解释的模式来对数据进行刻画。

一般来说，根据知识类型，数据挖掘可以分为以下 6 类。

（1）概念描述（归纳或简约），包括概念的识别和比较。它通过将数据进行一般化、汇总或将可能矛盾的数据特征进行说明，来寻求对一个数据子集的简约描述。例如，将"湿"和"干"的概念进行数据上的说明。

（2）聚类，将一组个体按照某种标准进行汇总，形成新的类。它的目的是使属于同一类别的个体之间的差异尽可能地小，而属于不同类别的个体间的差异尽可能地大。例如，将房

---

① 来源 IDC 网站。

屋进行聚类分析以寻找房屋分布模式。从机器学习的角度,这是一种非监督学习方式。

(3) 关联规则,发现数据之间的关联性、相关性和因果关系。例如,发现形如"在购买面包和黄油的顾客中,有 90% 的人同时买了牛奶"的关联模式。关联规则发现的思路还可以用于序列模式发现,即不同对象在时间或序列上的规律。

(4) 分类和预测,一方面包括按不同的属性值将数据进行分类,挖掘出关于每类数据的描述或模型,如按气候特点将国家进行分类;另一方面包括根据已有的信息和模式来预测未来的或未知的属性值。从机器学习的角度,这是一种监督学习方式。

(5) 时序数据分析,这是统计方法的直接应用,主要包括趋势和偏差分析、用户定义的模式匹配分析及周期数据分析。

(6) 其他的模式识别和统计分析方法,如回归分析、相关分析。

值得说明的是,上述这些方法多为基础性方法,可以直接应用于商务智能任务,也可以与其他方法一起组合应用,面向各种商务智能任务。诸如关键词广告推荐、网上购物推荐、代表性信息提取、模式关联分析等都是组合应用的例子。

典型的数据挖掘系统一般如图 1-3 所示。

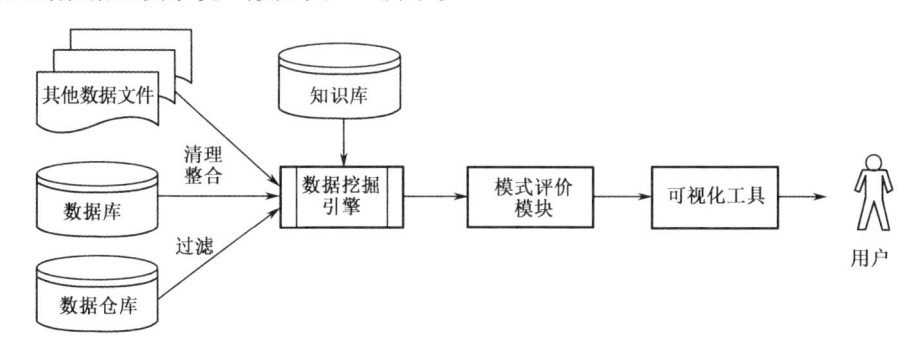

图 1-3 典型的数据挖掘系统

(1) 数据库、数据仓库和其他数据文件。数据挖掘的对象不仅是前面提到的数据仓库,还可以是数据库或其他格式的数据文件。数据挖掘技术可以用于分析各种类型的数据,如结构化数据、半结构化数据及非结构化数据、静态的历史数据和动态数据流数据等。

(2) 知识库。数据挖掘中常常会用到领域知识,它们被存储到知识库中,并用于引导挖掘,或者评价挖掘结果的兴趣性。这种知识可能包括用于在不同层次上组织属性的概念层次(Concept Hierarchies)知识,可以用于评价挖掘模式是否具有新奇性的用户信念知识,以及其他知识,如约束、阈值、元数据等。

(3) 数据挖掘引擎。这是数据挖掘系统的关键部分,包括一系列功能模块,如特征提取模块、关联规则分析模块、分类模块等。每个模块还可能有多种备选算法。

(4) 模式评价模块,通常是通过应用兴趣度标准来精练、聚焦发现的模式。模式评价模块还会评价存储在知识库中的阈值,有时集成到数据挖掘模块中。

(5) 可视化工具。这是数据挖掘系统与用户的通信接口。用户通过它制定数据挖掘的计划，提供挖掘所需的信息，浏览数据挖掘的结果，评价挖掘到的模式。

虽然数据挖掘与其他决策分析工具一样，也具有对数据进行归纳和分析的功能，但是它具有传统决策分析工具所不具有的特点，因此成为商务智能的核心技术，能够得到传统分析工具无法得到的新颖的、潜在有用的管理知识和业务规则。

企业管理决策人员通常会有许多信息需求（见图1-2）。他需要了解业务过程中发生了什么？接下来要了解它为什么发生？顾客和市场的行为是怎样的？他还要了解将会发生什么及可以采取什么样的行动？当给出的分析结果是可以采取行动的建议时，管理决策人员获得分析结果的价值就会高。在传统决策分析技术中，这些先由决策人员事先给出逻辑假设，然后在数据中进行检验。但是，在大规模的数据中，如果仅根据某个或某几个逻辑假设来进行验证，就可能丧失对一些潜在的而事先未知的模式进行检验的机会，就不会得到新颖的模式。

数据挖掘是数据驱动的，并不始于一个有待证明的具体逻辑模式，而始于纷繁复杂的海量数据，利用强大的数据分析工具和特定的知识提取方法，从数据出发，对各种模式进行匹配，经过筛选，获得潜在的、新颖的和有用的知识。

对传统的决策分析工具和数据挖掘的不同驱动方式，即数据挖掘与传统数据分析的本质区别在于，数据挖掘是在没有明确假设的前提下去挖掘信息和发现知识，得到的知识具有先前未知、潜在有效和可实用等特征，如图1-4所示。

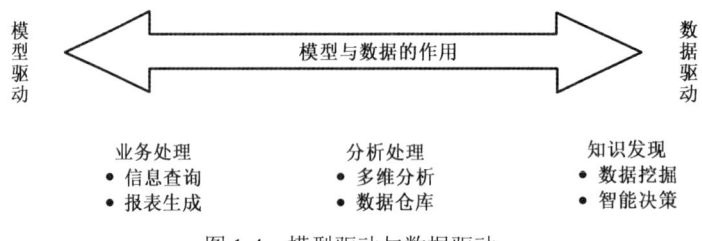

图1-4 模型驱动与数据驱动

商务智能的另一项重要技术是机器学习。机器学习赋予了计算机在没有明确编程情况下的学习能力，从数据中进行探索学习并预测。从这个意义上，上述数据挖掘基本方法也在不同程度上具有机器学习的特征。机器学习通过根据样本的输入构建模型，进行数据驱动的预测或决策，克服了严格静态的程序指令遵循。机器学习算法被用于不同的领域，如电子邮件过滤、语音识别和计算视觉等[25]。

机器学习方法传统上可以分为以下三大类，具体取决于学习系统可用的"信号"或"反馈"的性质。

（1）有监督学习。有监督学习算法根据训练集中的输入/输出对将输入映射到输出，训练集中每个示例都是一对，由输入对象（通常是向量）和输出值（也称为监督信号）组成。有监督学习算法分析训练数据并生成推断函数，该函数可用于映射新示例。常见的有监督学习算法包括支持向量机（Support Vector Machines）、线性回归（Linear Regression）、逻辑回归（Logistic Regression）、朴素贝叶斯（Naive Bayes）、决策树（Decision Trees）、线性判别分析

(Linear Discriminant Analysis）等。

（2）无监督学习。无监督学习算法没有为训练数据提供任何预先分配的标签，从数据中学习潜在的模式或规则，而不以预先定义的真值作为基准。无监督学习包括聚类（Clustering）和主成分分析（Principal Component Analysis）等。

（3）强化学习。不同于有监督学习和无监督学习方法，强化学习描述和解决的是，智能体在与环境的交互过程中通过学习策略达到回报最大化或实现特定目标的任务。常见的强化学习模型是标准的马尔可夫决策过程（Markov Decision Process, MDP）[26]。

近年来，深度学习作为机器学习的一个分支获得了越来越多的应用。大多数深度学习方法具有多层和大量参数的神经元网络架构，因此也被称为深度神经元网络。深度学习使用多层非线性处理单元的级联来进行特征提取和转换，在靠近数据输入的较低层学习简单特征，而在较高层学习从较低层特征派生的更复杂特征。该架构形成了分层且强大的功能表示形式，意味着深度学习适用于从大量数据和从不同来源收集的数据中分析和提取有用知识[25]。深度学习算法被广泛应用于语音识别、图像识别、自然语言处理、客户关系管理、推荐系统、移动广告投放等与商务智能息息相关的场景中。

1.5　商务智能的数据

没有充足的、高质量的数据作为基础，商务智能很难有效发挥其威力。本章最后将从数据来源和数据类型的角度简要探讨商务智能中的数据。

从数据来源角度，商务智能的数据来源主要有企业内部数据和企业外部数据两种。企业内部数据的种类十分丰富，如企业的交易数据和 POS 信息、客户关系管理（Customer Relationship Management，CRM）数据、内部各类文档表格、历史存档数据，以及其他内部应用程序（包括项目管理、市场营销、企业资产管理、人力资源管理、成本管理等自动化应用程序）产生的数据。企业外部数据的常见来源如社交媒体和政府开放数据。通过社交媒体平台，企业可以获得较为真实的用户反馈，以便更好地了解当前和潜在客户，如社交媒体上的数据包括用户行为数据（用户点击习惯、搜索记录、业务流量等）、用户生成内容数据（用户评论、互动交流及注册产生的资料数据等）和用户关系数据（粉丝、好友等关系网数据）等。除了社交媒体平台，政府也会提供一些公开的信息资源，可以帮助企业更好地了解公众。

从数据类型角度，商务智能常常需要关注数据的结构化程度，结构化程度是衡量信息和数据能够使用统一的数据结构加以表示的程度。根据结构化程度，商务智能数据可以分为结构化数据、半结构化数据和非结构化数据[27]。结构化数据指可以在记录文件里以固定格式存在的数据，通常可以通过关系型数据库表示、存储和管理。常见的结构化数据如日期、电话号码、信用卡号码等数据。非结构化数据不符合任何预定义的数据模型，不易组织和格式化。非结构化数据通常涉及较多不规则和模糊的数据信息，与数据库中以字段形式存储的结构化数据相比，对于计算机程序来说更难理解和处理。常见的非结构化数据如文本文档、PowerPoint 演示文稿、JPEG 和 GIF 图像文件、视频文件、网页等类型的数据。部分非结构化数据中存在一定的有迹可循的内部结构，为了更准确地描述这种差别，半结构化数据的概念被提出[8]。半结构化数据介于结构化数据和完全非结构化数据之间，不遵循与关系数据库或其他形式的数据表关联的表格结构，但仍然包含一些可以用于分离语义元素或划分数据中记录和字段层次结构的标签或其他标记。简单来说，半结构化数据是无法在关系数据库中组织或没有严格结构框架的数据，但确实具有一些结构属性或松散的组织框架。常见的半结构化数据有 XML 文档、JSON 文档、E-mail 等。

小　结

在经济管理活动中，数据代表着对现实世界及业务活动的事实性记录，信息可以被理解为以数据的形式存在的、对现实世界语义的反映，知识代表着被组织起来用于解决问题的信息，智能则意味着利用知识来获取效益的能力。

商务智能是随着信息技术的高速发展和企业信息化和数字化实践的不断深化而产生的，是信息社会高度发展的产物；同时，商务智能的出现和发展极大地推动了信息经济的发展和信息社会的进步。

商务智能是从大量数据中提取出未知的、潜在有用的和新颖的知识的过程，旨在支持组织的业务运作和管理决策。数据挖掘、机器学习、深度学习都是商务智能中常用的技术方法。常见的数据挖掘的基本方法有概念描述、聚类、关联规则、分类和预测、时序数据分析和其他一些模式识别和统计分析方法。常见的机器学习方法有支持向量机、线性回归、逻辑回归、朴素贝叶斯、线性判别分析、决策树等。机器学习的一个重要分支是深度学习（如深度神经元网络）。

商务智能应用已经对商务环境及现代企业的经营、管理活动产生了深刻的影响。近年来，商务智能领域的创新不断加速，并越来越紧密地与企业系统、电子商务系统、知识管理系统、Web 2.0 等类型的技术及应用融合，日益显示出其强大的生命力和巨大的商业价值。

以 5G、物联网、云计算、大数据和人工智能为标志的计算范式变化具有外部性和集中式的特征。在大数据背景下，企业外部数据（包括公众/用户生成内容（PGC/UGC）等）和社会化媒体将受到更多关注。商务智能应用将扮演着越来越重要的角色，其理论和方法创新也面临着新的机遇和挑战。

思考与练习

1.1 什么是商务智能？商务智能概念中的要素有哪些？
1.2 技术融合的主要含义是什么？请举例说明。
1.3 试举例说明商务智能在企业管理各领域中的作用。
1.4 试举例说明利用商务智能方法对用户生成内容（UGC）进行分析的必要性。
1.5 试从不同数据来源、不同数据类型的角度分别举出若干商务智能数据的例子。
1.6 数据挖掘/机器学习与商务智能的关系是什么？
1.7 试描述模型驱动与数据驱动的特点和区别。
1.8 试说明商务智能在与新技术融合中的若干应用领域和实例。

第 2 章

商务智能应用

BI

经典的演出既依赖艺术家深厚的功底与出众的表演,也离不开能够承载这些表演的优秀舞台。舞台灯光、音响、布景,乃至具有较高欣赏水平的观众恰到好处的掌声都是经典演出不可分割的组成部分,甚至是将演出推向高潮与升华的关键助推器。对于商务智能这门面向商务应用的数据艺术而言,制造、金融、电信、生物医药和零售……谁是能够成就它经典演出的大舞台?而移动网络、社交媒体的兴起又为商务智能提供了怎样的"实验剧场"?本章将从各业务领域展开,初窥商务智能的经典剧目于我们正在经历的时代大背景下如何上演,如何影响和改变我们的生活。

本章学习重点

- ❖ 制造领域应用
- ❖ 金融领域应用
- ❖ 通信领域应用
- ❖ 生物与医药领域应用
- ❖ 零售与营销领域应用
- ❖ 移动和社会化商务领域应用

自 20 世纪 80 年代末以来，随着计算机性能的提高、网络技术的进步、移动终端的广泛使用和海量数据分析能力的加强，大量的商务智能方法、系统和应用不断涌现。在 21 世纪，商务智能已经被业界和学界广为关注，成为信息系统领域和企业信息化部署的重点。

总的来说，商务智能的应用水平直接与信息技术基础和信息系统成熟程度相关。由于中国经济发展水平在区域、行业和阶段性方面存在着较大的不平衡，信息化水平及信息系统成熟程度在平均意义上讲还有比较大的提升空间。这在商务智能应用方面表现得更突出。有的企业已将部署商务智能视为提升企业可持续竞争力的关键战略，有的企业仍处于商务智能应用的引入和宣传阶段，有的企业的信息化进程还没有涉及商务智能应用问题。即使对于已经开展了商务智能应用的企业，其应用水平在理想状态与实际情况之间还存在较大的差异，如 Gartner 集团所描述的"成熟性沟壑"现象（如图 2-1 所示）[3, 28]。

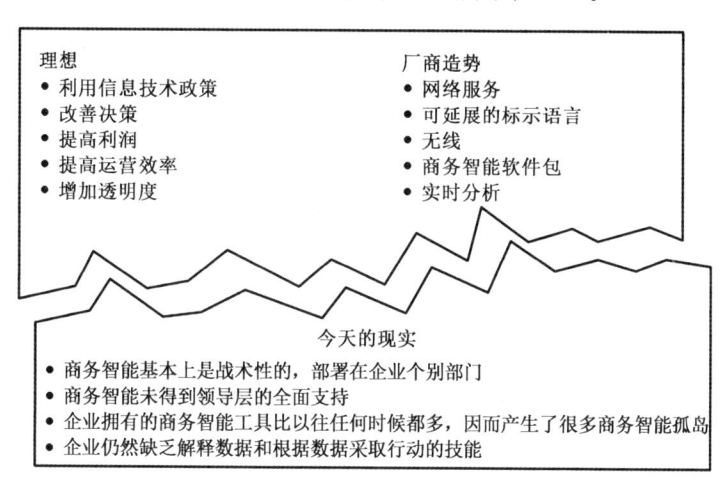

图 2-1　商务智能应用"成熟性沟壑"[29]（资料来源：加特纳公司）

目前，国内外商务智能的一些成熟应用领域包括生产制造、金融、电信、生物与医学和市场营销等。此外，随着智能手机的普及和社交网络、在线社区、知识协同等 Web 2.0 应用的广泛推广，移动终端与社交媒体也开始与商务智能技术相互融合，出现了移动商务智能、社会化商务智能等新的应用形式。

2.1　制造领域应用

生产制造领域是信息技术得到最先应用的领域之一，越来越多的企业使用企业级信息系统协调内部制造活动。近年来，国务院先后发布了《中国制造 2025》《国家发展改革委工业和信息化部关于实施制造业升级改造重大工程包的通知》和《国务院关于深化制造业与互联网融合发展的指导意见》等。这些文件指出，制造业是国民经济的主体，加快新一代信息技术与制造业深度融合、打造制造企业互联网"双创"平台是促进产业转型升级的必由之路。

制造业存在着大量的业务数据，如汽车、机械和飞机制造等大型制造业企业。特别是随着 ERP（企业资源计划）系统的逐步推广，制造业企业生成的业务数据量更庞大、数据的整合程度更高。而商务智能方法和数据挖掘技术为充分利用这些数据和进一步的流程优化、经营决策提供了更大的支撑。一般来说，制造过程生成的数据源包括调度数据、生产量和生产效率数据、故障数据、库存数据、生产计划数据、运行成本数据等。这些数据通过 ERP 系统（或相应的信息系统）得到汇总，并整合在集成的 ERP 数据库/数据仓库中，如图 2-2 所示[30]。这些数据中存在大量反映制造流程、业务运作的信息，商务智能方法可以从中提取有用的知识，用于支持管理者的决策。

图 2-2 制造业企业通过 ERP 系统生成数据

在制造业的商务智能应用中，除了多维分析等常规的数据仓库方法应用，还包括一些专门的商务智能应用。例如，在质量控制方面，采用决策树和关联规则分析等方法从制造过程中找出影响产品质量最重要的因素，以期提高作业流程的效率；在制造流程优化方面，采用聚类等方法将类似或雷同的流程进行整合，以提高生产流程的效率并减少不必要的损耗，甚至据此对生产车间进行必要的重新规划。

1．质量控制和故障检测

对于制造业而言，如何有效控制产品质量始终是一个核心问题。随着生产规模的不断增大、生产流程的不断复杂，所需调度和使用的原材料、设备等也不断增加，这些都会对如何有效控制产品质量提出挑战，而且由于环节过多，造成故障的可能性也会增加。如何在繁复的生产制造过程中，将影响产品质量的关键因素提炼出来，并对可能造成故障的关键参数进行控制，就成为每家制造业企业必须面对的问题[31]。

商务智能方法在此领域中逐渐得到关注和重视，并不断被集成在相应的生产控制系统中[32,33]。例如，采用分类分析方法，对造成合格品/残次品的因素进行分析，找到影响质量的关键因素；采用关联规则分析方法，对各因素之间的关联关系进行分析，提炼因素之间的因果关系，并有针对性地进行调整和控制[34]。

2．生产流程优化与选择

大型制造业企业如飞机、汽车和机械等企业所需生产的零件成千上万，每个零件的加工流程各不相同。由于大量零件都是在长期的生产运作过程中逐渐添加的（如根据客户需求设计新零件），因此，随着企业的不断运作，企业内经常会存在生产流程冗余或冲突的现象。针对这种情况，企业希望通过优化技术来提高生产效率，同时降低运作成本。但是由于零件量很大，而且各零件的特征、工艺、流程及对设备的要求各不相同，因此难以采用传统的方法进行处理。而商务智能可以基于整合的 ERP 系统，对其进行分析，如采用聚类分析方法来进行优化。

例如，一个制造业企业生产的零件种类有 N 种，经过归纳和分析，所有零件可以通过 M 个特征来进行描述，如体积、重量、质量和功能等；同样，根据每个零件的工艺流程，可以将所有零件的工艺流程归纳为在不同设备上根据不同的设置确定的序列（设最多 K 个工序）。经过汇总，可以得到表 2-1[35]。

表 2-1 零件生产流程描述表

零件	零件特征				生产流程序列							
	颜色	质量	...	形状	工序 1		工序 2		...		工序 K	
					设备 1	设置 1	设备 2	设置 2	...	...	设备 K	设置 K
1	无色	100	...	圆	M_1	S_{11}	M_3	S_{31}	...	...	M_9	S_{19}
2	黑色	50	...	方	M_2	S_{22}	M_1	S_{21}	...	...	M_4	S_{24}
...	...	...	...	...	...	...	...	...	...	...	...	...
N	无色	100	...	三角	M_2	S_{N2}	M_4	S_{N4}	...	...	M_7	S_{N7}

基于表 2-1，采用聚类方法进行归类，根据聚类结果及评估后提供的决策支持知识，在专家分析的基础上，决策者可以将类似零件的加工流程进行必要的合并，从而可以有效地优化流程，并降低生产成本。在此基础上，一旦有新的零件，就可以将此零件与所有合并的类型进行相似性比较，并为合理制定此零件的加工流程提供支持。然后将此新零件的信息纳入描述表，并对描述表进行更新，以此类推。这样可以在很大程度上对制造流程进行优化。

3. 资源分配与应急管理

在制造企业中，系统的生产力往往受限于瓶颈活动，因此企业需要根据各类需求制定分配策略，从而在竞争活动之间分配有限资源，达到资源利用效率的最大化。为支持资源分配决策，需要围绕企业 ERP 系统，打通从销售到生产、采购各环节的数据，根据不同的需求和资源类型，设计资源调配算法。例如，采用机器学习机制增强演化算法性能、进行动态资源分配等[36]；针对有限灵活的资源和长链设计生产线，进行实时计算，以缓解供需不匹配等[37]。

近年来，我国经济发展进入新常态，而制造业发展面临新的挑战。一方面，我国劳动力等生产要素成本不断上升，投资和出口增速放缓，以往依靠资源要素投入的粗放发展模式越发难以为继，需要加速推动企业生产结构升级。另一方面，国内资源和环境约束不断强化。2013 年，我国在深圳启动第一个碳排放试点交易所。2020 年，生态环境部印发《2019—2020年全国碳排放权交易配额总量设定与分配实施方案（发电行业）》，节能减排逐渐成为全国热潮，碳配额成为工业企业生产的关键性资源。然而，随之而来的是电力供应紧张，可能出现影响生产等现象，这也侧面反映了工业企业在节能降耗及优化用能结构方面面临着一系列挑战。在这个背景下,政府和相关行业越发重视利用商务智能技术加强资源分配效率,包括建立市级碳监测平台,帮助企业进行资源管理与规划等。

应急管理是资源分配中受到广泛关注的重要问题,涵盖了信息监测收集、风险识别与安全预警、态势概览、决策支持及事后的信息跟踪报告和信息更新共享等一系列内容。2017 年,工业和信息化部印发《工业控制系统信息安全事件应急管理工作指南》[①]指出,要做好工业控制系统信息安全事件应急管理相关工作,保障工业控制系统信息安全。在 2008 年北京奥运会的工业调度中,基于信息收集、数据库管理和决策支持服务的应急信息系统平台起到了战略性的作用[38]。此外,应急管理系统也被广泛应用于自然灾害、生物威胁和传染病暴发等重大事件中,帮助应急人员进行提前计划,估计所需的人力和配药资源[39, 40]。

2.2 金融领域应用

银行和金融系统是应用信息系统最早也是最成熟的领域之一,也是互联网时代最早网络化的领域之一。由于银行和金融系统对数据质量的要求很高,因此经过长时间的运作,银行和金融机构通常拥有大量的且相对比较完整、可靠和高质量的数据。这就大大方便了系统化的数据挖掘和商务智能的分析,一些主要应用包括:利用分类分析方法对贷款偿还情况进行预测,利用时间序列挖掘方法对收益率进行预测,利用聚类和分类方法对目标市场客户进行分析和归类[41],利用关联规则分析方法对金融欺诈问题进行分析等[42, 43]。

1. 客户信用分析与预测

客户信用分析是相当重要的银行业务。由于银行的贷款面很广,传统上很大程度依靠贷款服务人员来进行判断,这样不利于风险控制。因为影响客户贷款偿还和信用的因素非常多,而且很复杂,有许多因素会对贷款偿还能力和客户信用等级造成不同程度的影响,很多因素都是敏感因素。而采用商务智能的方法,如特征选择和属性相关性计算,有助于识别重要因素,剔除非相关因素。例如,与贷款偿还风险相关的因素包括贷款率、贷款期限、负债率、偿还与收入比率、客户收入水平、受教育水平、居住地区、信用历史等[42, 44]。若通过分析确定影响当前所在地区的用户贷款偿还的关键因素是收入水平和负债率,而其他因素的影响相对不那么显著,则可以将重点放在这两个因素上,特别是在审批新的贷款客户时,应着重考察这两个因素。

例如,某银行通过对信用卡客户数据进行分析,建立分类预测和回归模型,开办了非常成功的自动转账系统,在一定程度上改变了信用卡行业的传统工作方式。进一步,该银行利用数据挖掘技术对客户的还贷能力进行预测并应用于信用卡发行上,从而使得该银行在本行

---

① 见中国政府网的相关网页。

业中取得了当期最低的贷款损失率。目前,数据挖掘技术已经成为信用卡发行机构市场策略的核心内容。

分类和聚类的方法可以用于银行用户群体的识别和目标市场分析。例如,通过多维聚类分析,可以将具有相似储蓄和贷款偿还行为的客户分为一组;通过有效的分类技术,可以根据客户历史数据对客户行为进行划分,在有新客户时直接将其分类到相应客户群,并采取定制化的营销和销售措施。此外,时态模式挖掘方法可以用于金融证券的分析与决策,如股票间价格变化的关联模式、证券购买行为甄别、板块间联动和异动关系等。

近年来,移动支付、加密货币和商业资产的数字化加速发展,进一步催生了一系列以金融科技(Financial Technology,FinTech)为代表的金融服务领域创新。金融科技是指将区块链、大数据分析、物联网、密码学、云计算、人工智能等各类数字科技注入传统金融行业的产品和服务[45],进而形成产品和服务的创新。目前,金融科技已逐渐成为当今金融服务不可或缺的组成部分,通过对传统金融业务进行数字化和标记化,缓解了信息不对称[46,47];用机器替代人力工作提高了业务效率并有效降低运营成本[48];通过去中心化、编码和协议化加强了安全性和合规性,也增加了风险防控的措施手段[47]。

2. 防治金融欺诈和金融犯罪

金融欺诈是影响金融系统健康的主要风险之一。金融欺诈一般包括恶意拖欠、身份盗用、洗黑钱和非法账户转账等。传统上,金融欺诈一般是不同于常规业务模式的异常模式,但是由于金融交易量太大、自动化程度高且隐藏在数据中,因而难以发现。所以,商务智能和数据挖掘的方法非常有利于进行金融欺诈的分析。

侦破金融欺诈和其他金融犯罪行为的重要的手段是把多个数据库的信息(如银行交易数据库、国家恐怖分子和罪犯档案库等)集成起来,然后采用多种数据分析工具找出异常模式。例如,在某段时间内,某账户发生了大量现金流量等。有的工具可以采用可视化方法、链接分析方法、分类方法、聚类分析方法、孤立点分析方法和序列模式分析方法等,来甄别不同于一般业务模式的异常模式,识别出一些重要的活动关系和模式,有助于调查人员聚焦可能线索,做进一步的处理。

由于商务智能系统在金融行业中的应用逐渐成熟且计算机系统的处理效率很高,现在许多银行系统可利用上述商务智能分析系统对业务数据进行实时分析,如当天对交易数据进行分析,一旦发现异常模式,立刻提示报告,从而可以更加有效地防止金融欺诈和金融犯罪。

此外,移动商务的发展促使更多的用户使用智能终端设备随时随地进行在线交易,形成移动金融(如移动银行、移动小额支付业务、移动资金转移业务、移动证券和移动保险等),给生活和工作带来了更高的效率,但同时移动设备的易受攻击性给移动金融的安全问题提出了新的技术挑战。在智能终端使用在线金融服务经常遇到的威胁包括手机病毒或木马的侵袭、针对在线银行的虚假App、钓鱼攻击和截获用户通过键盘输入的数据的恶意攻击等,因此利用商务智能技术来保证移动金融的交易安全显得尤为重要。其主要机制包括：利用高级恶意软件检测技术拦截虚假在线银行应用信息，反钓鱼模块用于检测和拦截电子支付页面中的钓鱼链接，通过会话内容高强度加密确保数据传输的安全性等。

随着人工智能和云计算的普及，包括人脸识别技术在内的各种生物识别技术被不断尝试和应用于银行系统，如虹膜、指纹、声纹等生物识别技术。在基于安全和便捷性的基础上，此类识别技术也被广泛应用到移动支付领域，这也对金融诈骗防治提出了新的需求。以人脸识别为例，技术本身需要结合计算机视觉、图像处理等方法，同时需要考虑不同光线和成像角度都会对算法识别的准确性产生影响。更重要的是，在移动支付场景下，人脸识别还需额外考虑安全性和稳定性[49]。例如，需要区分真正的人脸和静态图片或者视频中的人脸，以防不法分子利用他人人像进行盗刷。此外，在疫情背景下，人脸识别技术需要考虑到对戴口罩人群的识别。与此同时，针对人脸识别应用带来的信息保护问题，2021年，最高人民法院发布《关于审理使用人脸识别技术处理个人信息相关民事案件适用法律若干问题的规定》对人脸识别技术应用进行了规范①。

3. 场景化金融服务创新

金融业数字化的深入延展推动了传统金融服务模式发生创新。在当前，场景化金融是互联网金融领域的新兴趋势。2021年，工业和信息化部、国家发改委等十九个部委联合印发《"十四五"促进中小企业发展规划》，指出推动供应链金融服务创新，需要通过"金融科技+供应链场景"，提高供应链金融数字化水平②。一般而言，场景化金融是指商业银行或第三方机构承担提供资金、平台和场景服务的角色，基于特定消费场景，识别对应金融需求并提供相应服务[50]。现实生活中，人们往往愿意为具体场景下的服务方案买单。与此同时，场景模式使得以往复杂的金融需求变得更易理解和定位，目标客群更加清晰，从而可以帮助金融机构或者第三方平台提供更具针对性的服务。此类模式包括传统的汽车金融、房贷，针对医疗健康场景的保险业务，以及基于电商平台的消费贷等。

随着互联网的不断发展和普及，场景金融的消费场景也加速从线下向线上扩展，类型不断增多，场景也不断细分。定位金融消费场景，金融机构和平台首先需要识别基于场景的用户属性、社交属性和消费属性，从而提供更有吸引力的服务。此外，在深度金融场景下，金融机构和平台本身需要承担更多的监管责任，完善风险监测，从而形成资金流和信息流的健康循环。

4. 开放数据下的金融市场预测

金融市场价格的波动具有不稳定性和混沌性，因此预测金融市场走势一直是学界和业界

---

① 见中国政府网的相关网页。
② 见中国政府网的相关网页。

关注的焦点。近年来，随着社交媒体数据、智能传感数据、用户生成内容等新数据源的兴起，数据分析技术的着眼点日益关注外部的实时数据流，依据 PGC/UGC 数据（如关键词搜索轨迹、事件评论热度、话题内容演化走向等）进行关联分析和股价走势预测，为管理决策提供支持，帮助企业在竞争中获得先动优势。例如，股票市场波动受信息发布、传播和公众接受程度的影响[51]。随着社交媒体的发展，网络信息对股票市场的影响日益突出；市场信息也被认为对股票走势有影响，这种受多源媒体信息影响的股票走势可被建模为多模态数据挖掘问题[52]。也有研究利用延迟时态模式挖掘的方法，基于互联网搜索数据对股票市场进行预测并获得超额收益[53,54]；对历史交易记录和实时外部数据进行联合挖掘创新，以创造和改进数量化交易模型；分析社交网络中的舆情变化，更好地理解金融市场的非理性行为[55,56]；近年来，一些研究也会借助深度学习算法对股价的走势进行预测[57]。

2.3 通信领域应用

通信业已经从单纯地提供语音通话服务演变为提供综合通信服务，如语音、传真、寻呼、移动电话、图像、音频（彩铃）、流媒体和 Web 数据传输等。通信业的发展使得有线网络和无线网络逐渐融合为一体，从而释放出更大的能量。依托高水平的数据加工和高速的数据传输的特点，通信领域成为海量数据存储和加工量最大的领域之一，也为商务智能应用的开展提供了良好的基础。随着通信业的迅速扩张和激烈竞争，利用商务智能分析手段来更好地理解商业行为、确定优势模式、资源优化配置、助力升级转型变得越来越有必要。一些主要应用包括：利用聚类分析方法对盗用和异常模式进行分析和识别，利用序列分析方法对通信模式进行分析，利用关联规则方法对客户行为模式进行分析等[42]。

1. 盗用模式分析和异常模式识别

盗用行为每年对通信行业造成的收入损失非常巨大，而中国作为全球规模最大的电信市场，这个问题更值得关注。其他造成收入损失的异常模式还包括恶意拖欠话费等。这些模式的发现不但可以有效地避免损失，而且可以更好地保护用户的利益。例如，由于全球通的用户都是先使用后付费的，如果某用户每个月的花费一般为 200～400 元，但突然某个月达到 5000 元，这时集成在业务数据库上的孤立点分析方法就会自动提示移动公司的客户服务部门关注，需要防止恶意盗用等情况。

另外，由于通信的数据量非常大，因此盗用行为相对而言只占了极小的比例，如 0.02%[58]。在这种情况下，某些通用的商务智能系统可能将此视为噪声而无法有效识别。因此，通信领域需要有针对性地设计商务智能系统予以分析。

具体来看，对于盗用和欺诈行为，除了可以采用孤立点分析的方法予以甄别，还可以采用时间序列模式分析的手段进行趋势分析，以判断盗用行为的发展态势；还可以采用关联分析的方法，结合号码用户的特征，来提炼可能引起盗用的显著因素。

2. 通信管理与模式分析

通信服务在人们生活和工作中的重要性不断提高，所以通过各种通信方式进行沟通的行为十分频繁。更为重要的是，由于大量的号码是与用户身份绑定的，因此通信数据系统中保存着大量以客户为个体单位的通信数据序列。例如，A 客户每天上午用手机打电话，中午发数条短信，晚上用手机查看新闻……这些数据都可以用来分析顾客的通信习惯。例如，采用序列分析的技术来进行模式挖掘[58]，这也有助于通信企业对自己所提供的服务进行优化。

近年来，通信服务在公共事件的应急管理中承担着愈发重要的角色。在全球疫情背景下，通信服务在大众信息传播和共享上起到了关键的普及性作用。例如，在疫情防控采取封闭管理措施情况下，需要及时预测，及早预警，迅速公布生活必需品的保供网点货源、地址、联系方式等信息，满足居民在突发事件情况下必要采购需求。商务部 2021 年印发的《关于做好今冬明春蔬菜等生活必需品市场保供稳价工作的通知》中提到，各级政府需要加强市场运行监测，每日跟踪重点生活必需品供求和价格变化情况，并进行及时发布，以稳定社会预期。而通信机构可以基于通信数据的位置信息，打通商品价格和货源数据，进行周边商品供求匹配和价格模式识别，更有效地进行资源调控。除了提供需求商品信息，通信数据也可被用于疫情防控中，如基于轨迹信息识别密切接触人群和病源分析，进行高风险地区识别[59]；可以研究基于空间模式分析社区传染的驱动因素，对高危地区进行聚类，以便为早期病例检测提供信息，有效调配卫生保健资源等[60]。

3. 客户行为模式分析和移动业务推荐

通信服务特别是移动通信业务已经不局限于提供通话服务。手机可以进行通话、传真、视频传输、流媒体播放、图像处理和传输、网页浏览、邮件查看和传输等。随着移动通信设备的功能多样化，手机逐渐变成了一个微型的计算机。另外，移动增值服务的不断丰富，使得基于移动网络的电子商务活动越来越多。因此，基于手机的消费购买活动也越来越多。所以，一些原来用在互联网上的产品推荐和业务分析系统逐渐转移到了移动网络上。移动商务的实时性和移动性也使得商务智能的方法和应用不但有着更广阔的发展空间，而且面临着更大的挑战。

随着通信服务规模的大幅提升，移动渗透率和覆盖率趋于饱和，通信运营商面临着单位效益下降的压力。同时，网络流量呈现指数级增长，基于互联网的语音、短信、视频通话等服务也抢占了传统通信行业市场的半壁江山。如何避免沦为数字时代的单纯通道，是通信运营商普遍面临的挑战。作为数据密集型行业，运营商拥有海量用户数据这一得天独厚的优势，为商务智能应用提供了价值挖掘的空间。一方面，基于"流量经营"的理念，运营商通过对用户行为、数据业务和行业态势的深度分析，实现由粗放管理到精益管理的业务升级，如通过网络虚拟化技术模拟和评估数据流量、业务及不同移动终端的分配情况，进行离网率分析，从而制定用户保留策略；对市场现有数据进行标杆分析，帮助运营商了解定价水平、行业趋势和流量分布，调整定价策略。另一方面，移动互联时代的到来，也给作为移动网络接入口的电信行业带来了新的机遇，运营商开始向内容和媒体服务转型创新。例如，通过对客户使用行为数据的聚合分析，更精准地刻画消费个体的偏好，以个性化、精准型的创新业务内容不断增强客户黏性；通过移动终端传感器收集的信息，提供基于地理位置的实时搜索服务；充分发挥数据存储的优势，提供云平台服务等。

近年来，随着全球数字化进程的加快，"数字鸿沟"（Digital Divide）概念被广泛关注。这一概念是指由于对信息、网络技术的拥有程度、应用程度及创新能力的差别，不同国家、地区、行业、企业、社区之间的信息落差及贫富进一步分化的现象[61]。例如，由于部分老年人对智能手机和基于移动设备的服务不熟悉，使得他们难以完成日常的健康轨迹扫码等，也很难获得最新的医疗健康信息，从而更易与社会脱节。针对这一现象，2020年，国务院办公厅印发《关于切实解决老年人运用智能技术困难实施方案的通知》①，要求各部门聚焦涉及老年人的高频事项和服务场景，坚持传统服务方式与智能化服务创新并行，切实解决老年人在运用智能技术方面遇到的突出困难。而运营商需要识别用户群体中对数字技术熟悉程度的不平衡，对于不同的数字技术熟悉模式用户提供针对性的用户画像和服务推荐。

2.4 生物和医药领域应用

在过去二十多年里，生物医学研究迅猛发展，从对新药物的开发和癌症治疗[62]的突破，到通过大规模序列模式和基因功能的发现进行人类基因的识别和研究，从患者医疗行为模式识别到基于多模态数据的线上诊疗，人工智能和数据挖掘算法在生物与医药的细分领域中发挥着关键作用。

1. 基因分析

目前，生物医学的一个研究焦点是DNA数据分析，这是因为原来各种各样的症状和千差万别的疾病，从基因的角度，其本质的基础存在许多的相似性。相关研究发现，大量的病症可以从基因的序列和组成的构造中得到解释。而基因测序工作的顺利进展也为此提供了良好的基础。这样，对疾病的诊断、预防和新药物的开发很多基于对DNA数据的分析，而DNA数据的结构模式是固定的，但数据量是巨大的。这正是数据挖掘方法可以大展身手的地方。

---

① 见中国政府网相关网页。

DNA 序列是构成所有活动生物体的基本代码的基础。所有的 DNA 序列都由四个基本的核苷构成：腺嘌呤（A）、胞核嘧啶（C）、鸟嘌呤（G）和胸腺嘧啶（T）。人类有约 10 万个基因[42,63,64]。一个基因通常由核苷按一定次序组合而成。核苷按不同次序和序列可以形成不同的基因，这样的组合几乎没有穷尽。具有挑战性的问题就是从中找出各种疾病的特定基因序列模式。由于数据挖掘已经有许多成熟的序列模式分析和相似检索技术，因此数据挖掘技术成了 DNA 分析的重要工具。

在基因分析中，一个最重要的搜索问题是 DNA 序列中的相似搜索和比较，对于分别来自带病组织和健康组织的基因序列进行比较，以识别两类基因间的主要差异。一旦发现在带病样本中出现频度超过健康样本的序列，便可作为有可能导致该疾病的基因因素的备选；而在健康样本中出现频度超过带病样本的序列，可作为有可能是抗病的基因因素的备选。这里虽然用到模糊搜索技术，但是需要根据基因数据的特点进行改进[42]。

基因研究另一个重要的方向是关注一个基因与另一个基因的关系。许多疾病并不是由单一基因造成的，可能是多个基因共同作用的结果，因此非常有必要对基因之间的关联关系进行分析。这样得到的结果更丰富，而且为疾病的治疗和新药物的开发提供了更有效的支持[65]。

此外，由于引起一种疾病的基因可能不止一个，且不同基因可能是在疾病的不同时间起作用，因此需要找到疾病发展不同阶段的遗传因素序列，并据此开发针对疾病不同阶段的治疗药物，从而得到更有效的治疗结果。路径分析目前是基因研究中的一个热点[42,65]。

2. 医疗卫生健康

在医疗领域，识别有风险的患者进行早期预警和预防性干预是广受关注的热点问题。当前很多病人会选择上传自己的电子病例，结合病例中的健康数据，医疗机构可以对患者的患病风险进行学习并建立预测分类模型。例如，一些研究通过使用循环神经元网络（Recurrent Neural Network，RNN）来构建医疗就诊序列的整体预测模型[66]；也可以将数据集中的患者视为未标记数据，使用基于图的半监督迭代学习算法，对病情逐步发展的情况进行风险预测[67]；也可以从患者日常生活活动模式出发，进行模式识别，推测其生活方式和健康状况[68]。

另一方面，各类新兴的在线医疗/健康社区正在改变医患之间的沟通方式及患者之间的信息共享[69]。社交媒体作为患者健康信息的重要来源，在医疗卫生健康领域发挥着重要作用。通过用户交互，社交媒体蕴含了海量的健康信息数据。分析这些用户的个人健康数据，可以显著提升健康预测的精度和效果。例如，有研究通过数据挖掘方法分析 Twitter 和医疗保健论坛上的用户意见[70]，也有研究探讨医生在线服务和患者在线评论对于就诊效果的影响[71]，还有研究针对 Twitter 上的内容发布，使用疾病话题模型监测公共健康[72]等。

2.5　零售和营销领域应用

零售业是商务智能得到快速应用和发展的领域之一，这是因为，一方面，零售业企业内部积累了大量的销售数据，如客户购买历史记录、货物进出记录、消费和服务记录等；另一方面，用户广泛参与社会化媒体，生成了许多企业外部数据，如在线评论、搜索日志、博文、口碑和舆情等。特别是在电子商务时代，网上购物活动使得数据可以得到自动加载和更新。因此，利用这些营销数据进行商务智能分析，并为进一步的营销提供决策支持，就成为提升企业竞争力的关键要素。同时，营销领域中的商务智能应用是客户关系管理的核心内容。一些主要应用包括：利用聚类和分类分析方法识别顾客购买行为[73]，利用关联规则分析发现顾客购买模式[74]，利用序列分析发现客户购买趋势[75]，利用分类分析方法对顾客忠诚进行分析等。这些方法可以提高服务质量，并提升零售推荐服务的价值。

随着全球竞争日趋激烈，广大客户拥有更多的选择机会，这些迫使企业从"以产品为中心"转变到"以客户为中心"的经营理念[76]。这种转变也使得企业希望能通过对客户的历史数据进行分析来充分了解客户的需求和特征，即顾客调查，从而可以更好地吸引客户并实现利益最大化。

总的来说，在市场营销领域中采用商务智能可以有助于识别客户购买行为，发现客户购买模式和趋势，改进服务质量，取得更好的客户忠诚度和满意程度，提高货品销量比率，设计更好的货物运输与分销策略，降低成本。

1. 交叉销售分析

交叉销售是指企业向原有客户销售新的产品或服务的过程。因此，首先需要对原有客户的数据进行分析，进一步结合新产品和服务的信息进行预测。相对而言，交叉销售由于可以充分了解原有客户的信息，数据也较充分，因此成功率较高。此外，对老客户无须进行重新推销和企业品牌介绍，因此降低了产品推销成本。

所以，采用商务智能的方法来进行交叉销售分析，从而挖掘原有客户的潜力，是目前得到成熟应用的分析方法。例如，可以采用关联规则分析方法，分析出"啤酒⇒尿布"，这就是一个典型的交叉销售分析的案例。通过挖掘得到的关联规则，在进行货架摆放或商品促销时有意识地将两者进行捆绑，则可以有效提高后者的销售量。如今，通过引入人工智能算法，可以进行形式更加丰富的产品捆绑。例如，引入强化学习算法，在线学习用户对于歌曲及歌曲顺序的偏好，从而结合时间序列信息进行歌曲列表的捆绑推荐[77]。

2. 市场定位分析

营销一般需要分析产品所占据的市场的特点是什么，需要对已有的产品销售数据、客户特征数据等进行分析。例如，根据特定数据，通过分类方法，可以分析得到如"购买华为手机的客户一般是中年男性客户"等结果，这样就可以分析是否与产品的营销定位一致，并进行决策。在客户匹配中，可以通过聚类的方法对客户的关键特征（如年龄、性别和收入等）进行归类[78]。

市场营销是一个企业开拓市场的重要手段，其中很重要的就是寻找潜在客户。对于大多数交易而言，地球上超过 70 亿的人口中只有很小一部分是潜在客户，如提供家庭抵押贷款的银行只会针对授权区域内的住户进行促销邮件投放，生产机床的企业也只会对中型机械产业进行直邮促销等。

市场定位分析的目的是改进定向市场的营销活动。如果不掌握市场定位信息，在进行广告过程中就要针对更大的顾客群进行推广，从而使得营销成本过高，而如果通过数据挖掘掌握了市场细分的定位结果，就可以有针对性地进行营销。一般来说，可以通过所掌握的客户信息，如性别、年龄、收入、住房及是否有孩子等，进一步通过分类方法对群体进行划分，从而了解"哪些客户更可能购买哪类产品"这类知识。

对于许多企业来说，一旦形成一定的销售规模，进一步寻找潜在客户就是一个挑战，边际成本也会大幅上升，而商务智能有助于有效地寻找潜在客户，并进一步为接近潜在客户选择沟通渠道，而且可以针对不同的潜在客户群选择合适的信息。

寻找潜在客户的主要方法是寻找与现有客户类似的人。例如，经过已有的销售数据分析，发现一种新型电器的购买者中有 60%都受过大学以上教育，40%的客户的家庭收入在 5 万元以上，80%的客户是男性。这种信息通常称为用户特征数据。针对这样的分析知识，营销过程可以有针对性地采取措施。例如，更多地在男性杂志上投放广告；电视广告的诉求可以更高档；如果采取直邮的方式进行促销，可以给用户数据库中的相应客户邮寄，而不必对所有的客户都投放邮件，这样可以有效控制营销成本。近年来，直播电商和短视频电商快速发展，越发受到各界关注。2020 年，中国直播电商市场规模超 1.2 万亿元，年增长率为 197.0%，预计 2023 年直播电商规模将超过 4.9 万亿元。相较于传统用户营销中人-商品的二元关系，电商直播还需要将场景纳入考虑[79]。例如，考虑用户对主播的偏好、弹幕互动、主播互动等，从而刻画基于情境的用户行为模式，构建用户相似指标。

3. 客户忠诚度分析

大量的研究表明，"回头客"的销售量占据了企业销售的显著比例，特别是在一些特定的行业，如电器、酒店和餐饮等，这种特征更为明显。因此，如何提高"回头客"的比例（提升客户的忠诚度）是企业营销的重中之重[80]。企业更多地会通过会员卡等方式记录客户的基本信息，并跟踪客户的购买行为和购买序列。此外，随着微博、在线社区和社交网络为代表的 Web 2.0 应用的深入传播和渗透，大量的用户生成内容（UGC）可以被用来支持企业决策，如电子商务网站中的用户评论可以从个体层面反映客户的特征。因此，可以通过这样的客户特征和购买序列对客户的忠诚度进行分析。

在客户忠诚度分析中，一种常用的方法是通过分类方法对已经建立关系的客户进行划分。首先将已有的每个客户标识为"忠诚"和"其他"类别，然后进行分类分析，进而对分类为"忠诚"的客户群体进行数据挖掘分析，如通过关联规则分析可以得到忠诚客户的购买关联特征，通过序列模式分析可以分析出忠诚客户的购买模式，通过特征提取技术可以从用户评论中得到客户对产品不同属性的关注程度，还可以通过顾客信息的归纳和回归分析来提炼忠诚客户的关键特征。通过上述分析，可以对忠诚客户的潜在特征进行把握，这样，在进行市场推广时就能够有针对性地对潜在忠诚客户进行营销[78]。

此外，可以应用上述方法对"其他"客户进行分析。"其他"客户并不一定是不忠诚的，如果不忠诚，也可以分析出其背后的原因并进行相应的调整和改变。特别是对于流失的客户，要进行仔细的分析，提炼其特征因素，并进行必要的销售和服务方式的调整。总之，数据挖掘可以更深刻地理解客户的特征，为营销业务提供更有利的决策信息。

4．客户关系管理

客户关系管理（CRM）将重心放在客户上。客户信息是商务智能应用的最丰富的来源。客户数据中反映了客户的个性化行为：客户的付款习惯、信用等级，最近一个月的购买行为和购买商品的序列、消费的金额数，客户投诉情况，客户是否多次惠顾等。这些信息都是非常重要的商业知识的来源，通过商务智能系统的分析和转化，这些信息可以直接成为企业发展和盈利的源泉。

一般来说，基于商务智能的客户关系管理涉及许多应用形式，包括上述零售和营销领域的应用内容。概括来讲，客户关系管理的功能有：对客户需求进行管理和分析，对客户群体进行划分和分析，对客户信用和忠诚度进行管理和分析，对客户价值进行测定，以及提供交叉销售和销售推荐建议等[78]。

基于 Web 2.0 的社会化客户关系管理强调客户的参与和互动，使得 CRM 演变成对话工具，能有效帮助用户和企业更好地交流和沟通。这种新型 CRM 可以帮助企业在博客、社交网络、在线社区中挖掘丰富的客户关系数据和信息，其应用形式包括通过舆情分析进行趋势预测；利用社群发现进行客户细分，即时互动，以维持客户忠诚度；基于内容和语义，使用异构随机游走算法检测动态社区[81]等。

此外，除了针对单个客户的关系维护，从整个客户群体角度出发，进行品牌社群关系管理和潜在价值挖掘越发受到重视。在品牌社区中，对于社区内部成员（粉丝）的培养和维护是提高品牌竞争力的关键因素[82]。"粉丝"对品牌的信任与品牌社群关系之间呈相辅相成的关系，共同作用于品牌忠诚度的转化[83]。基于社群视角，可以使用文本分析和聚类方法捕获社群内部意见主题的演化[84]，也可以使用图结构刻画社群网络和成员意见主题结构等[85]。

5．网上产品/服务推荐

如前所述，通过市场定位分析，可以对客户的行为模式和消费特征有所掌握，并进一步开展有针对性的营销推广活动。随着电子商务的推广,这种有针对性的营销活动变得更为突出,成为目前商务智能应用的一个重点,即网上产品/服务推荐[86]。

网上产品/服务推荐有多种实现方式,如通过从以往的销售记录中挖掘关联、分类等信息,可以发现如购买某品牌香水的客户可能购买其他商品这样的模式;利用协同过滤的思想,可以根据消费者的历史购物数据找到其相似用户,从而依据相似用户的购物模式来预测该消费者未来对商品的偏好,并直接进行推荐或必要的货架摆放,从而更加有效地推动产品销售。网上产品/服务推荐并不只是在电子商务中才有,但是只有在网络电子商务的环境下,购买推荐才充分显现出自动化、智能化和定制化的特点。所谓自动化,是因为只有在完全数字化的环境下,所有的购买行为才能直接转化成数字化信息,存储到数据库中,可以自动通过商务智能系统所得到的推荐规则库进行匹配,并自动形成网页提交给用户浏览。所谓智能化,是指电子商务后台的商务智能系统可以自动对数据进行分析,并通过数据挖掘技术的集成得到有价值的新颖推荐知识,这种知识是具有智能性的。所谓定制化,是指在电子商务环境下,所有的规则匹配和页面生成都是针对不同用户而定制的。

正是由于网络电子商务的这些特点,才使得网上产品/服务推荐在网络环境中具有广阔的应用空间。例如,通过关联规则分析,得到"购买了《数据库原理》一书的客户中有40%还购买了《商务智能》一书"这样的显著规则,则可以向购买了《数据库原理》但未购买《商务智能》一书的客户推荐购买;通过协同过滤分析,发现与目标消费者历史购物模式最相似的 N 个其他用户都购买了《管理信息系统》一书且评分很高,则可以预测该消费者未来可能会购买《管理信息系统》并向其推荐。事实证明,这种推荐的成功率相对于其他方法而言高得多,会有效提高销售量。这种网上产品/服务推荐技术大大增加了网络业务赢得更大利润的机会。

2.6 移动商务应用

近年来,Web 2.0、移动互联网、云计算、物联网、大数据和人工智能等一系列新技术与应用进一步驱动了电子商务的模式创新,为电子商务注入了新活力。智能终端的普及打通了离线媒体与线上媒体、实体店与线上商店的界限,使得移动商务成为可能,线上到线下(O2O)的商业模式有了更多适用的场景,为客户提供新的商务体验和增值服务[87]。

移动终端的多个传感器源源不断地产生数据流,一方面,为商家分析和预测客户行为提供了新的契机;另一方面,低密度价值的数据也对商务智能分析技术提出了新的挑战。典型的应用包括:通过模式识别来发现移动金融中的欺诈行为;提供基于地理位置的服务(如搜索、推荐和即时信息推送等),通过流量分析挖掘用户使用行为,从而发现相似用户[88],利用定位技术追踪产品并进行移动库存管理[89]等。

1. 移动库存管理

从企业的角度，移动库存管理是整个移动零售领域的重要一环，其中"位置追踪""滚动库存"作为支撑移动库存管理的两个重要概念，分别对应移动商务中的 B2C 和 B2B 应用。随着 GPS、RFID、无线/微波传感器等定位技术的发展和普及，对产品和服务的"位置追踪"成为可能。通过获取产品的地理位置信息、追踪其物流过程，一方面可以帮助商家决定何时给客户发货；另一方面当库存不足时，可以定位距离最近的流动库存进行及时 (Just-In-Time) 补货，即用"滚动库存"(Rolling Inventory) 的概念，帮助供销商减少库存和节约成本。此外，移动库存管理还包括通过移动手持设备，如手持式扫描器，实现移动性库存交易的自动化和实时性，有助于提高库存数据的准确性和劳动生产率。

2. 基于地理位置的服务

地理位置因素一直被认为是电子商务与移动商务的根本区别之一，整合地理位置信息为用户提供的增值服务被称为基于地理位置的服务 (Location-based services, LBS)，分为位置感知 (Location-aware) 服务和位置追踪 (Location-tracking) 服务[90,91]。两者的区别在于，位置追踪服务只是收集用户所处位置的坐标信息，并不提供给用户其他方面的服务，如社交网络中的"签到"功能、地图定位功能。相比之下，位置感知服务还向用户提供除个人位置信息之外的增值服务，如汽车导航、基于地理位置的广告等。随着商务智能技术在 LBS 中的应用逐渐成熟，互联网平台的数据和移动终端数据被整合在一起，为用户提供实时、准确的信息服务。下面介绍两个具体的应用。

(1) 移动广告。移动的地理位置数据能够直接反映用户的实际消费活动，通过对这些数据的深度挖掘，不仅可以发现用户的消费需求，还能知道需求在何时、何地发生，从而实现精准营销[92]。例如，移动广告公司 Sense Networks 推出的产品 AdMatch，利用机器学习模型，通过时间、位置信息及用户行为特征提取用户属性，预测用户需求并有针对性地投放广告，实现"线上引流+线下购买"的 O2O 模式，整合线上线下资源。

(2) 移动搜索。当越来越多的信息处理和决策过程都被移植到移动平台上时，对移动搜索的需求越来越大。移动终端受限于屏幕大小，不如用 PC 终端浏览大量的信息时灵活，同时移动设备的位置感知特点使得基于位置的精准搜索成为可能，因此移动搜索领域同时面临挑战和机遇。例如，为提高移动搜索的决策效率和质量，利用代表性信息提取的方法在移动终端的首页上呈现出最能反映用户搜索用户意图的一小部分信息集[93]，基于地理位置的周边服务（如餐饮、娱乐等）的搜索，基于用户签到数据的实时搜索和深度挖掘等。

2.7 社会化商务应用

作为电子商务的一种衍生模式，社会化商务在社交媒体普及和用户广泛参与的推动下受到越来越多的关注。其特点是借助在线的社交互动来进行商务活动,辅助商品的推广和销售行为,根据其依托平台主要可以分为 3 种:① 基于电子商务平台形成的社会化商务,仍然以"商务"为主,通过在电子商务平台上搭建在线社区,增加"分享""喜欢""信任"等社交元素来增强用户间的互动,提升电商平台的销售,如淘宝的淘江湖、京东的京东乐享等;② 基于社交媒体平台形成的社会化商务——社区平台,如 Facebook、Twitter 和新浪微博等,以其庞大的用户群体和便捷的信息传递分享机制,使企业对它们青睐有加,通过对用户生成内容的深层次分析来挖掘用户价值,成为社会化商务的最主要模式;③ 独立社会化电子商务平台,其运营方式在于将用户引导至商家平台进行消费,以获得销售佣金收入来源。

在社会化媒体的海量数据背景下,商务智能技术的应用显得尤为重要,通过对用户生成内容(如评论、微博、搜索日志等)及社交网络结构的获取和分析,将大大帮助商家改善营销策略并支持客户的购买决策。其主要应用包括:通过社会传播和关系强度分析以辨识舆论领袖,进行病毒营销;通过评论内容分析和信任关系挖掘,以获取用户的行为偏好,进行社会化推荐等。

1. 病毒营销

随着社交网络成为影响产品和服务采纳的重要信息来源,利用用户口碑传播原理的病毒营销受到商家热捧[94]。病毒营销是随着 Web 2.0 和社会网络发展起来的一种新型社会化网络营销模式,通过使用类似病理病毒或计算机病毒自我复制和传播病毒过程的机理来增加品牌意识或提高销量。这种"口碑"(Word-of-mouth)传播的方式通过借助社交媒体这个强大的信息共享平台,使得病毒营销不仅高效迅速,更重要的是,由于用户之间的信息分享和传播是自发进行的,因此产品推广过程几乎没有任何营销成本。

作为一种以人际传播为基础的营销方式,病毒营销的关键在于种子用户的选择。通过社会网络分析(Social Network Analysis,SNA)和关系强度分析以辨识舆论领袖,将其作为种子用户,利用这些用户的社会影响力达到营销效果;还应该考虑信息在不同结构和规模的网络中传播规律的不同,依靠用户网络对信息的正反馈机制实现营销目的[95]。

2. 社会化推荐

将社交网络引入产品/服务推荐中有两种思路:一是从社会化媒体数据中获取用户的偏好和行为模式,整合多源数据,以期望提高预测的准确率;二是利用社交网络分析的方法,挖掘和预测用户之间的在线社会关系(信任关系、朋友关系和关注关系等),利用社会媒体特有的社交关系信号扩展推荐技术,如扩展传统的协同过滤方法中对相似用户的定义,替换成为社交网络中的好友和信任关系。这种社会化推荐通过好友的信息传递和共享,增加了用户对推荐结果的信任度。例如,基于抖音、小红书等社交平台上的网红或"达人"带货,基于微信朋友圈、微博等社群关系的社会化电商等。

广义上,社会化推荐的信息来源不仅包括在线社交关系,还包括社会化标签、用户间交互、用户点击行为等。由于用户的决策很大程度上会受到其社交网络中好友的影响，因此将社交媒体数据引入推荐领域，可以产生许多积极作用。例如，为建立链接关系后的用户建模与挖掘，使得推荐结果与传统的推荐技术得到的结果不同，可以提高推荐的多样性，发现意外兴趣，挖掘潜在商机；多源数据的整合可以减少冷启动用户数量，缓解稀疏性问题对推荐的影响等。

3. 视频与直播营销

随着短视频和直播平台的兴起，人们使用社交媒介模式发生改变，短视频营销和直播营销成为近年来新兴的社会化营销模式[96]。此类营销模式在短视频或直播中植入产品或品牌信息，依靠视频主或直播主播在群体中的影响力，结合视频或直播本身的高表现力和高参与度，达到营销产品的目的。这类模式传播速度快，成本低廉，但主播本身的社群影响力对这类模式的营销效果至关重要。换言之，若主播本身缺乏粉丝和关注，视频或直播的初始流量即受众规模小，营销效果会大打折扣，使社会化推荐效果较差。因此，对于短视频营销和直播营销而言，数据流量决策是其营销过程的关键环节[95]。是否需要在开播前购买用户流量或平台推荐，如何实时根据现有的互动情况和销售情况调整流量引入策略，这都是品牌方和主播需要考虑的问题。

此外，短视频和直播都是多媒体媒介，用户往往可以同时感知视频动态、图片、语音、产品信息、其他用户评论等多视图信息。针对这种场景，可以使用多视图算法提取特征从而提供相应服务。例如，可以使用深度卷积神经元网络，在视频流中提取人体部位特征，用于服装检索与精准广告投放[97]；可以使用分类监督的生成式对抗网络（Generative Adversarial Networks, GAN）自动生成平铺式服装图像，应用于视频广告和跨场景服装图像检索场景[98]。此外，品牌方在应用此类模式时需要结合自身品牌特征，进行产品和品牌信息植入的设计，还需要考虑广告时长[99]、内容、主题分布及是否错峰发布等因素对营销效果的影响。需要注意的是，以上提及的视频广告策略往往依赖于对整个视频的分析，并不完全适用于直播视频。针对直播实时流媒体的特殊形式，可以使用深度神经元网络，结合图像、背景图和位置优先级等特征，在合适的位置显示与所处情境相关的广告[96]。

小 结

商务智能具有广阔的应用领域，诸如制造领域、金融领域、电信领域、生物与医药领域、零售与营销领域等。

随着智能手机的普及和社交媒体的广泛流行，商务智能领域出现了移动商务智能、社会化商务智能等新的应用形式，包括基于地理位置的服务、移动库存管理、病毒营销、社会化推荐和视频直播营销等。

思考与练习

2.1 试围绕每个商务智能的应用领域，分别举出一个分类、聚类和关联规则的例子。

2.2 下列实际应用都涉及哪些数据挖掘问题？

（1）股票 A 的变化情况与股票 B 的变化情况相似吗？

A．分类　　　　　　B．聚类　　　　　　C．关联规则　　　　D．其他

（2）在大量的散户中，年轻的白领是重要的客户群吗？

A．分类　　　　　　B．聚类　　　　　　C．关联规则　　　　D．其他

（3）VIP 客户通常购买基金类产品还是股票类产品？

A．分类　　　　　　B．聚类　　　　　　C．关联规则　　　　D．其他

（4）如何给客户定级：普通、银卡、金卡、白金、钻石？按业务额或信用记录？

A．分类　　　　　　B．聚类　　　　　　C．关联规则　　　　D．其他

（5）在围绕消费场景的各类消费贷中，不时出现恶意透支或超常规消费和提现情况，如何进行判断，以便及时预警？

A．分类　　　　　　B．聚类　　　　　　C．关联规则　　　　D．其他

2.3 客户关系管理包括的主要内容有哪些？试简要说明。

2.4 试通过互联网络搜索，汇总归纳一个社会化营销事件的完整过程。

第 3 章

商务智能过程

BI

商场瞬息万变,机会稍纵即逝,对形势的准确预判往往是运筹帷幄决胜千里的关键。因此,对未来的分析和预测能力自然是企业家最希望借助商务智能增加的实力。当然,商务智能无法使我们未卜先知,预测和判断实际上是在对大量历史数据和现状信息进行深入分析的基础上得出的。"罗马城不是一日建成的",商务智能的实现也需要循序渐进的过程。总的来说,需要依次解决"有什么""为什么"和"会怎样"三个层面的问题,这也分别对应数据描述、数据分析和决策支持三个过程。本章将简要介绍在整个商务智能过程涉及的技术和要点。

本章学习重点
❖ 数据库与事务处理
❖ 数据仓库与在线分析处理
❖ 企业知识发现

根据组织管理和决策支持的层次，企业中信息资源的开发与利用一般分为事务处理、分析处理和知识发现三个层次[100-102]。应用的层次越高，对数据管理和综合性的要求就越高。事务处理能够回答"发生了什么"的问题，分析处理回答"为何会发生"的问题，而知识发现回答的是"将会发生什么"的问题（见图 1-2）。可以看出，这三个应用层次的逐级提升是围绕着对信息资源的开发、管理和利用展开的。在事务处理的层次上，要求实现数据的电子化采集、交换和处理；在分析处理的层次上，要求对数据进行多维度的综合整理；在知识发现的层次上，则要求对数据进行深入的、智能化的挖掘分析，以寻找潜在的未知知识。本章将介绍这三个层次的信息资源开发利用与决策支持。商务智能过程如图 3-1 所示。

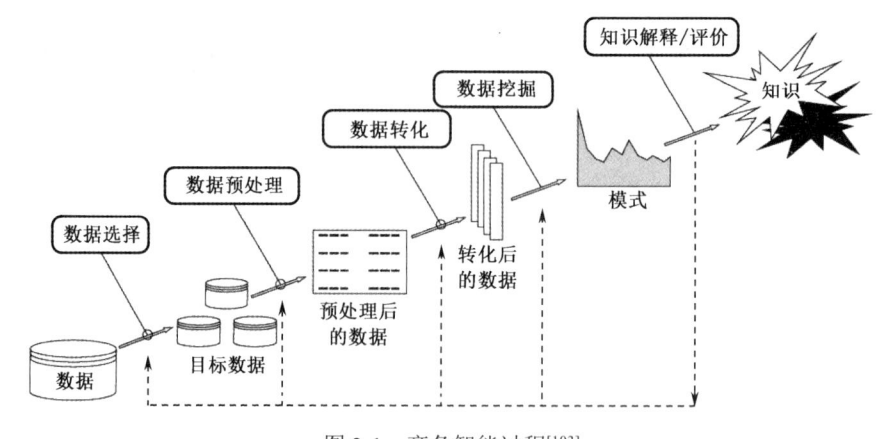

图 3-1 商务智能过程[103]

整个商务智能过程是一个多步骤的处理过程，一般分为如下步骤。

（1）问题定义：了解相关领域的有关情况，熟悉背景知识，理清用户要求。

（2）数据选择：根据要求从数据库中选择与提取相关的数据。

（3）数据预处理：主要对前一阶段产生的数据进行再加工，检查数据的完整性及数据的一致性，对其中的噪声数据进行处理，对丢失的数据进行填补。

（4）数据转化：针对所需的研究问题和将要采用的数据挖掘方法，对预处理的数据进行相应的转化。

（5）数据挖掘：运用选定的知识发现算法，从数据中提取出用户所需的知识，这些知识可以用一种常用的或特定的方式表示。

（6）知识解释/评估：将发现的知识以用户能了解的方式呈现和解释，根据需要，对知识发现过程中的某些处理阶段进行评估和优化，直到满足要求。

在这个过程中，一开始是在基本业务数据库层面进行数据处理，用于对日常运作的信息处理和汇总。进一步，在业务数据库的基础上，通过数据抽取、汇总和转换形成数据仓库，并可以进行分析。在数据仓库的基础上，可以采用数据挖掘技术进行知识发现。因此，整个商务智能过程是对三个分析阶段的整合。但是从具体应用来看，商务智能也可以直接基于一个目标数据库展开分析。

3.1 数据库与事务处理[①]

企业中的事务处理主要是基于数据库来运行的。本节将对数据库与数据库管理系统和在线事务处理进行介绍。

3.1.1 数据库与数据库管理系统

早期的信息系统是以程序代码为核心,数据依附于程序代码,因而也不存在专门的数据管理,数据以零散、自由的方式进行维护。随着应用的发展,数据在信息系统中的基础性地位逐渐体现出来,人们开始采用各种手段对数据进行系统性的组织和管理。大体而言,数据的管理经过了自由管理、文件管理和数据库(DataBase,DB)管理三个阶段。自由管理和文件管理方式在数据存储结构上的标准化程度很低,不足以支撑数据的综合性管理和应用,而数据库是以一定的组织方式存储在一起的相关数据的集合。

数据库的两个主要目标是减少数据冗余和获得数据独立性。数据冗余是指数据的重复,即同样的数据存储在多个文件中,这意味着相同事实的重复,即存在多处修改时发生不一致性错误的可能,且很难确定哪一个值是正确的,这是数据冗余代价最大的方面。数据独立性通常涉及两方面,即数据与数据间的独立性、数据与处理间的独立性。数据与数据间的独立性是指对于某些数据的更新(增、删、改)不影响与其"不相关"的其他数据;数据与处理间的独立性是指在对数据进行更新时,不影响处理该数据的应用程序。一个保持数据与处理间独立性的办法是通过把数据说明放入与应用程序物理上分离的表和数据字典来实现。数据字典(Data Dictionary)是数据库中的一个重要概念,指的是通过特定的数据管理系统存储数据的定义和语义信息。数据项名称、数据类型(如文本型、数字型或日期型)、数据的有效值及其他特征都需要保存在数据字典中。

数据库管理系统(DataBase Management System,DBMS)指的是专门用来建立和管理数据库的软件,并允许独立应用程序通过它来访问数据库中的数据。数据库管理方式如图 3-2 所示,应用程序通过数据库管理系统来访问并维护数据,而数据库管理系统以特定的结构化方式来管理和保存数据。

使用数据库环境来管理数据,具有如下优势。

(1)集中管理数据、集中存取、集中利用和安全保护,降低企业的信息系统环境的复杂性。

(2)剔除所有包含重复数据的孤立文件,减少数据的冗余和不一致。

(3)利用数据建立和定义的集中控制来剔除数据的混乱。

[①] 本节内容主要摘自《信息系统的组织、管理、建模》[3]中的第 8 章,并进行部分改编。

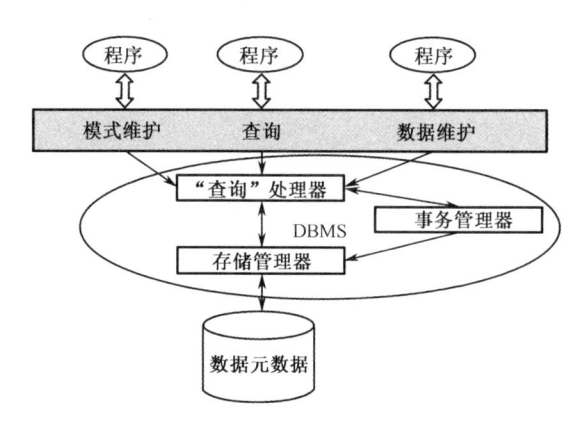

图 3-2　数据库管理方式 [104]

（4）将数据的逻辑视图与物理视图分开，降低程序与数据之间的相互依赖性。

（5）由于允许在大量信息中进行快速、低廉的定制查询，因而大大增强了信息系统的适应性。

（6）大幅度提升了信息存取和利用的可能性。

正是由于这些原因，数据库和数据库管理系统在现代信息系统中居于核心地位[105]。

数据库模型（Database Model）是用来组织记录及确定记录间关系的主要方法也可以称为数据库的结构。层次数据库和网状数据库曾经在历史上产生过很大的影响，但由于其结构的复杂性，以及在数据组织灵活性方面的欠缺，自 20 世纪 80 年代中后期开始已经被关系数据库全面取代。关系数据库是过去三十多年中占据主导地位的数据库结构形式，目前仍然具有极为旺盛的生命力。面向对象的数据库是在面向对象的分析、设计、编程方法取得长足进步的背景下产生的，其结构有利于与通过面向对象手段建立起来的应用系统实现无缝联系。然而，面向对象的数据存储方式具有访问效率较低的弱点。许多面向对象的数据库只是提供面向对象的逻辑访问接口，其实际存储机制仍然是关系数据库结构。

3.1.2　在线事务处理

20 世纪 50 年代，当计算机系统开始得以应用于商业企业中时，计算机的功能十分有限，效率也很低，既不能提供及时的人机交互，也没有良好的用户界面，因此计算机只是取代大量低级人力计算的工具。当时比较多的是采用一种称为批处理（Batch Processing）的形式来应用计算机的计算功能，也就是将大量的任务累积起来，定期地一次性提交给计算机进行处理。总体来说，在计算机资源还比较有限的条件下，批处理的方式可以更充分地利用计算机的资源。

明显，批处理的方式对于业务处理有着很大的缺陷，最主要的问题就是一旦开始运行就不能改变计算机的操作。这限制了事务处理的效率，将整个业务流程割裂了，即计算机系统在很大程度上被孤立在整个业务流程之外。除非有大量的简单重复的工作需要计算机来完成，其他业务环节对计算机的依赖程度很低。

而 20 世纪 80 年代以后，关系型数据库管理系统（RDBMS）的事务处理逐渐成为商业界 IT 应用的主流。随着计算机硬件技术按照摩尔定律的速度不断高速发展，特别是个人计算机的出现，使得信息系统不但是个别企业的竞争法宝，而且成为任何企业的必备工具。但总体来看，在这个阶段，企业的 IT 应用主要着重于业务职能的自动化及信息的存储、汇总、统计和查询等方面，而分析能力比较弱。因此，这样的信息处理模式称为事务处理。在网络应用和实时交互处理功能日益强大和普遍的今天，基于在线计算的事务处理被称为在线事务处理（Online Transactional Processing，OLTP），是事务处理从单机到网络环境发展的新阶段。

OLTP 的特点在于事务处理量大，但事务处理内容比较简单且重复率高。大量的数据操作主要涉及的是增加、删除、修改和查询等操作。每次操作的数据量不大且多为当前的数据。OLTP 处理的数据高度结构化，涉及的事务比较简单，数据访问路径已知且通常固定。事务处理应用程序可以直接使用具体的数据结构，如表和索引等。此外，OLTP 面对的是事务处理操作人员和底层管理人员。

OLTP 系统发展的目标就是能够处理大量的数据，单位时间能处理的事务量更大，能支持更多的并发用户，且有更好的系统健壮性（Robustness）。大型的系统，如机票在线预订系统，每秒能够处理的事务成千上万，股票自动交易系统一天要处理上百万的交易量。OLTP 在查找业务数据时是非常有效的，但在为决策者提供决策分析时显得力不从心。

3.2　数据仓库与在线分析处理[①]

事务处理及 OLTP 系统主要解决业务自动化和信息查询的基本需求，是基于业务数据库而实现的。然而在数据资源开发与利用的分析处理层次上，人们要求信息系统具有对多方面数据进行综合性分析的能力，这就要求建立一个面向分析的、集成保存大量历史数据的新型数据管理机制，这种机制就是数据仓库（Data Warehouse，DW）[106]。数据仓库为分析处理提供了数据基础，而分析处理利用多种运算手段，对数据仓库所提供的数据进行面向管理决策的统计、展示和预测。

3.2.1　从事务处理到分析处理

一般而言，信息处理的任务包括：信息获取（Information Capture）、信息传递（Information Conveyance）、信息创造（Information Creation）、信息存储（Information Cradle）和信息通信

---

① 本节内容主要摘自《信息系统的组织、管理、建模》[3]中的第 8 章，并进行部分改编。

(Information Communication)[107]。信息获取就是从企业内部和外部获得最基本的信息。而信息传递在一定程度上可以视为信息获取的反过程，就是将企业中的信息以最有效的方式提交给其他实体，如用户。信息存储将有用的（如以后会使用到的）信息存储起来。随着存储技术的发展，如何有效、合理地存储信息成为一个重要的问题。同时，大量积累的数据给信息的处理带来了困难。所谓信息通信，就是通过媒介将信息传输给他人或另一个地点。目前，互联网及基于互联网的应用的发展的一个核心问题就是确保信息通信的有效性和安全性。

信息创造与其他四个信息处理任务的不同之处在于：信息获取、信息传递、信息存储和信息通信基本上不涉及对信息的加工，信息创造就是对已有的信息进行处理，以获得新的信息。而这个工作是许多企业业务和管理决策的核心内容。例如，银行对每笔存款需要根据额度和时间及利率来计算利息，商品零售公司根据以前的业务数据来预测本季度的可能销售额等。

事务处理和分析处理都是信息创造的过程。如前所述，事务处理侧重于对企业的业务功能的自动化，典型的处理形式是统计报表和数据查询。而分析处理侧重于对信息的分析，通常涉及对信息的切分、多维化、前推和回溯，以及回答 what-if 问题。明显，分析处理相对于事务处理来说，与中高管理层的业务范围更相关，并更集中于对企业管理决策的支持。常见的分析处理应用如多维视图、预测、敏感性分析和成本控制等。同时，分析处理往往需要较强大的软/硬件及复杂的分析方法和工具的支持。由于网络应用和在线计算已经成为分析处理支撑技术的基本成分，分析处理一般被称为在线分析处理（Online Analytical Processing，OLAP）。OLTP 与 OLAP 的关系示例如图 3-3 所示。

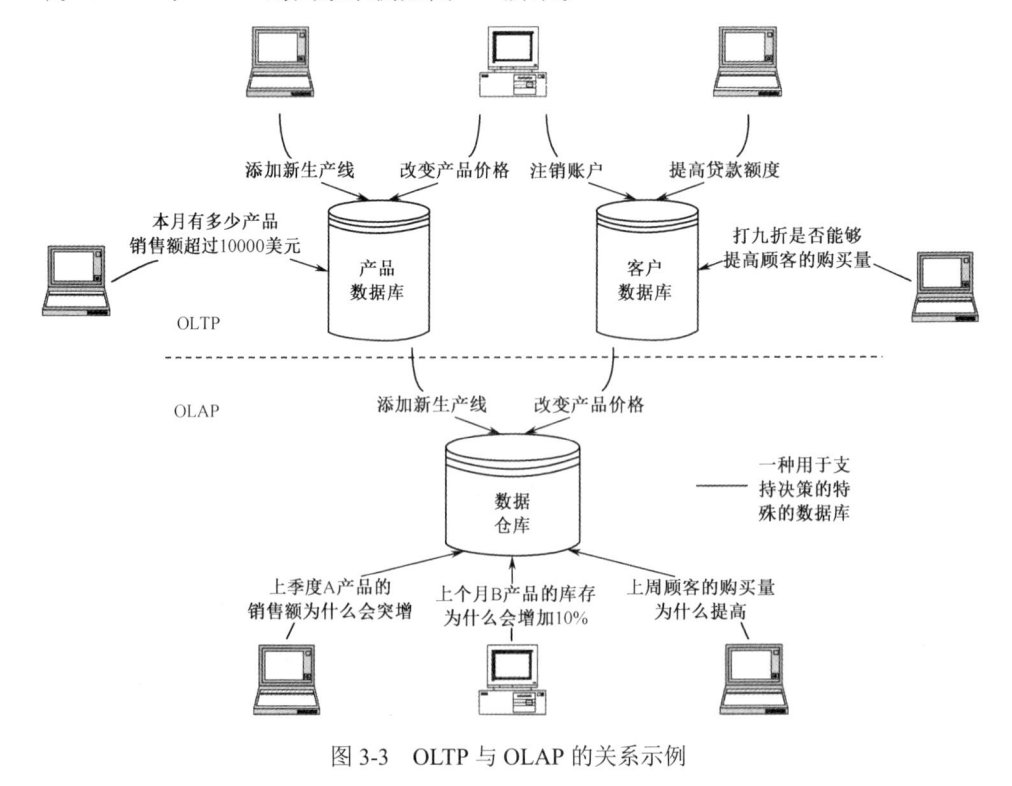

图 3-3 OLTP 与 OLAP 的关系示例

3.2.2 数据仓库

事实上，OLAP 能够高速发展也得益于数据仓库技术的出现和完善。由于这两者结合得相当紧密，以至在实际应用中，OLAP 应用和数据仓库应用经常指同一个概念。所谓数据仓库，就是把一个企业中的历史数据收集到一个中央仓库中以便于处理，它是支持决策过程的、面向主题的、集成的、随时间而变的、持久的数据集合。数据仓库是 OLAP 应用的环境和基础。从最基本的功能来看，与数据库一样，数据仓库也是用来存储结构化的数据，但是与数据库有许多不同之处。

数据仓库的创始人 Bill Inmon 指出，与传统的数据库相比，数据仓库具有面向主题、集成性、相对稳定性、反映历史变化四个最重要的特征[106]。

（1）面向主题。操作型数据库面向事务处理任务组织数据，而数据仓库根据主题域（用户进行决策时所关注的方面）来组织和提供数据。一般，按业务应用程序易于检索和更新的目标来组织数据，分析人员就可利用图形化的查询工具来分析业务问题。但是实际情况并非如此，特别是由于决策者所需的信息的形式可能是多种多样的，不可能简单地归纳成为标准化的面向业务的形式，而数据仓库作为新型的数据存储方式，更侧重于从决策支持的最终用户（决策者）的角度来组织和提供数据。也就是说，它由商业用户存取而不是程序员存取。

（2）集成性。面向事务处理的操作型数据库聚焦事务处理任务，以提高应用程序访问数据的效率，却造成各业务系统之间相互独立，并且往往是不一致和异构的；而数据仓库中的数据是在对原有分散的数据库进行数据抽取、清理的基础上经过系统加工、汇总和整理后实现的数据集成，必须消除源数据中的不一致性，以保证数据仓库内的信息是关于整个企业的一致的全局信息。

（3）相对稳定性。操作型数据库中的数据通常实时更新，数据根据需要及时发生变化；数据仓库中的数据主要供企业决策分析之用，涉及的数据操作主要是数据查询，一旦某数据进入数据仓库，一般情况下将被长期保留，也就是数据仓库中一般有大量的查询操作，但修改和删除操作很少，通常只需要定期加载和刷新。

（4）反映历史变化。操作型数据库主要关心当前某时间段内的数据，数据仓库中的数据通常包含历史信息。数据仓库的目标就是应用大量的历史数据，并通过对历史数据的分析来确认一些模式和预测趋势，从而达到决策支持的目的。因此，系统记录了企业从过去某时点（如开始应用数据仓库的时点）到目前的各阶段的信息，容量远远大于一般的数据库，通过这些大量的信息，可以对企业的发展历程和未来趋势做出定量分析和预测。

数据仓库还具有一些其他特点，如数据仓库中的数据不再像数据库中的数据一样具有严格规范化的特点。这是由数据仓库的应用需求决定的。数据仓库为了保证系统的响应速度，可以在一定程度上牺牲数据的规范化，增加数据的冗余度，即用空间换时间。

再如，数据仓库系统在硬件的利用模式上与数据库系统有很大的区别。在数据库环境下，由于不断地有事务需要处理，硬件资源利用率总是保持在一个相对稳定的状态；而在数据仓库环境下，系统的硬件资源利用率水平并不稳定。数据分析的工作会在特定时段进行，在系统进行数据分析应用时，硬件资源的利用率很高，而系统空闲时硬件资源的利用率很低。

数据仓库中的数据来源多样，包括业务数据库、财务数据库、文档资料和外部数据等。一般而言，其中的大部分数据来自数据库。从这些来源获得的数据需要经过提取、转换和装载的过程，才能纳入数据仓库。提取、转换和装载过程通常由 ETL（Extraction-Transformation-Loading）模块完成。ETL 模块的主要功能是提取来自数据库的数据，对其进行整理、转换及数据规范检查等工作，并与外部数据进行一些必要的整合、清理和重构，把清理后的数据装载入数据仓库，保证数据符合数据仓库的要求。同时，该模块具有定期进行提取、转换和转载数据的功能。

ETL 模块是数据仓库系统的一个重要组成部分，提取和清理数据的能力在很大程度上决定了数据仓库所能够获得的数据质量。本书第 4 章将对 ETL 的概念和技术进一步介绍。

将 OLAP 应用构建于数据仓库而不是数据库之上，主要是有以下三个技术方面的原因。首先，计算机处理速度的阶跃式增长及单位字节的存储成本和处理成本大幅度降低，是保证数据仓库能够有效运行的物理基础；其次，决策分析理论的完善和应用使得数据仓库中的分析技术能够有效实现，以及决策人员可以直接从系统中获得需要的决策支持信息；最后，传统的信息处理方式是根据用户的需要，通过系统能够接受的任务形式得到目标结果。而在数据仓库系统中，数据用于支持各种分析任务，并生成多角度、多层次和不同粒度上的分析结果，人们通常无法提前预测或控制决策数据的存取路径。数据仓库技术的这些特点为 OLAP 的应用提供了坚实的基础。

在日常管理中，企业管理人员除了要解决基本的信息处理的问题，还需要解决复杂的问题。这时可能就要利用 OLAP 功能了。例如，可能会有以下场景。

（1）中西部及山地区域的商店在 11 月份售出的滑雪橇中有多少是由 A 公司制造的。与去年和前年相比，销售额有何不同？与实际计划相比又有何不同？本月的销售额应该是多少？

（2）公司在本季度末应该保存多少辆蓝色小型运货车的库存？这些货车应该具有 CD 机、3 个座位、标价小于 8.7 万元。这就需要对过去 5 年内每季度的存货进行统计，与实际的计划相比，并比较季度前后的季度存货。

以上两个例子中的问题就需要通过在 OLAP 来解决。例如，在为 A 公司制订销售计划时，就需要通过近几年、几个季度和几个月的销售情况来确定销售的模式，然后根据该模式来预测本月的销售额度，从而制订销售计划。

上述例子说明了商业数据事实上是一种多维数据，也就是说，对于同样的数据，从不同角度来看，它就具有不同性质。但是这些性质之间是相互联系的，而且通常具有一定的关系，如销售数据、库存数据和预算数据之间存在相互联系和相互依赖的特点。而且，在分析销售模式时，要分别对年、季度、月这些不同层次上的数据分别进行处理。由于目前的企业活动是在全球经济环境下展开的全球性竞争，因此需要寻找可使其产品和服务具有差异化优势的细分市场。为了能够满足这些要求，多维分析能起到重要作用。OLAP 也可以说是多维数据分析工具的集合。

在多维分析中，数据是按维度来表示的，如产品、地域和顾客。维度通常按层次组织，如城市、省、国家、洲。时间是另一种标准维度，具有自己的层次，如天、周、月、季度和年。不同的管理者可以从不同维度（视角）去考察这些数据。如图 3-4 所示，对于一套销售数据，财务经理、区域经理、产品经理及其他管理人员可以分别从自己所关心的侧面去审视。

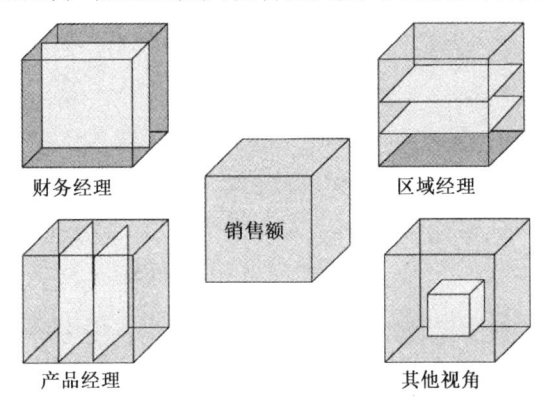

图 3-4 多维视角

这种在多个不同维度上对数据进行综合考察的手段就是通常所说的数据仓库的多维查询方式，主要包括如下 5 项。

（1）切片（slice）：在某维度上选取特定的值，在该维度值保持不变的情况下，根据其他维度对数据进行展现。这就好像从数据的多维立方体中"切"出一个截面。

（2）切块（dice）：限定一个或多个维度的取值范围而得到的数据展现结果，就好像从多维立方体中"切"出一个立方数据块。

（3）旋转（pivot）：变换维的方向，即在表格中重新安排维的放置（如行列互换），以获得所需的分析视角。

（4）下钻（drill-down）：选定特定数据范围后，进一步查询细节数据。从另一种意义来说，钻取就是针对多维展现的数据，进一步探求其内部组成和来源。只要维度具有层级结构，下钻处理就是可行的。

（5）上卷（roll-up）：选定特定的数据范围后，对其进行汇总统计，以获得更高层面的信息。上卷操作同样要求维度具有层级结构。

作为示例，图 3-5 显示了一个按照时间、城市和促销类型三个维度组织的销售数据和赢利数据的多维分析表。

总的来说，OLAP 主要实现以下功能：

（1）展示数据仓库中数据的多维逻辑视图。

月份	城市	折扣 销售额	折扣 利润	直邮 销售额	直邮 利润	广告 销售额	广告 利润	广播 销售额	广播 利润
⊟ 四月	北京	35381	23581	2023	-7477			35581	23581
	上海	35581	23581	2023	-7477	2023	-7477	41055	33055
	广州	30345	21545	41055	33055	30345	21545	41055	33055
四月（合计）		101507	68707	45101	18101	32368	14068	117691	89691
⊟ 一月	北京			9282	-12718				
	上海	12495	-8805	9282	-12718			6664	-10836
	广州					22372	12872	6664	-10836
一月（合计）		12495	-8805	18564	-2543.6	22372	12872	13328	-21672
⊟ 七月	北京	32844	29544			32844	29544		
	上海	21539	8039	11900	4900	11900	4900	11067	1567
	广州	10472	6472	34272	21772	32844	29544	44744	28244
七月（合计）		64855	44055	46172	26672	77588	63988	55811	29811
⊟ 十月	北京			61404	40104				
	上海	43197	22697						
	广州			54145	45345	47005	23505	57596	39296
十月（合计）		43197	22697	115549	85449	47005	23505	57596	39296
总计		222054	126654	225386	104786	179333	114433	244426	137126

图 3-5　销售数据多维分析表

（2）通常包含交互式查询和对数据的分析。交互式通常有多种方法，包括细分较低级别的详细数据或统揽较高级别的概括性和聚集数据。

（3）提供分析的建模功能。基于数据，根据已有的决策分析模型确定合适的变量和比率等计算引擎或多维的数字数据。

（4）生成概括数据和聚集、层次，以及在每维的交叉点上对聚集和概括级别的审计。

（5）支持功能模型以进行预测、趋势分析和统计分析。

（6）检索并显示二维或三维表格、图表和图形化的数据，并且能够容易地变换基准轴，这一点相当重要，因为对于商业用户，需要从不同的角度来分析数据；并且，在分析某一个侧面的数据时所产生的问题可能需要在另一个侧面中来检验。

（7）迅速响应查询。这样才能保证与商业活动同步，从而才有实际应用价值。

（8）具有多维数据存储引擎，按阵列存储数据，这些阵列是商业维的逻辑表示。

随着数据仓库和 OLAP 技术的不断成熟，它在企业中的应用前景也变得逐渐广阔。但是需要指出的是，基于 OLAP 技术所得到的分析结果通常是运用已有的知识（如业务规则和商务规律）来建立决策分析模型，并通过数据仓库的支持进行多维视角的预测和回溯分析。

3.3　企业知识发现

随着企业的发展，对信息系统决策支持的要求越来越高，需要更多的知识来有效支持决策，以获得竞争优势。同时，信息技术的创新和应用产生了海量的企业外部数据，其中不乏与企业息息相关的商务情报，但往往呈现大规模、高通量、低价值密度等特征，这就对数据分析和利用能力提出了更高的要求。

面向管理决策的知识发现处于信息资源开发和利用的较高层次上，也是商务智能的主旨，其核心技术是数据挖掘。通过数据挖掘，从海量数据中发现的潜在、新颖的、有助于管理决策的模式和知识，很可能如同"知识金矿资源"，能够帮助企业在市场竞争中获取战略性的优势。

3.3.1　OLAP 与知识发现

OLAP 是通过带层次的维度和跨维度进行多维数据分析的。通过商业活动变化的查询发现问题，经过追踪查询找出问题出现的原因，达到辅助决策的作用。而数据挖掘是以变量和记录为基础进行分析的，这也是数据挖掘能够发现大量数据背后隐藏的知识的原因。数据挖掘任务如聚类、分类和预测等，是带有探索性的建模功能，并不是始于一个有待证明的具体逻辑模式，而是始于纷繁复杂的海量数据，利用强大的数据分析工具和特定的知识提取方法，获得相关的知识，进行决策支持。

更重要的是，知识发现在于寻找潜在的、新颖的和有用的知识，用于支持企业的管理决策。在有些情况下，数据挖掘人员并不是精确地知道什么是必须分析的，有些数据挖掘任务可能一无所获。有时数据挖掘的结果却是意外的、稀缺的信息"金矿"。例如，若能确定一个高价值客户或可能流失的客户的特征，就可以及时采取措施以保持这些客户。如图 3-6 所示的例子可说明 OLAP 与知识发现的区别。

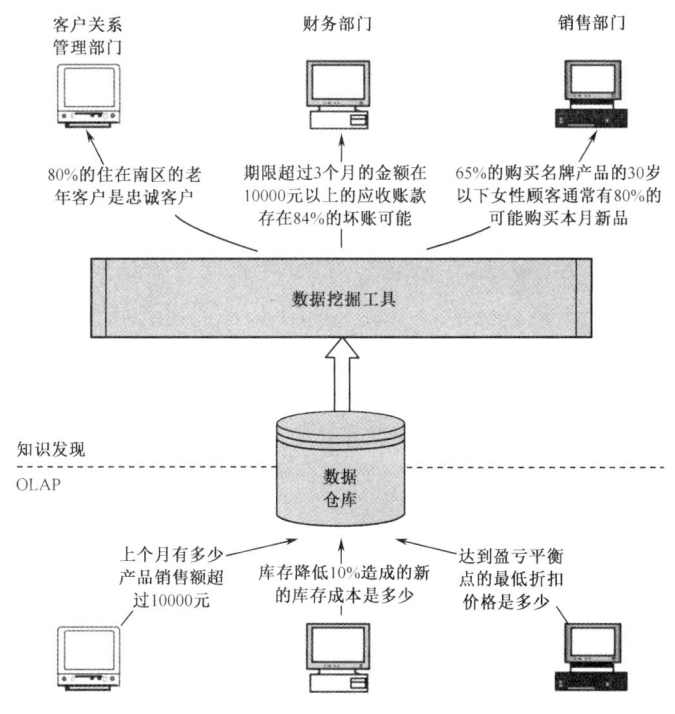

图 3-6　OLAP 与知识发现的区别示例

3.3.2 企业内部知识发现

传统的企业知识发现基于企业内部的丰富数据。相较于外部数据，企业内部数据源通常更容易收集，并且与企业自身的运营目的和商业见解更直接相关。内部数据的种类繁多，一些常见的内部数据来源如下[108]。

（1）交易数据和销售终端（Point of Sales，PoS）信息。企业可以利用财务和交易系统中的海量信息挖掘与企业自身业务采购相关的信息及与客户购买习惯趋势相关的信息。从这些信息中，企业可以获取有价值的商务见解，如削减成本和维持预算的方法，以及迎合客户购物偏好的关键经营模式等。

（2）客户关系管理 CRM 系统数据。CRM 系统提供关于客户的详细信息，包括客户的隶属关系、客户地点和其他区域或地理特征等。这些信息有助于企业更好地了解客户，且与交易数据配对时可能变得更加有效。

（3）内部各类文档表格。企业内部文档表格可以成为有价值的知识发现数据来源，诸如电子邮件、Word 文档、PDF、XML 和各种其他内部文档表格都可能成为知识发现的内部数据来源。

（4）其他内部应用程序。例如，项目管理、市场营销、企业资产管理、人力资源管理、成本管理等自动化应用程序产生的数据。在数据挖掘中寻找有价值的信息时，可以优先考虑与目标决策最为相关的内部应用程序。

（5）传感器数据。随着物联网的普及，各类传感器收集的数据也逐渐形成一类重要的内部数据来源。企业可以利用其自身或为其客户提供的物联网设备收集、处理和分析各类数据，刻画跨时间、跨地点和跨功能的综合业务环境的整体视图，为后续的知识发现提供信息数据来源。

企业内部数据的来源大多与企业自身业务密切相关，因此一般是商务智能分析师在获取信息时首先考虑的对象。但是，基于内部数据的知识发现往往并不充分，无论企业是想探索有关该行业的更广泛问题，还是想更好了解未来的客户，分析团队都可能需要寻求企业内部数据之外更多的知识发现数据来源。

3.3.3 企业外部知识发现

随着社交媒体数据、智能传感数据、用户生成内容等新数据源的兴起，传统的商务智能应用得到进一步开展，不再局限于生产交易等企业内部业务数据，更需要将分析的触角延伸至互联网中产生的企业外部大数据。在 Web 2.0 环境下，消费者在接收数据的同时也可能是数据的创造者，业务交易不再是企业的数据全部。消费者在互联网中创造了许多与企业相关的信息，如购买前的搜索、购买时的比对、购买后的评论等，这些信息隐藏了大量的客户信息及企业情报。深入挖掘企业外大数据蕴含的市场价值，才能在瞬息万变的大数据环境中捷足先登。与此同时，随着越来越多的公共数据（例如，政府记录、公开财务记录和社交网络记录等）变得可用，企业需要分配更多资源来获取这些数据，解析来自非结构化和半结构化源的数据并将其与企业自身的数据集成，最终形成有商务价值的决策参考。

  归纳来看，最常见的两种外部数据来源是社交媒体和政府开放的数据。通过社交媒体平台，企业可以了解到较为真实的用户反馈以便更好地了解其当前和潜在客户，社交媒体的数据包括用户行为数据、UGC 信息和用户关系数据等。

  （1）用户行为数据包括用户的点击习惯、搜索记录和用户的业务流量等，这些数据具有实时更新的特点，形象地描摹了用户行为模式，如搜索引擎的使用已经成为互联网生活必不可少的部分，搜索日志实时记录了用户潜在的搜索意图。但是用户搜索量之大、更新速度之快、搜索形式之多样化远非传统的数据处理技术所能企及，有效处理企业外部的实时数据流是帮助企业在竞争中获得先动优势的关键举措[109,110]。

  （2）UGC 信息指用户在诸如 Twitter、微博和微信等社交平台上发表的言辞评论、互动交流和购物网站中的评论信息等，以及用户注册过程中产生的资料数据（如年龄、职业、兴趣爱好等特征）。这些数据来源不一，具有碎片化、富媒体（可能是视频、图像等类型）等特征，所以数据收集及如何将多源异质化数据转化为面向业务的可利用数据是进行企业外部大数据分析的一个重要挑战。一些自然语言处理技术，如词频分析、语义分析、情感分析和趋势分析等，在某种程度上可以帮助挖掘与企业相关的产品变动信息、客户偏好信息和市场份额信息等，辅助企业不断创新产品与拓宽市场发展，如追踪用户微博中与某产品相关的迁移话题，可以分析用户对产品的需求变化，帮助企业改善产品体验以提高客户满意度。

  （3）用户关系数据是指用户在互联网上构成一个庞大的社交网络，好友彼此之间的关系蕴含了颇为丰厚的网络信息，但呈现多规模节点、结构稀疏性特征。如何通过传统的聚类分类、关联发现和网络结构分析等，处理这些网络结构数据，挖掘兴趣社群、帮助搜寻企业的潜在客户，从而实现病毒营销和个性化推荐等具有重要的管理价值[111,112]。

  除了社交媒体平台，政府也会提供一些信息资源，有助于企业更好地了解公众。企业可以利用政府公开数据实现数据交叉、链接和共享，挖掘公开数据中本行业相关的重要信息，从而带来新的商务价值增长点。公共数据资源的逐渐开放，也更加有利于大数据基础设施建设的统筹规划，推动政府治理和宏观调控科学化和精准化，促进企业服务大众普惠化。例如，截至 2020 年 10 月，国内已有 142 个省级、副省级和地级政府上线了数据开放平台，提供社保就业、经贸工商、社会民生、财税金融等各类公开信息[113]。

  企业外部大数据蕴含了重要的商务价值，是现代商务智能应用的重点，但多呈现非封闭、动态、富媒体等特性，与传统的数据库、数据仓库数据有着很大区别。当前，Hadoop、NoSQL 等大数据相关技术逐渐发挥着重要作用。例如，市场上的主要供应商均提供了各种数据连接器，以支持对 Hadoop 数据进行分析。这些技术在扩充数据外延的同时也扩大了数据库的应用空间。企业外部大数据分析的重要性催生了商务智能技术的一系列创新,如信息采集的来源丰富化和采集持续性,数据存储的可扩展性和实时更新等,数据处理的结构多异性、跨平台性和数据应用的个性化等,这些创新旨在促进企业内/外部数据交叉融合、相辅相成,形成一个全面、完整的数据价值发展平台,为企业的商务智能应用注入新的活力[114]。

小 结

企业中数据资源的开发与利用一般分为事务处理、分析处理和知识发现三个层次。事务处理能够回答"发生了什么"的问题,分析处理回答"为何会发生"的问题,而知识发现回答的是"将会发生什么"的问题。

商务智能过程是一个多步骤的处理过程,一般分为问题定义、数据选择、数据预处理、数据转化、数据挖掘和知识评估。一般说来,商务智能过程是事务处理、分析处理和知识发现三个阶段的整合。但是从具体应用来看,商务智能也可以跨越阶段直接针对特定的目标数据进行知识发现。

事务处理的特点在于事务处理量大,但事务处理内容比较简单且重复率高。数据源经过提取、转换和装载后纳入数据仓库,被整合和组织成面向主题的数据。分析处理则可以利用多种运算手段,对数据仓库中所提供的数据进行面向管理决策的统计、展示和预测。数据挖掘在信息资源高度综合集成的基础上,利用新型的海量数据分析方法,发现潜在的、新颖的、有助于管理决策的规律和知识。

商务智能过程可以帮助企业决策者及时地分析企业内/外部数据,挖掘其中蕴含的商务信息,帮助企业了解自己的客户、了解竞争对手、了解自己的现状、了解发展的机会(这些正是企业制定和实施经营战略与决策的知识),在激烈的竞争环境中获得并保持竞争优势。

思考与练习

3.1 请简述商务智能的过程。

3.2 试论数据库在信息系统中的作用,并概述数据库存储和查询的主要概念。列举2~3个商用数据库管理系统的产品。

3.3 事务处理、分析处理和知识发现的主要内涵、联系和差别是什么?

3.4 试论如何利用知识发现技术帮助企业保持和获取竞争优势。

3.5 如果商务智能作为企业信息化实施的内容之一,商务智能过程与信息化实施过程有什么关系?

3.6 试举1~2个企业外部大数据应用的例子,阐释可运用的数据和技术,以及可解决的商务问题。

第4章

数据平台

BI

"我家大门常打开,开放怀抱等你……"《北京欢迎你》的歌词体现了奥运会期间北京海纳百川的情怀,同样适用于以数据仓库为代表的数据平台。与现实生活中大门紧锁的物资仓库不同,信息时代日益频繁的数据交换使数据平台也必须具有包罗万象、兼收并蓄的特质。当然,兼收并蓄并非放任自流,如果无法有效管理和控制海量数据信息,对它们的存储也将变得没有意义;如果不能支持频繁的数据交换,数据平台就如同一潭死水;如果无法保障数据信息的安全,造成事故的后果必将是灾难性的。本章将介绍当好"仓库管理员"必备的一些基本知识。

本章学习重点
- 数据仓库的技术演进与体系结构
- 数据集成、提取与转换模式
- 数据仓库开发、管理与安全
- 分布式数据平台
- 云数据平台

随着数据库技术的不断发展及数据库管理系统的广泛应用，数据库的数据量和规模也在急剧增长。单纯的数据查询和基本分析已经远不能满足企业的管理人员和决策者的需求，他们需要的是反映市场的瞬息变化、反映业务的历史及趋势的更深层次的信息，以更有效地支持管理决策。数据平台和数据挖掘技术无疑为此注入了新的活力。数据平台的一种传统形式是数据仓库，数据仓库也是整个商务智能过程的一个组成部分。完善的数据仓库的构建为有效的商务智能知识发现提供了良好的支持。而近年来 Web 2.0、社会化媒体和移动终端等的广泛应用促进了数据的爆发式增长，且这些数据多呈现超规模、富媒体、实时化和低价值密度等特性，使得传统的数据库和数据仓库技术手段在面向这些新兴数据源的分析需求时常常显得力有未逮。这一趋势促使着数据管理系统从单体式架构向分布式架构转变。此外，云计算作为一种新型计算范式，为大数据的存储和分析提供了可能性，扩充了商务智能的数据外延和应用空间。

4.1 数据处理技术演进

随着计算机硬件和软件的飞速发展，尤其是数据库技术与应用的日益普及，Web 2.0 及终端应用的丰富发展，人们面临着快速扩张的数据海洋，如何有效利用这一丰富数据海洋的宝藏为人类服务，以及企业如何挖掘外部大数据中蕴含的商务价值，已成为广大信息技术工作者所重点关注的焦点之一。与日趋成熟的数据管理技术和软件工具相比，人们依赖的传统数据分析功能却无法有效地为决策者提供其决策支持所需的相关知识，因为无论是查询、统计还是报表，其处理方式都是对指定的数据进行简单的数字处理，而难以对这些数据所包含的内在信息进行提取，缺乏发现数据中存在的关系、规则和模式的能力，无法根据现有数据预测未来的发展趋势，从而形成了数据丰富而知识贫乏的现象。

随着信息管理系统的广泛应用和数据量激增，人们越发希望能够提供更高层次的数据分析功能，从而更好地为决策或科研工作提供支持。为了满足这种要求，从大量数据中提取出隐藏在其中的有用信息，将机器学习和人工智能方法应用于大型数据库的数据挖掘技术得到了长足的发展。

数据挖掘实际上是信息处理技术逐渐发展和演进到一定程度而涌现出的新技术和方法。在电子数据处理的初期，人们就试图通过某些方法来实现自动决策支持，当时机器学习是关注的焦点。机器学习的过程就是将一些已知的并已被成功解决的问题作为范例输入计算机，通过预设的推理机制，机器可以学习这些范例，总结并生成相应的规则，这些规则具有一定的通用性，用其可以解决某类问题。之后，人们的注意力转向知识工程。不同于机器学习，知识工程直接为计算机输入已被代码化的规则，计算机通过使用这些规则来解决问题。专家系统就是使用这种方法得到的成果，但存在投资大和效果不甚理想等不足。

同时，海量数据存储、多处理器计算机基础技术的发展成熟及智能化的决策支持技术的发展，也推动着数据挖掘方法发展成为成熟、稳定且易于理解和操作的技术，使得数据挖掘技术的商业实践成为可能。数据挖掘的核心智能决策技术历经数十年的发展，其中包括数理统计、人工智能和机器学习等。今天，这些成熟的技术，加上高性能的关系数据库引擎及广泛的数据集成，使得数据挖掘技术在当前数据仓库环境中进入了实用阶段。云计算进一步助推了数据挖掘技术的发展，高效能、高弹性的计算能力方便了对企业内/外部海量数据的商务知识提取，加强了数据挖掘技术与实际商务应用的密切融合。

数据挖掘可以视为数据管理与分析技术的自然演化产物。纵观历史，数据分析与处理技术的发展经历了数据收集与数据库创建、数据管理（包括数据存储和数据检索、数据库事务处理）、数据分析和理解（包括数据仓库和数据挖掘）三个不同的发展阶段。

从20世纪五六十年代数据库技术崭露头角开始，原始的文件存储系统开始向强大的数据库系统演变。70年代以来，随着关系型数据库系统的出现，OLTP在关系型数据库技术的发展历程中发挥了重要作用。80年代中期以后，对更新和更高级的数据库系统的研究和应用也如火如荼，包括扩展关系型数据库、面向对象式数据库、产生式数据库和一些面向应用的数据库，如空间数据库、时态数据库、多媒体数据库、主动式数据库、科研数据库和知识库等。在80年代末期有了数据仓库技术和数据挖掘的兴起。数据仓库与数据库最大的不同在于它是面向决策而非面向事务处理的。建立在数据仓库之上的OLAP工具提供了多维数据分析和决策支持的能力。自20世纪90年代特别是进入21世纪以来，对数据挖掘技术的研究和应用已广泛展开，出现了很多新的数据挖掘方法和工具。一些大的数据分析公司和数据库厂商（如IBM、Oracle、SAS和SPSS等）也推出了自己的数据挖掘工具。目前，数据挖掘技术已在市场分析、政府管理、健康医疗、科学研究、金融及制造业等方面得到了应用并取得了良好效果。可以说，商务智能及其数据挖掘技术正日益受到人们的重视并成为学界和业界关注的热点。在中国，近年来数据仓库及数据挖掘技术在许多行业，尤其是电信、银行、证券、保险、零售和交通甚至传统制造业等领域得到了越来越广泛的关注。许多大型企业已经开始调研、准备和启动相关建设工作，也已经出现很成功、很有价值的业务应用。图4-1概括了数据库技术发展的轨迹。

概括说来，在强力的行业发展和业务需求的推动之外，有四个主要的技术原因激发了数据挖掘的开发、应用和研究的兴趣[115]。

（1）超大规模数据库的出现，如商业数据仓库和计算机自动收集的数据记录。

（2）先进的计算机技术，如更快和更大的计算能力和并行体系结构。

（3）对巨大量数据的快速访问。

（4）对数据应用精深统计方法计算的能力。

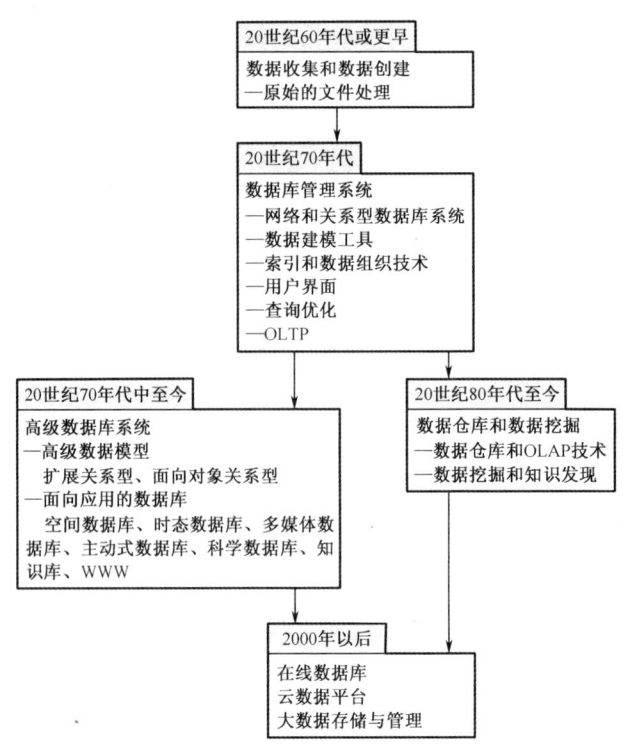

图 4-1　数据库技术发展的轨迹

4.2　数据仓库过程与体系结构

数据仓库是计算机和数据应用发展到一定阶段的必然产物。如今，信息处理部门的工作重点已不在于简单的数据收集，企业希望能够快速、交互、方便和有效地从海量数据中获得有意义的信息和知识，为企业决策提供科学支持。也就是说，数据仓库的目的是建立一个体系化的数据存储环境，使分散、不一致的操作数据转换成集成、统一的信息。企业内各部门、各层次的人员都可以在这个环境下查询和使用其中的数据和信息，进而为决策提供支持，获取更大的经济效益。传统的数据库技术以单一的数据资源（即数据库）为中心，执行事务处理、批处理、决策分析等任务，主要是操作型处理功能。而数据仓库技术具有分析处理等特点，从不同数据源提取出数据和信息，转换成公共的数据模型并和数据仓库中已有的数据集成在一起，发展为体系化环境。在这个体系化环境中，数据冲突和表达不一致的问题已经得到解决，从而弥补了原有操作型数据库的缺点。

数据仓库中存在两种主要数据：原始数据和由原始数据导出的、适合分析的导出型数据。不过，这种转化是相对简单的，远远不能满足各种分析的要求。随着数据的不断载入，数据仓库的规模越来越庞大，分析工作如果完全基于单一的数据仓库，性能将十分低下，因而需要建立分层的数据仓库体系。

在数据仓库体系化环境中,数据从操作型环境经过综合整理进入全局级数据仓库;企业中的有关部门再从全局级数据仓库中组织适合自己特定需求的数据,建立各自的局部仓库;个人从全局数据仓库或局部仓库中提取所需数据,即个人仓库。数据在全局级数据仓库中的集成性和一致性,为部门级和个人级的数据提取工作赢得了很高的效率。

数据仓库通常采用三层体系结构:操作环境层、数据仓库层和业务操作层[116]。其中,操作环境层包括了整个企业内有关业务的 OLTP 系统和一些外部数据源;数据仓库层是指将操作环境层的相关数据进行提取、清洗和转换所形成的数据层次;业务操作层则包括各种数据分析处理工具。

元数据作为对数据的描述,贯穿整个系统的各层次。数据仓库中的元数据有不同的类别。例如,为了从操作型环境向数据仓库环境转换而建立的元数据,定义了所有源数据项的名称、属性和相关的提取转化信息;用来在最终用户的多维数据模型和前端展现工具之间建立映射的元数据,内容包括:数据仓库中信息的种类、存储位置、存储格式、信息之间的关系,信息和业务的关系,数据模型及数据模型与数据仓库的关系。

数据仓库的实现过程主要包括数据仓库的设计与建模、数据集成、数据存储和管理、数据分析和展示四部分。

1. 数据仓库的设计与建模

数据仓库的设计包括与操作性系统的接口设计和数据仓库本身的设计。实际上,数据仓库的需求是无法事先完全预知的,有时只有在装载了部分数据并已开始使用时才能明确,因此数据仓库的设计是以一种迭代方式进行的,不同于传统的操作性系统的设计开发。首先,载入一部分数据供决策支持系统分析员使用和查看;然后,根据用户的反馈,修改数据和添加其他数据。这种反馈过程贯穿于数据仓库的整个开发生命周期之中。

数据模型是能够采用迭代方式建立数据仓库的关键。数据模型可以分为高层建模(ER 模型,实体关系层)、中间层建模(DIS,数据项集)、底层建模(物理模型)三个层次。高层模型中的实体与企业的主要主题域相关,然后将高层模型中标识的每个主要主题域或实体扩展为一个中间层模型,最后基于中间层模型创建物理数据模型。

2. 数据集成

数据仓库中的数据来自不同的系统,这些系统的硬件环境和软件环境可能各不相同,使得数据结构各异。提取这些系统中的有用数据,进行净化、整理、综合及概括,并去掉无用的数据,转换为统一的格式加载到数据仓库中,这就是数据集成的任务。

3. 数据存储和管理

数据仓库的存储可以选用多维数据库,也可以选用关系型数据库或其他的特殊存储方式,要保证数据的安全性、完整性及一致性,还要具有复杂的分析查询的高效性。

4. 数据分析和展示

OLAP 是一项分析处理技术，从企业的数据集合中收集信息，并运用数学运算和数据处理技术，灵活、交互式地提供统计、趋势分析和预测报告。OLAP 工具有多种，可以对数据仓库中的数据进行多维分析和汇总，形成图表或报表的形式，使企业的决策者可以清晰、直观地看到分析结果。

值得一提的是，近年来动态数据仓库很受关注。基于传统数据仓库的架构和技术原理，动态数据仓库是对传统数据仓库的补充和扩展，不仅包含复杂的战略性决策支持，还包括战术性的决策支持和事件的自动检测和处理功能，从而使数据仓库发挥更大的作用。与传统的数据仓库相比，动态数据仓库的特点还体现在数据的实时加载、混合的工作任务、事件的检测和预先分析等方面。在金融行业，上海证券交易所已经成功地采用动态数据仓库技术进行风险的预防和管控，即基于对数据的分析和整理来判定自己的交易行为及客户的交易行为是否符合法律法规的要求[117]。在甘肃，与互联网技术结合的动态数据仓库被用来进行公路质量检测的数据采集、整理、传输和汇总分析[118]。此外，邮政 EMS 采用动态数据仓库构建速递邮件实时动态跟踪查询系统，也是一个成功的应用实例[119]。

4.3 数据集成、提取与转换

传统企业中的信息系统通常是一个由系统架构、不兼容数据源、数据库与应用共同构成的复杂数据集合，各部分之间容易形成孤岛，这导致了商务智能应用所需的数据整合的难度。此时需要一个解决方案来化解企业的数据一致性与集成化问题，能够从相关环境与平台中采集数据，并对其进行高效转换。这个解决方案就是 ETL（Extraction-Transformation-Loading），即数据提取、转换、装载的过程。有时为了强调数据的清洗，也称为 ECTL（Extraction-Cleaning-Transformation-Loading）过程。ETL 的功能是提取来自数据库的数据，对其进行整理、转换和数据规范检查等工作，并与外部数据进行一些必要的整合、清理和重构，把清理后的数据装载入数据仓库，保证数据符合数据仓库的要求，同时具有定期进行提取、转换和装载数据的功能。

4.3.1 数据提取

数据提取用于获取商务智能系统所需的数据，它们通常是源数据的子集。因为数据通常分布在不同的业务系统中，为确保分散的业务数据能够顺利进入数据仓库，在充分理解数据定义后，规划需要的数据源及数据定义，确定可操作的数据源，制定数据提取方案。

数据提取是在对数据仓库的主题和数据本身内容理解的基础上，选择主题涉及的相关数据。数据选择过程将搜索所有与业务对象相关的内部和外部数据信息,并从中选择出适用于数据挖掘的数据。数据选择包括属性选择和数据抽样,即在数据源中选择:① 数据项,也称字段或列;② 元组,也称记录或行。

数据仓库中的数据主要是历史数据,用于分析数据,进行业务决策,如预测业务的发展趋势。因此,在数据仓库中需要指明数据的时间属性,在将数据加载到数据仓库前需要完成数据的时间戳设置。

数据仓库中的数据源主要是在线事务处理数据,数据源中的数据存在大量的数据更新,因此存在如何将数据源中的数据变化反映到数据仓库的问题。这涉及数据更新方式和数据传输模式两方面。

1. 数据更新方式

数据更新主要的考虑因素有增量更新还是批量更新、实时更新还是周期更新两种。在初次数据提取时将采用批量加载,而后当数据源中的数据发生变化时,通常采用增量更新,以避免较大的网络负载和处理开销。在数据源中的数据发生变化时,随之改变数据仓库中的数据,称为实时更新;但通常的做法是按固定周期间隔,将数据源中的数据更新反映到数据仓库中,即周期更新,这样的开销更小,并且由于数据仓库中通常保存的是历史数据,不会影响分析结果。但周期更新的潜在问题是"更新丢失"。如果在一个更新周期中发生多次数据更新,由于事务系统通常不保存历史数据,数据仓库更新时通常只有最近一次的数据更新信息,从而会丢失该周期中的部分数据更新内容。现有的数据仓库通常通过数据源的日志获取所有的更新信息来应对这个问题。

2. 数据传输模式

数据的传输模式的选择即决定数据仓库中的数据是采用拉(Pull)的方式还是推(Push)的方式,这需要深刻理解业务。例如,若数据在源系统的多个表中都存在,随意地提取一个可能在后续的分析中导致意想不到的结果,因此提取数据必须谨慎。通常考虑如下因素。

(1)提取策略。不同特征的数据采用不同的提取策略,保证减小对生产系统的影响,同时保证提取的效率。小数据量的,如一些管理数据、配置表数据等,采用完全抽取;大数据量的,如账单、话单数据,按周期采用时间戳来增量提取。

(2)提取周期。根据源数据的不同性质和实际分析需求而有不同,如话单数据可以每天提取,而出账数据在每个账目周期的最后一天提取。

(3)提取时期。在相关业务系统空闲的时段进行。

(4)抽取的目标数据。① 数据库比较:将整个数据库的瞬态图与上一幅图相比,在增量文件中记录下两者之间的差异,最后将增量文件送入数据仓库,该方法的时间和资源代价昂贵。② 应用程序日志:源系统的应用程序在数据改变时记录下来,然后发到数据仓库中集成,简化了 ETL 过程的工作,却增加了源系统端应用程序小组的负担。③ 数据库日志:检查数据库管理系统维护的日志文件,确定最近更新的记录,该方法不需要应用程序员方面的任何编码,且日志的维护是由数据库管理系统自动进行的。④ 时间戳:在数据改变时加上时间戳,那么检索时间戳在上一次提取以后的数据记录即可,该方法简单易行,但需要全表扫描,影响性能。⑤ 位图索引:在 OLTP 中,为每个记录添加一个更新字段,其取值只能为未改变的、修改过的或待定的。位图索引将必须维护的代码量和用于提取数据的资源降到最少。

4.3.2 数据转换

数据转换主要是针对数据仓库建立的模型,通过一系列转换将数据从业务模型变换到分析模型。数据转换是真正将源数据变为目标数据的关键环节,可分为数据变换和数据归纳。

1. 数据变换

(1) 数据离散化:将属性(如数量型数据)离散化成若干区间。
(2) 新建变量:根据原始数据生成一些新的变量作为预测变量。
(3) 转换变量:将原始数据进行转换,如取值域、格式方面的转换。
(4) 拆分数据:依据业务需求对数据项进行分解,如地址信息拆分为城市、街道和邮编等。
(5) 格式变换:规范化数据格式,如定义时间、数值和字符等数据加载格式。

2. 数据归纳

数据归纳将辨别出需要挖掘的数据集合,缩小处理范围,在数据选择基础上对挖掘数据约简,又称数据缩减或数据浓缩。常见的数据归纳处理方法有以下 5 种。

(1) 数据聚集:采用切换、旋转和投影技术等对原始数据进行抽象和聚集,可聚集现有字段中的数值或对数据项进行统计。例如,将月薪、月销售量等按地区进行汇总。聚集可以在不同的粒度上进行,如轻度汇总或高度汇总等。数据聚集大大减少了数据量,加快了决策分析的进程。

(2) 维度归约:数据选择中的属性选择,主要是根据一定的评价标准在属性集上选择区分能力强的属性子集,或者说发现和分析目标相关的属性集,删除冗余属性和不相关属性。从基数为 N 的原属性集中选择出基数为 $M \leq N$ 的属性集的标准通常是:使所有决策类中的例子在 M 维属性空间中的概率分布与它们在原 N 维属性空间中的概率分布尽可能相同。维度归约减少了数据量,提高了规则生成效率,并使得生成的规则简化,增强了对生成规则的可理解性。

(3) 属性值归约:包括连续值属性的离散化和符号型属性的合并。连续值属性的离散化是根据某种评价标准,在属性的值域范围内设置若干划分点,然后用特定的符号或数值代表每个子区间;符号型属性的合并是在检验两个相邻属性值之间对决策属性的独立性的基础上,判断是否应当将其合并。属性值归约通过选择替代的、较小的数据表示形式减少了数据量。

(4) 数据压缩：使用数据编码或变换得到原数据的归约或压缩表示。如果原数据可由压缩数据重新构造而不丢失任何信息，就称为压缩技术是无损的，否则是有损的。目前普遍使用的小波变换和主成分分析都是有损数据压缩技术，对稀疏或倾斜数据有很好的压缩结果。

(5) 数据抽样：主要利用统计学中的抽样方法，如简单随机抽样、等距抽样和分层抽样等，用数据较小的样本表示大的数据集。

4.3.3 数据加载

数据加载主要是将经过提取、转换的数据加载到数据仓库中，即入库。加载任务主要是确定数据入库的次序，装入初始数据和进行数据的定期刷新。

其主要加载策略如下。

(1) 直接追加：每次加载时将数据追加到目标表中。

(2) 全面覆盖：对提取数据本身已包括了当前的数据和所有历史数据的，采用全面覆盖方式。

(3) 更新追加：对于需要连续记录业务的状态变换，根据当前的最新状态与历史状态数据进行对比的情况，采用更新追加。

4.3.4 ETL 设计与开发

ETL 设计的主要内容如下。

(1) 设计数据准备区的数据结构：数据准备区是在 ETL 过程中专门用于对数据进行抽取、清洗、转换等处理的临时数据库。这里需要根据 ETL 的需要来设计数据准备区的库表结构。

(2) 定义数据提取规则：在数据提取的设计中首先要定义数据提取规则，然后记录在数据提取规则表中，最后设计出数据提取的流程。

(3) 定义数据清洗转换规则：在处理数据源中存在的错误、不一致或无用的数据（脏数据）之前，必须分析清楚哪些是脏数据，然后记录在脏数据登记表中；并对其逐一确定清洗转换的规则，记录在清洗转换规则表中。

(4) ETL 流程设计：定义 ETL 流程的每个步骤，并确定每个步骤需要进行的工作，以流程图的形式描述整个 ETL 流程。

ETL 的开发主要包括 5 个步骤[120]。

第一步，建立 ETL 过程并对每个单位进行测试。ETL 为初始装载、历史性装载和增量装载三组装载过程而开发。如果企业计划用数据库管理系统的装载工具来填充商务智能数据仓库，只需要编写提取和转换程序；如果使用 ETL 工具，还要为 ETL 工具编写说明书。所有编制的 ETL 程序及 ETL 工具模块，都必须按单位进行组合及进行功能和编辑上的测试。

第二步，对 ETL 过程进行整合测试或回归测试。在第一次发布时，要进行整合测试，在接下来的发布中要进行回归测试。这两种测试都要事先制订正式的测试计划，包括测试理由、预期的测试结果、实际的测试结果和测试运行的日志。

第三步，对 ETL 过程进行效能测试。由于许多商务智能目标数据库的规模都很大，有必要对 ETL 程序和工具模块进行压力测试。效能测试可以通过压力测试模拟工具来模拟。

第四步，对 ETL 过程进行质量保障测试。这种测试通常在一个独立的质量保障环境中，在操作人员的监督下进行。

第五步，对 ETL 过程进行接受度测试。接受度测试对 ETL 过程的所有功能进行验证，以确保完整性和正确性。

4.4 数据仓库开发、管理与安全

相较于传统的基于数据库的数据管理模式，数据仓库更为复杂。本节将探讨数据仓库的开发、管理及相应的安全问题，具体来说，将从数据仓库的开发模式、数据仓库设计、数据仓库的逻辑数据模型、元数据、数据仓库的安全五方面进行阐释。

4.4.1 数据仓库开发模式

随着数据仓库技术的发展，数据仓库的开发模式已由自上而下模式发展到下述 6 种模式[121]。

1. 自上而下模式

自上而下模式是将原来分散存储在企业各处的 OLTP 数据库中的有用数据，通过筛选、提取和转换等处理后建立整体性数据仓库。数据集市中的数据是为了某部门的应用而专门从整体性数据仓库中筛选的，它是整体性数据仓库中数据的一个子集。此时，数据集市和数据仓库的关系是单方面的，即数据从数据仓库流向数据集市（如图 4-2 所示）。

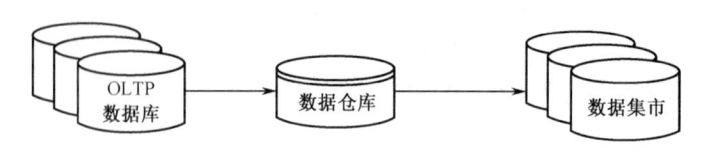

图 4-2 自上而下模式

2. 自下而上模式

自下而上模式是从构造各部门或特定的企业问题的数据集市开始的，整体性数据仓库是建立在这些数据集市的基础之上的。这种做法初期投资少，见效快，因为构造部门数据集市只需较少的人做出决策，解决的是较小的商业问题，从而使一个部门在数据仓库发展初期尽可能少花费资金，在做出有效的投入之前评估技术的成本收益状况（如图 4-3 所示）。

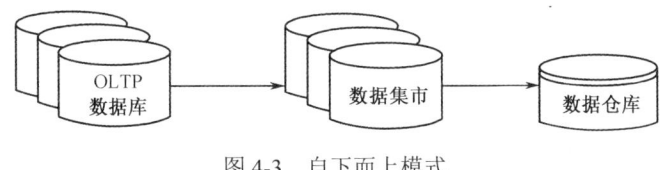

图 4-3　自下而上模式

3．平行开发模式

平行开发是在一个整体性数据仓库的数据模型的指导下，将数据集市和整体性数据仓库的建立同步进行。平行开发可避免部门在开发各自的数据集市时的盲目性，减少各数据集市之间的冗余和不一致。数据集市这种相对独立性有利于整体性数据仓库的构造。一旦整体性数据仓库建立，各部门的数据集市将成为其子集，整体性数据仓库将负责为各部门已经建立的和即将建立的数据集市提供数据。

与自上而下模式不同，平行开发模式满足了各部门希望尽快建立子集的数据集市以进行决策支持的需求，同时改变了自上而下模式中部门数据集市与整体性数据仓库关系中的附属地位，在建立数据集市时获得的经验有助于整体性数据仓库的数据模型的优化和整体性数据仓库的构造（如图 4-4 所示）。

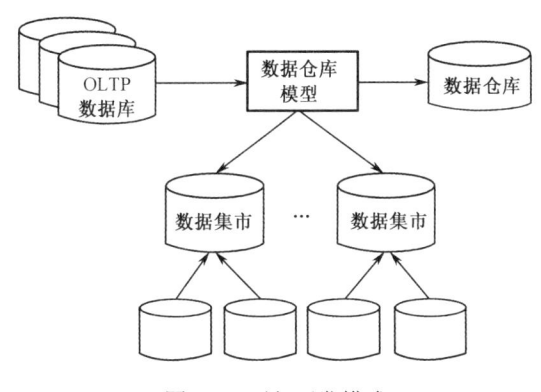

图 4-4　平行开发模式

不过，前三种模式都没有考虑如何将用户的反馈信息不断地反映到数据集市和数据仓库的构造中，而用户需求是随着新应用与业务发展而不断变化的。为了解决用户需求变化的问题，出现了有反馈的自上而下模式、有反馈的自下而上模式和有反馈的平行开发模式。

4．有反馈的自上而下模式

在有反馈的自上而下模式中，用户的新需求反馈分为两个阶段：在第一阶段，用户的新需求不断被反馈给部门的数据集市，部门数据集市根据用户的新需求产生自身的需求变化；在第二阶段，部门数据集市把自身的需求变化反馈给整体性数据仓库，整体性数据仓库会相应变化（如图 4-5 所示）。

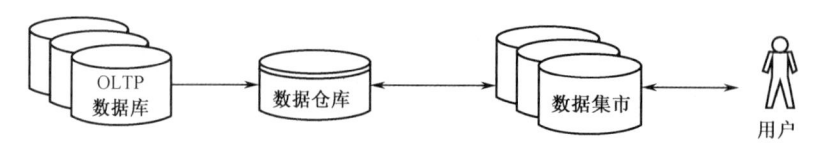

图 4-5　有反馈的自上而下模式

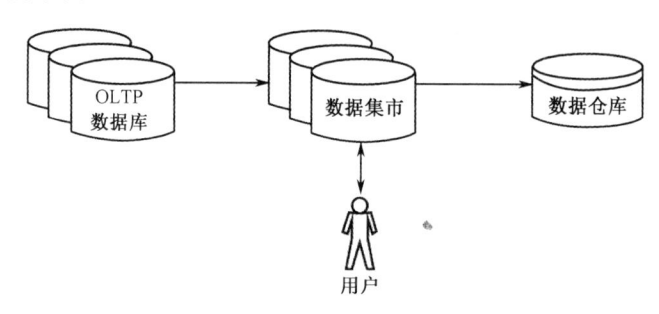

5．有反馈的自下而上模式

有反馈的自下而上模式先构造部门数据集市，再在此基础上构造整体性数据仓库，因此数据集市能较好地满足用户的需求，在整体性数据仓库建立后，需求变化将主要体现在数据集市与数据仓库之间。如果在建设各部门数据集市时注意保持数据的一致性，并能根据用户的反馈不断调整，那么这样建立起的数据仓库在投入使用之后能减少因用户需求变化而带来的不便（如图 4-6 所示）。

图 4-6　有反馈的自下而上模式

6．有反馈的平行开发模式

在有反馈的平行开发初期，开发人员主要在整体性数据仓库数据模型的指导下建立部门数据集市，并把建立过程中所遇到的问题、解决方案及用户意见等信息反馈给整体性数据仓库数据模型。整体性数据仓库数据模型在指导部门数据集市构造的同时，也收集开发人员和部门客户反馈的信息，并根据这些信息进行调整，从而保证下一阶段整体性数据仓库的构造相对顺利地进行。通常，人们认为整体性数据模型应当在建立数据集市之前完成，事实上，整体性数据仓库的数据模型开发，可以在建立第一个部门数据集市的同时进行。一方面，对减少数据集市之间的数据冗余和不一致而言，并不需要一个完全建立好的整体性数据模型，整体性数据模型在指导数据集市构造的同时，也要不断根据研发人员和用户的反馈来做调整；另一方面，部门数据集市在研发和使用过程中得到的经验，有助于研发人员在设计整体性数据模型时更好地了解客户需求（如图 4-7 所示）。

4.4.2　数据仓库设计

数据库的建模任务通常基于概念模型、逻辑模型和物理模型三种视角，数据仓库设计也不例外。在数据仓库的三级数据模型中，概念模型表示现实世界的业务信息构成关系，用数

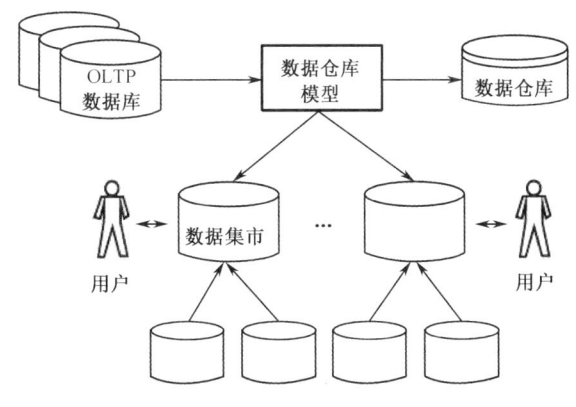

图 4-7　有反馈的平行开发模式

据库设计中的实体关系模型（ER）进行设计，但需要用分析主题代替传统 ER 模型中的实体。在逻辑层，数据库设计一般采用范式规范的表及其关系来表示，数据仓库设计中的逻辑模型也采用关系模型，但是表与表之间是以星形结构、雪花结构等方式相连接的。物理模型则属于这些表的物理存储结构，如表的索引设计等。元数据模型作为数据仓库的灵魂，自始至终伴随着数据仓库的设计、实施和使用。数据粒度和聚合模型也在数据仓库的创建中发挥着指导作用，指导着数据仓库的具体实现。数据仓库设计的步骤如图 4-8 所示。

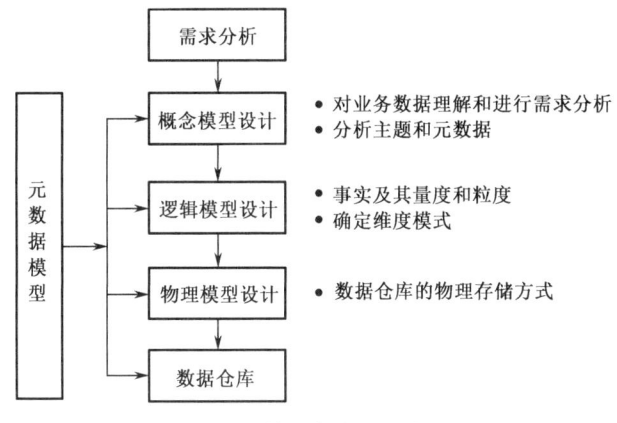

图 4-8　数据仓库设计步骤

　　数据仓库的用户一般是企业管理者，分析需求和业务需求有很大差异，因此不能把数据库设计阶段的用户业务需求直接用在数据仓库设计中。在设计数据仓库之初把用户的分析需求纳入考虑范围是很有必要的。同时，数据仓库的构建必须基于业务数据库，业务数据源的结构也是不得不考虑的问题。因此在数据仓库设计中，应该坚持用户驱动与数据驱动相结合的设计理念，即一方面根据当前业务数据的基础和质量情况，以数据源的分析为出发点构建数据仓库；另一方面根据业务的方向性需求，从业务需要解决的具体问题出发，确定系统范围和需求框架。图 4-9 显示了这两种方法相结合获取数据仓库设计真正需求的过程。

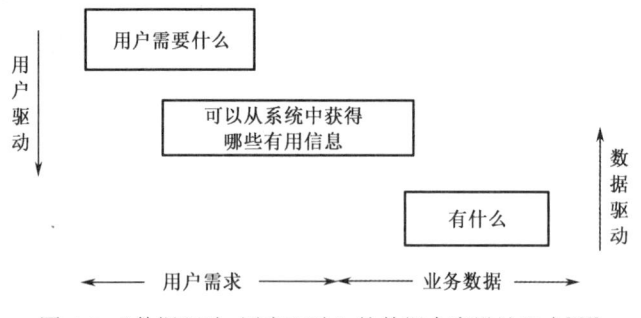

图 4-9 "数据驱动+用户驱动"的数据仓库设计理念[122]

4.4.3 数据仓库的逻辑数据模型

数据仓库不同于数据库,数据仓库的逻辑数据模型是多维结构的数据视图,也称多维数据模型。在多维数据模型中,主要数据是数据实际值,如销售量、投资额和收入等,而这些数字实际值是依赖于维度的,这些维度提供了实际值的上下文关系。例如,销售量与城市、商品名称、销售时间有关,这些相关维度唯一决定了销售量的实际值。多维数据视图就是在这些维度构成的多维空间中存放着数据实际值。多维结构还能够对一个或多个维的集合运算,如对总销售量按城市进行计算和排序(如图 4-10 所示)。

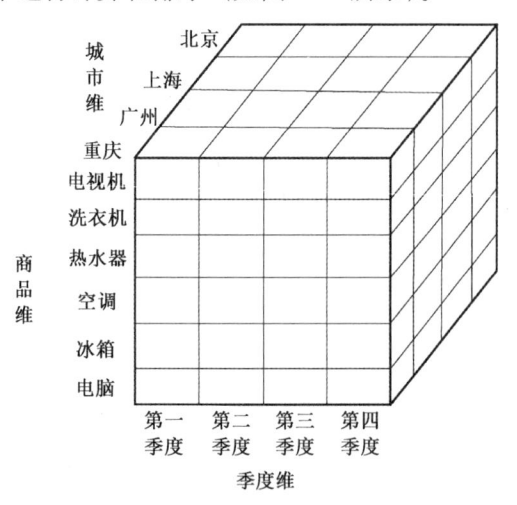

图 4-10 数据仓库的多维结构

目前使用的多维数据模型主要有星型模型、雪花模型和第三范式等。

1. 星型模型

大多数数据仓库采用星型模型。星型模型是由事实表和多个维表组成的。事实表中存放大量关于企业的事实数据(数字实际值),元组个数通常很大,而且非规范化程度很高。例如,多个时期的数据可能出现在同一个表中。维表中存放描述性数据,维表是围绕事实表建立的,相对来说有较少的行(如图 4-11 所示)。

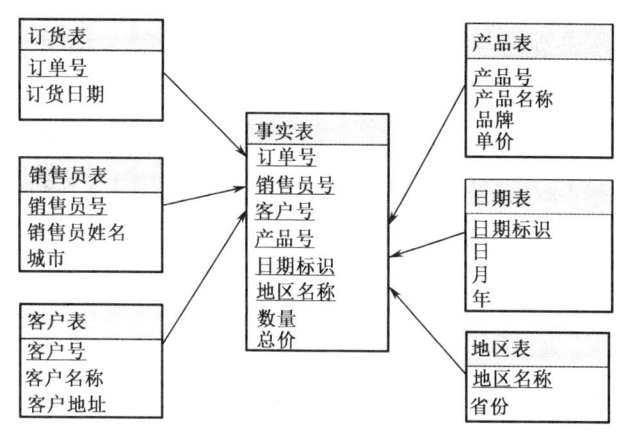

图 4-11 星型模型示例

星型模型存取数据速度快，主要针对各维度做了大量预处理，如按照维度进行预先的统计、分类和排序等。与规范化的关系数据库设计相比，星型模型是非规范化的，提高了多维数据的查询速度，但数据冗余量很大，增加了存储空间的代价。当业务问题发生变化、原来的维度不能满足需求时，需要增加新的维度。由于事实表的主键由所有维度表的主键组成，这种维度的变化带来的数据变化将是非常复杂、非常耗时的。

2. 雪花模型

雪花模型是对星型模型的扩展，将星型模型的维表进一步层次化，原来的各维度表可能被扩展为小的事实表，形成一些局部的层次区域。雪花模型能够定义多重父类维度来描述某些特殊的维表，如在时间维上增加月维度和年维度，通过查看与时间有关的父类维度，能够定义特殊的时间统计信息，如月统计和年统计等。

雪花模型的优点是最大限度地减少数据存储量，把较小的维度表联合在一起来改善查询性能，但是增加了用户必须处理的表的数量，增加了某些查询的复杂性（如图 4-12 所示）。

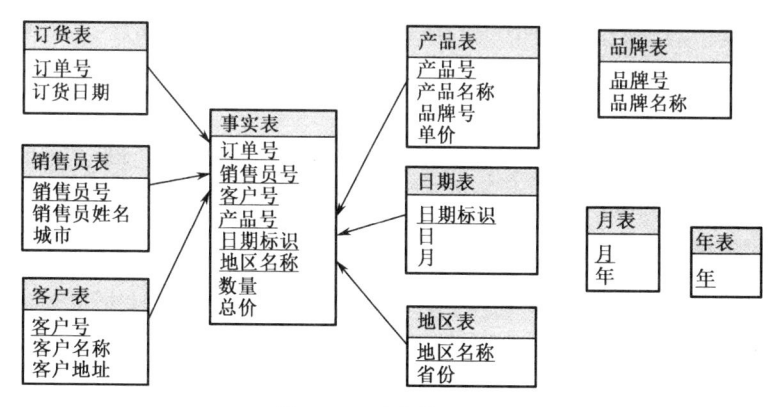

图 4-12 雪花模型示例

3. 第三范式

范式是传统的关系数据库设计理论中的概念。一个规范化的关系模式应该准确地反映所描述的数据实体，避免冗余和异常等问题。按照属性间依赖情况来区分关系规范化的程度，现有第一范式到第五范式。数据仓库可按照第三范式来进行逻辑数据建模，不同于星型模型，把事实表和维表的属性作为一个实体都集中在同一个数据库表中，或者分成多个实体用多个表来表示，表按第三范式组织数据，减少了维表中的键和不必要的属性。对于海量数据（如TB级），并且需要处理大量的动态业务分析时，第三范式就显示出其优势。

4.4.4 元数据

元数据（Meta Data）是关于数据的数据，是以概念、主题、集团或层次等形式建立的信息结构，并且记录数据对象的位置。元数据是整个数据仓库的核心，不仅定义了数据仓库有什么，还指明了数据仓库中数据的内容和位置，刻画了数据的提取和转换规则，存储了与数据仓库主题有关的各种商业信息，而且整个数据仓库的运行都是基于元数据的，如数据的修改、跟踪、提取、装入和综合等。

元数据可以分为四类，分别是关于数据源的元数据、关于数据模型的元数据、关于数据仓库映射的元数据和关于数据仓库使用的元数据[123]。

1. 关于数据源的元数据

关于数据源的元数据是现有业务系统的数据源的描述信息，是对不同平台上的数据源的物理结构和含义的描述。具体为：

(1) 数据源中所有物理数据结构，包括所有的数据项及数据类型。

(2) 所有数据项的业务定义。

(3) 每个数据项更新的频率，以及由谁或哪个过程更新的说明。

(4) 每个数据项的有效值。

(5) 其他系统中具有相同业务含义的数据项的清单。

2. 关于数据模型的元数据

数据模型的元数据描述了数据仓库中有什么数据及数据之间的关系，是用户使用、管理数据仓库的基础，可以支持用户从数据仓库中获取数据，用户可以提出需要哪些表，系统从中选一个表，并得到表之间的关系。

这类元数据要定义的内容包括如下4项。

(1) I/O对象：支持数据仓库I/O操作的各种对象，元数据要描述该对象的定义、类型、状态和存档（刷新）周期。

(2) 关系：两个I/O对象之间的关联，包括一对一、一对多或多对多关系。

(3) 关系成员：描述每个关系中两个I/O对象的具体角色（在一对多中是父亲还是儿子）、关系度（一对一或一对多）和约束条件（必须或可选）。

（4）关系关键字：描述两个 I/O 对象是如何建立关系的，即指明每个关系的相应对象的关键字。

图 4-13 以职员与技能之间的关系为例，说明了数据仓库中元数据的定义。

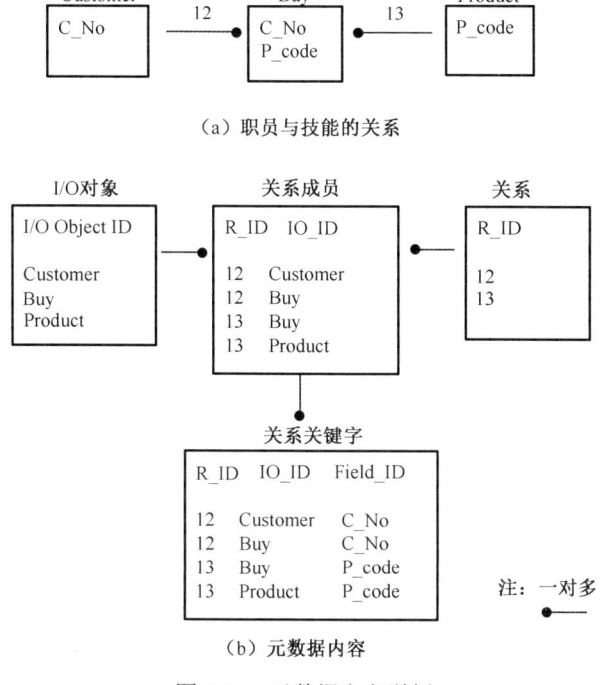

（a）职员与技能的关系

（b）元数据内容

图 4-13　元数据定义举例

3．关于数据仓库映射的元数据

若数据源中的一个数据项与数据仓库建立了映射关系，就应该记下这些数据项发生的任何变换或变动，即用元数据反映数据仓库中的数据项是从哪个特定的数据源抽取的，经过了哪些转换、变换和装载过程。

从源系统的数据到数据仓库的目标数据的转移是一项复杂的任务，包括获取、过滤、验证、融合、综合、装载和存档等 ETL 步骤，其工作量占整个数据仓库开发的 70% 左右。元数据要描述的内容如下。

（1）ETL 任务，即描述每个 ETL 任务，并为它标识源系统，明确其刷新周期。

（2）ETL 步骤，即定义 ETL 的步骤，说明每一步的类型（如过滤、验证等）。

（3）表映射，即为每个步骤建立输入文件（或表）与输出文件（或表）的关联。

（4）属性映射，即为每个步骤建立输入文件（或表）的属性与输出文件（或表）的属性之间的关联。

（5）记录筛选规则，即在每个步骤中进行的筛选的规则。

这类元数据可以用来生成源代码，以完成数据的转换工作，即完成由操作型数据转换成面向主题的数据仓库的数据。

4. 关于数据仓库使用的元数据

关于数据仓库使用的元数据是对数据仓库中信息使用情况的描述，帮助用户从数据仓库中查询所需的信息，用于解决问题。数据仓库的用户最关心的是两类元数据：一是数据仓库中有什么元数据，即按主题查看数据仓库的内容；二是已有的可重复利用的查询语言信息，以方便用户的使用而不必重新编程。更高级的形式是用户通过选择要提出的业务问题的类型来访问现有的查询，得到相似查询的元数据。

4.4.5 数据仓库的安全

1. 数据仓库的安全问题

安全问题一直是数据仓库管理中的关键问题。从数据仓库的体系结构与资源组成来分析，数据仓库的安全应包括如下四方面的内容[124]。

(1) 实体安全：指系统设备及相关设施运行正常，服务适时，包括环境、设备、机房、电磁辐射和数据介质等的安全。

(2) 数据安全：指系统拥有的和产生的数据或信息安全，如底层信息源中的数据、程序运行时得到的数据等完整、有效、使用合法和不被破坏或泄露，包括数据的输入、输出、存取控制、加密、备份与恢复等。

(3) 软件安全：数据仓库系统工作的主要平台，它的安全是数据仓库安全的重要内容，是研究的重点，包括操作系统、数据库管理系统、网络软件、应用软件及相关资料的完整和安全。

(4) 运行安全：指系统资源使用合法，包括电源、数据与介质管理、机房管理、运行管理和维护。

数据仓库系统自身固有的脆弱性，如信息资源的分布性、流动性，系统存储与处理的数据高度密集，使其具有可访问性。同时，数据仓库技术专业性强、隐蔽性高、系统内部人员的可控性低等特点，使数据仓库系统存在各种各样的不安全因素：从来源上，可分为来自内部人员的破坏和来自外部的非法访问；从原因上，可分为故意的破坏和技术性误操作；从手段上，可分为对计算机硬件设备的物理破坏和对计算机软件或信息的破坏。对数据仓库安全的威胁来自外部的比来自内部的要多，故意的破坏比技术性误操作要多，对软件的破坏比对硬件设备的物理破坏要多。因此，防止来自外部的、故意的和对数据仓库软件的破坏，并搞好数据仓库系统的保密工作是保证数据仓库安全的最有效途径。

2. 数据仓库的安全措施

数据仓库的安全措施有技术性安全措施和非技术性安全措施两大类。

从数据仓库系统的结构层次来分，技术性安全措施包括网络系统的安全措施、服务器的安全措施、应用系统的安全措施、信息传输的安全措施[125]。

（1）网络系统的安全措施。数据仓库要管理大量的数据，将分布在企业网络中不同站点的商业数据集成到一起，为决策者提供各种类型的、有效的数据分析，起到决策支持的作用。当 Intranet（企业内部网）与 Internet 相连时，应避免将内部网上的资源毫无防范地暴露在 Internet 环境中。隔离的方式有多种，如采用路由器的 IP 过滤功能、网关、防火墙和代理服务器等。同时应对通过电子邮件、软件下载及其他方式进入 Intranet 的计算机进行监视、检测和病毒清除，在源头上防止病毒（黑客）侵入，但是必须及时升级防病毒软件，才能最大限度地做好病毒防范工作。

（2）服务器的安全措施。服务器上存放了数据仓库系统的几乎所有信息资源，也是 Intranet 与 Internet 的接口，因此服务器的安全是数据仓库系统正常运行的最重要的因素。相关安全措施包括：① 身份验证，即在用户使用服务器资源前先进行身份验证，只有经过登录验证和服务器的检验，才能成为网络的合法用户进入系统操作，否则拒绝其使用系统资源；② 权限控制，对已通过身份验证的用户授予相应的权限，如按职位分配权限、按角色分配权限或结合使用分配权限；③ 数据备份，包括硬件备份、系统备份、应用系统备份和数据备份，这是防止数据仓库系统意外事故的最基本也是最有效的手段。

（3）应用系统的安全措施。应用系统的相关安全措施包括 4 种：① 确保数据仓库的数据质量，可以在数据整合提取过程中进行数据清洗，以保证数据质量；② 使用决策支持工具（也称前端数据展现工具）来保证数据仓库应用系统在数据查询、数据解释、数据分析、信息发现时的高效和可靠，优化数据仓库系统的性能；③ 把事务处理和决策支持合二为一。建立数据模型，以获得事务处理物理数据库和决策支持物理数据库，并保证两者始终同步。一方面，按逐个事务重建事务处理系统，以支持和直接满足结构化的环境；另一方面，逐个系统地消除历史文件所有内在的不连续性，解决问题和消除成本方面的缺陷。④ 将 WWW 技术与数据仓库技术结合，如采用介于 Web 服务器和数据引擎（如 RDBMS 或 OLAP 服务器）之间的 Web 网关，以弥补目前 WWW 体系结构中存在的缺陷，采用基于 B/S 模式的 WWW 运行方式，使数据仓库的功能分布更灵活，操作界面统一，更新维护方便。

（4）信息传输的安全措施。如果关键信息（如用户口令、商业机密等）需要通过 Intranet/Internet 进行远程传输，应有防窃听的措施，防止信息在传输过程中被窃取。防窃听一般可采用信息加密的方式，信息加密处理有文件加密、记录加密和字段加密三种基本方式。

非技术性安全措施包括制定安全管理制度和计算机安全立法两种[124, 125]。

（1）制定安全管理制度，加强内部控制机制。安全管理规章要求明确数据仓库安全工作的目标、安全机构的职责、安全工作人员的权限、各部门应遵循的安全原则、安全管理工作的运行方式及所有工作人员的职责范围、数据仓库系统受到意外损害时的应急计划、数据仓库系统安全审计的方法和内容等。

（2）在计算机安全立法方面，中国现有的法规政策在三个层次上对信息安全进行法律意义上的约束。首先，从国家宪法和其他部门法规的高度对个人、法人和其他组织的涉及国家安全的信息活动的权利和义务进行规范,主要有宪法、刑法、国家安全法和国家保密法;其次,直接约束计算机安全和网络安全,主要包括《中华人民共和国计算机信息系统安全保护条例》[126]《中华人民共和国计算机信息网络国际联网管理暂行规定》[127]和《计算机信息网络国际联网安全保护管理办法》[128]①等法规;最后,对信息内容、信息安全技术和信息安全产品的授权审批进行规定,主要包括《互联网出版管理暂行规定》[129]《互联网安全保护技术措施规定》[130]《中国互联网络域名管理办法》[131]《电子认证服务管理办法》[132]和《计算机信息系统安全专用产品检测和销售许可证管理办法》[133],以及2021年颁布的《中华人民共和国数据安全法》等法律法规。

4.5 分布式数据平台

在过去,企业级数据平台一般基于单体式架构(Monolithic Architecture)进行开发。单体式架构优势在于结构简单、数据一致性高等,但在频繁部署、灵活性及持续交付等方面上表现较弱。因此,在企业数据平台项目实践中,单体式架构往往面临着难以获得业务支持、难以满足规模化需求,以及难以商业化的重重困境。如今,可被收集和分析的数据集规模呈爆发式增长,"大数据特征"越发突出,这使得传统的数据平台解决方案变得非常昂贵。相对于单体架构,分布式架构(Distributed Architecture)在超大规模应用、高复杂度业务及独立部署等方面均具有巨大优势。

4.5.1 分布式数据平台概念

越来越多的商业实践场景需要依赖分布式数据平台(Distributed Data Platform)实现海量数据处理和可扩展计算。例如,在面向TB甚至PB级别的数据处理情景下,由于数据量太大,难以仅仅使用单个节点的硬盘进行存储;在面向复杂问题时,由于运算量太大,难以基于单个节点的内存和CPU进行处理等。在单体式数据平台中,此类问题的解决方案通常是针对单个节点,部署更大的磁盘及更快的CPU。然而这类解决方案往往成本较高,并且最终可提升的空间有限。而分布式数据平台可以把存储、计算任务分散到多个普通节点上,通过节点的动态增加来应对数据量和计算量的增长。

分布式数据平台的核心是一组面向域的数据或产品②,其解决方案往往会带来在多个节点的管理调度挑战。相较于传统的单体式数据平台,分布式数据平台虽然在逻辑上呈现为统一的整体,但实际是通过不同的物理节点进行存储和数据处理。直观而言,分布式数据平台

---

① 见中国政府网的相关网页。
② 见martinfowler网站的相关网页。

的本质在于分而治之，通过部署一组物理节点组成的集群，以解决单个物理节点难以处理的问题。集群中的物理节点共同负担海量数据并处理复杂问题，再进行数据的整合，这需要分布式系统中多个节点之间对某状态可以达成一致结果，从而对外部用户呈现为一个逻辑一致的"虚拟节点"。由此可见，分布式数据平台需要具备一定的局部节点独立性和全局一致性。

因此，数据和任务的分配、调度及整合是分布式系统所面临的关键问题，而数据切片和数据冗余是分布式数据平台的两大关键技术路径[134]。数据切片是指将原 TB 乃至 PB 级别的数据尽可能均衡地划分为一个个数据子集，存储到一组物理节点上，而物理节点之间通过网络通信进行分配、调用和整合。在这个过程中，需要考虑数据集的划分方法、数据的可靠性、可用性问题等。而数据冗余即通过同一份数据放在多个不同的物理节点，从而避免单点故障导致整体系统的失灵。为保证数据的高可用和可靠性，数据冗余是必要的手段，然而这种方法也需要解决读/写修改同步及节点权限等问题。

比如，21 世纪初，谷歌为实现搜索引擎功能，需要对海量数据进行爬取、收集、处理和整合，选择分布式数据平台作为基础架构。2003 年，谷歌公开发布了一篇学术论文[134]，介绍了谷歌文件系统（Google File System，GFS）。该论文主要处理海量数据的存储问题，在分布式文件系统领域具有跨时代意义。文中介绍的多副本节点同步机制、控制流与数据流隔离和追加写模式等已经成为分布式存储领域的基础性技术。2004 年，谷歌再次发表一篇学术论文[135]，介绍了针对分布式并行计算的一套编程模型 MapReduce，该编程模型可被用于大规模数据集（超过 1 TB）的并行分析运算。2006 年，谷歌发表论文介绍 BigTable，这是一种可以存储和处理海量数据的分布式数据存储系统。BigTable 建立在 GFS 和 MapReduce 的基础之上，每个 Table 被视为一个多维的稀疏图。GFS、MapReduce 及 BigTable 被认为是谷歌的三大关键技术，其框架如图 4-14 所示。

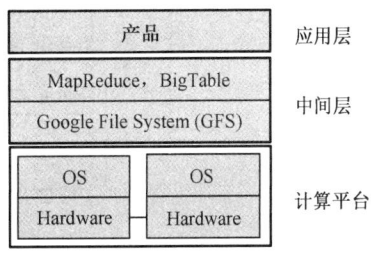

图 4-14 谷歌分布式数据平台框架

4.5.2 分布式数据平台与功能组件

如今业界广泛使用的框架主要基于 Hadoop 系统。Hadoop 系统是一个由 Apache 基金会用 Java 语言实现的开源分布式系统架构[①]。基于 Hadoop 平台架构，用户可以进行跨平台应用开发并提供服务。Hadoop 架构具较高的容错率，并且可被部署在硬件价格较低的计算机集群中。因此，Hadoop 架构在各大公司应用广泛，并引起了学界的普遍关注。诸如谷歌、百度、阿里巴巴、微软等主流厂商均围绕 Hadoop 架构进行超大数据集的存储和处理、应用开发和提供服务，构建自己的大数据系统。基于各大厂商和机构已经实现的算法和组件，Hadoop

---

① 见 Apache 官网。

已经成为一个巨大的生态系统。

实质上，Hadoop 属于谷歌三大关键分布式系统技术的开源实现，通过集群可进行数据高速处理，在用户缺乏对分布式底层细节的认知时，实现分布式程序开发。Hadoop 架构（如图 4-15 所示）最主要的三大组件分别是 HDFS、MapReduce 和 HBase。其中，HDFS 对应 GFS，MapReduce 对应 Google MapReduce，HBase 对应 BigTable。底部的组件是 HDFS（Hadoop Distributed File System），是 Hadoop 实现的分布式文件系统，针对集群内部所有节点上存储的文件，为上层的组件提供高效的非结构化存储服务。MapReduce 引擎则由 JobTrackers 和 TaskTrackers 组成，位于 HDFS 的上层，用于实现单个任务的分解，并将分解任务发送到多个物理节点上，再以单个数据集的形式加载到数据仓库。换言之，MapReduce 是一种并行计算的编程模型，用于作业调度，其主要功能是将一个大作业拆分为多个小作业的框架，并由用户决定拆分的数量及作业的定义。MapReduce 可被用来生成索引，进行分布排序、Web 访问日志分析、文档聚类及基于统计的机器翻译等。而 HBase 则是提供结构化数据服务的分布式数据库。基于以上三个核心组件，Hadoop 可以实现对大规模数据的高效处理。在三个核心组件中，HDFS 尤为关键。因此本节将对 HDFS 的运行流程及扩展应用进行简要介绍。

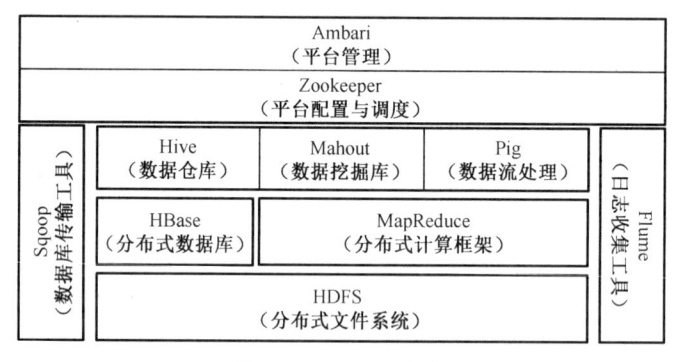

图 4-15 Hadoop 框架

1. HDFS

HDFS 是 Hadoop 实现的分布式文件系统，有高容错性的特点，并且可被设计部署在价格低廉的硬件上。对用户而言，HDFS 在逻辑上与传统的分级文件系统并无区别，用户可以进行一系列操作，如新建、移动、删除或重命名文件等。但在物理结构上，HDFS 与传统文件系统不同，HDFS 的架构是基于一组特定的节点（如图 4-16 所示），主要包括 NameNode 和 DataNode。NameNode 在最初的 HDFS 版本中有且仅有一个，在 HDFS 内部提供元数据服务，可以控制所有文件操作。DataNode 为 HDFS 提供存储块数据，存储在 HDFS 中的文件被分成数据块，这些数据块被复制到多个物理节点即 DataNode 中，数据块的大小和复制的块数量在创建文件时由客户机决定。HDFS 内部所有通信都基于标准的 TCP/IP。

在数据的读/写流程中，NameNode 是一个在 HDFS 单节点上运行的软件，负责管理文件系统名称空间和控制外部客户机的访问。具体而言，NameNode 在 FsImage 的文件中存储所

```
            客户机
      TCP/IP    ┌─────────┐   元数据
      Networking│NameNode │
                └─────────┘
   ┌────────┬────────┬────────┬────────┐  复制数据块
   │DataNode│DataNode│DataNode│DataNode│
   └────────┴────────┴────────┴────────┘
```

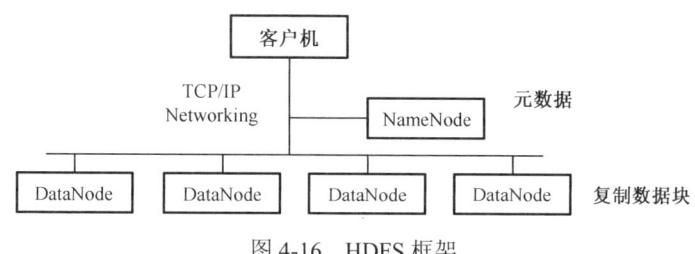

图 4-16　HDFS 框架

有关于文件系统名称空间的信息，并决定是否将文件映射到 DataNode 的复制数据存储块上。当外部客户机发送请求要求创建文件时，NameNode 会以块标识和该块第一个副本的 DataNode IP 地址作为响应，还会通知其他将要接收该数据块副本的 DataNode。DataNode 也是一个在单个物理节点上运行的软件。DataNode 通常通过一个交换机将所有系统连接起来，响应来自 HDFS 客户机的读/写请求及来自 NameNode 的创建、删除和复制块的命令。而 NameNode 也依赖相应 DataNode 的定期心跳（heartbeat）信息，每条心跳信息均包含一个数据块报告，从而实现以 NameNode 对数据块映射的验证。

2. 其他分布式算法组件

Hadoop 在互联网领域也得到了广泛的运用，多个大型企业将其运用在自身服务中。例如，谷歌公司使用 Hadoop 进行索引的生成，雅虎公司使用 Hadoop 集群来处理海量数据、进行广告投放决策分析和支持 Web 搜索引擎服务等。此外，一些商业公司也基于 Hadoop 架构，利用自身技术并结合市场定位和需求，提供二次开发的 Hadoop 解决方案。基于各具特色的 Hadoop 改进组件，企业可以提供对外的商业服务。例如，Cloudera 公司便是一家提供针对 Hadoop 架构的技术支持、咨询及相关技能培训的商业服务公司，也开展了基于 Hadoop 的数据管理软件销售业务。Spark 则可被理解为是基于 Hadoop 通用并行框架的改进软件。同样作为 Apache 软件基金会的项目，Spark 自 2014 年发布以来已成为大数据平台的通用组件。当前，图计算、数据挖掘和机器学习等相关应用领域对海量实时计算的要求极高，而 Hadoop MapReduce 由于面向磁盘的性质，受限于磁盘读/写性能，导致了这个组件在迭代实时计算和交互式数据查询等方面效率较低。而 Spark 作为面向内存的框架，则可以基于多个数据源的数据进行实时处理，在内存中运行时可比 MapReduce 快近 100 倍。此外，Spark 具备更强的易用性和通用性。

MapR 公司则重点关注基于 Hadoop 提供的 API 来实现用户价值，在 HDFS 和 HBase 两方面做出创新，使其存储机制具备更高的可靠性和性能。例如，MapR 通过将元数据分散在集群中，用新架构重写 HDFS，类似数据默认存储 3 份，使得构建出的 HDFS 替代品相较于开源版本更快。并且，MapR 支持无 NameNode 架构，亦不再需要用 NAS 来协助 NameNode 做元数据备份，提高了机器使用率。此外，MapR 使用高速网络文件系统对 HDFS 进行访问，从而可以极大地简化企业级应用的集成。更重要的是，MapR 依旧和目前 Hadoop 的发行版本保持了 API 级别兼容。

4.6 云数据平台

近些年,云计算被看作重要的战略技术[136],受到业界和学界的广泛关注。云计算与物联网、大数据一起作为新型计算范式,在数据的存储、组织、管理和利用等方面带来一系列变化,进而影响着人们的业务运作和数字化生活。

4.6.1 云数据平台概念

简单说来,云计算旨在通过一系列动态和虚拟化的整合优化计算资源技术,以类似效能(Utility)的方式(如电力供应形态),提供"随时获取、按需使用"的计算服务。通过这种服务(通常是第三方服务)方式,人们可以通过相对固定的价格获取标准化的服务。换句话说,基础设施、平台、软件、数据乃至业务流程都可能通过服务提供方获得。这就派生出了IaaS(Infrastructure as a Service)、PaaS(Platform as a Service)、SaaS(Software as a Service)、DaaS(Data as a Service)和BPaaS(Business Process as a Service)等概念。随着信息技术的飞速进步,云计算的相关技术和解决方案也出现层出不穷的局面。同时,由于技术和应用的局限,也出现了各种形态和不同标准的云计算模式和平台(如公共云、私有云、局域云和企业云等)。企业的云计算应用也出现了诸如云办公、云 CRM 和云 BI 等。

特别是,云存储及相应的云数据平台也出现了应用扩展趋势。中国的云数据中心建设也呈现出新兴产业特征。云存储是基于云计算模式的数据管理系统,是指通过集群应用、网格技术或分布式文件系统等功能,将网络中大量各种不同类型的存储设备通过应用软件集合起来协同工作,共同对外提供数据存储和业务访问功能的一个系统[137]。与传统存储设备相比,云存储不再是硬件或者具体设备,而是一个由网络设备、存储设备和应用软件等多个部分组成的复杂集合体。云存储技术核心的特征是将数据分布在大量分布式计算机上,且支持海量数据处理,实现资源按需扩展。通过部署云存储,企业和个人用户可获得高性价比的存储路径,随时接入、随时访问存储资源,无须考虑技术细节即可享受所购买的存储服务。

实际上,云存储思想由来已久,如电子邮箱等就可以认为是云存储概念的雏形。如今的云存储已经逐渐形成了公共存储(Public)、个人存储(Private)和混合存储(Hybrid)三类存储管理方式和清晰的逻辑模型架构,从 SNIA(Storage Networking Industry Association)于 2010 年 4 月推出首个云存储标准 CDMI(Cloud Data Management Interface)开始,云存储开始进入实践应用阶段,并广泛运用到数据备份、归档和应用程序数据存储中[138]。如图 4-17 所示,该云存储管理模型提供了各类支持应用的云存储接口,可以实现创建、获取、更新和删除等一些数据管理功能。

目前主流的云存储平台包括 EMC V-MAX、IBM XIV、Amazon SimpleDB 和 Google BigTable 等企业级存储平台,以及 HDFS、GFS、HBase 和 Hypertable 等开源解决方案[139]。

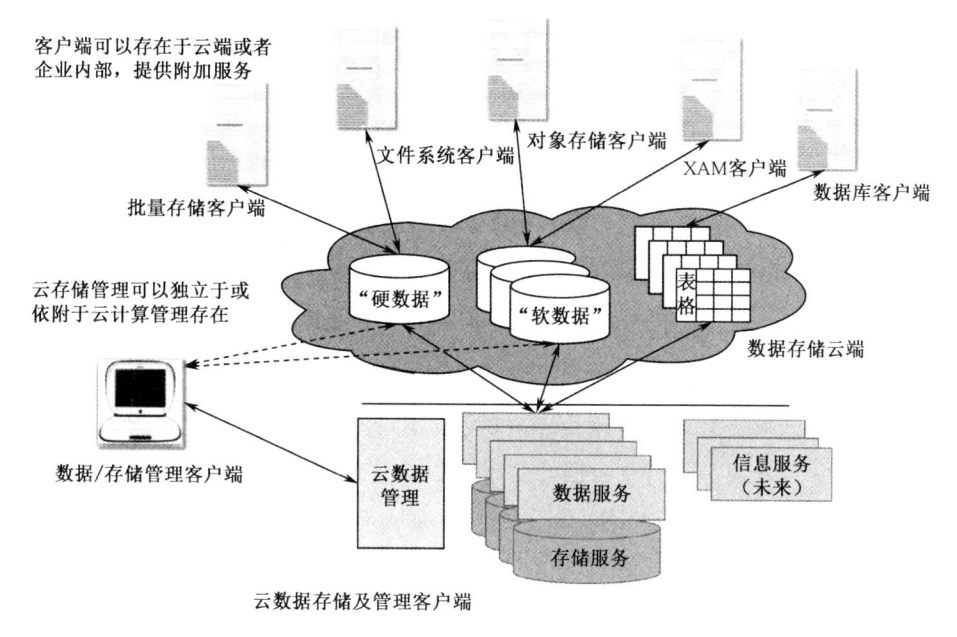

图 4-17 云存储管理模型[138]

虽然云存储在安全性、数据整合能力、可靠性等方面仍然存在一系列问题,技术细节和管理模式均有待进一步完善和提升[137],但是不容置疑的是,云存储代表的存储模式的出现极大地改变了企业管理数据的方式。尤其是对于中小企业而言,云存储技术使得大部分数据迁移到云存储平台,所有的运行和维护任务由云端服务提供商完成,节约了企业数据管理成本,且灵活扩展数据服务空间,使得他们基于 Web 能够快速构建各类应用,在任意地点通过简单的终端设备对企业数据进行实时动态的全方位管理。除此以外,云存储平台的发展和成熟也催生了新一代的数据库技术,加速了新一代体系结构和数据模型的演化。

4.6.2 云数据平台与商务智能

云数据平台具有大规模的可处理性、高效能的可计算性、低成本的可获得性及灵活的可扩展性等优势特性。而商务智能是基于数据分析的企业决策管理,不仅是技术和方法上的整合,更是概念和组织上的整合,只有将原生态的数据快速转换为可利用的知识,才能为企业的决策管理提供支撑。数据的爆发式增长及内/外部数据的融合为企业的商务智能应用带来了新的挑战,如何存储和分析高通量、大规模、实时化的数据流亟待解决。所以,商务智能应用的特点决定了其对云数据平台的迫切需求,两者的结合应用具有非常重要的现实意义,云 BI 的概念逐渐应运而生。

云 BI 很好地满足了企业的商务需求,这种结合应用并非鲜见。例如,美国网球协会将预测性分析及移动基础架构迁移到 IBM SmartCloud 私有云上,面对数以百万增长的用户访问,其官网仍能应付自如,为球迷高效地提供新闻、数据分析和视频直播服务。瑞士食品制造商 Blattwerk 则借助云数据平台的按需可获性及动态可扩展性，构建了配餐车服务系统，极大地缩短了部署周期，短期内就实现了配餐服务的实时监控分析[140]。国内的广播电视网也基于云数据中心，进行直播、点播及其他新媒体前端平台的新业务快速部署，实现运营商之间的互联互通、资源共享和优势互补[141]。

众多服务提供商也顺应云 BI 的潮流，纷纷推出各种云 BI 产品，以期抢占市场。例如，2013 年进驻中国市场的知名服务提供商 Birst，专为企业提供大数据服务及商业智能解决方案，将传统上具有不同功能的商务智能产品进行整合，用云数据平台服务的形式帮助企业实现 BI 服务流程的自动化[142]。国内软件提供商用友华表推出了 BQ 商业智能云平台，从数据层到应用层的一站式商务智能服务既可以交付于云端，也可以架构在企业的私有云上，同时逐步实现了移动化，方便企业对于数据的实时获取和分析，以及对商务知识的高效提取和进行决策支撑[143]。此外，2016 年，亚马逊公司也发布了全新的云 BI 服务 QuickSight，以帮助企业用户便捷、快速、低成本地进行数据分析和信息互联。

云数据平台实现了基于网络的 IT 服务提供模式，以及资源的虚拟化共享和分布式计算，在某种程度可称为基于网络的 IT 服务外包工具，简而言之，即网络外包（Netsourcing）[144]。商务智能也逐渐演变成云数据平台环境下的一种外包服务，依托于云数据平台更好地为企业决策管理进行服务，其优势主要体现在以下三点：

（1）降低成本投入。中小企业往往不具备构建、维护大型 BI 系统的能力，云 BI 实际上提供了一种 BI 外包服务，企业可以通过网络按需、易扩展的方式获得 BI 服务，其租赁模式免除了企业进行设施构建、部署、维护的困扰和费用，降低了企业管理成本。

（2）可扩展性强。云数据平台的动态计算能力满足了企业在 BI 应用中的按需扩展，为了应对市场的快速变化，企业可以随时增加相应的云 BI 服务进行业务匹配。同时，面对数据规模的不可预测性，企业能够动态增加计算能力来满足实时分析的需求。灵活的服务可扩展性和计算能力扩展性将企业实时聚焦在市场的业务变化中，辅助企业不断创新业务模式，获得竞争性优势。

（3）融合内/外部数据。依靠云数据平台的分布式处理能力，商务智能将从大规模的数据中获取业务洞察力，不再局限于传统的企业内部业务数据分析，而是整合各种企业外部数据（如社会化媒体、电子商务平台等），实现高效分析，攫取对于企业自身发展有利的信息辅助决策。

最后，值得指出的是，云计算及其应用还在发展之中，机遇与挑战并存。一方面，人们通过各种云计算服务来提升运作和管理决策水平，并支撑模式创新；另一方面，由于信息技术（如存储、传输、计算和集成等）的条件，以及企业在信息化水平上的差异，使得云计算服务的可得性和就绪程度在不同企业和组织间存在显著差异。因此，云计算包括云数据平台的建设应该从实际出发，同时具有足够的前瞻性，以应对现实和未来的需要。

小 结

数据仓库通常采用三层体系结构：操作环境层、数据仓库层和业务操作层。操作环境层包括整个企业内有关业务的 OLTP 系统和一些外部数据源；数据仓库层是把操作环境层的相关数据进行 ETL（提取、转换和装载）处理所形成的数据层次；业务操作层则包括各种数据分析处理工具。

数据仓库的开发策略有自上而下、自下而上、平行开发、有反馈的自上而下、有反馈的自下而上、有反馈的平行开发 6 种模式。数据仓库的设计同样是基于三级数据模型进行的：概念层表达现实世界的业务信息及关系，用数据库设计中的实体关系模型设计；在逻辑层采用关系模型，但是表与表之间是以星形结构、雪花结构等方式相连接的；物理模型设计这些表的物理存储结构，如表的索引设计等。数据仓库设计应坚持用户驱动与数据驱动相结合的设计理念，从数据源的分析和业务的方向性需求两方面出发进行数据仓库设计。

元数据是整个数据仓库的核心，不仅定义了数据仓库有什么，还指明了数据仓库中数据的内容和位置，刻画了数据的提取和转换规则，存储了与数据仓库主题有关的各种商业信息，而且整个数据仓库的运行都是基于元数据的，如数据的修改、跟踪、提取、装入和综合等。元数据包括关于数据源的元数据、关于数据模型的元数据、关于数据仓库映射的元数据和关于数据仓库使用的元数据 4 种。

数据仓库系统存在各种不安全因素。为防止来自外部的或故意对数据仓库软件的破坏，做好数据仓库系统的保密工作是保证数据仓库安全的最有效途径。保证数据仓库安全的技术性措施包括网络系统的安全措施、服务器的安全措施、应用系统的安全措施和信息传输的安全措施，非技术性安全措施包括制定安全管理制度和对计算机安全立法。

分布式数据平台在逻辑上呈现为一个统一的整体，但在物理上分别存储在不同的物理节点上。分布式数据平台在超大规模应用、高复杂度业务、独立部署等方面具有巨大优势，但面临着数据和任务的分配、调度及整合等关键问题。

云计算具有虚拟存储、大规模计算、动态分配、资源共享等优势。云数据平台和商务智能的结合应用是未来企业信息技术发展的重点，将极大地提升企业的知识挖掘能力和决策管理水平。

思考与练习

4.1 试述数据仓库与数据库和数据集市的关系。

4.2 简述数据仓库的实现过程。

4.3 为什么需要在数据仓库的开发模式中引入反馈机制？

4.4 根据如图 4-11 所示的数据属性，构造一个满足第三范式的关系数据库模型，并与

图 4-11 所示的星形模型进行比较。

4.5 简述数据仓库中元数据的含义及其作用。

4.6 为什么说数据仓库的安全性很重要？保证数据仓库的安全通常需要考虑哪些方面的问题？

4.7 简述分布式数据平台的概念，以及相较于单体式数据平台的优势。

4.8 简述云数据平台的概念，以及与商务智能的关系。

第 5 章

构建商务智能环境

BI

万物生长都有其所依赖的土壤,商务智能的构建和实现同样离不开相应的基础环境。商业竞争中的企业需要注重建设和完善自身的相关基础能力,才有可能在商务智能的助力下扬帆远航。首先,要"有米下锅",企业必须重视关键数据的采集、存储和备份,这是展开后续分析的前提;其次,面对原料,熟练掌握"煎、炒、烹、炸"的加工手段也非常关键,分析永远是需求导向,而不是方法导向,只有全面掌握了各种方法,才能做到量体裁衣;最后,"美味佳肴"要以恰当的形式展现在顾客面前,从打通分析成果到商务应用的畅通渠道是实现商务智能必须捅破的最后一层窗户纸。

本章学习重点
- ❖ 商务智能环境
- ❖ 商务智能组织
- ❖ 商务智能系统

商务智能应用是企业信息化的一个新阶段，其目的是提升管理决策水平，以有效帮助企业在发展中保持和获取竞争优势。一般说来，一个企业要想成功实施商务智能，通常需要构建适当的应用环境。本章将介绍若干主要的商务智能环境要素。值得一提的是，由于企业特点、决策问题、信息化基础和实施策略等方面的差异，不同企业在构建商务智能环境时，应该以适度、有效为原则，有针对性地对全部或部分有关的环境要素进行考量。

5.1 商务智能环境

在组织中应用商务智能，总的来说是一个技术采纳过程。首先，商务智能应用所要处理的是海量数据，而且这些海量数据可能来自多个异构数据源，并且需要通过抽取、提炼和整合，处理和加工成适合数据挖掘的形式。这是一个复杂的过程。其次，商务智能应用采用的是基于数据驱动的数据挖掘技术。不同于传统的统计、查询和报表的标准化功能，数据挖掘技术通常需要针对具体的问题背景、应用情境及分析需求进行定制或开发，且往往具有高级决策分析和智能处理的特点。

从实践意义上，商务智能应用是企业信息化的一种特定形式，是构建企业商务智能环境的过程。一个适当、有效的商务智能环境反映了企业信息分析和决策能力的水平。在适当的商务智能环境中，管理决策人员不仅可以迅速、有效地访问所需的数据，还可以进行多维数据的查询、检索和分析。更重要的是，通过应用数据挖掘和机器学习工具，根据定制的标准和分析要求对海量数据进行处理，可发现新颖的知识，并与企业信息系统和管理人员进行交互，以提供决策支持。

从信息加工和处理的角度来看，商务智能环境应该具有下列三方面能力[78]：① 确定什么数据可用的能力；② 对海量数据挖掘的能力；③ 用户与系统的交互能力。

5.1.1 确定数据可用的能力

在适当、有效的商务智能环境中，数据分析的质量必须得到保证。而确保数据分析质量的第一步就是根据问题需求从海量数据中提炼出真正所需的数据。

首先，企业中和企业外存在的数据是多样化的，如业务流程数据、组织结构数据、财务数据、人力资源数据、竞争情报数据、电子商务交易数据、用户评论数据等。不同决策者和不同的决策层次所需的数据是不同的，如针对同样的销售数据，客户关系管理部门和生产部门的侧重点是不同的。另外，业务部门经理和总经理对销售数据所关心的层面也不同。对于这些需求，商务智能环境应该具有提供多样化数据的能力。

其次，企业内部和企业外部具有的数据类型也是多样化的，如数据库数据、文本数据、多媒体数据、Web数据和流数据等。针对不同类型的数据，也应该根据需要进行加工和预处理。因此，商务智能环境应该能够具有对多种类型数据的处理和加工的能力。

此外，对数据的要求可能是多样化的。例如，信息系统的设计者希望能够追踪所有的客户事务，如客户服务查询、银行账号结算查询或公司网站访问等。电信公司的分析员在试图了解移动电话服务质量及客户流失之间的关系时，应该可以方便地获取放弃呼叫和其他故障等方面的客户层面的数据。而且，获得权限的分析员应该可以方便地浏览客户购买历史。如果购买历史存在不同的数据库中，如 Web 日志或交易数据库等，也应该可以通过数据仓库等相关的功能汇总得到。客户服务中心的每次呼叫应该可以方便地确定呼叫的持续时间，以及呼叫是通过人工处理还是通过交互式语音应答系统处理，等等。再如，在企业运作中，通常不仅需要对个别的数据进行准确查询，还需要方便地对满足某条件的数据进行汇总和整合；不仅要求在业务运作层面得到产品项之间的关联关系，还可能要求得到产品类之间的抽象关联关系等。因而，商务智能环境应该能够根据不同的应用要求提供相应的支撑[145]。

5.1.2 数据挖掘的能力

适当、有效的商务智能环境必须能够根据决策问题提供充分的数据挖掘功能。例如，对于客户关系管理，需要能够根据客户的信息、特征及消费模式进行分类分析或聚类分析，并据此来优化所提供的产品/服务组合；对于金融时序数据，需要能够进行趋势分析和相似性模式匹配，以对近期行情的发展进行预测；对于页面广告访问数据，需要进行关联分析，以发现页面访问规律与用户点击模式，以期能更好地进行精准营销，从而提升广告客户利益等。为了能够实现上述的功能，就需要具备相应的数据挖掘功能模块，如分类、聚类、关联和时序分析等。对于具体企业来说，并不一定需要拥有所有的模块，但是至少要根据自身的需求，有针对性地购买、开发相应的功能模块。

此外，由于商务智能应用与传统数据库系统应用的区别之一就是处理的数据量差异。一方面，商务智能应用面对的数据量是海量的；另一方面，商务智能应用不是简单的查询，而是更为复杂的知识发现和智能信息分析，这就使得商务智能应用的计算量和时间复杂度非常大。因此，构建商务智能环境需要适当的软/硬件基础设施的支撑和相应的技术和管理人才[42]。

5.1.3 用户与系统交互的能力

由于商务智能应用面对的问题相对于传统信息系统而言更为复杂，而且标准化程度相对较低，因此，为了能够更好地为用户提供有效的决策知识，用户与系统交互的能力是必需的。从商务智能的应用特点，从最初的数据预处理和可用数据的提炼、挖掘任务的选择、评价标准的制定、挖掘过程的控制、结果的评价及反馈各环节都需要大量的用户参与和介入。因此，商务智能环境必须能够提供充分的交互手段和交互控制功能。

同时，由于商务智能发现的知识模式形式复杂，其结果除了采用基本的报告和表格形式呈现，更多地需要采用大量可视化功能来呈现。例如，OLAP 的多维分析、空间数据挖掘的地形线视图、分类分析的决策树视图等。因此，为了能够使挖掘得到的信息和知识更好地呈现给使用者和决策者，并且帮助使用者和决策者对商务智能系统进行监督、反馈、管理和应用，完善的可视化交互功能也是商务智能环境不可缺少的能力。

进而，商务智能环境应具有以上三方面的能力，离不开企业内部各层面的支持与配合。概括说来，涉及以下三个支撑要素[78, 146, 147]：商务智能组织、商务智能基础设施和商务智能系统软件。基于商务智能组织、商务智能基础设施和商务智能系统软件的有机整合，商务智能环境才能得到有效构建。商务智能环境与商务智能组织、商务智能基础设施和商务智能系统软件之间的关系如图 5-1 所示。

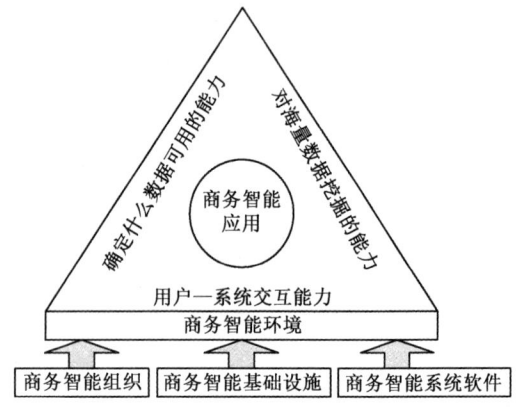

图 5-1 商务智能环境的关系

5.2 商务智能组织

商务智能组织是创建、实施、开发、运作及应用商务智能系统的主体。从商务智能建设的角度，商务智能组织可以存在不同的组织形式[78, 147]。

（1）内建：由企业内部的信息技术力量来负责商务智能系统的开发和维护。

（2）外包：直接购买商品化的商务智能解决方案，由供应商提供技术支持，或者由企业之外的第三方负责商务智能系统的建设和维护。

在实际的企业应用中，上述形式都有采用，需结合各企业的具体情况及需要解决的商务智能决策问题来选择。

一般来说，企业考虑采用 IT 外包，主要基于以下几方面的考虑[101,102]。

（1）企业之所以会对 IT 外包感兴趣，很大程度上是其自身经营战略转变的驱动。由于竞争加剧，很多企业从原先的多元化经营战略转向核心竞争力战略，因此高层管理人员常常认为 IT 是一个非核心的活动而加以外包。

（2）随着企业对 IT 的依赖性越来越强，在 IT 方面的投资也急剧攀升。这笔投资已经成为一个沉重负担。为了减轻 IT 成本的压力，一些企业开始转向第三方 IT 供应商。

（3）对于一般的非 IT 行业的企业而言，IT 部门的表现常常不令人满意。这也是驱使企业寻求 IT 外包的原因之一。

（4）随着信息产业的高速发展，IT 服务业也得到了蓬勃发展。而越来越专业化并能提供高质量 IT 服务提供商的出现，也促进了 IT 外包的发展。

IT 外包具有一些优势，也可能存在一些局限。IT 外包的优势包括[101,102]：

（1）降低成本，特别是标准化运作的成本，如存储服务器、邮件系统和财务系统等。

（2）能够尽快利用新技术，同时缩短了企业内部学习曲线。

（3）可以将企业的精力更加集中于核心活动。

（4）通过外包，"从外至内"改善 IT 管理。

其局限包括[101,102]：

（1）有的 IT 功能不容易从企业分离，因此外包容易造成故障，如与生产流程集成度高的成本核算系统。

（2）技术发展的不确定性，由于企业本身不完全掌握所采用的外包技术而更易造成应用中的错误、困难和障碍。

（3）对 IT 活动的估价困难，由于信息技术发展快速，使得签订外包合同时的代价可能会偏高。

（4）缺乏学习和创新，由于 IT 已经深切地融入企业运作的方方面面，因此不适当的外包可能会造成企业对新技术和新方法的学习存在困难与挑战。

（5）存在因供应商的不确定性而可能造成的风险。

显然，内给的优势与局限正好与外包相反。因此，是选择外包还是选择内包，要综合考虑企业的需求。一般，IT 活动可以按照战略影响和对企业贡献的大小来简要区分[101,102]。

（1）战略影响：一些 IT 活动能够使企业区别于它的竞争对手，称为差异型；而另一些 IT 活动只是提供了必要的功能，称为商品型。这两者的划分并不是绝对的。例如，在同业中第一家实施 B2C 的书店，其 IT 活动是差异型的，即有战略竞争优势；但是如果所有的书店都已经实施了 B2C，则只能视为商品型，即只能作为基本支撑技术。

（2）对企业贡献的大小：一些 IT 活动对于企业运作是关键的，另一些只是有益的但不是必不可少的。例如，工资管理系统虽然是必不可少的，但是没有它也并不是不能接受的。

基于上述两个维度，就可以构建出判断是否采用外包/内给的战略决策框架，如图 5-2 所示。

（1）关键差异型。这种类型的 IT 活动不仅在创造价值上很关键，也是企业竞争力的源泉。应该考虑内给提供这种类型的 IT 服务，以保护企业的创意、竞争力、专家和创新能力。对于商务智能系统而言，如果是关键性的系统(如大企业的 CRM)，就应该采取内给方式。

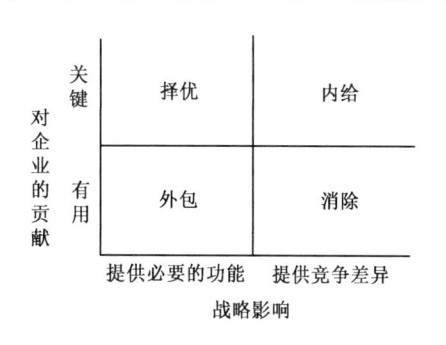

图 5-2 基于 IT 活动类型的外包/内给决策框架

（2）关键商品型。这类 IT 活动对于企业运作很重要，但是它不是区分企业及其竞争者的核心特征。这种活动理论上适合外包，但是需谨慎选择供应商，必须确保供应商能够提供合格的服务及支撑。

（3）有用商品型。这类 IT 活动能给企业运作带来益处，但不构成区分企业及其竞争者的关键特征。这类活动是外包的最佳候选对象，如基本会计系统、标准化 ERP 系统等。这样的外包使得企业可以通过标准化来降低成本，同时不会危及其核心竞争力。

（4）有用差异型。这类活动反映了企业与竞争者的不同之处，但对企业而言不是关键性的。理论上，这种活动应该减少。因为这类差异对于企业而言益处并不大，但是由于差异性可能会造成其成本高昂，故应该采取标准化措施来消除这种差异。

此外，外包的其他考虑因素包括技术类型（技术成熟度和技术集成度）、外包管理类型（事务型外包和关系型外包）、外包的目的（资源性外包和结果型外包）、IT部门和供应商竞争力对比、供应商服务质量与稳定性等。

而商务智能同样需要针对企业自身的情况、市场上供应商的情况，以及实施商务智能系统功能对企业的贡献、战略影响及成本等方面综合考虑。

5.2.1　外包商务智能

企业在如下两种情况下可选择外包商务智能。第一，如果商务智能只是偶尔一用，就不太值得在企业内部投资组成一个专门小组，那么外包是一个合理选择。第二，如果商务智能是企业不断成长的长期需要，但是所需技术企业自身并不具备，而且企业所需的商务智能应用功能比较标准化，已存在标准化的商务智能解决方案。在这种情况下，企业也可以考虑外包商务智能。

对于第一种情况，可能是由于企业规模较小，日常运作数据量并不大，且现有管理能力足以应付常见的客户关系管理等问题。但在偶然出现一次性的商务智能分析需求时，企业内部的信息处理能力不够，这时就可以采用一次性的外包商务智能。例如，在考虑进行市场扩张的特殊时期，已收集了相对大量的数据要进行分析。这种情况更像是寻求短期咨询服务，可以外包给专业的 IT 咨询公司来进行。另外，对于数据量较小的行业，商务智能的重要性相对不迫切，因为并无大量的历史数据。例如，一个新兴市场中快速成长的企业，无论是新客户开发，还是市场营销策略，都是全新的，缺乏历史数据，也无法根据历史情况来进行商务智能分析。但是，随着企业的成长和市场逐渐进入稳定期，以及企业外相关数据的积累到了一定规模后，商务智能分析的重要性就会逐渐显现出来。

对于第二种情况，外包商务智能非常必要。特别是企业的核心竞争力是建立在以客户洞察为基础时尤为重要，如广告公司、零售行业和电子商务平台等。这时，企业所需的数据及相应的商务智能分析并不是仅仅基于自身内部数据，还需要很大程度上基于外部（市场、客户和竞争对手等）数据。例如，信用卡公司通常愿意从市场提供外包的专业公司那里购买市场环境的商务智能分析结果（如竞争智能分析报告等），为自身的业务决策提供支持[78]。总的来说，与其他 IT 外包问题一样，如果该企业所需商务智能服务可相对独立于自身业务系统之外，且标准化程度相对较高，就可考虑外包。另外，如所需的商务智能服务更为标准化和模块化，也适合考虑外包给专业咨询公司。

5.2.2 内给商务智能

对商务智能系统的构成不只是进行建模和分析，也需要对企业业务和市场的深刻洞察力。而这些特有的洞察力经常是提供外包的机构所不具备的。而且，一个长期需要商务智能支持且商务智能系统与业务系统紧密交互的企业更倾向于在企业内部开发自有商务智能系统。这种情况需要根据具体目标和重要性考虑是选择建立一个多部门交叉的商务智能项目组，或者在 IT 部门建立一个商务智能小组，或者在企业内部单独建立一个商务智能部门。不同的选择其特点也不太相同[78]。

1. 建立一个多部门交叉的商务智能项目组

在一些企业中，并没有专门的商务智能机构。而仅在需要的时候，从各部门调集有关的成员成立一个项目组，在本职工作之外完成对商务智能系统的开发和支持。一般来说，这种安排通常是由于一些紧急需求而造成的，如突然出现的客户流失情况或订单违约情况等。一般来说，这样项目组的出现是用来应急的，所以通常目的性很强，效率会很高。但是不可能持续很长时间，一旦有关问题得到解决，该项目组成员就会回到自己正常工作中。

2. 在 IT 部门建立一个商务智能小组

很多时候，由于商务智能在操作层面与 IT 部门更相关，所以经常会在企业的 IT 部门成立一个商务智能小组。一般来说，这个小组的成员通常在技术方面没有问题，而且由于管控着业务数据库和数据仓库，因此这种方法的优势很明显，即在需要时，商务智能小组可以随时高效地访问数据，并可根据需要对数据进行查询、修改、集成和加工。

但是，这种方法的问题很明显，即 IT 部门的成员可能对管理业务问题不太敏感，而更多地从纯技术角度来看商务智能应用。但是商务智能的目的是要解决现实存在的管理问题，并能为业务决策提供支持。所以在实施过程中，非常有必要让来自管理运作部门的人员紧密参与到以 IT 人员为主的商务智能应用开发中。

3. 在企业内部单独建立一个商务智能部门

为需要解决的问题成立一个专门的商务智能部门也是一种常见做法，不过要根据业务和企业发展的需要来综合考虑。这通常是与市场营销部门、客户关系管理部门或财务部门紧密结合。相对于在 IT 部门建立一个商务智能小组而言，这种方式更倾向于业务部门的管理背景。有时根据需要可建立几个小规模商务智能小组，如在财务部门建立信用风险评估模块，在市场营销部门建立客户行为分析和市场细分模块，在客户关系部门建立交叉销售分析模块和客户忠诚度分析模块。有的企业会专门成立市场智能（Market Intelligence）部门，以专门协调和负责客户管理业务。

这个方法的优缺点正好与在 IT 部门建立商务智能小组的相反。企业各部门通常对自身的商业需求和业务模式都很熟悉，但仍然不得不依赖 IT 部门的技术支持和数据处理分析能力。

上述方法各有特点,在具体选择时要基于企业的业务情况和 IT 组织能力来综合分析和权衡。一般来说,在企业内部单独建立一个商务智能组织比在 IT 部门建立一个商务智能组织的成功率要高。

随着 IT 融合的不断发展,很多业务决策本身就是信息决策,包括对商务智能支持的决策。所以,根据业务需要采用项目组织的形式也是常见、有效的组织应用方式。

5.2.3　商务智能组织成员

通常,商务智能组织由复合型人才(或由专业人才构成的群体)组成,因为商务智能作为一个综合性的工作,需要的专业背景知识非常多,如统计、计算机硬件、计算机软件、数据库、金融和营销等,覆盖面很广。实际上,商务智能作为一个独立的工作职能出现的时间并不长。许多进行商务智能开发和应用的人员可能是统计学者、计算机人员、销售经理或语言分析学家等。

一般来说,商务智能组织成员所具有的技能至少应该覆盖以下 9 方面[78, 148]:① 数据库和数据仓库技能;② 数据处理和编程技能;③ 统计学;④ 商务智能的基本原理与方法;⑤ 相关行业背景知识;⑥ 数据可视化技能;⑦ 调研和需求分析技能;⑧ 数据调查、整理和收集技能;⑨ 报告、写作和沟通技能。

概括而言,商务智能组织的形式是企业信息战略的一方面。在具体实施中,根据商务智能过程与信息处理和分析的层次,可采取全面信息化的路线,从企业业务系统、数据库平台建设、数据仓库和分析处理等,形成一整套业务技术融合的体系。这需要有适当的信息化建设规划,并与企业经营的整体战略相匹配。

5.3　商务智能系统

5.3.1　商务智能基础设施

由于计算机性能不断提升、应用软件的功能不断增强,对于一个简单的商务智能问题而言,其求解也许通过使用个人计算机加上一些数据挖掘软件及基本的企业数据库的支撑就可能实现。然而,如果确实要将商务智能应用作为企业信息系统的进一步提升,并希望其能够为企业竞争力的提高提供强有力的支持,商务智能的基础设施就一定要非常强健。在这样级别的应用中,要能随时利用社会化平台上客户评论数据来自动进行文本挖掘和情感分析以进行品牌舆情预警,要能定时自动采用分类和聚类方法来对本周或本月的业务数据进行分析和关键模式提取,要会利用关联规则挖掘得到的结果自动集成到业务数据库中并在网页上智能化地为客户搜索行为提供购买推荐,等等。这些要求使得商务智能不仅为企业信息系统"锦上添花"，更是"雪中送炭"。因此，对基础设施的要求也比较高。商务智能的基础设施必须在扩展知识发现功能，提升模型评估质量，优化企业业务流程和营销活动等方面提供充分的支撑。

一个可靠的商务智能基础设施应该具有以下功能：① 从多个异构来源访问数据、进行数据汇集及通过数据特征进行标识的能力；② 根据需求从模型库中选取模型，并根据新对象和实例情况进行评估的能力；③ 快速处理上百万条乃至更多对象数据的能力；④ 快速处理上百个模型的评估、训练和计算的能力；⑤ 跟踪模型并进行按时更新的能力；⑥ 管理数据仓库和外部数据源，并按照需要对其他应用软件系统发布信息、规则及其他数据挖掘结果的能力。

商务智能的基础设施从逻辑上可以分为挖掘平台和评估平台两部分，分别支持挖掘和评估[78, 149]两个阶段的活动。

1. 挖掘平台

挖掘平台用来支持数据处理软件，以及必要的数据挖掘软件、可视化功能及人机交互软件，并提供与其他应用软件之间的信息、规则和模型挖掘结果的数据接口。而在具体实施中，还会涉及如下更为具体和细节的问题，例如：

（1）在客户—服务器的架构中，不同软件应该安装在哪里？

（2）数据挖掘软件是否需要开发自己的硬件平台？如何开发？开发后与现有的操作系统的兼容和匹配问题怎样处理？

（3）为了实现数据传输和通信功能，需要配置什么样的软件？

（4）数据库、数据仓库及云计算产品的选择。

（5）报告生成和图形可视化软件与数据挖掘软件的接口。

这些问题需要一一解决。挖掘平台的目的是支持数据预处理、数据挖掘和商务智能建模。

2. 评估平台

在挖掘得到规则、模型和知识后，还需要进行评估。此外，一旦有新的对象（如客户记录）进入，还需要根据适当的模型和规则来对对象进行评估，以便创建相应规则，用于未来措施的决策支持。通常，评估平台可能建立在业务数据库上，但需要通过接口功能与数据挖掘平台实现连接和反馈。

商务智能的应用可以是具体问题驱动的，如对于特定市场、客户和业务模式等的数据挖掘和分析，完成特定的精准营销、客户偏好、流程优化等方面的知识发现和竞争决策。所以，商务智能的应用可以只涉及业务一部分的"点"和具体环节。因而对基础设施和条件的要求也可以精简、适用为准，不必求大、求洋和求全。

5.3.2 商务智能系统软件

目前，市场上已经出现了许多成熟的商务智能系统软件产品，其主要供应商如 Oracle、

SAP、IBM、SAS 和 SPSS 等。新兴的商务智能系统软件包括 Microsoft Power BI、Tableau 和 Qlik 等。一般来说，对于商务智能系统软件，不管是来自软件厂家还是企业自行开发，可以从以下 8 方面进行评估[78, 149]。

1. 所应用的技术范围

没有一种单一的数据挖掘技术可以用来求解所有的问题。关联规则、决策树分类、神经元网络预测、统计建模和预测、自动聚类技术等都有其特定的应用领域。因此在选择合用的商务智能系统软件时，首先要明确企业的数据基础及需求目标。

通常，人们愿意选择比已有的数据规模和分析需求目标功能更强大的软件。但是功能越强大一般意味着越昂贵，因此建议选择功能比目前企业的数据规模和需求目标功能稍强的软件。这样不但可以节约成本，而且为企业商务智能的进一步发展和应用预留了空间。

另外，虽然各种软件都会集成多种商务智能方法，但是由于各开发公司的技术与应用特长不同，在数据挖掘技术上会各有侧重。通过各软件功能的比较，企业可以更有效地选择适合自己的商务智能系统软件。

2. 可扩展性

尽管商务智能系统软件都面向大规模数据处理，但是不同软件的处理规模也是不同的。建议在选择商务智能系统软件时，尽可能在预算允许的前提下，选择处理规模更大的软件。因为企业数据量的增长通常是相当快的——特别是企业外的数据。为了能使所购买（或开发）的商务智能系统软件发挥最大作用，应尽量对增加的数据处理量具备足够的可扩展性。

此外，商务智能软件需要具备其他可扩展性。首先，要确保数据管理功能的可扩展性。在目前环境下，最方便、可用的数据管理可扩展软件是关系数据库，这也是目前绝大多数商务智能系统软件采用的数据管理软件。其次，确保数据处理模块内存管理的可扩展性也非常必要。由于现在计算机内存的性价比很高，因此很多商务智能系统软件内置的数据挖掘技术是基于内存的。但是考虑到可能遇到海量数据的问题，内存仍然是有限的，因此对于内存管理的可扩展性要进行考虑。此外，还要考虑数据接口的可扩展性，由于商务智能系统软件采用的数据仓库模块需要从多个不同类型和格式的数据源获取和进行数据加工，而且挖掘得到的模型和规则应该通过适当的接口反馈到不同数据库和应用平台上，因此数据结构的可扩展性是一个非常重要的问题。

3. 模型管理功能

商务智能系统可以通过数据仓库软件来对海量数据进行管理和挖掘，而挖掘得到的模型也会呈现规模较大且形式多样的特征，如规则、分类树、网络结构、函数和文本等，所以一个强大的商务智能系统应该具有全面的模型存储、表达和管理及必要的推理功能。因此，很多时候需要集成知识库和规则库的功能。

此外，模型管理功能应该提供输出和标准数据库及文本的接口功能，从而有助于更好地利用挖掘得到的知识模型。

4．用户界面

用户界面应该提供两个功能：一个是用户观测和控制商务智能过程的功能，另一个是对挖掘得到的知识模型进行演示和表达的功能。通用的商务智能系统软件都提供了这样的功能。一个丰富的用户界面应包括以下功能：① 为偶尔使用商务智能软件的用户或新手提供一个默认智能化的 GUI；② 具有针对更熟练用户的高级选项；③ 提供内置的命令行指令功能，为专业用户提供更灵活的商务智能应用工具；④ 提供应用程序编程接口，为商务智能系统开发人员提供底层开发界面。

5．输出功能

商务智能系统软件中的不同数据挖掘技术的结果形式有所不同，因此规则生成器、决策树可视化表达、图表和报表等输出功能非常有用。随着可视化技术的成熟，在商务智能系统软件中提供强大的可视化功能成为商务智能软件开发的一个重点。而且，由于数据挖掘过程所得到的初步结果规模也较大，因此通过可视化的方法来提供如决策树、三维空间模型、饼图、曲线图、网络拓扑结构图和聚类示意图等结果，对于用户非常有必要。特别是对于非技术出身的高层管理决策人员，可视化结果比枯燥的数据更加具有吸引力和说服力。另外，为了便于挖掘结果的输出和进一步分析，商务智能系统软件应该能方便地将结果输出到常用的报告分析软件中，如 Excel 和 Word 等。

6．复杂数据类型处理能力

大多数商务智能系统软件中的数据处理和加工技术都是基于结构化数据来进行的，如关系数据表，而对其他一些复杂数据类型的处理有很大的局限。随着互联网的发展，许多非传统结构化的数据也大量存在，如网页数据、多媒体数据和空间数据等。因此，在购买/开发一个商务智能系统软件前，还要仔细评估本企业是否需要对这些复杂数据类型进行处理。目前，市场上一些新型的更高级的商务智能工具包已经提供了对这些功能的支持。

但总的来说，市场上常见的商业化的商务智能系统软件对这些复杂类型数据的处理能力还相对较弱，很多时候只能寻求专业开发人员来设计特定数据挖掘工具和算法。不过，一种变通的方法也非常值得尝试，即在处理前，对原始数据进行提炼和预处理，将之转换为一般商务智能软件能够处理的结构化数据类型。例如，音频数据可以读取转换为序列数据，空间数据可以转换为三元组数据，网页数据的关键词位置和出现频度可以提取出来，作为特征数据等。通过这样的转换，就可以采用主流的商务智能系统软件来处理复杂类型的数据。当然，这样的转换必然会造成信息损失，因此在转换中一定要仔细评估是否丢失了必要的信息。不过，这种转换也是一个帮助用户更好地理解数据、理解企业需求的有益过程。

7．文档管理

一个设计良好的用户界面应该能帮助用户尽快熟悉商务智能挖掘过程，不过对具体工具的掌握还需要时间。与任何复杂软件一样，完整且条理清晰的帮助文档对于用户而言可以起到事半功倍的作用。因此，在选择商务智能系统软件前，还需要对使用手册及帮助文档进行审查。产品说明应该能够完整描述所采用的技术和算法的细节，而不只是对工具的操作流程进行说明。也就是说，通过阅读文档，用户不仅能知其然，还应该知其所以然。

8. 客户服务和培训

与其他大型的复杂软件一样，要将商务智能系统软件引入一个企业并不是件容易的事，从技术采纳的角度，可能这个过程要持续较长的一段时期。在能利用商务智能系统软件从事管理和决策工作前，有效对用户培训和使用咨询是非常必要的。诚然，在互联网的支持下，客户服务和用户培训比以往变得更加容易。但是，很多时候，采用传统的培训方法和电话咨询仍然能起到更好的效果。另外，软件产品的维护更新、卖方信誉、开发团队的支持等也是必须要考虑的因素。

5.3.3 商务智能系统产品

当前，商务智能技术与可视化图表结合已成为商务智能系统的主流趋势，大量的商业化软件也应运而生。本节将具体介绍四款主流商务智能系统产品。

1. Microsoft Power BI

Microsoft Power BI 是微软公司于 2015 年发布的商业分析产品。官网将 Microsoft Power BI 定义为一种"可视化数据并在整个组织中共享洞察，或将其嵌入应用或网站，连接数百个数据源，通过实时仪表板和报告将数据变为现实"的业务分析解决方案。信息技术分析评估公司 Gartner 曾经根据可视化能力和数据处理能力两大维度，构建魔力象限来评估各类商务智能系统[①]，Microsoft Power BI、Tableau 和 Qlik 这三款软件被评为第一象限的领导级商务智能产品。其中，Microsoft Power BI 的发布时间较晚，但推出后市场占有率迅速超过后两者。截至 2021 年，Microsoft Power BI 被 97% 的世界 500 强企业使用，被认为是商务数据平台中的佼佼者。

Microsoft Office 产品系列中的 Excel 组件可以通过数据透视表实现基本的数据处理和可视化功能。2009 年，微软基于 Excel 生态发布了一系列数据分析工具。最终，Microsoft Power BI 整合了基于 Excel 开发的相关 BI 插件，包括 Power Query、Power Pivot、Power View 和 Power Map 等。这也使得以往使用 Excel 进行 BI 分析的用户可以快速入门并掌握 Power BI。在 Power BI 发布后，新版本的 Excel 2016 也提供了 Power BI 插件。

Power BI 提供了对主要数据库平台的集成，包括 SQL Server、Oracle、DB2、Informix 等，并且通过 Direct Query 提供许多外部数据源和云数据库的集成。通过一系列的软件服务、应

---

① 见 Gartner 官网相关网页。

用和连接器的协同功能，Power BI 可以基于多种数据源，进行数据源连接、数据清理建模及多用户信息共享。Power BI 包括桌面版开发环境 Power BI Desktop 及针对手机端的 Power BI Mobile。其应用平台不仅涵盖 Windows Phone、Android 和 iOS 三大平台，也可以进行在线的开发和编辑。

2. Tableau

2003 年，Tableau 公司由 Pat Hanrahan、Christian Chabot 和斯坦福大学的 Chris Stolte 创立，之后广受业界欢迎。作为一款商务智能系统软件，Tableau 公司将后台数据处理与面向用户图表生成功能进行整合，通过拖曳式操作，可将大量数据拖放到数字"画布"上进行图表创建。此外，Tableau 具备强大的数据连接、协作、安全管理、跨平台能力。通过可视化分享信息，Tableau 可以帮助用户快速查看、处理、分析并理解数据。

Tableau 产品家族中使用最多的是 Tableau Prep 和 Tableau Desktop。Tableau Prep 被用于处理数据，Tableau Desktop 被用于分析并可视化数据。Tableau Prep 是自动化数据预处理产品，可以几秒内处理百万级数据。Tableau Desktop 可以帮助用户分析 Tableau Prep 处理后的结构化数据，并基于简便的拖放式界面，在几分钟内自定义生成图表、坐标图、仪表盘与报告。Tableau Desktop 可直接连接各类常用数据库，版本 10 可以支持连接 JSON 文件。此外，作为企业智能化软件的 Tableau Server 可以将 Tableau Desktop 中的交互式数据进行可视化内容的共享，并且支持大型部署及关键业务数据库的负载管理。此外，Tableau Server 同样提供基于浏览器的分析与合作，并可以将 Tableau 可视化内容嵌入其他 Web 应用程序。

3. Qlik

Qlik View 是 QlikTech 于 2009 年发布的旗舰产品，可以提供设计好的 Qlik View 程序给用户使用，包括数据建模、ETL 处理、前端报表展现等组件。Qlik View 以引导性分析为主，帮助用户根据自身需求建立数据选取分析和发现问题的解决方案。Qlik View 主要包括开发工具、服务器组件及发布组件，可以支持多种方式发布，如 Ajax 客户端、ActiveX 客户端和 Java 客户端等。

2014 年，QlikTech 发布了一款交互式 BI 产品 Qlik Sense。相对于引导式 BI 产品 Qlik View，Qlik Sense 强调以用户为中心的 BI，产品更加简单易用并且适应多样化的用户需求。Qlik Sense 不仅是 Qlik View 的新版本，也在思路上从 IT 驱动转化为用户驱动。用户可以按照自己的意愿，而非 BI 提供的引导创建可视化报表，实现自助式分析。除此之外，Qlik Sense 更适合在各种触控设备上使用，具有更高的可兼容性，可以自动地适应不同大小的屏幕。

4. Fine Report

Fine Report 是帆软软件有限公司旗下的商业智能分析产品，可以提供一站式的商业智能解决方案。2006 年，Fine Report V3.0 发布，Fine BI 产品于 2013 年发布。作为企业级的 Web 报表工具，Fine Report 更适应本土化的报表需求，通过可视化的拖曳操作制作复杂报表，满足传统行业的填报需求。其主要特点是采用纯 Java 语言编写，集报表和表单功能于一身，以及遵循无代码理念。此外，Fine Report 同样提供行业方案，比传统 BI 软件的通用示例图表更加符合不同行业的具体需求。2017 年，Fine Report 入选 Gartner 发布的《企业报表平台全球市场指南》。

小　结

适合有效的商务智能环境应该能够提供确定什么数据可用的能力、海量数据挖掘的能力、用户—系统交互的能力。为了实现这三方面的能力，商务智能组织、商务智能基础设施及商务智能系统软件是重要支撑要素。

商务智能组织的构成可采用外包和内给两种形式。这两种方式各具优劣势，需要根据 IT 活动的战略影响和对企业的贡献两个维度来进行决策。

构建商务智能基础设施包括构建挖掘平台和评估平台，而其软/硬件的支持直接关系到后续商务智能应用的成败。

对商务智能系统软件的评估包括技术范围、可扩展性、模型管理功能、用户界面、输出功能、复杂数据类型处理功能、文档管理、客户服务和培训等。

商务智能的应用可以是具体问题驱动的，可以只涉及部分业务"点"和具体环节。因而对基础设施和条件的要求也应该以精简、适用为准，不必求大、求洋和求全。

商务智能产品包括 Microsoft Power BI、Tableau 和 Qlik 等。国内较为知名的商务智能产品有 Fine Report 等。不同的产品在面向用户需求设计和可视化界面操作上具备不同的特点。

思考与练习

5.1　简述商务智能环境所应具备的基本能力。
5.2　如何进行商务智能外包或内给决策？
5.3　在内给商务智能中，商务智能组织方式有几种？有何异同？
5.4　在外包商务智能中，项目管理可能需要考虑的问题有哪些？
5.5　简述商务智能基础设施的功能和作用。
5.6　简述商务智能产品有哪些主流软件和各自的特点。

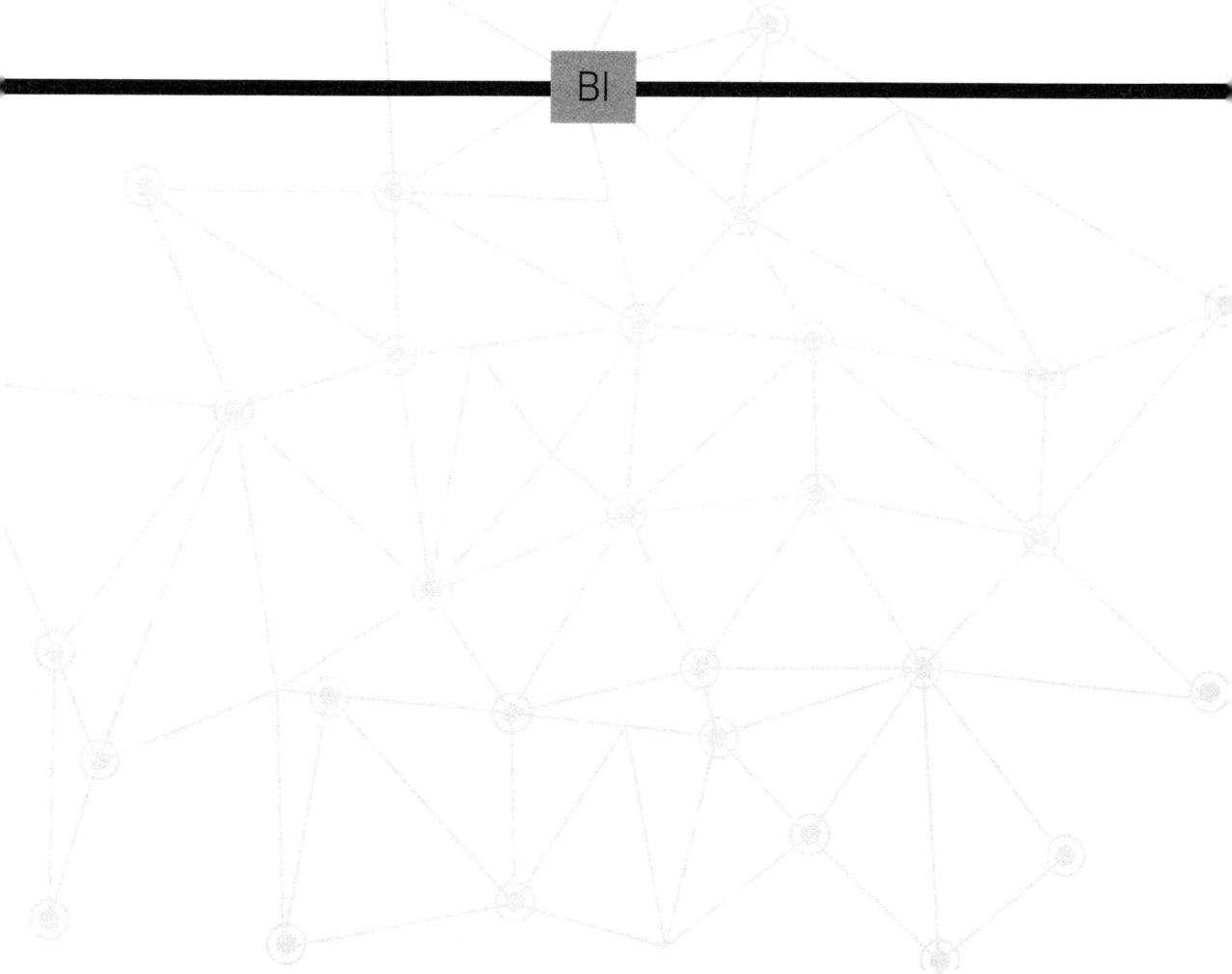

方法篇

BI

第 6 章

数据预处理

BI

在商务智能的"江湖"里,常用的数据分析方法就像是发源于不同"门派"的不同"武功",如关联、分类、聚类、搜索、社会网络分析、推荐、深度学习等,而本章涉及的内容是这些"武功"的基本功——数据预处理。如同任何学习均需循序渐进一样,我们在向往那些声名远播的"武林典籍"之前,也需要先"扎马步""站梅花桩"。商务智能的最终目的是解决现实生活中、商务环境下的种种实际问题。而很多时候,对关键数据进行准确、合理的预处理分析,其带来的效果未必逊于复杂的分析。这个类似于"无招之剑"的启示告诉我们围绕实际问题展开数据预处理分析的重要性,也提醒我们千万不可轻视基础的数据描述、归纳和消减的方法。

本章学习重点
- 数据清洗方法
- 数据集成方法
- 数据规范化方法
- 数据归纳方法
- 数据消减方法

随着信息技术的迅速发展，数据的种类越来越多，规模越来越大。一方面，这种爆炸式的海量数据带来了许多非常有价值的信息，并为正确进行决策分析提供了更好的支持和保障；另一方面，这些大规模的数据往往杂乱无章，其中有价值的信息经常被更多无价值的、冗余的信息所掩盖。在有限的时间和空间内对这样的数据进行高层次的分析，从而更好地提炼和理解其中有价值的部分，已经变得越来越重要。如前面章节所述，商务智能及其数据挖掘技术正是在这样的背景下产生的。

在实际的商务智能应用中，真实世界的数据非常复杂，往往存在错误、缺失、冗余、噪声及不一致等诸多情况。这种数据也常被称为"脏数据"（Dirty Data）。"脏数据"的存在严重影响了商务智能方法的准确性和高效性。因此，在进行商务智能分析前，必须对原始数据进行相应的预处理工作，使得"脏数据"在不影响后续分析的前提下，得到必要的净化。本章将介绍如何通过预处理解决"脏数据"净化的问题。

6.1 数据预处理简介

商务智能及其挖掘技术对数据的要求主要有准确和实用两点。准确的数据是商务智能的基础。人们所挖掘出的知识全部涵盖在数据之中，如果这些数据本身就不准确，那么挖掘出的结果也很难有说服力，更谈不上是有价值的新知识。实用的数据也是商务智能必需的。不同的数据分析方法，对数据的要求往往不同。数据的结构、规模等都会对分析的效率和结果有很大的影响。实用的数据是指那些结构和规模合理、能够方便地进行数据分析的数据。数据预处理（Data Preprocessing）的主要功能是把实际采集到的数据尽量转化成准确而实用的数据。数据预处理是应用数据挖掘技术进行知识发现的准备性、基础性工作，是商务智能过程中重要——有时也很耗时——的环节[150, 151]。

6.1.1 数据预处理的原因

真实的数据很难保证绝对准确。数据缺失、数据错误等情况严重地影响了数据的准确性。同时，真实的数据也很难保证绝对实用，数据冗余、数据不一致及数据杂乱等情况严重影响了数据的实用性。下面对可能出现问题的情况进行简要说明。

（1）缺失数据（Missing Data）是指需要且感兴趣的数据没有具体的数值，产生这样问题的原因主要有两种[152-153]。第一种是主观原因，即没有采集到相关数据。这种情况可能发生在数据收集的设计阶段。例如，在设计收集信息的系统时考虑不细致，没有充分地估计到以后会使用的数据，致使设计存在缺陷。这样，当后来对使用数据进行分析时才发现需要的数据在之前的统计中根本没有出现。这样的情况也常常会发生在数据的收集过程中，即在信息收集和传递过程中由于人为因素造成了信息的缺失。例如，在使用调查问卷的过程中，被调查者经常无意识地遗漏一些问题，或回避回答一些不易回答的问题。还有可能是数据量太大，录入人员只录入了当时认为相对重要的数据而没有保证所有数据的完整录入，或者在录入过程中遗漏了某些数值。所有的这些问题都可能造成数据的缺失。当然，通过科学设计数据收集的方法和手段并认真细致地贯彻执行，理论上，这种情况的数据缺失在客观上都是可以减轻和避免的。第二种是客观原因，即客观上无法收集到需要并感兴趣的数据。这可能是技术力量和能力范围的局限所致。例如，在现有条件下，科学家们依然很难得到宇宙的准确年龄和范围，仍然很难及时地获取客户的跨平台浏览和购买记录数据，等等。当然，造成这种情况的也可能是法律法规所限。例如，有关国家机密和个人隐私的数据未经允许不允许泄露。

（2）错误/噪声数据（Erroneous/Noisy Data）是指那些不准确的数据。数据错误产生的原因很多，有时发生在数据收集阶段。例如，在调查 VR（Virtual Reality）设备等新型技术使用情况时，可能有人出于对新技术的偏见或碍于面子，无法对自己的设备使用现状给予客观、真实的描述，产生了与他人明显的偏差；或者由于问卷题量太大，答题时出现了看错题目、理解错题意和写错选项等现象；或者干脆不经思考地随机选择，致使错误出现。还有时候发生在数据传递阶段，如转录人员的录入错误、计算机磁盘阵列等硬件损坏、数据在网络传输中丢失等。错误数据的最大问题是如何对错误（噪声）数据进行判断[151]。例如，在含有人名的数据库中，录入人员误将"李峰"录成了"李锋"，这样在没有额外信息辅助校验的情况下，很难发现该错误。再如，通过线性回归模型对所收集的数据进行拟合，发现了一些离回归曲线非常远的异常点。此时很难判断是这些点本身有错误，还是模型的问题。

（3）冗余数据（Redundant/Duplicated Data）是指重复的或可相互替代的信息多次出现。它的表现形式主要有两种[154]。第一种是数据记录的冗余（行冗余）。例如，在人口普查的过程中，某单元的住户被重复调查，这样在数据库记录中就会出现这一单元居民的重复数据。第二种是数据属性的冗余（列冗余）。例如，在一个数据表中出现了"姓""名""姓名"三个属性，而"姓名"属性其实是"姓"和"名"两个属性的加和，因此单纯从数据的角度来看是一种冗余，可以将"姓名"属性去掉。

（4）不一致数据（Inconsistent Data）是指在不同的数据集中描述同一属性时采用的数据形式不同。引起这个问题的主要原因有两种[155]。第一种是由不同的数据结构引发数据的不一致（Structural Heterogeneity）。例如，不同证券公司的股市行情软件虽然都反映同样的股票行情，但是由于不同软件所采用数据结构的不同，如不进行适当的预处理则会对数据合并带来挑战。又如，对于含有"姓名"属性的数据系统中，由于东方人是"姓"在前、"名"在后，而欧美人是"名"在前、"姓"在后，因此在数据合并的过程中需要考虑不同国家"姓"和"名"的位置。第二种是由不同的语义结构引起的数据不一致。例如，在学生的评分体系中，美国大学多采用四分和五分制，欧洲国家的一些学校采用六分和十分制，中国常采用百分制。这样对于同一个学生来讲，在不同的评分体系中，他的成绩是不同的；对于不同评分体系中的数值相同的分数，如 4 分，在美国体系中是很高的成绩，在欧洲体系中只能称为一般，但是在中国体系中就是一个非常差的成绩了。

（5）数据庞杂也是当今真实数据的一个典型问题，也是大数据时代的一个重要特征。这主要是因为，随着信息技术尤其是移动技术的飞速发展，获取和发布信息已经变得越来越容易，而由于用户生成内容（UGC）越来越多，但生成内容的形式多种多样（如图片、文本和符号混杂在一起），使得数据越来越庞杂。例如，在网上商店上随便搜索一个产品的评论信息，动辄就会出现成百上千条各种各样的用户评论信息，但是这些数据一般很多而且杂乱，需要进行整理和压缩甚至删减，以及使用合理的结构和更有效的空间存储，从而有利于进一步的商务智能分析。

6.1.2 数据预处理的目的

正是因为数据缺失、数据错误、数据冗余、数据不一致和数据庞杂等诸多问题在真实数据中频繁出现，数据预处理已成为商务智能中必不可少的一个关键环节。它通过对不完整、有错误、有冗余、不一致和庞杂的真实数据进行必要的处理，可以提高数据的准确性和实用性。数据预处理既可以使残缺的数据变得完整，使错误的数据变得正确，使冗余的数据变得精练，使不一致的数据变得一致，还可以使庞杂的数据变得结构适当和规模合理。总而言之，经过数据预处理之后，挖掘系统可以得到要求的相对准确且规范的数据集，使得有效数据挖掘成为可能，同时，这样准确且规范的数据可以尽可能地减少挖掘系统所付出的时间和空间代价，提高知识发现的效率和可解释性。

6.1.3 数据预处理的方法

数据预处理的方法有很多[152-154]，但迄今为止没有一种方法能够解决数据准确性和实用性的所有问题。常用的一些经典的方法主要针对数据处理的某些方面，这些方法包括：数据清洗（Data Cleaning），数据集成、规范与归纳（Data Integration, Normalization and Induction），数据消减（Data Reduction）。

1. 数据清洗

数据清洗主要针对数据的准确性问题，包含减轻或消除数据缺失和数据错误两方面的问题，主要方法是填补缺失数据和消除噪声数据。它的原理是，通过分析"脏数据"产生的原因和存在形式，充分利用现有的技术手段和方法清洗"脏数据"，将"脏数据"转化为满足要求的数据，从而提高数据集的数据质量和挖掘效率。

2. 数据集成、规范与归纳

数据的集成、规范与归纳主要针对数据的实用性问题，包含减轻或消除数据不一致性。

数据集成主要是将所用的不同类型的数据统一存储在数据库、数据仓库或数据文件中，进而形成一个完整的数据集。数据规范主要是对数据进行规格化操作。由于不同的模式挖掘经常要求数据满足一定的格式，数据规范化就是将原始数据转换为挖掘模式要求的格式，以满足进一步分析和处理的需求。数据归纳是通过适当的方式，按照一定的要求与需求将数据进行筛选，并将筛选过的数据进行概化（Generalization）和降维处理，最终通过可视化手段得到易于理解和利用的数据归纳结果。

3. 数据消减

数据消减主要针对数据的实用性问题，重点是解决数据庞杂且规模过大的问题。其目的是把那些不能准确刻画系统关键特征的数据剔除，消除不必要的冗余数据，从而得到精练后的能充分描述被挖掘对象的数据集合，并有效减小数据规模。

6.2 数据清洗

数据清洗是指发现并改正不完整、不正确和不一致的数据，从而提高数据质量[156]。数据清洗的方法很多，而且大都具有很强的专业针对性。有的专门针对不同学科，如生物数据的清洗方法、地理数据的清洗方法[157]；或者专门针对不同类型的数据，如时序数据的清洗方法和非时序数据的清洗方法[158]。针对真实数据存在的数据缺失、数据错误和数据不一致性的情况，在数据清洗的过程中，需要通过填补缺失数据、清除或平滑噪声数据和转化不一致数据等方法来净化数据，提高数据的质量。下面介绍缺失数据处理和噪声数据处理。

6.2.1 缺失数据处理

数据缺失在实际数据集中经常出现。缺失数据的处理方法，按照处理主体不同，可分为人工处理法和自动处理法；按照处理方法不同，可以分为直接忽略法、填补默认值法和依据其他数据填补缺失值的方法[159]。

1. 根据处理主体分类

（1）人工处理法（Manual Cleaning）是指当一个记录的属性值缺失时，通过查找原始的记录，或者请教专家手工填补所缺失的数值。这种方法的好处是，当缺失数据比较少时，填补数值的准确度相对较高。但是当缺失的数据比较多时，采用人工处理的方法效率太低，而且更容易出错，可行性差[160]。

（2）自动处理法（Automated Cleaning）是指当一个记录的属性值有缺失时，通过已有的程序自动处理缺失。这种方法的好处是，当缺失数据规模很大时，在效率上优于人工处理方法。但是在很大程度上依赖于处理缺失数据的程序，缺乏灵活性和智能性，在处理少量缺失数据的时候不如人工处理准确度高[160]。

2．根据处理方法分类

（1）对于缺失数据最直接的做法就是直接忽略。直接忽略法是指，当有一个记录的属性值有缺失时，则在数据分析中直接删除此记录，不予考虑。这种方法的好处是操作简便。但是当数据中遗漏的属性值比较多且分散在不同的记录中时，这种方法的适用性有待商榷。因为，一方面，它可能造成现有数据的大量浪费；另一方面，由于类似的数据缺失在之后的补充数据中也会出现，因此这样会缺乏对数据收集规模的有效控制。例如，在问卷调查中如果只有极少量问卷的答题信息不完整，可以直接忽略该问卷；但是如果答题信息不完整的问卷占有很大比例，则完全忽略这些问卷势必会对数据规模和数据代表性产生很大的影响。如果采用补充调查的方法，那么补充调查的问卷中也常常会出现答题信息不完整的问题，使得应该补充多少调查问卷变得很难控制。

（2）填补默认值法是对直接忽略法的改进，即对于那些对数据分析影响不大的缺失数据统一填补一个适当的默认值（Default Value），以避免浪费大量数据。例如，对于量化的属性可以采用一个极大的负值或正值作为默认值，对于非量化的属性可以采用"无"作为默认值。这种方法的好处是避免了数据的浪费，而且操作相对简单。但是当数据中缺失的属性值比较多时，容易使整个数据集向默认值的方向偏重，给之后的数据处理造成麻烦。例如，数据挖掘算法可能会将这些默认值作为一个显著的属性值进行计算，从而挖掘出一些并无实际含义的模式。

（3）针对补充默认值法可进一步进行改进，即根据已有数据科学合理地推算缺失的数据，得到依据其他数据填补缺失值的方法。这种方法是通过对于缺失数值进行纵向（缺失数值所在的属性）和横向（缺失数值所在记录的其他属性值）的数据分析，求出所缺失数值的可能取值。这样的数据处理方法有很多。例如，可以通过同属性平均值来填补缺失的数值。具体的方法是通过计算某属性在其他记录中的平均值，以此填补该缺失属性值的记录。比如，在信用评级数据库中，对于工资情况无记录的客户，可采用将有工资记录客户的工资平均值作为该客户工资的估计值。必要时，还可以进一步细化，通过该属性同类别的平均值来填补此属性在该类别中缺失记录的值。例如，在信用评级的数据库中，对于一个信用等级为"优"但工资情况没有记录的客户，可以采用信用等级同为"优"的有工资记录客户的工资平均值来填补缺失值；而信用等级为"差"且工资情况没有记录的客户，则采用信用等级同为"差"的有工资记录客户的工资平均值来填补缺失值。当然，根据问题不同，平均值并不一定是填补空缺值的唯一方法，可视具体情况，利用回归分析、贝叶斯计算、决策树和人工神经元网络等方法，结合纵向或横向信息，计算出所缺失数值的最大可能值并进行填补。

上述方法是通过已知数据进行外推计算估计出缺失数据，具有一定的科学性和合理性。

但合理应用这种方法的前提是已有较多数据，且已有数据能够较为全面代表所有数据的特征。如果缺失数据过多，那么无论是平均值还是使用其他方法估计出的数值，都只是反映了已有数据的局部特征，而很难合理代表缺失值。

总之，对于缺失数据可以采用人工或自动、直接忽略或科学计算的方法。而所有方法在缺失数据过多时都会产生各种各样的问题。因此，保证数据尽量不缺失、少缺失是得到有价值的数据分析结果的前提。

6.2.2 噪声数据处理

与数据缺失一样，错误数据也是真实数据中经常出现的问题。错误数据分为内错误数据（inlier）和外错误数据（outlier）[161]。其中，内错误数据是指取值在整体数据的统计分布之内，但是数值是错误的数据；外错误数据是指在整体数据的统计分布之外的错误数据，也常称为异常数据。例如，数据有两个属性，一个是"姓名"，另一个是"年龄"，一个叫"张三"的人的实际年龄是25岁，而数据库中的记录是20岁，20岁属于人的正常年龄范围，这样的错误就是内数据错误；另一个叫"李四"的人的实际年龄是50岁，而数据库中的记录是500岁，500岁已经远远超出了人的正常年龄范围，这样的错误就是外数据错误。

一般来讲，内数据错误非常难辨识，更不容易被改正[161]。对于外数据错误，一般可以根据整体数据的分布进行识别，并进行适当处理。外数据错误中最主要的是噪声数据。噪声数据一般是由于被测量变量的随机错误和偏差造成的[42]。

对于噪声数据的处理主要有两种方法：一种方法是直接平滑噪声，即假设数据中有噪声，但是不去专门识别噪声，只是通过将含有噪声的数据进行整体平滑处理，减小数据的方差；另一种方法是先辨别噪声，再根据具体情况处理。这种方法根据噪声和正常数据在数据分布上不同的特点，找出可能的噪声数据，再进行处理。前者主要是分箱（Bin）方法，后者主要包括了机器学习和人机结合的方法。

1. 分箱方法

分箱方法利用噪声周围的数值来平滑噪声，达到减少噪声干扰的目的。第一步，对已有的数值进行排序后按照等深或等宽的规律分配到若干容器（称为"箱"（Bucket/Bin））中；第二步，对每个容器中的数值通过均值法、边界法等方法进行平滑处理。经过处理后的数据与原数据相比更加平滑、波动更小，达到了减弱或消除噪声影响的目的。

【例6.1】 假设一组投资成本数据为3、12、18、20、22、24、27、28和35，通过分箱方法对数据进行平滑处理。

第一步，对已有的数值进行排序并划分。

（1）等深分箱，即每个箱的数值个数相等。

  Bin 1：3, 12, 18。

Bin 2：20, 22, 24。

Bin 3：27, 28, 35。

(2) 等宽分箱，即每个箱中的数值跨度相同，则分组情况如下。

Bin 1：3, 12, 18（跨度 15）。

Bin 2：20, 22, 24, 27, 28, 35（跨度 15）。

第二步，对每个箱中的数值进行平滑处理。

(1) 均值法，用每个箱中的平均值代替这个箱中的所有值。

① 等深分箱。

Bin 1：11, 11, 11。

Bin 2：22, 22, 22。

Bin 3：30, 30, 30。

② 等宽分箱。

Bin 1：11, 11, 11。

Bin 2：26, 26, 26, 26, 26, 26。

(2) 边界法，用每个箱的边界值（最大值或最小值）代替这个箱中除边界值外的其他值。

① 等深分箱（最小值）。

Bin 1：3, 3, 18。

Bin 2：20, 20, 24。

Bin 3：27, 27, 35。

② 等宽分箱（最小值）。

Bin 1：3, 3, 18。

Bin 2：20, 20, 20, 20, 20, 35。

③ 等深分箱（最大值）。

Bin 1：3, 18, 18。

Bin 2：20, 24, 24。

Bin 3：27, 35, 35。

④ 等宽分箱（最大值）。

Bin 1：3, 18, 18。

Bin 2：20, 35, 35, 35, 35, 35。

2．机器学习方法

机器学习的方法是指利用聚类、回归分析、贝叶斯计算、决策树和人工神经元网络等机器学习方法对数据进行自动平滑处理。例如，通过多变量线性回归法获得多个变量相互间的关系，达到变量之间交互估计和修正的目的，从而实现平滑数据，去除其中噪声。这里着重介绍常用的聚类方法。

聚类方法的核心是把相似的数据集中在一起，形成类（或称类别）。这样，不属于任何类的数据就很有可能是异常的噪声数据。数据之间的聚合主要靠数据之间的相似程度来判断，而对于相似程度的评价标准也很多，如距离法和密度法等。不同的评价标准可能导致不同的聚类结果，进而影响对噪声数据的判断。因此，采用什么样的聚类方法也是一个非常重要的问题，必须结合实际问题的背景进行审慎选择。对于已经发现的噪声，可以采用直接去除的方式处理，也可以采用平滑噪声的方式处理。基于聚类分析的异常数据检查如图6-1所示。

如今，机器学习方法已广泛地应用在噪声剔除和平滑的领域中。但在最终决策的过程中往往需要人的参与，并结合领域知识进行判断，以避免出现纯粹依赖自动处理而造成噪声错误识别的问题。例如，把原本非噪声的有价值的正常数据错误地识别为噪声数据并剔除。

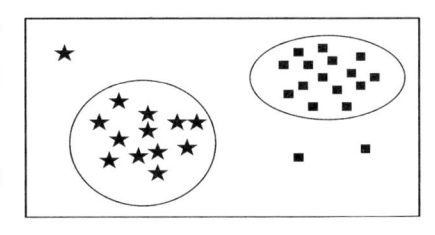

图 6-1　基于聚类分析的异常数据检查

3. 人机结合方法

人机结合方法是对机器学习方法的改进，通过将计算机检查和人工检查相结合的方法来综合发现异常数据。例如，先通过机器学习方法帮助识别销售记录中的异常情况，如销售量的突变等，进而将识别出的异常情况自动输出到列表中，并由人工进行检查，最终确定是否为噪声。这种检查方法与单纯的计算机检查相比，准确率高；与单纯的人工方法相比，效率较高。

6.3　数据集成、规范与归纳

通过数据清洗可以基本解决数据值的缺失和错误，提高了数据的准确性，但只是单纯准确的数据还不能满足数据挖掘的要求。合格的数据还需要满足实用性，即能够满足所要采用的数据挖掘算法的具体数据要求。由于所需处理数据规模的日益增大，不可能存在一个数据库能够涵盖所有的数据，因此从多个数据源获取信息并加以规范整合就变得非常重要。在这样的过程中可能出现数据不一致和不规范的情况。数据集成与规范化方法的目的是科学合理地对多个数据源进行整合，并消除数据不一致和不规范现象。

6.3.1　数据集成处理

数据集成是将不同数据源的数据，如各种数据库文件、网页文件等结合在一起，形成一个统一的数据集合，并且为之后的数据处理（如聚合（Aggregation）、在线分析处理（OLAP）及知识发现）打下必要的数据基础。

如前所述，在数据合并的过程中，引发不一致数据的原因主要有两种：第一种是由不同的数据结构引发的数据不一致，第二种是由不同的语义结构引起的数据不一致。针对这两种原因，数据集成处理又分为结构集成（Structural Integration/Schematic Integration）和语义集成（Semantic Integration）[162]两种。

结构集成主要针对那些数据结构不相同的数据，目的是准确地匹配来自不同数据源的多个数据实体（实体识别问题）。例如，由于命名的不规范，可能一个数据库中的"姓名"属性与另一个数据库中的"名字"属性表示同一个对象，"学号"属性与"ID"属性表示同一个对象。这样在数据集成的过程中就需要对不同的结构进行合理匹配，以使异源的数据最终可被同一个数据结构所表达。语义集成主要针对相同数据值在不同数据源中表达含义不同的情况。例如，在同样的属性"温度"中，美国的数据库大多使用华氏温度，而中国的数据库大多使用摄氏温度。这样对于不同数据库中的"温度"属性中的相同值，如 30 度，其意义是不一样的。摄氏 30 度，表示温度较高；华氏 32 度，则表示近似于摄氏度 0 度，温度则很低。语义集成就是将这样的不一致转换成一致。

当然，无论是结构集成还是语义集成，单靠数据信息远远不够。因为在许多情况下，只依靠数据信息，并不敢肯定"姓名"属性就一定对应"名字"属性，"学号"属性就一定对应"ID"属性。为了能够在数据集成时准确地识别这样的信息，数据库与数据仓库通常包含一种特殊的数据，即元数据。元数据是一种关于数据的数据，描述了数据集合中数据的类型、语义、关系及其环境等信息，具有说明、维护和管理数据的作用。通过元数据，可以更好地理解数据结构和数据属性的意义，更好地完成多源数据的集成。

6.3.2　数据规范化处理

在解决多源数据不一致的问题以后，还需要对数据进行规范化处理[158]。由于数据来自不同的数据源，整合后的数据会打破原有数据源的结构和格式，这样所产生的新数据格式可能不再适应已有的挖掘方法，需要经过进一步处理，即把新数据集合中的数据按照数据挖掘算法的要求映射到规定的范围内，即规范化处理。

规范化处理是指将每个属性的取值范围按照一定的比例，映射到合适范围内，使不同属性自身特有的数值差异得以消除。规范化处理广泛地应用于分类、聚类、回归分析和神经元网络等多种人工智能的信息处理方法中。在分类和聚类中，规范化后的数据可以使得数据在不同属性上的距离标准化，从而避免因为属性自身的特点引发绝对数值过大或过小，进而减小对结果正确性的影响。在回归分析和神经元网络中，规范化后的数据能够起到缩短计算时间、提高准确率的作用。实际应用中经常采用最小最大化方法[42]、十基数方法和标准差方法[158]三种规范化处理方法。

1. 最小最大化方法

最小最大化方法（Min-max Normalization）是对初始化后的数据进行线性映射。

例如，属性 A 的最小值和最大值分别为 $\min_A$ 和 $\max_A$。通过映射，将属性 A 映射到属性 A' 上，且最小值、最大值为 $\min_{A'}$ 和 $\max_{A'}$。这样，对于属性 A 的一个原始的值 v，映射后的值为

$$v' = \frac{v - \min_A}{\max_A - \min_A}(\max_{A'} - \min_{A'}) + \min_{A'} \tag{6.1}$$

【例6.2】假设职工数据库中，属性 age 的最大值和最小值分别是 20 和 60，如果利用最小最大化方法将属性 age 的值映射到[0, 1]上，那么属性值 40 被转化为

$$\frac{40-20}{60-20} = 0.5$$

最小最大化方法非常直观，也便于操作。但是，当有新数据加入数据集合时，如果其属性值超出最大最小值范围，会造成麻烦。

2．十基数方法

十基数方法（Decimal Scaling Normalization）通过移动属性值的小数点规范化属性的取值，确保其范围为[-1, +1]。例如，对于属性 A 的任意取值 v，若

$$0.1 < \frac{\max(|v|)}{10^j} \triangleleft$$

则其对应的映射值 $v' = \frac{v}{10^j}$，j 通常为其取值的最大位数+1。

【例6.3】设账户 A 中资金的变化范围是-9235～9765。属性 A 绝对值的最大值为 9765。采用十基数方法，可以求得 $j=4$。将属性 A 的每个值除以 10000，则-9235 映射为-0.9235。

与最小最大化方法相比，十基数方法中如果有新的值 v_{new} 加入，且 $|v_{new}| > \max(|v|)$，若 $|v_{new}|/10^j < 1$，则不会产生问题。可以说，十基数方法比最小最大化方法有所改进。但是若 $|v_{new}|/10^j > 1$，则还是会出现异常。

无论是最小最大化方法还是十基数方法，都存在一个最大的问题：容易受到噪声的干扰。例如，一个取值很大的异常属性值可能使其他记录的该属性值经转化后变得非常小，进而影响之后的挖掘算法。

3．标准差方法

标准差方法（Standard Deviation Normalization）现在在各种数据挖掘算法中被广泛使用，通过使用属性的均值和标准差进行属性规范化。

根据下式可以得到属性 A 的原始值 v 的映射值（v'），即

$$v' = \frac{v - \bar{A}}{\sigma_A} \tag{6.2}$$

其中，$\bar{A}$ 和 σ_A 分别是属性 A 的均值和方差，即 $\bar{A} = \frac{\Sigma A}{n}$，$\sigma_A = \sqrt{\frac{\Sigma(A - \bar{A})^2}{n-1}}$，$n$ 是总记录数。

【例6.4】假设属性 age 的均值与方差分别为 40 和 16，使用标准差方法将 50 的属性 age

值映射为

$$\frac{50-40}{16} = 0.625$$

与前两种方法相比,这种方法适用于属性的最大值和最小值不确定的情形,而且由于采用了均值和标准差,因而受异常值的影响也很小,取值也更合理。

6.3.3 数据归纳处理

数据归纳的主要目的是抓住所分析数据的主要特点,其主要功能如下。

(1) 按照要求选出适当的数据。例如,通过数据归纳的方法,在一个信用评级的数据库中,银行经理能够从完整数据库中提取包含客户的年龄、工资、居住地和信用情况的记录。

(2) 选出的数据能够进行适当的属性概化和降维。例如,通过数据归纳的方法,该银行经理能够从年龄、工资和居住地等属性中去掉不相关属性,保留与信用情况最相关的一些属性,还能够在更高概念层次上汇总得到关于客户的年龄、工资、居住地和信用情况的信息(如按照工资情况、年龄段和居住地等属性划分的客户信用平均水平)。

(3) 可以将选出的数据合理地展示,即数据表示。例如,关于客户的各种属性和信用情况的结果可以通过概念表达和图表的形式表示出来。

下面通过一个例子详细解释数据归纳。

【例 6.5】 部门经理想描述银行信贷客户中职业为高新技术(High-tech)客户的一般特征。经理选定的属性有职业(Occupation)、姓名(Name)、性别(Gender)、居住地(Residence)、电子邮件(E-mail)、工资(Salary)和信用等级(Credit_rating)。他想得到关于这类客户的更易于理解的概括性描述。

首先,可以根据经理选择的属性,从完整客户数据库中提取包含这些属性的记录(如表 6-1 所示)。

表 6-1 信贷客户(High-tech 行业)相关信息

Occupation	Name	Gender	Residence	E-mail	Salary/m	Credit_rating
Programmer	Zhang Yi	M	No. 11, Haidian Road, City B, China	abc@163.com	8000	58
Programmer	Wang Er	M	No. 100, Beida Road, City T, China	def@gmail.com	10000	65
Consultant	Li San	F	No. 52, Chaoyang Street, City B, China	hig@sina.vip.com	15000	75
Consultant	Zhao Si	M	No. 1, Nanjing Street, City S, China	klm@sohu.com	12000	70
Consultant	Liu Wu	F	No. 18, Madison Avenue, City N, U.S.A.	nop@yahoo.com	85000	100
IT Expert	Yang Liu	M	No. 91, Nanda Road, City T, China	qrs@hotmail.com	20000	80
IT Expert	Dong Qi	F	No. 208, Haidian Road, City B, China	tuv@hotmail.com	30000	85
CIO	Zheng Ba	F	No. 205, Chunxi Road, City C, Province S, China	wxy@gmail.com	100000	98
CIO	Zhang Jiu	M	No. 8, Nanjing Street, City S, China	zab@263.com	150000	100

如果直接将这样的数据提供给经理,显然不能满足其要求。必须将选出的数据进行适当

的提炼和归纳，整理出一份精练的数据，用到的方法包括属性概化和属性降维等[163-169]。

1. 属性概化

属性概化实际上是对属性值的概括过程。对数据最好的概括方法之一就是将相同或相似的数据归类。例如，在表 6-1 中，可以按照 Occupation 将职业相同的客户归为一类，或者按照性别归类，将男性或女性客户归为一类。总的来说，数据归类的最终形式实际是将选择的数据归纳成若干合取的表达式。例如，"Gender = Male ∧ Residence = China"表示在中国居住的男客户，而"Occupation = Programmer ∧ Salary > 15 000"表示职业为程序员且工资高于 15000 元/月的客户。通过产生没有交集的且覆盖了所有数据的合取表达式，达到对整个数据的划分和概括。

但是能够归类的数据有一个前提，即数据属性值必须相同或相似。然而，在许多情况下，属性值是不相同的，如 Residence 属性。这样的属性可以根据所关心的语义细度来构造出相应的概念层次结构，用高层次的值来概括低层次的值，可以使得不同数据的属性值在更高的概念上一致，即得以概化。例如，经理并不关心客户是 35 岁还是 38 岁，他可以根据需要，将年龄在[30, 50]岁的客户的年龄属性都概化为"中年"。经过概化后的属性不仅过滤了琐碎信息的干扰，也为进一步的分类概括打下了坚实的基础。

2. 属性降维

在属性概化过程中通常会发现一些问题。例如，Name 属性取值琐碎且严重影响了概化，如果不是分析的焦点所在，可以将其清除，这在实际上就引出了下一个问题——属性的降维。

前面已经讨论过，数据归纳的最终形式实际是将选择的数据归纳成合取的表达式。例如，"Gender = Male ∧ Residence = China"合取表达式表示了所有在中国居住的男性客户。通常"属性=值"表示概化后一个规则中的一个合取项。消去一个合取项相当于消除了一个约束，因此概化了相应规则。例如，可以去掉"Gender=Male"，这样只剩下"Residence = China"，表示居住在中国的所有客户（包括男客户和女客户）。

属性降维的目的是尽量多地去掉相对无用且影响概化的属性。这样的属性一般具有两个特点。① 属性可以用其他属性描述。例如，在原始的数据库中，除了属性 Residence，可能还有许多其他关于住处的属性，如 Street、City、Province 和 Country 等属性。由于 Street、City、Province 和 Country 等属性都被 Residence 属性的信息所涵盖，因此删除 Street、City、Province 和 Country 属性而保留 Residence 属性，更有利于归纳数据特性。② 属性有许多不同的取值，但无法概化。例如，属性 Name 的取值很多，可以说每个人的名字一般都不相同，而且在名字之上很难找到一个更高的概念来概括。这样的属性如保留，则需要保留更多的合取项，如"Gender = Male ∧ Residence = China"就要具体成"Name = Zhang Yi ∧ Gender = Male ∧ Residence = China"和"Name = Wang Er ∧ Gender = Male ∧ Residence = China"，等等。这就与挖掘简洁清晰规则模式的需求相矛盾，也不是部门经理所关心的，所以应该被消去。

3．数据表示

选出客户感兴趣的数据，对通过属性概化和降维后得到的结果还需要通过合理的方法表示出来，即数据表示。数据的表示方法很多，有的通过表格的方式，有的通过图形的方式，还有的通过逻辑规则的方式[159,170,171]。适当的数据表示方式非常重要，有助于客户抓住数据的最主要特征进行有效决策。下面通过一个例子对各种数据表示方式进行简单说明。表 6-2 是一个经过属性概化和属性降维的 2023 年信用评级表。

表 6-2 2023 年信用评级表

城 市	月收入	信用评级	客户数量（万）
City B	高	好	10
City B	高	差	0.1
City B	中	好	50
City B	中	差	1
City B	低	好	5
City B	低	差	0.08
City S	高	好	20
City S	高	差	0.15
City S	中	好	60
City S	中	差	1.1
City S	低	好	7
City S	低	差	0.09
City T	高	好	9
City T	高	差	0.08
City T	中	好	45
City T	中	差	0.95
City T	低	好	3
City T	低	差	0.06

表 6-2 也可以通过交叉表的形式来表示。二维交叉表中每行显示一个属性值，每列显示另一个属性值。在 n 维交叉表中，列可以显示多个属性的值，这种表示类似于电子数据表。将表 6-2 转化成数据交叉表的形式如表 6-3 所示。这种表示方式可以更好地展示属性间的关系和模式，如"城市"与"月收入"之间的关联关系。

表 6-3 信用评级数据交叉表

城市	月收入					
	高		中		低	
	信用评级	客户数量（万）	信用评级	客户数量（万）	信用评级	客户数量（万）
City B	好	10	好	50	好	5
City B	差	0.1	差	1	差	0.08
City S	好	20	好	60	好	7
City S	差	0.15	差	1.1	差	0.09
City T	好	9	好	45	好	3
City T	差	0.08	差	0.95	差	0.06

值得一提的是，表格方式有时并不能直观地表达数据的特点，此时可以借助图的形式来表示，如条形图、饼图和曲线图等，必要时可以采用三维图的形式。

【例 6.6】 通过数据立方合计图中各种图形方法显示表 6-2 的结果。

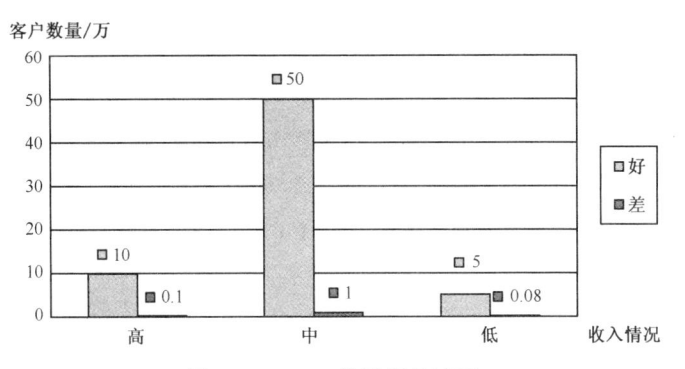

图 6-2 City B 信用评级情况

用条形图表示 City B、S、T 信用评级情况，分别如图 6-2 至图 6-4 所示。

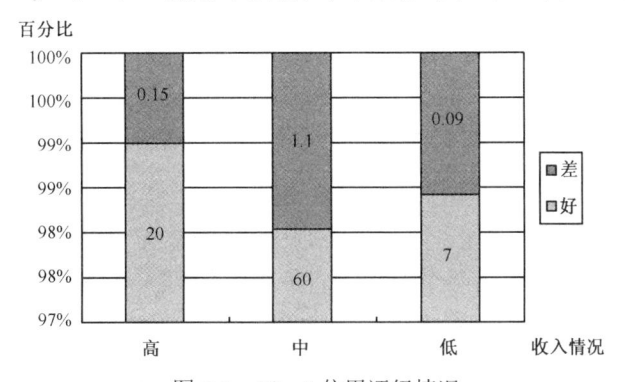

图 6-3 City S 信用评级情况

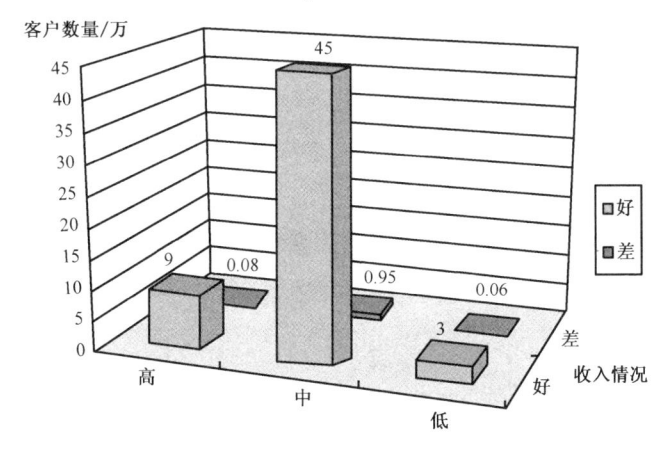

图 6-4 City T 信用评级情况

表 6-2 中数据通过饼图表示分别如图 6-5 和图 6-6 所示。
表 6-2 中数据通过折线图表示分别如图 6-7 和图 6-8 所示。

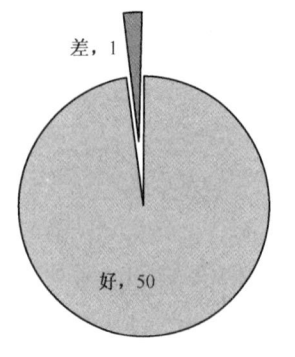

图 6-5　City B 中等收入客户信用评级情况 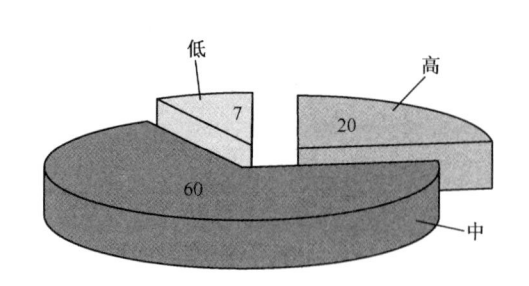　　图 6-6　City S 信用评级为"好"的客户数量分布

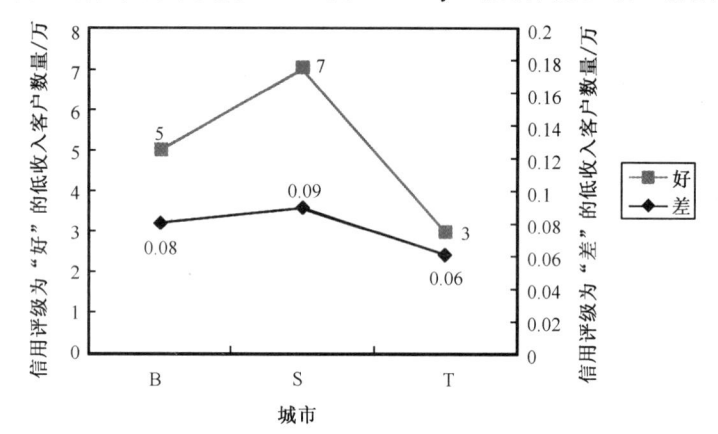

图 6-7　低收入客户信用评级情况

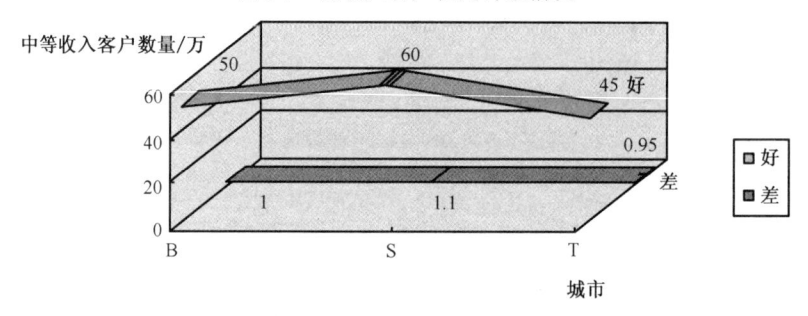

图 6-8　中等收入客户信用评级情况

还有很多综合性比较强的方法，可以根据需要使用，以更好地表示不同形式的概化结果，如图 6-9 至图 6-11 所示。

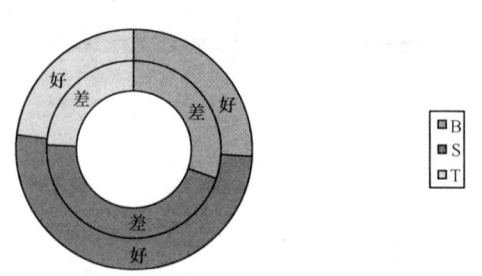

图 6-9　城市间高收入客户信用评级情况（环形图）

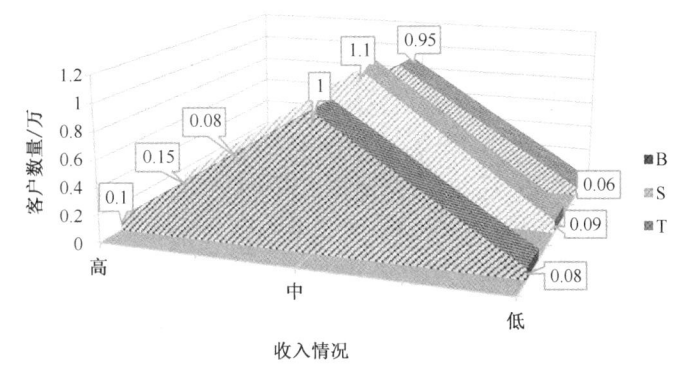

图 6-10 信用评级为"差"的客户分布情况

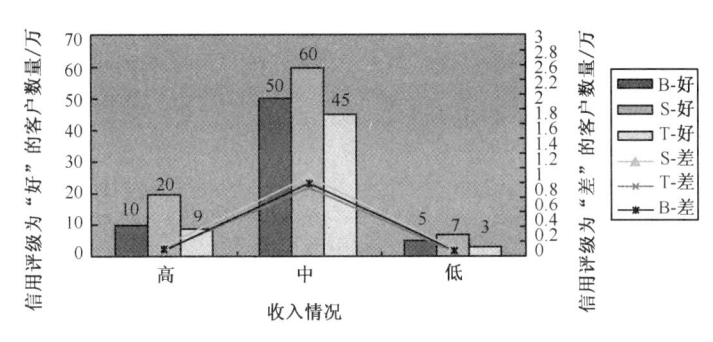

图 6-11 客户信用评级情况整体分布情况

有关其他更加复杂的图形表示方式，读者可以参考科学计算工具。

6.4 数据消减

数据消减的目的主要有两个：一个是消除无效信息，另一个是提取有效信息。其中，消除无效信息主要针对冗余数据，其基本思想是尽量多地去掉数据集合中的冗余数据。冗余数据有很多危害，它的大量增加可以严重地影响数据挖掘的结果，使结果偏于冗余数据的方向。与消除无效信息相对应，提取有效信息主要针对数据规模很大的去掉冗余数据的数据库，这些数据通常在 GB 和 TB 的数量级。数据分析时需要耗费大量的时间，严重地制约了分析方法的效率和可行性。数据消减使得原有数据在有效信息保持不变的情况下精简数据规模，既减小了数据的存储规模，又在保持有效数据完整性的前提下提高了数据分析效率，一举两得。去除无效信息的主要方法就是去除冗余。提取有效信息的主要方法包括数据立方合计、属性选取与生成、数据压缩和数据离散化与概念分层。

6.4.1 数据冗余清除

在大规模的数据集合中，尤其是经过数据集成后的数据集合中往往会出现冗余数据。冗余数据主要有两种。

一种是数据记录本身有重复（Duplicate Data），即同一个记录出现多次[159]。例如，在一个国际会议数据库中，姓名为"Li Yang""Yang Li""Yang Lee"的参会者，通过其他信息的比较，发现实际上是同一个人。这样就出现了记录的重复，需要去掉其中的两个记录，达到清除冗余数据的目的。需要注意的是，这样的冗余数据有时并不容易发现，但非常有必要进行清楚的甄别，因为过多的冗余数据会使数据挖掘的结果偏向于冗余数据多的记录，从而影响模式的有效性。

另一种是属性冗余（Attribute Redundancy）[42]。冗余的属性是指那些可以从其他属性中推演出来的属性。例如，根据学生的单科成绩和总学分可以计算出来平均学分成绩，因此与单科成绩和学分相比，平均学分成绩就是冗余属性。同时，属性命名不规范也可能出现冗余问题。例如，将原本相同但命名不同的属性"名字"和"姓名"在数据集成时重复地表示在数据库中。

概率统计中的相关性分析是一种发现数据冗余的方法。例如，给定两个属性A和B，根据两个属性的数值分析出这两个属性的相关程度，即

$$r_{A,B} = \frac{\Sigma(A-\bar{A})(B-\bar{B})}{(n-1)\sigma_A \sigma_B} \tag{6.3}$$

式中，$\bar{A}$和$\bar{B}$分别表示A和B的平均值，σ_A和σ_B分别表示A和B的标准方差，即

$$\bar{A} = \frac{\Sigma A}{n},\ \bar{B} = \frac{\Sigma B}{n},\ \sigma_A = \sqrt{\frac{\Sigma(A-\bar{A})^2}{n-1}},\ \sigma_B = \sqrt{\frac{\Sigma(B-\bar{B})^2}{n-1}}$$

n是总记录数。若$r_{A,B} > 0$，则A与B正相关，且$r_{A,B}$的值越大，A与B之间的关系越密切；若$r_{A,B} = 0$，则A与B相互独立；若$r_{A,B} < 0$，则A与B负相关，且$r_{A,B}$的绝对值越大，A与B之间的关系越密切。多个属性之间的共线性可以利用矩阵，通过概率统计中相应的公式计算。

6.4.2 数据采样

在大数据背景下，即使数据集在去冗余处理后，数据规模依然非常大。一些应用需要从数据中提炼出部分数据以代表整体的数据，其中采样（Sampling）就是常用的一种方法。所谓采样，是利用数据集的子集代表数据集本身，从而达到消减数据规模的目的。采样的方法主要包括无放回简单随机采样法、有放回简单随机采样法、聚类采样法和分层采样法等[159]。

（1）无放回简单随机采样法指从数据中等概率地抽取样本，每个样本抽取完毕后不放回总体数据中。例如，用无放回简单随机采样法从自然数 1～50 中取 5 个数，得到的可能结果为 1、27、10、45 和 33。

（2）有放回简单随机采样法与无放回简单随机采样法非常相似，只是每次被抽中的样本仍然放回到总体数据中，因此可能有一些样本被抽取多次。例如，用有放回简单随机采样法

从自然数 1~50 中取 5 个数,得到的结果可能为 1、29、13、29 和 32。

(3) 聚类采样法首先将总体数据分为若干不相交的类,然后在每个类中随机抽取,最终得到样本。例如,用聚类采样法从自然数 1~50 中取 5 个数,可以采用每 10 个自然数为一类的方法,得到[1,10]、[11,20]、[21,30]、[31,40]和[41,50] 5 个类,结果可能为 1、12、29、37 和 43。

(4) 分层采样法首先根据数据的性质,将其分为若干互不相交的层,然后根据各层数据规模的大小按比例随机抽取样本。例如,用分层采样法对 1 (10) 5 (5) 6 (5) 10 (8) 13 (2) 采样,其中前一个数代表商品的类型,后一个数代表商品的个数。按照商品的类型对商品分类,则各种层次的比例为 1:5:6:10:13 = 2:1:1:2:0(采用四舍五入),这样应该选择 1 号商品和 10 号商品各 2 件,5 号和 6 号商品各 1 件,13 号商品 0 件。对于销售数据集合,分层采样法经常根据年龄和收入对顾客进行分层后随机选择样本。

采样方法的最大好处是取样时间仅与样本规模成正比,因此在给定样本规模后,时间规模不会无限地扩大。

6.4.3 数据立方合计

合计是统计中最常用的方法,可以将大量的数据浓缩在一起,从整体上对数据有一个统一的认识。数据立方合计是指将原始数据库中的数据根据需要进行合计。

例如,原始数据库中的收入情况以年为单位,而对收入情况的分析需要以 10 年为一个周期。这样通过数据整合,将数据整理成以 10 年为单位,从而使得数据量减少而不影响分析任务的信息。假设某人年收入如表 6-4 所示。

表 6-4 某人年收入

年 份	地 点	年薪(万元)	年 份	地 点	年薪(万元)
1991	北京	1.00	2001	北京	6.00
1992	北京	1.10	2002	北京	6.00
1993	北京	1.50	2003	北京	6.50
1994	北京	2.00	2004	北京	7.00
1995	北京	1.90	2005	北京	8.50
1996	北京	1.50	2006	北京	9.00
1997	北京	2.50	2007	北京	18.50
1998	北京	3.00	2008	北京	19.50
1999	北京	4.50	2009	北京	23.00
2000	北京	5.00	2010	北京	27.00

对年份属性以 10 年为一个周期合计后,变为表 6-5。

通过数据立方存放的信息可以方便地使用上述方法,每个维度表示一个属性,合并后立方体的维度随之减少。

图 6-12 是一个对某银行信用评级为优的客户的合计处理的三维数据立方,从客户年龄、

表 6-5 某人年收入合计

年份	地点	10 年总薪水（万元）
1991—2000	北京	24.00
2001—2010	北京	131.00

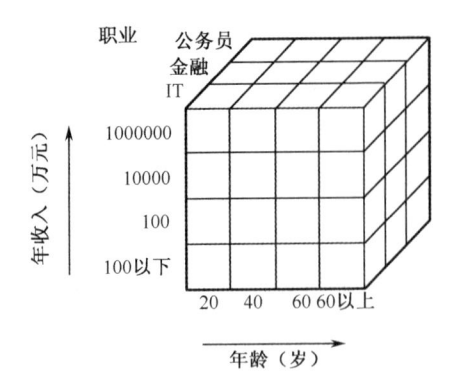

图 6-12 数据立方合计描述示意

客户年收入及客户职业三个角度描述相应的信用情况，每个小立方块对应该特征的客户信用评级为优的数目。在数据立方合计中，每个属性都对应了一个概念层次树，用来进行多层次的数据分析。例如，年龄属性的层次树可以提升到更高一层，到模糊概念（青年、中年、老年），职业层次树可以提高到营利性机构和非营利性机构。这样就可以将多个同一年龄段数据合并到一起。

在数据立方合计中，最低的层次树所建立的数据立方称为基立方，最高的层次树所建立的数据立方称为顶立方。在图 6-12 中，顶立方代表了某银行所有年龄段、不同收入、所有行业的信用评级为优的客户的数目。由于高层次的数据立方都是对低层数据进行的抽象和概括，因此它是一种有效的数据消减方法。

6.4.4 数据属性选取与生成

大型数据仓库和数据集合中常常包含成千上万的属性，对于具体的数据挖掘应用而言，很多属性都是客户不感兴趣或无用的。例如，分析客户在超市购物的特点时，客户的联系方式（邮箱或电话号码）与客户对商品的喜好可能没有多大关系，学生的住址与学生的学习成绩也没有太多的相关性。因此，去掉大量的无关或弱相关的属性对于提高数据挖掘的效率非常有帮助，但是如何能够合理地保留有用的属性并不容易。组织专家评价是一个十分费时费力的工作，特别是当面临新问题且没有太多专家经验的时候，不小心遗漏有用属性和添加无用属性都在所难免。

消除无关属性、保留相关属性，从而减小数据规模，这是属性选取的最终目的。属性选取中最常采用的方法是属性子集选择法[172]。通过属性子集的选择，有助于找出最小的且能够与原来的数据分布尽可能相似的子集。由于减少了属性个数，使得信息处理的效率更高，也更容易理解结果；同时，由于基本保持了原始数据的分布，从而使得信息处理的结果更加接近真实数据。

然而，理论上，包含 d 个属性的集合有 2^d 个不同的可能子集，随着 d 值的增长，其对应子集的个数成指数级增长，严重制约了选出最优子集的可行性。因此在维度消减时，一般不使用最优化方法，而是退而求其次，利用启发式的方法，减少搜索的空间和时间，获得满意的次优子集即可。

通常在假设各属性之间是相互独立的前提下，可采用统计的方法来确定"最优"或"最差"属性[173]。有时也会采用机器学习的方法，如决策树方法[174]、Boost 方法[175]等，来构造属性子集。下面简单介绍启发式方法的思路[42]。

构造满意的属性子集的启发式方法如下所述。

（1）逐步添加法。将选出属性子集初始化为空集，每次从原有的属性集合中选择一个最优的属性添加到选出的属性子集中，直到选出的子集满足不再添加新属性的要求为止（可能是属性个数已经达到上限，或者是原属性集合选不出比子集中属性更有价值的属性）。

（2）逐步消减法。将选出属性子集初始化为全集，每次从选出属性子集中去除一个最差的属性，直到满足了不再去除属性的要求为止（可能是记录分布已经到达最低要求，或者选不出最差属性）。

（3）添加消减法。此方法将逐步添加法和逐步消减法相结合，选取一定数量的属性作为初始子集，然后从剩余的属性中选取最优的属性添加到选定的子集中，并从选定的子集中去除当前最差的属性，直到满足不再能添加或去除的条件为止。

【例 6.7】 假设属性集 $\{A, B, C, D, E, F\}$ 的理论最优属性子集为 $\{A, B, E\}$，且属性的优势顺序为：$A > B > E > C > F > D$。

（1）设定采用逐步添加法的终止条件为子集中包含的属性数为 3，此时采用逐步添加法，最优集为

$$\{\} \Rightarrow \{A\} \Rightarrow \{A, B\} \Rightarrow \{A, B, E\}$$

（2）设定采用逐步消减法的终止条件为子集中包含的属性数为 3，此时采用逐步消减法，最优集为

$$\{A, B, C, D, E, F\} \Rightarrow \{A, B, C, E, F\} \Rightarrow \{A, B, C, E\} \Rightarrow \{A, B, E\}$$

（3）设定采用添加消减法的终止条件为下一步添加的属性为子集中最差的属性时终止，假设初始集为 $\{A, C, D\}$，此时采用添加消减法，最优集为

$$\{A, C, D\} \Rightarrow \{A, B, C, D\} \Rightarrow \{A, B, C\} \Rightarrow \{A, B, E, C\} \Rightarrow \{A, B, E\}$$

在选取属性子集时还可考虑属性类别信息，则可大大简化属性选取的难度。但对于没有明显类别的记录（无监督学习的情况），如聚类和关联规则，则属性选择过程会比较困难，还需要进一步研究。

有的时候在属性选取的过程中还可根据需要构造新属性，从而更有利于后续的数据挖掘任务。例如，购买电子产品时，如分别考察性能和价格，则很难得到一个性能和价格两者都最优的产品，但是通过引入"性能价格比"这样的新属性，可以方便地对产品排序，为进一步的数据处理和分析打好基础。

6.4.5 数据压缩

在计算机科学和信息科学中，数据压缩是指利用数据编码将原来的数据转化成一个相对较小的数据集合。如果压缩以后的数据可以恢复成原始数据，就称为无损数据压缩，否则称为有损数据压缩。

无损数据压缩之所以能够实现，是因为现实世界的数据大都有冗余的成分。例如，元音字母"a""e"在英语中比辅音字母"x"更常用；字母"q"后是"u"的可能性比较大，是"z"的可能性则非常小。无损压缩算法通常就是利用了统计冗余模式，将冗余的东西去除，从而更加简练，但依然完整地表示数据。例如，英文中经常使用的首字母缩写如"WTO""OPEC"，以及地址的简写如"dept.""bldg.""no."等都属于无损数据压缩。

在允许一定程度的保真度损失的情况下，还可以实现有损数据压缩。有损数据压缩算法在容忍微小差别的前提下使用相对较少的数据表示了信息相对丰富的内涵，如图像、视频和音频压缩等。例如，多媒体数据的压缩过程就是利用了人们看视频或听声音的时候可能并不会注意到一些微小的细节（如从上百 MB 的 CD 音轨压缩为几 MB 的 MP3 文件时，从多声道中只保留 2 声道即可满足绝大多数的播放要求），从而对原始的采集数据中的过多细节进行了大规模的删除处理。

由于数据压缩可以帮助减少硬盘空间和带宽等资源的消耗，因此在大数据处理中非常有价值。然而数据压缩也需要消耗时间和信息处理等资源，有时也有较高的成本。所以，数据压缩算法的设计需要在数据压缩能力、数据失真程度、压缩所需的计算资源及其他因素之间进行平衡。

下面介绍三种常用的数据压缩方法，即傅里叶变换、小波变换和主成分分析。

1. 傅里叶变换

傅里叶变换是由法国数学家 Jean Fourier 创立的。最早在其著名的《热的传播》一文中，推导出著名的热传导方程，并在求解该方程时发现解函数可以由三角函数构成的级数形式表示，从而提出任意函数都可以展开成三角函数的无穷级数。傅里叶级数（三角级数）和傅里叶分析等理论均由此创始。

由于傅里叶变换方法可以将任何复杂的数据函数形式转换为有限个三角函数的组合形式，因此可以在很大程度上减小数据的规模，并具有很高的压缩转化效率，得到广泛的应用。

2. 小波变换

小波变换的概念最早由法国石油信号处理工程师 J. Morlet 于 1974 年率先提出，尽管其方法在工程上已经开始应用，但是并没有得到数学家们的广泛认可。1986 年，著名数学家 Y. Meyer 利用一个偶然的机会构造出了一个真正的小波基。在他与 S. Mallat 合作并开始建立了构造小波基的同样方法及其多尺度分析之后，小波分析终于开始蓬勃发展起来。离散小波变换与傅里叶变换思路较为相近，通常采用离散小波变换的层次算法转换数据。该算法在一个循环的周期内，将需要处理的数据一分为二，从而获得更高的转化效率。

3. 主成分分析

主成分分析（Principal Components Analysis，PCA），也称主分量分析，主要是利用降维的思想，把多属性转化为少数几个综合属性。在统计学中，主成分分析是一种压缩数据集的技术。它通过一个线性变换把数据从原始的坐标系（原始属性构成）变换到一个新的坐标系（新属性构成）中。在新的坐标系中，数据在第一个坐标（称为第一主成分）上投影的方差最大，在第二个坐标（第二主成分）上投影的方差次之，以此类推。

主成分分析通过保留低阶主成分，忽略高阶主成分，使得在保持数据集对方差贡献最大的特征的前提下，降低数据集维数。在主成分分析中，通常假设低阶成分往往能够保留数据的最重要方面。但需要注意的是，这样的假设不一定完全正确，要视具体应用而定。

【例 6.8】 如图 6-13 所示，椭圆区域为被挖掘的数据。利用主成分分析方法，通过坐标变换后，得到主成分为 X',Y'。其中，X',Y' 为 X,Y 的线性组合。X' 与 Y' 互不相关。主成分 X' 与 Y' 的方差是依次递减的，第一主成分的方差大于第二主成分的方差，这也说明第一主成分能充分反映个体间的差异。总方差不增不减，即

$$V_{ar}(X') + V_{ar}(Y') = V_{ar}(X) + V_{ar}(Y)$$

在实践过程中，一般会保留前几个主成分，忽略后几个，这样就达到了降低数据维数的目的。

与离散小波变换对高维数据进行处理变换相比，主成分分析方法计算量不大且可以用于取值有序或无序的属性，因此更适于处理稀疏数据和异常数据。

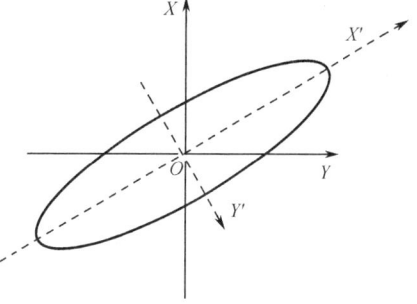

图 6-13 主成分分析示意

6.4.6 数据离散化与概念分层

在决策树、关联规则等许多商务智能方法中，取值连续的属性往往占用的空间比较大，处理难度也较大。因此，将取值连续的属性进行离散化处理是一个极为有效的数据预处理步骤。离散化方法通过将取值连续的属性的取值范围分为若干区间，从而达到消减取值连续属性的取值个数的目的。与离散化的作用类似，概念分层可以用较高的概念来代替较低的概念，从而减小数据集规模。例如，在研究消费者的消费情况的例子中可以用青年、中年和老年的概念来代替消费者的具体年龄，如图 6-14 所示。

下面简要介绍一些常用的离散化与概念分层方法。

1. 分箱法

与之前介绍的用于平滑噪声的分箱法类似，将属性的值分配到各箱中，以离散化。用每

图 6-14 消费者年龄层次

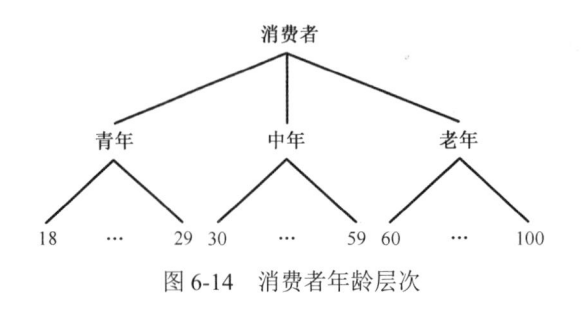

个箱中的平均值或中位数替换箱中的各值，循环使用该方法，直到满足停止的条件，最后得到一个概念层次树。

2. 直方图法

某特定属性的直方图法就是根据该属性数据的分布将其划分为几个不相交的子集。所有的子集沿水平轴显示，其高度或面积表示该子集代表的数值出现的频率。直方图分为等宽直方图和等高直方图。等宽直方图是指每个子集的区间相同，等高直方图是指每个子集的出现频率相同。直方图法利用等宽、等高和其他形式的直方图对属性的区间进行划分。循环应用，直到满足用户指定层次水平后划分结束。

【例 6.9】 以下是一个超市的商品价格和出售商品个数（括号中的数）的清单：

$$1（10）5（5）6（5）10（8）13（2）$$

（1）等宽法，以 5 为一个宽度，等宽直方图如图 6-15 所示。

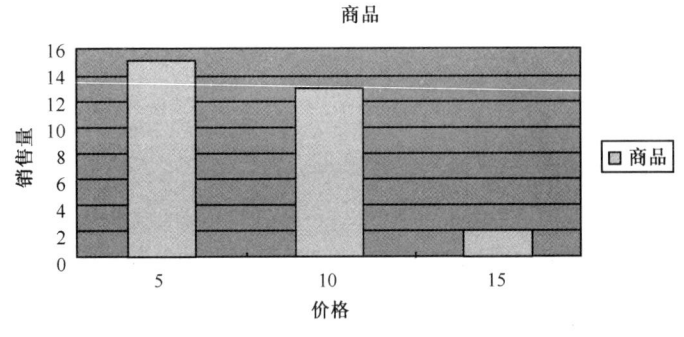

图 6-15 等宽直方图

（2）等高法，以 10 为高度，等高直方图如图 6-16 所示。

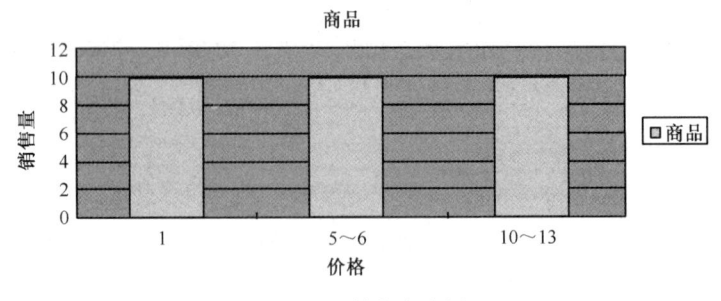

图 6-16 等高直方图

3. 自然划分法

自然划分法也是一种直观和易懂的方法。例如，区间[100, 200]比区间[103, 215]更加直观，尽管后者可能分割得更准确。

利用 3-4-5 规则可以将数值区间分成相对自然的区间。对 3-4-5 的规则描述如下。

（1）若一个区间包括 3、6 或 9 个不同值，则将此区间分成 3 个等宽的小区间；如果包含 7 个不同的值，则将区间分成 2 个、3 个和 2 个不同的小区间。

（2）若一个区间包括 2、4 或 8 个不同的值，则将此区间分成 4 个等宽的区间。

（3）若一个区间包括 1、5 或 10 个不同的值，则将此区间分成 5 个等宽的小区间。

对于属性的取值范围不断地应用 3-4-5 规则，可以构造出相应的概念层次树。

4. 聚类法

聚类以多维空间的距离为基础，将相互靠近的对象聚合在一起形成类别，同类别的对象往往具有相同或相似特征值。聚类中一个类别的"质量"可以用其对象间的最大距离表示，也可以用"半径"（即同组各点与中心点的距离）来衡量。通过聚类的方法，将数据集合划分为若干组。通过相近类别之间的相互联合形成更高级的层次，同一个类别的数据再次细分形成低级的层次。聚类法表示如图 6-17 所示。

5. 基于熵的离散化方法

1948 年，香农提出了"信息熵"的概念，这在很大程度上解决了对信息的量化度量问题。简而言之，信息熵是对系统有序化程度的度量。一个系统越有序，信息熵就越低；越混乱，信息熵就越高。

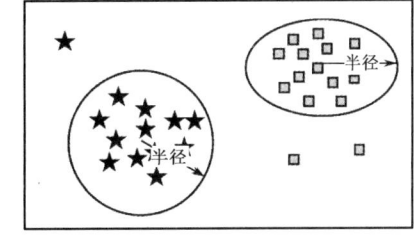

图 6-17 聚类法表示

一个属性的不确定性越大，其熵也就越大，搞清楚其分布特征所需的信息量也就越大。利用信息熵理论，可以递归地划分属性的值，分层次地离散化属性。设属性 A 的取值范围为 P，则基于信息熵的离散化方法如下：

（1）属性 A 的每个值都是一个潜在的边界值。例如，A 的一个值 a 将 P 一分为二，得到两个不相交的子集，即 $A<a$ 和 $A>a$。

（2）对于给定的 P，所选择的边界值 a 需要满足一定的条件。在信息熵理论中，a 的选取要使得其划分 P 后得到的信息增益最大。其中信息增益为

$$\text{Info}(P,a) = \frac{P_1}{P}\text{Ent}(P_1) + \frac{P_2}{P}\text{Ent}(P_2) \tag{6.4}$$

式中，P_1 和 P_2 分别表示范围 P 中 $A<a$ 和 $A>a$ 的部分。给定数据集合，可以根据数据集合中的类分布来计算熵函数 Ent。

例如，给定 k 个类，P 的熵为

$$\text{Ent}(P) = -\sum_{i=1}^{k} p_i \log_2(p_i) \tag{6.5}$$

式中，p_i 是类 i 在 P 中的概率。

(3) 对划分后的数据集递归运用上面的方法，直到满足某种终止条件。例如，$Ent(P) - Info(P, a) > \delta$，其中 δ 为信息熵的最小增益。

基于信息熵的划分可以将连续的数据离散化，进而压缩数据量，同时由于其能够将区间定义在相对准确的位置，有助于提高分类的准确性，因而在分类中得到了广泛的应用。

之前讨论的都是数值型数据，对于非数值型数据（类别数据），也可以通过概念分层的方法减小数据规模。类别数据是一种离散型的数据。类别属性的特点是可以取有限个不同的且无序的值。这样的属性有很多，如颜色、城市、国家和民族等。类别属性的概念层次树的构造可以通过对属性建立偏序或全序关系完成。例如，一个介绍世界著名大学的数据库中包括以下属性：系、学院、学校、国家和大洲。相应的层次树可以构造为：系 < 学院 < 学校 < 国家 < 大洲。

小　结

本章介绍了商务智能过程中一个重要环节：数据预处理。数据预处理方法包括数据清洗，数据集成、规范与归纳，数据消减等主要处理方法。

数据清洗包括填补缺失数据，识别并消除错误数据。其原理是通过分析"脏数据"的产生原因和存在形式，利用现有的技术手段和方法清洗"脏数据"，将其转化为满足要求的数据，从而提高数据集的数据质量和挖掘效率。

数据集成主要是将所用的各种不同源的数据统一存储在数据库、数据仓库或文件中，进而形成一个完整的数据集。这一过程也要消除多源数据中的不一致现象。数据规范化主要是对不同数据进行必要的标准化处理。对于一些有特殊要求的挖掘模式，需要数据满足一定的格式。这样的数据规范化能把原始数据转换为挖掘模式要求的格式，以满足数据挖掘的需求。数据归纳主要目的是抓住所分析数据的主要特点，常用的方法包括属性概化和属性降维。

数据消减的目的主要有两个：一个是消除无效信息，另一个是提取有效信息。数据冗余清除和数据采样能够去除无效信息，形成精练的并能充分描述被挖掘对象的信息集合。对于那些只能处理离散型数据的挖掘系统，应该先将数据中的连续型属性离散化，使之能够被系统处理。其主要的方法包括：数据立方合计、属性选取与生成、数据压缩和数据离散化与概念分层。其中重点是数据离散化与概念分层。离散化方法通过将取值连续的属性的取值范围分为若干区间，从而消减取值连续属性的取值个数。与离散化的作用类似，通过概念分层可以用较高的概念来代替较低的概念，从而减小数据集规模。

思考与练习

6.1 简述数据挖掘之前要进行数据预处理的主要原因。

6.2 简述数据预处理的目的及所采用的主要方法。

6.3 给定如下"年龄"属性的数据:13、15、16、17、19、20、20、21、22、24、25、25、25、25、30、32、32、33、34、35、35、35、37、41、46、48、56 和 58。请参考例 6.1 对其进行分箱处理。

6.4 请分别采用最小最大化法、十基数法和标准差法对题 6.3 中的数据进行规范处理。

6.5 参考表 6-1 中的数据,计算并建立如图 6-2 所示的数据立方合计图。

6.6 请简述数据消减的作用、主要方法及适用性。

第 7 章

关联规则

BI

"啤酒与尿布"是人们谈到关联规则时总会想到的例子。这个分析结果出自超市对客户购买记录进行的购物篮关联规则分析。通过数据分析，发现表面上无关事物之间的内在联系是令人兴奋的，而如果这一发现又具有商业价值的话，兴奋就足以转化为激动！关联规则分析在商务活动中有广泛的应用空间，电子商务从业者所追求的个性化推荐和精准营销主要依赖于获悉客户群体特定购买行为间的内在联系。但必须面对这样的事实，在关联规则挖掘中，随着"啤酒与尿布"一起出现的还有大量人们不曾读懂或无法使用的规则。如何通过"兴趣度"的把握找到人们最想要的规则？如何通过形式的扩展使关联规则挖掘的结果蕴含更丰富的知识？这将在本章展开学习和探讨。

本章学习重点
- ❖ 关联规则挖掘方法
- ❖ 关联规则的兴趣测度
- ❖ 关联规则的知识形式扩展
- ❖ 简单关联规则

关联（Association）是商务智能领域关注的重要知识类型。在现实世界中，数据的规模越来越大，对于数据对象及数据对象之间关联知识的发现和利用也越来越成为研究和应用的焦点课题。关联知识具有多种形式，如关联规则、数据依赖、模式关联等。关联规则是商务智能领域中最基本的一种关联知识形式，也是本章讨论的重点。

关联规则挖掘问题首先出现在超市数据分析中。对于超市数据库，一个著名的关联规则的例子是"啤酒 ⇒ 尿布"，表示购买了啤酒的客户也倾向于购买尿布。这种知识具有潜在、新颖的特点，也是有用的，因为超市管理决策人员可以通过货架的摆放和布局来促进这两种商品及其他相关产品的销售。关联规则挖掘在传统行业和新兴行业（包括现代服务业、电子商务、社会化媒体等领域）的组织管理和决策分析中都具有广阔的应用空间。例如，交叉销售（购物篮）分析、金融证券联动分析、网络浏览分析、营销广告精准投放、产品购买推荐、消费偏好关联分析等。

7.1　关联规则简介

关联规则（Association Rule，AR）反映了一种特定的数据对象之间的联系。以零售行业的商场购物篮分析为例，对于商场管理决策者来讲，大多会非常关心商场中经常购物的客户的购物习惯，特别是希望了解客户在购物过程中会对哪些商品一起采购。为了获取这些潜在的模式，就需要对客户在商场中的交易记录进行分析。这些分析结果可以帮助商场制订有针对性的商品摆放布局和营销广告计划，以及决定库存和上货策略。例如，购物篮分析可以帮助商场的管理人员设计不同的货架摆放和商品布局。一种策略是：把经常同时购买的商品放在比较近的货架上，便于客户同时购买这些商品。例如，如果购买网球的客户也倾向于同时购买电解质饮料，那么将网球和电解质饮料放在近一些的位置，可能促进两者的销售。另一种策略是：将客户需要一起购买的商品放在比较远的位置（如商场的两端），这就会促使客户在购买两种商品时浏览其他相关产品货架，从而达到诱导他们买更多商品的目的。例如，客户在购买网球后，在去买电解质饮料的通路上摆放休闲服装、护肤品等商品，以刺激和带动客户的其他消费。同时，购物篮分析还可以帮助商场管理人员确定哪些商品可以进行捆绑销售。此外，这种关联知识还有助于进行库存管理。在决定是否对某种薄利或滞销商品进行清仓和减持处理时，可能需要分析是否存在着其他联动购买行为。如果得知联动购买的其他商品能够带来较好的营业额和利润，库存策略会进行调整。

如果将商场内的所有商品设置为一个集合，每个商品就是一个数据项（Item）。商场的交易数据库通常包含每个客户每次购买的商品记录。关联规则表达的就是商品间联动购买（商品名称联动出现）的情况。例如，购买羽毛球拍的客户也倾向于同时购买浴巾，这种关联关系可以用以下的关联规则来表示：羽毛球拍 ⇒ 浴巾。这样的一条规则在数据库中是否具有代表性、重要性及有用性，需要经过多个步骤来评判。首先，规则中的数据项（如羽毛球拍和浴巾）是否出现得足够频繁；其次，数据项之间的联系强度（如购买羽毛球拍的客户也购买了浴巾）是否足够显著；再次，数据项之间的联系是否符合其他兴趣性的考虑（如冗余、简化、前后数据项重要性等）；最后，规则是否适用于用户决策（如用户和决策问题的情境考虑）；等等。本章主要介绍关联规则的两个基本测量指标，即支持度（Dsupp, Degree of Support）和置信度（Dconf, Degree of Confidence）。例如，如果 Dsupp（羽毛球拍 ⇒ 浴巾）= 5%，Dconf（羽毛球拍 ⇒ 浴巾）= 70%，则表示在全部交易记录中有 5%的客户是同时买羽毛球拍和浴巾的；在购买羽毛球拍的客户中，有 70%的人还购买了浴巾。通常情况下，需要由用户或领域专家设置关联规则的最小支持度阈值 α 和最小置信度阈值 β，当一条关联规则同时满足这两个阈值时，则认为该关联规则是（基本）合格的。可以看到，支持度和置信度是关于上述前两个评判步骤的测度。

假设 $I = \{I_1, I_2, \cdots, I_m\}$ 是由 m 个不同数据项组成的一个集合。给定一个事务数据集 T，其中每个事务记录 t 是 I 的一个非空子集，即 $t \subseteq I$，每个事务记录都与一个唯一的标识符 TID (Transaction ID) 相对应。对于任意一个非空的项集（Itemset）$X(X \subseteq I)$，若记录 t 包含 X 的所有数据项（$t \supseteq X$），则称记录 t 支持项集 X。对于整个数据集 T 来说，X 的支持度定义为包含 X 的记录在数据集 T 中所占的比例。也就是说，X 的支持度可表示为

$$\text{Dsupp}(X) = \frac{\|X\|}{|T|} \tag{7.1}$$

式中，$\|X\|$ 表示数据集 T 中包含 X 的记录个数，$|T|$ 表示 T 中所有记录的数目。显然，$0 \leq \text{Dsupp}(X) \leq 1$。若 $|X| = k$（$|X|$ 表示 X 中数据项的个数），则称 X 为 k-项集。

若 X 的支持度大于给定的最小支持度阈值 $\alpha(\alpha \in [0,1])$，则称 X 为频繁集（Frequent Itemset）。关联规则是形如 $X \Rightarrow Y$ 的表达式，其中 X, Y 是非空项集（$X, Y \neq \varnothing$，$X, Y \subset I$）且 X 与 Y 不相交（$X \cap Y = \varnothing$）。直观地，将关联规则"⇒"左侧的项集称为前项（Antecedent），右侧的项集称为后项（Consequent）。关联规则 $X \Rightarrow Y$ 的支持度定义为

$$\text{Dsupp}(X \Rightarrow Y) = \text{Dsupp}(X \cup Y) \tag{7.2}$$

$X \Rightarrow Y$ 的置信度定义为

$$\text{Dconf}(X \Rightarrow Y) = \frac{\|X \cup Y\|}{\|X\|} \tag{7.3}$$

式中，$\|X \cup Y\|$ 和 $\|X\|$ 分别表示数据集 T 中包含项集 $X \cup Y$ 和 X 的记录个数。为方便起见，集合的并集 $X \cup Y$ 可简记为 XY。可知，$0 \leq \text{Dsupp}(X \Rightarrow Y) \leq 1$，$0 \leq \text{Dconf}(X \Rightarrow Y) \leq 1$。这里，给定最小支持度 α 和最小置信度 $\beta(\alpha, \beta \in [0,1])$，若 $\text{Dsupp}(X \Rightarrow Y) \geq \alpha$ 且 $\text{Dconf}(X \Rightarrow Y) \geq \beta$，则称关联规则 $X \Rightarrow Y$ 是关于 α, β 合格的，称为合格关联规则。

一个合格关联规则 $X \Rightarrow Y$ 的含义为，关于 X 和 Y 的事件同时发生的频率足够高（$\geq \alpha$）；在事件 X 发生的情况下，事件 Y 与之同时发生的频率足够高（$\geq \beta$）。此外，X 和 Y 相交的情形对于关联规则 $X \Rightarrow Y$ 来说，是没有意义的。

【例 7.1】 某商场记录了大量客户购买商品的数据。为简化说明,假设已采集到购买交易数据集 T,如表 7-1 所示。T 中包含 9 条记录,分别记载了 9 次购买事件中所购买的商品名称。这里数据项集合 I = {MP3, 羽毛球拍, 旅游鞋, 浴巾, 跑步机}。则可对任意项集 $X \subseteq I$,计算其相应的支持度。例如,Dsupp({羽毛球拍})= 6/9,Dsupp({MP3}) = 2/9,Dsupp({旅游鞋, 跑步机})= 1/9,Dsupp({羽毛球拍, 浴巾})= 4/9,等等。如果给定 α = 20%,β = 60%,那么项集{羽毛球拍}、{MP3}、{羽毛球拍,浴巾}为频繁集,项集{旅游鞋,跑步机}为非频繁集。此外,因为 Dsupp(羽毛球拍 $\Rightarrow$ 浴巾)= 4/9 $\geq$ 20%,且 Dconf(羽毛球拍 $\Rightarrow$ 浴巾)= 4/6 $\geq$ 60%,那么"羽毛球拍 $\Rightarrow$ 浴巾"为一个合格关联规则。注意:人们一般对于前后项存在相同项集的情形不感兴趣,因为这是明显的语义冗余。例如,"羽毛球拍 $\Rightarrow$ 羽毛球拍"是指:"购买羽毛球拍的客户也购买了羽毛球拍"。

表 7-1 某商场的商品购买数据集

购买记录 TID	购买商品	购买记录 TID	购买商品
T100	旅游鞋, 浴巾, MP3	T600	浴巾, 羽毛球拍
T200	浴巾, 跑步机	T700	旅游鞋, 羽毛球拍
T300	浴巾, 羽毛球拍	T800	旅游鞋, 浴巾, 羽毛球拍, MP3
T400	旅游鞋, 浴巾, 跑步机	T900	旅游鞋, 浴巾, 羽毛球拍
T500	旅游鞋, 羽毛球拍		/

如果指定一对项集 X 和 Y,并且要求验证 $X \Rightarrow Y$ 在数据集 T 上是否为一个合格关联规则,就可以直接根据上述定义(式(7.2)和式(7.3))来计算 $X \Rightarrow Y$ 的支持度和置信度,并通过与给定的阈值进行比较来判断。这与许多"模型驱动"的方法(如回归建模等)类似。换句话说,给定一个模型假设,如线性回归模型 $Y = a + bX + \varepsilon$,人们可以通过已知的数据来计算得到参数并判断此模型与数据的符合程度(Goodness of Fit)。

然而,现在面临的问题是,往往人们事先不知道或无法事先假设,哪些数据项之间存在着关联。问题求解的关键点在于,用户需要穷尽所有的数据项的组合,并找出所有可能的合格关联,而非设定某个可能关联规则并进行检验。这就是所谓的"挖掘"的含义。从这个意义上,关联规则挖掘是"数据驱动"的。当人们面对海量数据规模时,此时的问题求解极具挑战性。这里提到的海量数据规模与两个参数相关,一是数据项(或数据属性)的数目 m ($|I|$),二是数据集中记录的数目 n ($|T|$)。一方面,对于任何一个关联规则,计算支持度的工作主要是计数运算(Count),这就要求遍历扫描数据集 T。在大规模数据的背景下,n 可能动辄上万、几十万、数百万或更大值,而这些数据一般存储在外存设备上,所以扫描数据时的 I/O 操作是一个效率瓶颈。另一方面,关联规则数目的大小是影响挖掘效率的关键因素。由于关联规则的前项和后项都分别为 I 的子集,因此前项和后项的所有可能组合的规模均为 2^m。考虑关联规则定义中的前后项约束条件,可知关联规则的总数目约在 $O(3^m)$ 的水平上。显然,m 如果上百、上千或更大——这在目前的应用中并不罕见,那么规则数目将非常可观并呈指数级增长。归纳起来,关联规则挖掘方法需要在生成关联规则的过程中减少扫描数据集的次数。

7.2 关联规则挖掘方法

如上所述，支持度和置信度是评估关联规则的两个基本测度。进一步讨论关联规则在这两个测度上的性质对于关联规则的挖掘和应用很有意义。

首先，由于 $\text{Dsupp}(X \Rightarrow Y) = \text{Dsupp}(XY)$，计算规则 $X \Rightarrow Y$ 的支持度就等于计算项集 XY 的支持度。此外，由于 $\text{Dconf}(X \Rightarrow Y) = \|XY\| / \|X\| = (\|XY\| / |T|) / (\|X\| / |T|) = \text{Dsupp}(XY) / \text{Dsupp}(X)$，则 $X \Rightarrow Y$ 置信度可以基于项集 XY 和 X 的支持度进一步计算得到。这样，基本挖掘方法的思路就是先计算所有项集的支持度，这需要扫描数据集。之后可以利用项集的支持度信息直接计算置信度而不必扫描数据集。这就避免了直接根据定义在计算支持度和置信度时都分别扫描数据集。

此外，由于所有项集的个数是 $2^m - 1$（不包括空集），而计算一个项集的支持度至少需要遍历扫描一次数据集，这仍然是一个非常耗时并且低效甚至无效的方法（指数级 $O(2^m)$ 计算的复杂性）。这里，一个支持度性质起到了至关重要的方法优化的作用，即

$$\text{Dsupp}(X) = \frac{\|X\|}{|T|} \geq \frac{\|XY\|}{|T|} = \text{Dsupp}(XY) \tag{7.4}$$

该性质是指，若一个集合是频繁集，则其子集也是频繁集（$\text{Dsupp}(X) \geq \text{Dsupp}(XY) \geq \alpha$）。重要的是，该性质的等价逆反命题为：若一个集合不是频繁集，那么其超集也不是频繁集（$\alpha > \text{Dsupp}(X) \geq \text{Dsupp}(XY)$）。这意味着，在计算项集支持度的过程中，可以采用逐层扩展方式，即先计算 1-项集，然后计算 2-项集，$\cdots$，m-项集。当计算 k-项集支持度时（$2 \leq k \leq m$），则只需考虑那些其子集是频繁集的 k-项集，而不必考虑包含任何非频繁子集的 k-项集。这可省去大量的项集支持度计算操作，也意味着省去了大量的数据集扫描和规则生成操作。计算获得项集支持度的过程可称为生成（候选）项集过程，计算由频繁子集组成项集的支持度的过程可称为生成候选频繁集的过程。

基于上述思路的关联规则挖掘的经典方法是 Apriori 方法。Apriori 方法是 Agrawal 等人在 1993 年提出的，是根据上述频繁集特征（式(7.4)）的先验知识（Prior Knowledge）而命名的[176-178]。Apriori 方法采用一种逐层搜索的迭代方法，从 k-项集来生成 $(k+1)$-项集。首先找出频繁 1-项集，记为 L_1；然后利用频繁 1-项集 L_1 来生成频繁 2-项集 L_2；不断如此循环下去，直到无法找到更多的频繁 k-项集为止。每生成一层 L_k 都需要扫描一遍数据库。该过程主要包含连接和剪枝两个处理步骤。

(1) 连接步骤。为了找出 L_k，可以将 L_{k-1} 中的两个项集连接起来以获得一个 L_k 的候选集合 C_k。

(2) 剪枝步骤。C_k 是 L_k 的超集，也就是说所有的频繁 k-项集必定都在 C_k 中，但 C_k 中有些项集不一定是频繁的。此时应用性质式(7.4)，可以将 C_k 中的不频繁 k-项集剪枝去掉。

在生成了所有的频繁集后,就可以生成规则。基本做法如下。

(1) 对于每个频繁集 V,产生 V 的所有非空子集。

(2) 对于 V 的每个非空子集 W,若 $\|V\|/\|W\| \geq \beta$,则输出规则 $V \Rightarrow (V-W)$,其中 $\|V\|$ 和 $\|W\|$ 分别为频繁集 V 和 W 的支持度计数:$\|V\|=\mathrm{Dsupp}(V) \times n$,$\|W\|=\mathrm{Dsupp}(W) \times n$($n$ 是数据库记录总数)。

【例 7.2】 某电子商城记录了客户购买手机的信息。假设有相关信息如表 7-2 所示。数据值"1"表示该客户所对应的数据项事件发生。例如,2 号客户为老年女性,同时购买了 Samsung 和 iPhone 两款手机。其余记录的含义类推。商城经理很希望知道什么样的客户购买什么样的手机、购买某种手机是否还会购买另一种手机(设定 $\alpha = 40\%$,$\beta = 100\%$)。

表 7-2 客户购买手机信息

客户号码	数 据 项					
	女	男	青年	老年	Samsung	iPhone
1	1		1		1	1
2	1			1	1	1
3		1		1	1	
4	1		1			1
5		1		1	1	
6	1			1	1	
7		1	1		1	1
8		1		1		1
9		1	1		1	
10	1		1			1

为方便起见,将数据项分别记女为 A;男为 B;青年为 C;老年为 D;Samsung 为 E;iPhone 为 F。根据 Apriori 方法,各层频繁集生成及规则生成的结果分别如表 7-3 和表 7-4 所示。最后获得的规则是:$D \Rightarrow E$ 和 $AC \Rightarrow F$,表达的语义分别为:"老年客户购买 Samsung 手机"和"青年女性购买 iPhone 手机"。

图 7-1 给出了 Apriori 方法中生成频繁集的算法伪码。首先找到 1-项频繁集 L_1。在第 2~10 步,使用 L_{k-1} 产生候选 C_k。Apriori_gen 过程产生候选频繁集(通过连接和剪枝),利用式(7.4)所示的性质将那些具有非频繁子集的候选项集剪枝(第 3 步)。一旦产生了所有的候选频繁集,就扫描整个数据集(第 4 步)。对于每条记录,使用 subset 函数找出记录中候选频繁集的所有子集(第 5 步),并对每个这样的候选项集进行累加计数(第 6、7 步)。最后找到所有满足最小支持度阈值的频繁集集合 L。

Apriori 方法被认为是一个有效的经典关联规则挖掘方法。对 Apriori 方法的优化还可以从下列角度展开。

(1) 如 Apriori-Tid, Apriori-Hybrid 算法[179],以及基于 Hash 树的 DHP 算法[180],都是在频繁项集合生成过程中,对冗余项集合进行剪枝。

表 7-3 客户手机频繁集

1-itemsets	Support	2-itemsets	Support	3-itemsets	Support
A	60%	AB	0	ACF	40%
B	40%	AC	40%		
C	60%	AD	20%		
D	40%	AE	30%		
E	70%	AF	50%		
F	60%	BC	20%		
		BD	20%		
		BE	40%		
		BF	10%		
		CD	0		
		CE	30%		
		CF	50%		
		DE	40%		
		DF	10%		
		EF	30%		

表 7-4 客户手机关联规则

AC		AF		CF		DE	
Rules	Conf.	Rules	Conf.	Rules	Conf.	Rules	Conf.
$A \Rightarrow C$	4/6	$A \Rightarrow F$	5/6	$C \Rightarrow F$	5/6	$D \Rightarrow E$	100%
$C \Rightarrow A$	4/6	$F \Rightarrow A$	5/6	$F \Rightarrow C$	5/6	$E \Rightarrow D$	4/6

ACF					
Rules	Conf.	Rules	Conf.	Rules	Conf.
$A \Rightarrow CF$	4/6	$C \Rightarrow AF$	4/6	$F \Rightarrow AC$	4/6
$AC \Rightarrow F$	100%	$AF \Rightarrow C$	4/5	$CF \Rightarrow A$	4/5

```
算法：Apriori 使用逐层迭代的候选项集生成频繁集
输入：交易数据库 T，最小支持度阈值 Min_supp
输出：T 中的频繁项集 L
处理流程：
(1)    $L_i$ = find_frequent_1-itemsets(T);
(2)    for(k=2; $L_{k-1} \neq \phi$; k++){
(3)        $C_k$ = apriori_gen($L_{k-1}$, Min_supp);    // 生成候选频繁集
(4)        for each transaction  t ∈ T {              // 扫描数据库 T 并计数
(5)            $C_t$ = subset($C_k$, t);              // 找出记录中是候选频繁集的所有子集
(6)            for each candidate  c ∈ $C_t$
(7)                c.count++;
(8)        }
(9)        $L_k$ = {c ∈ $C_k$ | c.count ≥ Min_supp};
(10)   }
(11)   return  $L_k$ = $\cup_k L_k$;
```

图 7-1 Apriori 生成频繁集方法

(2) DIC、Eclat、MacEclat、Clique 和 MaxClique 算法等都是通过减少对数据库的扫描来提高效率的[181]。

（3）从关系数据库操作的角度出发，开发出基于关系数据库操作的算法，如 SETM 和 MONET 算法[182]。

（4）基于分区操作和基于随机的分区算法。

（5）基于采样的算法。

（6）不同于以上的串行算法，还有一些相应的并行和分布算法。

此外，FP-tree 方法是一种不逐层产生候选项集的关联规则挖掘方法[42,183]，基本思路是：根据生成的 1-项频繁集，将提供频繁集的数据库压缩成为一棵频繁模式树（或称 FP-tree），但仍然保留项集之间的关联关系；然后将这种压缩后的数据集分成一组条件数据集，每个关联一个频繁项，并分别挖掘每个数据集。FP-tree 方法将发现长的频繁模式的问题转化成了递归发现若干短模式，然后将它们转化为连接后缀的问题。

7.3 关联规则兴趣性

关联规则兴趣性是一类测度，用于判断关联规则具有意义、引人关注的程度。实际上，支持度和置信度就是两个基本的兴趣性测度。由于关联规则的挖掘面对的是海量数据，因此挖掘得到的合格关联规则可能会很多（成百上千）而难以被决策分析人员理解，甚至在一些情况下，规则爆炸（Rule Exploration）本身就是一个问题了。所以衍生出一个问题，即如何确定所得到规则的兴趣性，并将冗余的或是冲突的规则删除。兴趣性测度从来源上可以分成一般兴趣性和领域兴趣性。一般兴趣性反映普遍接受的一些兴趣标准，如支持度和置信度；而领域兴趣性反映来自具体应用领域的兴趣约束，与特定的问题和决策环境密切相关。例如，例 7.2 中存在着低层属性（如青年、老年）其高层属性（如年龄）是单值属性的情形。类似的还有性别属性，而手机是多值属性。也就是说，一个客户只能拥有一个年龄值和性别值，但可以同时拥有多个手机属性值（拥有多部手机）。所以，A 与 B 的关联、C 与 D 的关联是没有意义的。另外，兴趣性测度的应用旨在帮助提升关联规则的品质，也可能应用到算法优化的过程中以同时帮助提升计算效率。例如，在获得了合格关联规则后，人们可以通过定义兴趣性测度来构造过滤器以进一步筛选规则。另一方面，人们可以将兴趣性测度集成在生成频繁集或生成规则的过程中，以有效减少候选项集的数目和扫描数据库的次数等。

概括说来，兴趣性在发现关联规则知识中可以起到如下作用：① 减少冗余规则，精简关联规则集合；② 避免前提和结论不相关的频繁规则；③ 避免对背景知识的重复，突出新颖规则；④ 凸显有价值的例外规则；⑤ 筛选出用户所关心的规则，屏蔽用户所不关心的规则；⑥ 提高关联规则挖掘的效率。

根据不同的视角，人们可以定义规则兴趣性测度。兴趣度（Interest）、冲突度（Conflict）及改善度（Improvement）就是通过它们的预测优势来对规则进行评价的[184]。例如，如果得到了规则"置信度为 86%的规则 $A \Rightarrow B$",那么对"置信度为 80%的规则 $AC \Rightarrow B$",就可以认为是不感兴趣的,因为后者相对于前者来说并没有提供更有价值的预测优势。其他评测标准,如模板度(Template)[185]可以将用户的评价融入删减过程中,这种方法与具有背景知识的关联规则挖掘有一定相似之处;如影响度(Influence)可以将大量的冗余或不感兴趣的规则删除[186]。

考虑到不同的兴趣度的因子在过滤冗余或不感兴趣的规则时都会产生不同程度的信息损失,还需要借助简单集(Simple Set)的概念。简单集可以将挖掘的目标缩小在规则右项为单个属性的规则上,通过这样的规则的集合,可以没有任何信息损失(Information Loss)地将整个规则集合恢复[187]。

下面给出几个主要的兴趣性测度的定义,并简单说明其含义。

1. Lift

关联规则的提升度(Lift)[188]在一些文献中也被称为兴趣度(Interest)和力度(Strength),体现了 Y 总体上的频率和在条件 X 下的频率之间的差异,即

$$\text{Lift}(X \Rightarrow Y) = \frac{\text{Dconf}(X \Rightarrow Y)}{\text{Dsupp}(Y)} = \frac{\text{Dsupp}(XY)}{\text{Dsupp}(X)\text{Dsupp}(Y)} \tag{7.5}$$

Lift 可用于衡量关联规则前项与后项之间的关系。进一步,对 Lift 进行扩展[189],可以得到条件兴趣度(Conditional Lift),以衡量前项的子项集与后项的相关关系

$$\text{Lift}(X|XY \Rightarrow Z) = \frac{\text{Dconf}(XY \Rightarrow Z)}{\text{Dconf}(Y \Rightarrow Z)} = \frac{\text{Dsupp}(XYZ)\,\text{Dsupp}(Y)}{\text{Dsupp}(XY)\text{Dsupp}(YZ)} \tag{7.6}$$

将前项 X 的子集 P 对规则 $X \Rightarrow Y$ 的条件兴趣度(Conditional Lift)记为 $\text{Lift}(P|X \Rightarrow Y)$。式中,$P \subseteq X$ 和 Lift 为正实数。可以认为:

当 Lift > 1 时,规则的前项(或前项的子集)与后项正相关,有兴趣性;
当 Lift = 1 时,规则的前项(或前项的子集)与后项不相关,无兴趣性;
当 Lift < 1 时,规则的前项(或前项的子集)与后项负相关,无兴趣性。

2. Influence

关联规则 $X \Rightarrow Y$ 的影响度表示规则前项(整体)X 对后项 Y 的影响,即

$$\text{Influence}(X \Rightarrow Y) = \log \frac{\text{Dconf}(X \Rightarrow Y) / [1 - \text{Dconf}(X \Rightarrow Y)]}{\text{Dsupp}(Y) / [1 - \text{Dsupp}(Y)]} \tag{7.7}$$

在条件 X 下,项集 Z 对项集 Y 的条件影响度(Conditional Influence)为

$$\begin{aligned}\text{Influence}(Z,Y|X) &= \text{Influence}(XZ \Rightarrow Y) - \text{Influence}(X \Rightarrow Y) \\ &= \log \frac{\text{Dconf}(XZ \Rightarrow Y)/\text{Dconf}(XZ \Rightarrow \overline{Y})}{\text{Dconf}(X \Rightarrow Y)/\text{Dconf}(X \Rightarrow \overline{Y})}\end{aligned} \tag{7.8}$$

条件影响度反映了部分前项 Z 对后项 Y 的影响。归纳起来有:

当 Influence > 0 时，规则的前项（或前项的子集）对后项有正影响；

当 Influence = 0 时，规则的前项（或前项的子集）对后项无影响；

当 Influence < 0 时，规则的前项（或前项的子集）对后项有负影响。

3. Improvement

关联规则的改进度（Improvement）是用来评估规则相对于形式更加简化的规则在预测能力上的改进程度，即

$$\text{Improvement}(X \Rightarrow Y) = \min_{X' \subset X}(\text{Dconf}(X \Rightarrow Y) - \text{Dconf}(X' \Rightarrow Y)) \tag{7.9}$$

4. Intensity of Implication

关联规则的蕴含强度（Intensity of Implication）的提出旨在发现那些例外规则（Exception Rules）[190]。令 U 和 V 分别具有与 X 和 Y 一样的支持度，且 U 和 V 是随机分布的，那么规则 $X \Rightarrow Y$ 的蕴含强度定义为

$$\varphi(X \Rightarrow Y) = 1 - \text{prob}(\|U \neg V\| < \|X \neg U\|) \tag{7.10}$$

这个定义的直观含义是：随机独立的情况下反例数目比实际的反例数目大的概率。可以看出，随着反例的增加，蕴含强度会降低，因此它衡量了规则前项蕴含后项的程度。

【例 7.3】 下面举例说明影响度的兴趣性测量情况。

影响度：设 $\text{Dsupp}(B) = 70\%$，$\text{Dconf}(A \Rightarrow B) = 80\%$，则

$$\text{Influence}(A \Rightarrow B) = \log \frac{80\%/(1-80\%)}{70\%/(1-70\%)} = 0.23$$

设 $\text{Dsupp}(B) = 80\%$，$\text{Dconf}(A \Rightarrow B) = 80\%$，则

$$\text{Influence}(A \Rightarrow B) = 0$$

设 $\text{supp}(B) = 90\%$，$\text{conf}(A \Rightarrow B) = 80\%$，则

$$\text{Influence}(A \Rightarrow B) = -0.35$$

条件影响度：设 $\text{Dconf}(AB \Rightarrow C) = 80\%$，$\text{Dconf}(A \Rightarrow C) = 70\%$，则

$$\text{Influence}(B, C \mid A) = \log \frac{80\%/(1-80\%)}{70\%/(1-70\%)} = 0.06$$

设 $\text{Dconf}(AB \Rightarrow C) = 80\%$，$\text{Dconf}(A \Rightarrow C) = 80\%$，则

$$\text{Influence}(B, C \mid A) = 0$$

设 $\text{Dconf}(AB \Rightarrow C) = 80\%$，$\text{Dconf}(A \Rightarrow C) = 90\%$，则

$$\text{Influence}(B, C \mid A) = -0.35$$

影响度度量了项或项集在规则中的影响。影响度为零，说明前项与后项间缺乏关联性；影响度为正，说明前项对后项有正的影响；影响度为负，说明前项对后项有负的影响。用户由此可以判断规则中哪些项起正作用、哪些项不起作用、哪些项起反作用，并由此筛选出感兴趣的规则。

7.4 关联规则知识形式扩展

前面各节的讨论是围绕关联规则的一类基本形式展开的。也就是说，在关联规则 $X \Rightarrow Y$ 中，X 中的数据项（属性）I_j 的取值是二值的，即布尔值"True"（"1"）和"False"（"0"）。这种布尔取值反映了关于 X 的事件的发生状态（如是否购买商品"MP3"），以及与关于 Y 的事件的发生状态的关系。所以，从这个意义上，这类关联规则也称为布尔关联规则。通常，布尔关联规则被看作关联规则知识的基本的和经典的形式。布尔关联规则是非常重要的决策知识并且具有广阔的应用前景。

在实际应用中，人们经常会遇到需要扩展或丰富布尔关联规则语义的情形。下面将简要讨论相应的知识形式扩展问题。

7.4.1 广义关联规则

在形如 $X \Rightarrow Y$ 的布尔关联规则的挖掘中，支持度和置信度作为两个基本测度来衡量关于 X 和 Y 事件出现的频繁程度。那些满足支持度和置信度阈值（α 和 β）的规则会作为合格关联规则被挖掘出来。

对于一些实际应用问题，人们发现在数据项之间可能存在更为复杂的关系，如数据项层次结构（Taxonomy）。超市商品之间的关系就是一个例子。商品目录和类别划分就构成了一个层次结构，反映了超类和子类的隶属关系。"羽毛球拍"属于"运动器材"，这里"运动器材"是"羽毛球拍"的超类，"羽毛球拍"是"运动器材"的子类。类似地，"MP3"属于"电子产品"超类。

重要的是，获得并利用这些层次结构信息对于决策分析是有意义的，因为：① 高层数据项关联也反映了有意义的知识内涵，如"运动器材 $\Rightarrow$ 电子产品"，对管理决策有用；② 一些在低层数据项间不显著的关联模式可能在高层数据间显著，如"羽球拍 $\Rightarrow$ MP3"和"起跑器 $\Rightarrow$ 数字摄像机"不一定足够频繁，但是在它们的超类层面（如"运动器材 $\Rightarrow$ 电子产品"）却可能频繁。这就要求扩展关联规则知识表达的形式和语义不仅能够描述层次结构中最低层数据项（如购买的超市商品）之间的关联，还能够描述层次结构中高层数据项类之间的关联。一般说来，包含高层数据项间关系的关联规则称作广义关联规则（Generalized Association Rule，GAR）。布尔关联规则可视为广义关联规则的特例。

一个直接利用 Apriori 方法挖掘广义关联规则的做法是转换数据[191, 192]，其基本思路是将层次结构的所有高层数据（超类）项也作为数据项放到数据库中。若某记录包含一个子类事件，则该记录也被认为是包含此子类的超类事件，如购买了"MP3"也被认为购买了"电子产品"。例 7.4 是挖掘广义关联规则的一个示例。

在形如 $X \Rightarrow Y$ 的广义关联规则中，项集 X 和 Y 不仅包含层次结构中的基本数据项（最低层数据），也包含层次结构中的高层数据项。这丰富了关联规则的知识表达和语义。

【例 7.4】 某数码店销售笔记本电脑、打印机和数码相机三种产品，经营型号如下。

笔记本电脑：Dell D610, Sony S38, Sony T27

打印机：HP 1010, HP 4300, Canon LBP5200

数码相机：Canon EOS-20D, Canon IXUS 700, Sony DSC-V3

数码店销售记录如表 7-5 所示。

表 7-5 数码店销售记录

TID	客户	产品
1	张三	Dell D610, HP 1010
2	李四	Dell D610, Canon LBP5200, Sony DSC-V3
3	张三	Sony S38, Canon LBP5200
4	王五	Dell D610, HP 4300
5	李四	Sony T27, Canon LBP5200
6	王五	Canon LBP5200
7	李四	HP 1010, HP 4300, Canon EOS-20D
8	李四	Canon IXUS 700
9	张三	Canon EOS-20D, Sony DSC-V3
10	王五	Canon IXUS 700

如果数码店产品目录间有如图 7-2 所示的数码产品层次结构，给定最小支持度 30%，最小置信度 100%，数码店经理希望发现客户购买产品间的关联规则。

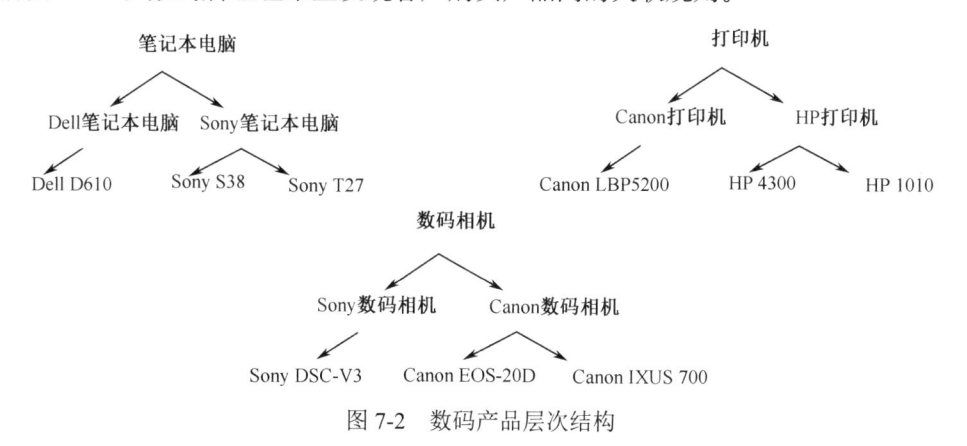

图 7-2 数码产品层次结构

根据销售数据和产品层次结构，可以计算项集的支持度。这里，需要考虑层次结构中的高层数据的支持度。例如，Dsupp({数码相机}) = 5/10 = 0.5，涉及 5 个记录：TID2、TID7、TID8、TID9 和 TID10。类似地，可以获得全部频繁集和合格广义关联规则，分别如表 7-6 和表 7-7 所示。值得一提的是，如果不考虑层次结构，则不存在满足支持度和置信度阈值的布尔关联规则。合格的关联规则知识只在高层数据项间存在。

在广义关联规则的挖掘中，可以引入一些性质或兴趣性测度来进行剪枝和过滤低质量的

表 7-6　数码店数据：全部频繁集

1-项频繁集	支持度	2-项频繁集	支持度
Dell D610	0.3	Dell D610，打印机	0.3
Canon LBP5200	0.4	Canon LBP5200，笔记本电脑	0.3
Dell 笔记本电脑	0.3	Dell 笔记本电脑，打印机	0.3
笔记本电脑	0.5	笔记本电脑，Canon 打印机	0.3
Canon 打印机	0.4	笔记本电脑，打印机	0.5
HP 打印机	0.3		
打印机	0.7		
Canon 数码相机	0.4		
数码相机	0.5		

表 7-7　数码店数据：合格广义关联规则

规则	支持度	置信度
Dell D610 $\Rightarrow$ 打印机	0.3	1
Dell 笔记本电脑 $\Rightarrow$ 打印机	0.3	1
笔记本电脑 $\Rightarrow$ 打印机	0.5	1

规则。例如，超类和其所属子类之间的关联就没有意义，如 MP3 $\Rightarrow$ 电子产品。再者，子类/超类关系也可能造成一些规则是冗余的，如表 7-7 中的规则就是这种情况。考虑"Dell 笔记本电脑 $\Rightarrow$ 打印机"和"笔记本电脑 $\Rightarrow$ 打印机"，如果知道在所有的笔记本电脑中有 60%是 Dell 笔记本电脑，那么规则"Dell 笔记本电脑 $\Rightarrow$ 打印机"与规则"笔记本电脑 $\Rightarrow$ 打印机"相比没有带来什么特别不同于"平均期望"的信息（Dsupp(笔记本电脑 $\Rightarrow$ 打印机)$\times$ 60% = 0.3），规则"Dell 笔记本电脑 $\Rightarrow$ 打印机"可以删除。

7.4.2　数量关联规则

在实际应用中，碰到的数据项经常都是类别数据或数值数据，如商品的数量、家庭的收入、客户的年龄等。对应的数据项属性分别称作多值属性和连续属性。本书进而把基于多值和连续数据项属性的关联规则称为数量关联规则（Quantitative Association Rule，QAR）[193-198]。仍考虑超市购物篮问题，其实客户购买的商品是具有数量属性的，只是布尔关联规则只关心"购买与否"，而没有涉及"购买多少"的问题。基于 Apriori 方法挖掘数量关联规则的一个做法是进行数据转换。也就是采用离散化的方法划分（Partition）连续属性的值域。将每个离散化得到的区间属性（如年龄[30, 50]）作为一个新属性，并且将原数据值在此区间上的匹配结果形成一个相应的布尔真值。例如，若原记录 t 的年龄值是 45，则在属性"年龄[30, 50]"上的布尔值为 1；若原记录 t' 的年龄值是 25，则其在此区间属性上的布尔值为 0。完成了这样的数据转换后的数据集时，人们就可以进行关联规则挖掘，并得到形如 $X \Rightarrow Y$ 的数量关联规则，其中项集 X 和 Y 包含区间属性。一个数量关联规则知识形式的例子为：水果[1~5kg] $\Rightarrow$ 饮料[2~12L]。

显然，数据如何进行划分将对数据挖掘的结果有很大影响。因此，设计和选择合适的离散化方法是人们研究和应用的课题。对等分、分箱（Bin）、数据立方体、聚类、近似匹配、模糊划分等方法都有较多的讨论。详细介绍请参见本书其他章节的相关内容。

7.4.3 时态关联规则

本节将重点讨论形如 $X \stackrel{t}{\Rightarrow} Y$ 的延迟时态关联规则（Temporal Association Rule，TAR），即在 X 发生的情况下，Y 延后 t 个时间单位发生。具体来说，对于数据项（属性）的集合 $I = \{I_1, I_2, \cdots, I_m\}$，以及项集 X 和 Y（$X, Y \subseteq I$），称 $X \bigcup_t Y$ 为延迟项集，表示数据集合或数据库中某条记录支持 X，而在 t 个时间单位后发生的事件记录支持 Y。与传统关联规则一样，这里所说某条记录支持 X，是指该记录包含 X。相应地，延迟项集 $X \bigcup_t Y$ 的支持度可以定义为

$$\text{Dsupp}(X \bigcup_t Y) = \| X \bigcup_t Y \| / (|T| - t) \tag{7.11}$$

式中，$|T|$ 为数据集合 T 中所有记录的个数；t 为整数，表示时间单位数（$t \geq 0$）；$\| X \bigcup_t Y \|$ 表示 T 中那些包含 X 的记录的个数，而这些包含 X 的记录之后第 t 个时间单位的记录必须包含 Y。换句话说，$\| X \bigcup_t Y \|$ 是 T 中存在的记录对 (r, r') 的个数，其中 r 包含 X，r' 包含 Y，且 $0 \leq \| X \bigcup_t Y \| \leq |T| - t$。基于此，可以定义延迟规则的支持度和置信度为

$$\text{Dsupp}(X \stackrel{t}{\Rightarrow} Y) = X \bigcup_t Y / (|T| - t) \tag{7.12}$$

$$\text{Dconf}(X \stackrel{t}{\Rightarrow} Y) = X \bigcup_t Y / \|X\|' \tag{7.13}$$

因为 $\| X \bigcup_t Y \|$ 只能统计到第 $|T| - t$ 个记录，$\|X\|'$ 表示前 $|T| - t$ 个记录中包含 X 的记录个数。当数据量较大时（$t \ll |T|$），t 可以忽略，则 $X \stackrel{t}{\Rightarrow} Y$ 的支持度和置信度可以近似表示为

$$\text{Dsupp}(X \stackrel{t}{\Rightarrow} Y) = \| X \bigcup_t Y \| / |T| \tag{7.14}$$

$$\text{Dconf}(X \stackrel{t}{\Rightarrow} Y) = \| X \bigcup_t Y \| / \|X\| \tag{7.15}$$

式中，$\|X\|$ 为 T 中包含 X 的记录个数。值得注意的是，当 $t = 0$ 时，$X \stackrel{t}{\Rightarrow} Y$ 蜕化成传统关联规则 $X \Rightarrow Y$。此外，在传统关联规则中，X 和 Y 是不相交的（$X \cap Y = \varnothing$），否则被认为没有意义，因为前项和后项（或其子集）相同意味着信息冗余。然而，在延迟时态关联规则中（$t > 0$ 的情形），X 和 Y 相交是允许的，因为此时的时态关联规则仍然有意义。例如，$X \stackrel{t}{\Rightarrow} X$ 表示事件 X 发生之后 t 时间单位时再次发生。"猪肉 $\stackrel{3}{\Rightarrow}$ 猪肉"表示客户购买猪肉之后第 3 天还会再次购买猪肉。显然，能挖掘得到这样的关联知识，对于超市的库存管理决策是很有帮助的。

对于延迟时态关联规则的挖掘，一个简单的方法是直接基于 Apriori 的增列法。其基本思路是进行数据转换，即对于延迟时间 t，可以把各属性复制一份，并去掉前 t 个记录，并入原数据集，形成新的数据集。在此基础上再直接利用 Apriori 方法进行挖掘。

【例 7.5】 以股票价格数据为例，为了简化问题，将价格上涨记为 1，其他情况记为 0。原始数据如表 7-8 所示。

表 7-8 股价上涨数据

Day	Stock A	Stock B	Stock C
1	1	1	0
2	0	0	1
3	0	1	1
4	1	0	0
5	1	1	1
6	0	1	1
7	1	1	1

假设 $t=2$，增加列后的数据集如表 7-9 所示。进而，可以计算延迟项集的支持度及延迟规则的支持度和置信度。

表 7-9 增列后的股价上涨数据集

Day	Stock A	Stock B	Stock C	Stock A′	Stock B′	Stock C′
1	1	1	0	0	1	1
2	0	0	1	1	0	0
3	0	1	1	1	1	1
4	1	0	0	0	1	1
5	1	1	1	1	1	1
6	0	1	1	1		
7	1	1	1			

可以得到

$\text{Dsupp}(\text{Stock } A \underset{2}{\cup} \text{Stock } B') = \|\text{Stock } A \underset{2}{\cup} \text{Stock } B'\| / (|T| - t) = 3/(7-2) = 0.6$

$\text{Dsupp}(\text{Stock } A \underset{2}{\Rightarrow} \text{Stock } B') = \text{Dsupp}(\text{Stock } A \underset{2}{\cup} \text{Stock } B') = 0.6$

$\text{Dconf}(\text{Stock } A \underset{2}{\Rightarrow} \text{Stock } B') = \|\text{Stock } A \underset{2}{\cup} \text{Stock } B'\| / \|\text{Stock } A\|' = 3/3 = 1$

具体挖掘过程可以采用 Apriori 方法。

7.5 简单关联规则

本节重点讨论一类特定的关联规则，即规则后项为单个数据项的关联规则，并称此类规则为简单关联规则（Simple Association Rule，SAR）[187]。简单关联规则的讨论一方面也是源于兴趣性的考虑，因为如果关联规则后项过长，将难以理解和使用，致使兴趣性降低。另一方面，形如 $X \rightarrow I_j$（$X \subset I$，$I_j \in I$）的简单关联规则具有一些重要的性质和用途，值得予以关注[110, 112]。此外，许多应用只需要简单规则而不必生成所有的规则（如分类和一些诸如"$P \Rightarrow ?$"的决策分析需求等）。

从前面各节中的讨论得知，将满足给定支持度阈值 α 和置信度阈值 β 的关联规则称为合格关联规则。根据已知数据集挖掘出来的所有合格关联规则的集合记作 φ：

$$\varphi = \{X \Rightarrow Y \mid \text{Dsupp}(X \Rightarrow Y) \geqslant \alpha, \text{Dconf}(X \Rightarrow Y) \geqslant \beta\}$$

首先，考虑信息冗余的一种情形。假设 φ 中存在两个规则 r_1：打印机 $\Rightarrow$ 打印纸（$\text{Dconf}(r_1) = 80\%$），r_2：打印机与打印纸 $\Rightarrow$ 文件夹（$\text{Dconf}(r_2) = 90\%$），则可以推知规则 r_3：打印机 $\Rightarrow$ 打印纸与文件夹的置信度为 72%（$\text{Dconf}(r_3) = 72\%$）。这是因为如下两个性质，即

$$\begin{aligned}\text{Dconf}(X \Rightarrow YZ) &= \text{Dconf}(X \Rightarrow Y) \times \text{Dconf}(XY \Rightarrow Z) \\ &= \text{Dconf}(X \Rightarrow Z) \times \text{Dconf}(XZ \Rightarrow Y)\end{aligned} \quad (7.16)$$

$$\text{Dsupp}(X \Rightarrow YZ) = \text{Dsupp}(XY \Rightarrow Z) = \text{Dsupp}(XZ \Rightarrow Y) \quad (7.17)$$

这两个性质说明，只要给定了 $X \Rightarrow Y$ 及 $XY \Rightarrow Z$ 的支持度和置信度，就可以直接推算出 $X \Rightarrow YZ$ 的支持度和置信度，也就是掌握了规则 $X \Rightarrow YZ$ 的全部信息。在这个意义上，$X \Rightarrow YZ$ 可以被看作冗余的。

如果 φ 中存在着这样三个规则，$X \Rightarrow YZ$ 可以考虑被去掉，因为它能够由另外两个规则推出。此外，其置信度也最低，而其支持度与 $XY \Rightarrow Z$ 一样但要低于 $X \Rightarrow Y$。也就是说，其规则优先级低于其他两个规则。再者，从规则形式的可理解性而言，另两个规则的知识形式更易理解，因为其后项均为单个数据项，更为简洁。

下面需要回答的问题是：是否只要在 φ 中发现存在着形如 $X \Rightarrow YZ$ 的规则就可以将其删除呢？答案是肯定的，因为可以证明此时规则 $X \Rightarrow Y$ 和 $XY \Rightarrow Z$ 也一定存在于 φ 中。这样，φ 中存在着冗余，而删除 $X \Rightarrow YZ$ 不会造成信息的损失。

证明的思路是：因为置信度取值范围是 [0, 1]，则根据式(7.16)所示的性质，有

$$\text{Dconf}(X \Rightarrow Y) \geqslant \text{Dconf}(X \Rightarrow YZ), \text{Dconf}(XY \Rightarrow Z) \geqslant \text{Dconf}(X \Rightarrow YZ)$$

而且根据式(7.4)所示的性质，有

$$\text{Dsupp}(XY \Rightarrow Z) = \text{Dsupp}(X \Rightarrow YZ) \leqslant \text{Dsupp}(X \Rightarrow Y)$$

因为 $X \Rightarrow YZ$ 在 φ 中，即 $X \Rightarrow YZ$ 满足最小支持度和最小置信度，那么上面步骤说明 $X \Rightarrow Y$ 和 $XY \Rightarrow Z$ 也必满足最小支持度和最小置信度，因此必存在于 φ 中。类似地，还可得到 $X \Rightarrow Z$，$XZ \Rightarrow Y$ 也存在于 φ 中。

接下来需要回答的重要问题是：能否只生成和保留简单关联规则？这样的简单关联规则的集合与全体合格关联规则的集合 φ 是什么关系？对第一个问题的答案是肯定的，依据是对第二个问题的回答，阐述如下。

首先，给定合格规则集合 φ，如果规则 r 存在于 φ 中，或者 r 的置信度和支持度能以如式(7.16)和式(7.17)所示的性质推导得到，那么就称 r 可由 φ 导出，记为 $r \in_d \varphi$。

其次，将所有合格的简单关联规则的集合称为简单规则集，用 φ_s 来表示，即

$$\varphi_s = \{r: X \Rightarrow I_i \mid X \subset I, I_i \subset I, X \cap I_i = \varnothing, \text{Dsupp}(r) \geq \alpha, \text{Dconf}(r) \geq \beta\} \quad (7.18)$$

两个集合 φ_s 与 φ 的关系可以由式(7.19)和式(7.20)表示如

$$\text{If } r \in \varphi \quad \text{Then } r \in_d \varphi_s \quad (7.19)$$

$$\{r \mid r \in_d \varphi_s, \text{Dsupp}(r) \geq \alpha, \text{Dconf}(r) \geq \beta\} = \varphi \quad (7.20)$$

式(7.19)表明，合格关联规则集中的所有规则都能够从简单规则集中导出；式(7.20)表明，从简单规则集合导出的关联规则中满足最小置信度和最小支持度的那部分规则恰好就是原来的合格关联规则集。

【例 7.6】 给定数据集如表 7-10 所示，可以生成所有合格关联规则如表 7-11 所示（$\alpha = 3/7, \beta = 65\%$）。

表 7-10 SAR 示例数据

TID	数 据 项
#1	A D
#2	B E
#3	A B D E
#4	B D E
#5	B C D E
#6	A B E
#7	A B C D E

表 7-11 SAR 示例数据：所有合格关联规则

规则代码	关联规则	Dsupp	Dconf
#1	$A \Rightarrow B$	3/7	75%
#2	$A \Rightarrow D$	3/7	75%
#3	$A \Rightarrow E$	3/7	75%
#4	$B \Rightarrow D$	4/7	66.7%
#5	$D \Rightarrow B$	4/7	80%
#6	$B \Rightarrow E$	6/7	100%
#7	$E \Rightarrow B$	6/7	100%
#8	$D \Rightarrow E$	4/7	80%
#9	$E \Rightarrow D$	4/7	66.7%
#10	$AB \Rightarrow E$	3/7	100%
#11	$AE \Rightarrow B$	3/7	100%
#12	$BD \Rightarrow E$	4/7	100%
#13	$BE \Rightarrow D$	4/7	66.7%
#14	$DE \Rightarrow B$	4/7	100%
#15	$A \Rightarrow BE$	3/7	75%
#16	$B \Rightarrow DE$	4/7	66.7%
#17	$D \Rightarrow BE$	4/7	80%
#18	$E \Rightarrow BD$	4/7	66.7%

由表 7-11 可知，有 18 个规则满足支持度和置信度阈值。其中，规则 1~14 是简单关联规则，规则 15~18 不是简单关联规则，即 $\varphi = \{\#1, \#2, \cdots, \#18\}$，$\varphi_s = \{\#1, \#2, \cdots, \#14\}$。进一步，所有 4 个非简单关联规则 $\{\#15, \#16, \#17, \#18\}$ 均可以由简单规则集中相关的简单关联规则导出，具体结果如表 7-12 所示。例如，规则#15 可以由规则#1 和#10 导出，即 $\text{Dsupp}(A \Rightarrow BE) = \text{Dsupp}(AB \Rightarrow E) = 3/7$，$\text{Dconf}(A \Rightarrow BE) = \text{Dconf}(A \Rightarrow B) \times \text{Dconf}(AB \Rightarrow E) = 75\% \times 100\% = 75\%$。

简单关联规则的挖掘主要基于 Apriori 的思路，同时引入若干剪枝策略来体现后项为单个数据项的情况，以及挖掘形如：$P \Rightarrow ?$（若给定前项 P）和 $? \Rightarrow Q$（若给定后项 Q）规则的应用情况。理论分析和数据实验表明相关挖掘方法是有效的。

表 7-12 SAR 示例数据：规则导出

被导出的规则	用于导出的简单关联规则
#15: $A \Rightarrow BE$	{#1: $A \Rightarrow B$, #10: $AB \Rightarrow E$}
	{#3: $A \Rightarrow E$, #11: $AE \Rightarrow B$}
#16: $B \Rightarrow DE$	{#4: $B \Rightarrow D$, #12: $BD \Rightarrow E$}
	{#6: $B \Rightarrow E$, #13: $BE \Rightarrow D$}
#17: $D \Rightarrow BE$	{#5: $D \Rightarrow B$, #12: $BD \Rightarrow E$}
	{#8: $D \Rightarrow E$, #14: $DE \Rightarrow B$}
#18: $E \Rightarrow BD$	{#7: $E \Rightarrow B$, #13: $BE \Rightarrow D$}
	{#9: $E \Rightarrow D$, #14: $DE \Rightarrow B$}

简单规则集的规则数目通常比合格规则集的规则数目明显地少。最大的数目差别情形是 $O(3^m)$ 与 $O(m2^{m-1})$ 的关系（m 是数据项/属性的个数，即 $|I|$）。在获得了简单规则集 φ_s 后，可以根据实际应用问题的需要导出其他规则，直至获得合格规则的全集 φ。

小　结

关联规则（AR）是商务智能领域关注的重要知识形式。关联规则在决策分析中有广泛应用。满足最小支持度阈值和最小置信度阈值的关联规则称作合格关联规则。形如 $X \Rightarrow Y$ 的合格关联规则反映了关于 X 的事件和关于 Y 的事件同时频繁发生，且在关于 X 事件发生的情况下，关于 Y 的事件也随之频繁发生。

挖掘关联规则的经典方法是 Apriori 方法，其基本思路是逐层生成所有的频繁集，然后从频繁集中生成规则。方法优化的策略通常是根据剪枝性质来减少频繁集生成的数目和扫描数据库的次数。一个重要的剪枝性质是 $\mathrm{Dsupp}(XY) \leqslant \mathrm{Dsupp}(X)$。相应的优化策略是候选频繁集的生成仅基于其频繁子集。

可以从不同的角度来定义兴趣性测度以提升关联规则的质量和挖掘效率。一般兴趣性反映普遍接受的一些兴趣标准；而领域兴趣性反映来自具体应用领域的兴趣约束，与特定的问题和决策环境密切相关。支持度和置信度可被看作是两个基本的兴趣性测度。还存在诸多其他测度定义，如提升度、影响度、改进度和蕴含强度等。

传统的关联规则一般称为布尔关联规则，其体现事件发生的布尔真值关联。其他的关联规则知识形式的扩展有广义关联规则（GAR）、数量关联规则（QAR）和时态关联规则（TAR）等。包含高层数据间关系的关联规则称为广义关联规则，基于多值和连续数据属性的关联规则称为数量关联规则，具有事件发生时间延迟的关联规则称为时态关联规则。采用 Apriori 方法挖掘广义关联规则、数量关联规则和时态关联规则等一般需要进行数据转换。

规则后项为单个数据项的关联规则称为简单关联规则（SAR）。它简单、易理解，具有应用意义，并可避免信息冗余。满足支持度和置信度阈值的简单关联规则的全体称为简单规则集 φ_s。简单规则集与所有合格关联规则的集合 φ 存在重要关系：φ 中的所有规则都能够从 φ_s 中导出，从 φ_s 中导出的所有合格关联规则构成了 φ。

思考与练习

7.1 简述什么是关联规则,以及关联规则支持度和置信度的含义。

7.2 概述 Apriori 方法的基本思路。

7.3 设 $I = \{I_1, I_2, \cdots, I_m\}$ 是由 m 个不同数据项组成的一个集合。试计算所有形如 $X \Rightarrow Y$ 的关联规则的个数(其中:$X, Y \neq \varnothing$,$X, Y \subset I$ 且 $X \cap Y = \varnothing$)。

7.4 某商店销售 4 种电子产品:电视机(TV)、数码录放机(DVD)、洗衣机(WM)、笔记本电脑(LC)。销售记录如表 7-13 所示。试找出关联规则以了解产品购买之间的联系(给定最小支持度为 0.5,最小置信度为 0.8)。(提示:应用式(7.4)。)

7.5 某商店有商品销售记录如表 7-14 所示。

表 7-13 题 7.4 表

记录号	产品
#1	WM,TV,DVD
#2	WM
#3	WM,TV,LC,DVD
#4	TV
#5	WM,DVD
#6	LC,DVD
#7	WM,TV,DVD
#8	DVD
#9	WM,TV,DVD
#10	LC

表 7-14 题 7.5 表

TID	购买商品
T100	旅游鞋,浴巾,MP3,巧克力
T200	旅游鞋,浴巾,跑步机,墨盒
T300	浴巾,羽毛球拍,面包,巧克力,旅游鞋
T400	浴巾,跑步机,墨盒
T500	面包
T600	羽毛球拍
T700	旅游鞋,羽毛球拍,面包,巧克力,墨盒
T800	旅游鞋,浴巾,羽毛球拍,MP3,巧克力

此外,商品目录反映的商品关系如下所示。

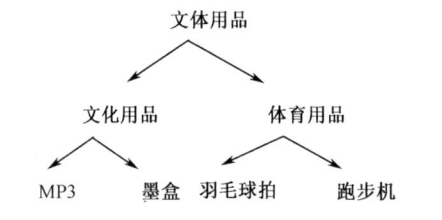

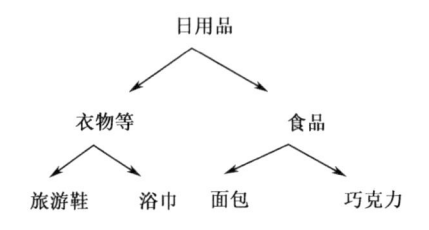

给定最小支持度 0.6 和最小置信度 1,试找出合格的广义关联规则。

7.6 试判断下列性质是否成立。若成立,请证明,否则举出反例。

(1)若 $X \Rightarrow YZ$ 是合格关联规则,则 $X \Rightarrow Y$ 和 $X \Rightarrow Z$ 也是合格关联规则。

(2)若 $X \Rightarrow Y$ 和 $X \Rightarrow Z$ 是合格关联规则,则 $X \Rightarrow YZ$ 也是合格关联规则。

(3)若 $X \Rightarrow Y$ 和 $Y \Rightarrow Z$ 是合格关联规则,则 $X \Rightarrow Z$ 也是合格关联规则。

7.7 试证明本章中式(7.16)和式(7.17)所示的性质。

第 8 章

分类分析

BI

常言道:"物以类聚,人以群分。"一方面,大千世界存在着林林总总的各类事物;另一方面,人类在文明进程中也已逐渐习惯了借助类别更清晰、准确地描述身边的人和事。分类其实是每个人生活中最常用的分析和思考方式,当人们将同学或朋友的号码存入手机电话簿时,当将看完的书籍插入书架时,都在不经意间完成了分类的过程。银行会为不同条件的信用卡申请者提供不同的信用额度,商场期望针对不同购买习惯的客户进行有区别的营销策略,这些目标的实现则依赖于对海量数据的分类分析。分类不难,实现快速准确的分类就不那么容易了,本章将围绕主流分类分析算法和准确率测度展开学习和讨论。

本章学习重点
- ❖ 决策树分类的概念与方法
- ❖ 贝叶斯分类的概念与方法
- ❖ 分类准确率测度

作为商务智能的重要方法之一，分类广泛应用于决策分析的各个领域，能够基于数据构建趋势描述模型并对未来做出预测。例如，银行的信用评级、文献的整理归档、客户细分特征的认定、疾病的严重程度划分、产品/服务评论的有用性估计等都离不开分类。过去几十年，在统计学、人工智能、生物学等诸多领域已经出现了许多分类方法，商务智能的分类方法大多是由此演化扩展而来的，其特点是面向大规模数据的分类决策分析。本章将主要介绍决策树分类和贝叶斯分类等方法。

8.1 分类分析简介

分类是商务智能中重要且应用非常广泛的决策方法。简单说来，分类要解决的问题是将一个事件或对象划分到给定的类别上。例如，银行可以基于收入水平、工作情况等对给定客户进行信用风险分析，确定客户的风险等级。在实际生活中，与风险定级一样，生物辨别、图书归类、航班旅客类别、疾病诊断、行业划分、产品类型、人口统计等分类决策的例子比比皆是。

【例 8.1】 设有一组历史数据，反映了动物类别的信息（见表 8-1[199]的样本数据集），则可根据这些数据进行分类来描述动物属性与类别之间的对应关系。进而，这些对应关系可以成为对其他未知类别的动物进行分类的"标准"。具体来说，根据表 8-1 中数据记录的属性取值（食肉、有鳍、产奶、有毒）和类别取值（鱼类、哺乳动物、爬行动物）的对应情况，可能获得的分类结果为：若"有鳍"，则为"鱼类"；若"无鳍"且"产奶"，则为"哺乳动物"；若"无鳍"且"不产奶"，则为"爬行动物"。

表 8-1 样本数据集

序号	食肉	产奶	有鳍	有毒	类别
1	1	0	1	0	鱼类
2	1	1	0	0	哺乳动物
3	0	0	1	0	鱼类
4	0	1	0	1	哺乳动物
5	1	0	1	1	鱼类
6	1	0	0	1	爬行动物
7	1	0	1	0	鱼类
8	1	0	0	1	爬行动物
9	1	1	0	0	哺乳动物
10	0	0	0	1	爬行动物
11	0	0	0	1	爬行动物

通常，分类过程主要包含两个步骤：第一步，分析已知数据的情况，建立一个分类模型以描述已知数据属性与给定类别之间的对应关系，该分类模型也被称为分类器；分类过程的第二步是利用所获得的分类模型（分类器）对新数据的类别进行预测。

具体来说，在第一步中，通过分析已知的数据总结出分类模型。这里，用于构建分类模型的已知数据称为训练集，通常为已经掌握相应类别信息的历史数据。训练集的每条记录称为一个训练样本，包含若干属性（如收入水平、工作情况等），被统称为属性向量。此外，数据集的每条记录还有一个特别的属性（即类别）与之对应，该（类别）属性的值域通常为感兴趣的有限离散值。例如，在信用风险分类问题中，类别的值域可为"信用良好""信用一般"等。

生成分类器的目的是通过分析训练集的数据来概括训练集数据的属性向量与类别之间的关系。分类器通常可以表示为分类规则、决策树、数学公式等形式。一般意义上，最终均可归结为规则的形式，形如 $X \Rightarrow C$，表明"若记录 t 满足条件 X，则 t 为类别 C"。由于分类器概括了已知数据集的类别特点，因此它一方面可以帮助用户更好地了解已知数据的规律，另一方面可对类别未知的其他数据进行判断，为决策者提供支持。

分类过程的第二步是使用获得的分类器对数据的类别进行预测。在这个过程中，首先要使用另一组数据（称为测试集）对分类器的分类准确率进行估计。这里，分类准确率为分类器预测正确的样本数占所有测试集样本数的比例。相应地，分类器预测错误的样本数占所有测试集样本数的比例称为分类错误率。显然，分类准确率+分类错误率= 100%。测试集的结构与训练集的结构相同。在此使用测试集而不使用训练集的原因是，由于生成分类器的过程倾向于过分逼近训练数据，因此可能造成对分类准确率的估计过于乐观。在这个意义上，测试集的数据样本应该是随机获得的且与训练样本相互独立的。如果一个分类器的准确率经测试被认为是可以接受的，就可以使用此分类器对未来数据对象进行分类。

分类准确率是分类器最重要的一个指标，除此以外，还可以根据以下几条标准评价分类方法。

(1) 可理解性：描述分类器表示的知识被用户理解的程度。

(2) 速度：描述在构造和使用分类器时的计算效率。

(3) 鲁棒性/健壮性：描述在数据带有噪声和有数据遗失的情况下，分类器仍能进行正确预测的能力。

8.2 决策树分类

决策树（Decision Tree，DT）[200]是一个类似流程图的树形结构，决策树分类方法以树的形式采用自上而下的方式给出分类规则。例如，图 8-1 是一个简单的决策树分类的例子，用于判断当天天气状况是否适合打网球。一棵决策树包含了两种类型的节点：内部节点和叶子节点。其中树的每个内部节点代表对一个属性（取值）的测试，该属性称为分裂属性，因为根据该属性的不同取值将会把数据分成不同的几部分，而内部节点的每个分枝就代表该属

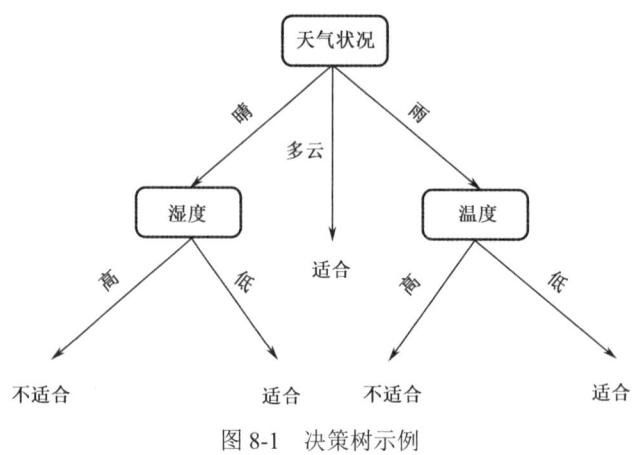

```
                    天气状况
           晴    /   |   \   雨
               /  多云  \
              /     |     \
           湿度   适合   温度
         高/  \低      高/  \低
         /    \        /    \
       不适合  适合  不适合  适合
```

图 8-1 决策树示例

性一个具体的取值,例如,图 8-1 中属性"湿度"为一个分裂属性,其值域包括"高"和"正常",分别对应一个分枝;而树的每个叶子节点代表一个类别,如"适合"和"不适合"便是类别。决策树方法具有较好的分类准确率,同时树形结构表达直观、易于理解。该方法最初应用于机器学习领域,是一种较为通用的方法,目前已经出现了多种决策树方法,如 ID3、C4.5、CART 和 SLIQ 等[200,201]。

决策树方法可以划分为决策树构建和决策树剪枝两阶段。决策树构建是指根据训练集得到一个粗略的、基础的树形结构。决策树构建的关键是在每个内部节点上确定分裂属性和对应的测试内容。当构建决策树时,有许多由数据集中的噪声或异常数据所产生的分枝。决策树剪枝就是识别并消除这类分枝,以帮助改善对未知对象分类的准确性。决策树可以对未知数据对象进行分类识别,从决策树的根节点到叶子节点的一条路径就形成了对相应对象的类别预测。决策树可以很容易转换为分类规则形式,许多基于规则进行数据挖掘的商用系统都是以决策树方法为基础的。

8.2.1 决策树构建

决策树的树形结构决定了构建一棵决策树的方法和过程。构建决策树的基本思想是递归地从所有可选的属性中选择最优的分裂属性,直至满足某个结束条件为止。所谓"最优",意为根据该属性的不同值能够把训练集分为彼此之间"差异"最大的几部分。决策树通常要求属性值为离散值,如果是连续的属性,则需要将连续值离散化,例如,图 8-1 中的"温度"是连续值,但为了能够将训练集分成有限个部分,则将"温度"离散为"高"和"低"两个值。构建决策树的具体方法有很多,但其基本过程和思路可以概括如下[200]。

初始构建决策树时,一个单个节点(根节点)代表了所有的训练样本集数据;对于任意一个节点(包括根节点),若对应的样本均为同一类别,则该节点就成为叶子节点并标记为该类别;否则,将选择合适的分裂属性,分裂属性的每个值均对应一个将要被创建的分枝,这个分枝或连接一个叶子节点（类别），或连接一个内部节点（对应一个分裂属性）。递归使用上述处理过程，即可为每个分枝赋予一个节点，该节点是将要递归生成的决策树的根节点。在整个构建决策树的过程中，一个属性一旦在某节点出现，那么它就不能再次出现，因此该被选中的分裂属性会从候选属性集中删除。图8-2为由训练集得到决策树的基本方法。

```
方法：Generate_decision_tree(S, CA) 根据给定数据集产生一个决策树。
输入：训练集为S，各属性均取离散数值；候选属性集为CA。
输出：决策树。
处理流程：
    (1) 创建一个节点N;
    (2) if 该节点中的所有样本均为同一类别C，then
    (3)     返回N作为一个叶子节点并标志为类别C;
    (4) if 候选属性集为空，then
    (5)     返回N作为一个叶子节点并标志为默认类别C_default;
    (6) 从候选属性集中选择最优分裂属性A，将节点N标记为A，从CA中删除A;
    (7) 对于A中的每一个已知取值Vi
    (8)     为A建立测试为A=Vi的分枝;
    (9)     设Si为A=Vi对应的样本集;
    (10)    if Si为空，then
    (11)        创建叶子节点并标志为默认类别C_default;
    (12)    else 加上节点Generate_decision_tree(Si, CA)
```

图 8-2　由训练集得到决策树的基本方法

递归方法一定要包括某种停止条件，通常，决策树构建方法的递归停止条件如下。

（1）当前节点的所有样本均为同一类别。

（2）候选属性集为空，此时标记该节点为默认类别C_default。

（3）某分枝没有符合测试条件的样本，创建一个叶子节点，并将其标记为默认类别C_default。

在决策树构建方法中，如何选择分裂属性是关键。关于分裂属性的选择有大量的研究，常用的分裂标准包括信息增益方法[202]、基尼系数[200]等。前者对应的方法有ID3和C4.5等，后者有CART、SLIQ等。下面简要介绍信息增益方法的基本思想。

训练集的数据中每个属性都包含了一定的信息，这些信息的作用是减少整个数据集的不确定性，一般可以通过信息熵来描述这种信息不确定性。信息增益方法选择具有最高信息增益（信息熵减少的程度最大）的属性作为当前节点的分裂属性，以使划分获得的训练样本子集进行分类所需要的信息最少。也就是说，选择该分裂属性对样本集合划分，将使得所产生的各样本子集中的"不同类别混合程度"降为最低。因此，这种方法将有助于有效减少对象分类所需要的次数，从而确保所产生的决策树比较简单，尽管不一定是最简单的。

具体说来，信息论认为：一个消息所表达的信息量取决于它的概率 p 且可以用 $-\log_2(p)$ 表示其包含的信息量[42]。log 函数是以 2 为底的，因为在信息论中信息都是按二进制位进行编码的。例如，如果有 8 个出现概率相同的消息，那么它们中的任何一个所表达的信息量是 $-\log_2(1/8)$ 或 3 bit。这样，假设从一个数据集 T 中随意抽出一个样本并说明它属于某类别 C_k，这个消息出现的概率是 $\text{freq}(C_k,T)/|T|$，它所表达的信息量是

$$-\log_2(\text{freq}(C_k,T)/|T|) \text{ bit}$$

式中，$|T|$ 表示数据集 T 中的记录总数，$\text{freq}(C_k,T)$ 表示数据集 T 中属于类别 C_k 的记录数。为了鉴别 T 中某记录的类别所需的平均信息量，可定义 $\text{info}(T)$ 如下

$$\text{info}(T) = -\sum_{k=1}^{g} \frac{\text{freq}(C_k,T)}{|T|} \times \log_2\left(\frac{\text{freq}(C_k,T)}{|T|}\right) \tag{8.1}$$

式中，g 表示类别数。

设属性 A 有 n 个不同的取值（前面提到需要把连续值进行离散），可以将训练数据集 T 分为 n 个子集 $T_1, T_2, \cdots, T_n$。根据属性 A 的 n 个不同取值将数据集 T 分成 n 个子集后，期望的平均信息量为

$$\text{info}_A(T) = \sum_{t=1}^{n} \frac{|T_i|}{|T|} \times \text{info}(T_i) \tag{8.2}$$

式中，$\text{info}(T_i)$ 的含义与 $\text{info}(T)$ 类似，只是 $\text{info}(T_i)$ 仅考虑数据子集 T_i 中各类别的分布情况。

因此，根据属性 A 对数据集 T 进行划分后所得的信息增益为

$$\text{gain}(A) = \text{info}(T) - \text{info}_A(T) \tag{8.3}$$

信息增益方法可计算候选属性中的每个属性的信息增益，并从中挑选出信息增益最大的属性作为给定集合的分裂属性并由此产生相应的分枝节点。所产生的节点被标记为相应的属性，并根据这个属性的不同取值分别产生相应的（决策树）分枝，每个分枝代表一个被划分的样本子集。

【例 8.2】以表 8-1 作为样本数据集 T。该数据集包含鱼类（C_1）、爬行动物（C_2）和哺乳动物（C_3）三个类别；食肉（P）、产奶（M）、有鳍（F）和有毒（V）四个属性。因此，$g=3$，$|T|=11$，$\text{freq}(C_1,T)=4$，$\text{freq}(C_2,T)=4$，$\text{freq}(C_3,T)=3$。另外，每个属性均为布尔值，因此所有 n 均为 2。

为了计算每个属性的信息增益，首先计算所有样本分类需要的期望信息量：

$$\text{info}(T) = -4/11 \times \log_2(4/11) - 4/11 \times \log_2(4/11) - 3/11 \times \log_2(3/11) \approx 1.5726$$

接下来，计算每一个属性的期望信息量。具体过程如下：

首先，计算属性 P（食肉）的期望信息量。由表 8-1 可知，$T_1=7(P=1)$，$T_2=4(P=0)$。其中 $\text{freq}(C_1,T_1)=3$，$\text{freq}(C_2,T_1)=2$，$\text{freq}(C_3,T_1)=2$，因此有 $\text{info}(T_1) = -3/7 \times \log_2(3/7) - 2/7 \times \log_2(2/7) - 2/7 \times \log_2(2/7) \approx 1.5567$。同理，$\text{freq}(C_1,T_2)=1$，$\text{freq}(C_2,T_1)=2$，$\text{freq}(C_3,T_1)=1$，因此有 $\text{info}(T_2) = -1/4 \times \log_2(1/4) - 2/4 \times \log_2(2/4) - 1/4 \times \log_2(1/4) = 1.5000$。于是，属性 P

的期望信息量为 $\text{info}_P(T) = 7/11 \times 1.5567 + 4/11 \times 1.5000 \approx 1.5361$。同理，$\text{info}_M(T) \approx 0.7273$，$\text{info}_F(T) \approx 0.6270$，$\text{info}_V(T) \approx 1.1240$。

因此，根据各属性对数据集 T 进行划分之后所得的信息增益分别为

$$\text{gain}(P) = \text{info}(T) - \text{info}_P(T) = 0.0365$$
$$\text{gain}(M) = \text{info}(T) - \text{info}_M(T) = 0.8453$$
$$\text{gain}(F) = \text{info}(T) - \text{info}_F(T) = 0.9456$$
$$\text{gain}(V) = \text{info}(T) - \text{info}_V(T) = 0.4486$$

最优分裂属性为数据集 T 中所有属性中信息增益最大的属性——因为该属性可以最大限度地对数据进行类别划分，因此本数据集的最优分裂属性为"有鳍（F）"。这样，根节点的分裂属性为"有鳍（F）"，并对 F 的每个属性值引出一个分枝。当 $F=1$ 时，所有的样本均属于同一类别，因此为该分枝创建一个叶子节点，标记类别为"鱼类"，如图 8-3 所示。

接下来，针对"$F=0$"的数据组成的节点进一步选择分裂属性，注意此时需要重新计算数据集的熵。与上述过程类似，可以计算出该节点的分裂属性为"产奶（M）"，并对 M 的每个属性值引出一个分枝。$M=1$ 或 $M=0$ 时，相应的样本均属于同一属性，因此为两个分枝分别创建一个叶子节点，分别标记为类别"哺乳动物"和"爬行动物"。此时，决策树符合"当前节点的所有样本均为同一类别"，则停止该构建过程。最终的决策树如图 8-4 所示。

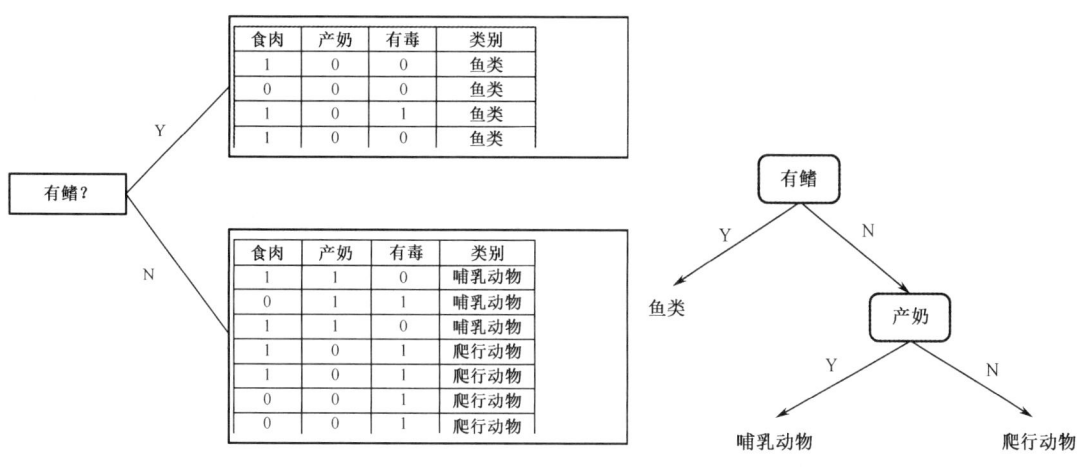

图 8-3 根节点的分裂属性　　图 8-4 表 8-1 对应的决策树

8.2.2 决策树剪枝

当利用训练集生成决策树后，树的很多分枝属于噪声或会对分类准确率造成负面影响，这种情况称为模型"过适应于"（Overfitting）数据[199]，因此需要对决策树进行剪枝来提高决策树的分类能力。一方面，决策树剪枝会提高决策树分类的速度；另一方面，决策树独立于测试数据正确分类的能力也会有所提高。在决策树的剪枝方面存在着很多人为设定的标准，而且剪枝的时机也有所不同。有的是在决策树构建的过程中就进行剪枝和控制，即先剪枝策

略；有的则是在决策树构建结束后按照一定的标准进行剪枝，即后剪枝策略。

在先剪枝策略中，通过提前停止生成分枝对决策树进行剪枝。例如，某分枝对应的样本虽然不完全属于同一类别，但仍为该分枝构建一个叶子节点，并标记为默认类别。这种方法在当前节点上就需判断是否继续分裂该节点所含训练集样本，从而实现剪枝的目的。

在建造一个决策树时，可以利用信息增益等测度来对分枝生成情况（优/劣）进行评估。用户要事先确定一个阈值，若在一个节点上分裂样本集会导致（所产生的）节点中样本数少于指定的阈值，则停止继续分裂样本集合。这种方法的难度在于如何确定一个合理的阈值。阈值过大会导致决策树过于简单，此时分类精度会有所降低；而阈值过小又会导致剪枝不够彻底。

在后剪枝策略中，首先完全地构建一个决策树，然后删除不必要的节点和对应的分枝，从而对该树进行剪枝。后剪枝方法的一个典型例子是基于代价复杂性方法。该方法用如下方式确定是否对某节点剪枝。对于树中每个非叶子节点，计算出该节点（分枝）被剪枝后得到的新树所对应的分类错误率，同时根据每个分枝的分类错误率及每个分枝的权重（样本分布），计算该节点不被剪枝时的分类错误率；比较这两个错误率，若剪枝导致分类错误率变大，则放弃剪枝，保留相应节点的各分枝，否则将相应节点分枝经剪枝删去。被剪枝（分枝）的节点就成为一个叶子节点，并将其标记为默认类别。该方法可以设定不同的阈值，这样会产生不同的候选决策树，然后利用一个独立的测试数据集对这些候选决策树的分类准确率进行评价，选择其中分类准确率最高的决策树。

前面提及的 C4.5 方法在构建决策树时使用后剪枝策略，通过一种启发式的方法来计算决策树或其子树的分类错误率：假设在某叶子节点上有 N 个样本，其中有 E 个样本的类别判断是错误的，那么把这个叶子节点的分类情况记为 E/N，可以认为在 N 次实验中出现了 E 次"事件"。C4.5 方法假设该事件符合二项式分布，给定一个置信度 CF（C4.5 中默认为 0.25），然后利用式(8.4)计算得出分类错误率 p，即

$$CF = \sum_{i=0}^{E} C_N^i p^i (1-p)^{N-i} \tag{8.4}$$

在得到分类错误率 p 后，如果把某棵子树用一个叶子节点取代后能够降低分类错误率，就对这个子树进行剪枝，因为这会提高整个决策树对未知样本的分类准确率。剪枝的最终目标是把整个决策树的预期错误率降到最低。实验证明，这种方法经常能够产生令人满意的结果。

从过程上，后剪枝方法经过了从"构建"到"剪枝"这样的过程，显然比事前剪枝需要更多的计算时间。相应地，后剪枝可以获得更可靠的决策树。此外，在一些情况下，可以将先剪枝方法与后剪枝方法相结合，从而构成一个混合的剪枝方法。

8.3　贝叶斯分类

贝叶斯分类器的理论基础是贝叶斯定理[203]，因此可以认为它是一个统计分类器，能够预测一个数据对象属于每个类别的概率，从而判断该对象的最可能的类别。这种给出某数据对象属于某类别概率的方法，除了可以获得最终的类别判定，由于可提供概率排序结果，因此可提供比直接得到分类结果更多的信息。在处理大规模数据库时，贝叶斯分类器已表现出较高的分类准确率和运算性能。

下面首先介绍贝叶斯定理，然后介绍简单贝叶斯分类器和贝叶斯信念网络。

8.3.1　贝叶斯定理

贝叶斯定理也称贝叶斯推理，通过计算条件概率以解决如下一类问题。设 $H_1, H_2, \cdots, H_n$ 互斥且构成一个完全事件，已知它们发生的概率 $P(H_i)$（$i=1,2,\cdots,n$），现观察到某事件 A 与 $H_1, H_2, \cdots, H_n$ 相伴随而出现，且已知条件概率 $P(A|H_1)$，即在 H_1 发生的情况下事件 A 发生的概率；希望确定 $P(H_1|A)$ 的值，即给定样本 A 时 H_1 发生的概率。举例来说，设天气情况分为晴（用 H_1 表示）和阴（用 H_2 表示），两者互斥且构成一个完全事件，它们的概率分别为 $P(H_1)=0.6$ 和 $P(H_2)=0.4$。事件 A 代表刮风，且 $P(A|H_1)=0.3$，即在晴天情况下刮风的概率为 0.3。贝叶斯定理能够帮助得到 $P(H_1|A)$ 的值，也就是刮风时是晴天的概率。

$P(H_1|A)$ 是后验概率，或者称条件 A 下 H_1 的后验概率。相应地，$P(H_1)$ 称为先验概率，或者 H 的先验概率。上面的例子中，$P(H_1|A)$ 反映了当已知刮风时确信天气为晴的程度。而 $P(H_1)$ 是任意选取一天为晴的概率，即 A 是未知或随机抽取的。相比于先验概率，后验概率包含了更多信息，这些信息可进一步确定天气是否为晴的概率。另外，$P(A|H_1)$ 是条件 H_1 下 A 的后验概率。上例中 $P(A|H_1)$ 表示天气晴（H_1）时刮风（A）的概率。

贝叶斯定理可通过 $P(A|H_1)$、$P(A)$ 和 $P(H_1)$ 的值来计算获得 $P(H_1|A)$，即

$$P(H_1|A) = \frac{P(A|H_1) \times P(H_1)}{P(A)} \tag{8.5}$$

8.3.2　简单贝叶斯分类器

根据贝叶斯定理计算未知对象属于某类别的概率，从而判断该对象的类别，则得到一个贝叶斯分类器。顾名思义，简单贝叶斯分类器[204]是一种简化的贝叶斯分类器。它假设一个指定类别中各属性的取值是相互独立的，从而使问题得到简化。这个假设也被称为类别条件独立，有助于有效地减少在构造贝叶斯分类器时的计算量。虽然这种假设在现实世界中很难满足，但简单贝叶斯分类器在应用中仍有很好的效果，有关研究结果表明，简单贝叶斯分类器

在分类性能上与决策树和神经元网络是相当的。

贝叶斯定理分类的思路很简单，设数据有 g 个不同类别，$C_1, C_2, \cdots, C_g$，只需求得 $P(C_i | \boldsymbol{A})$（$i=1,2,\cdots,g$）的值，然后取其中值最大的且对应的 C_i 即可，其中 $\boldsymbol{A}$ 是数据所有属性构成的特征性向量。

由贝叶斯定理可知，需要知道 $P(C_i), P(\boldsymbol{A}), P(\boldsymbol{A}|C_i)$（$i=1,2,\cdots,g$）的值。简单贝叶斯分类器进行分类的具体步骤如下。

（1）根据属于类别 C_i 的样本数占样本总数的比例得到 $P(C_i)$（$i=1,2,\cdots,g$），即

$$P(C_i) = \text{freq}(C_i, T) / |T|$$

freq() 与 T 的含义可参见 8.2 节（决策树分类）的内容。

（2）给定一个数据样本，则可以知道其对应的代表 m 个属性——$A_1, A_2, \cdots, A_m$——取值的 m 维特征向量 $\boldsymbol{A} = (a_1, a_2, \cdots, a_m)$。

（3）求得 $P(a_i | C_k)$（$i=1,2,\cdots,m$，$k=1,2,\cdots,g$）的值，具体方法如下。

① 若 A_i 为离散变量，则

$$P(a_i | C_k) = \text{freq}(C_k, T_i) / \text{freq}(C_k, T)$$

式中，T_i 为满足 $A_i = a_i$ 的样本。

② 若 A_k 为连续变量，设该属性的取值满足高斯分布，则

$$P(a_i | C_k) = g(a_i, \mu_k, \sigma_k) = \frac{1}{\sqrt{2\pi}\sigma_k} e^{\frac{(a-\mu_k)^2}{2\sigma_k^2}} \tag{8.6}$$

式中，$g(a_i, \mu_k, \sigma_k)$ 是属性 A_i 的高斯规范密度函数，μ_k 和 σ_k 是训练集中类别为 C_k 的样本的属性 A_i 的均值和方差。

（4）根据"一个指定类别中各属性的取值是相互独立的"这个假设，可以得到

$$P(\boldsymbol{A}|C_k) = \prod_{i=1}^{m} P(a_i | C_k) \tag{8.7}$$

根据（3）的结果，便可以得到 $P(\boldsymbol{A}|C_k)$ 的值。

（5）根据贝叶斯定理计算 $P(C_k | \boldsymbol{A})$ 的值

$$P(C_k | \boldsymbol{A}) = \frac{P(\boldsymbol{A}|C_k) \times P(C_k)}{P(\boldsymbol{A})} \tag{8.8}$$

式中，对于任意 C_k，$P(\boldsymbol{A})$ 是相等的，因此比较 $P(\boldsymbol{A}|C_k) \times P(C_k)$ 即可。

（6）选择最大的 $P(C_k | \boldsymbol{A})$ 对应的 C_k，则认为该对象类别为 C_k。

虽然从理论上讲简单贝叶斯分类器的分类精度要优于其他分类器，但实际上有两方面原因限制了其分类的准确率：一是"一个指定类别中各属性的取值是相互独立的"这个假设很难满足，二是有时无法获得数据的准确概率分布。

即便如此，有研究结果表明[204]，与决策树等分类器相比，简单贝叶斯分类器在某些情况下具有更好的分类效果。

【例 8.3】 利用简单贝叶斯分类方法预测一个数据对象类别。将表 8-1 所示的数据作为训练样本集,使用简单贝叶斯分类器来预测训练集的第一个样本 $A=(1,0,1,0)$($A=$(食肉,不产奶,有鳍,无毒))的类别。

(1) 计算 $P(C_i)$ ($i=1,2,3$),由训练集可知
$$P(C_1)=4/11,\ P(C_2)=4/11,\ P(C_3)=3/11$$

(2) 未知样本的特征向量为 $A=(1,0,1,0)$。

(3) 4 个属性均为离散变量,依次求得 $P(a_i|C_k)$ 的值($i=1,2,3,4$,$k=1,2,3$)。
$$P(P=1|C_1)=3/4,\ P(P=1|C_2)=2/4,\ P(P=1|C_3)=2/3$$
$$P(M=0|C_1)=4/4,\ P(M=0|C_2)=4/4,\ P(M=0|C_3)=0/3$$
$$P(F=1|C_1)=4/4,\ P(F=1|C_2)=0/4,\ P(F=1|C_3)=0/3$$
$$P(V=0|C_1)=3/4,\ P(V=0|C_2)=0/4,\ P(V=0|C_3)=2/3$$

(4) 利用上面的结果,可以得到
$$P(A|C_1)=P(P=1|C_1)\times P(M=0|C_1)\times P(F=1|C_1)\times P(V=0|C_1)=0.5625$$
$$P(A|C_2)=P(P=1|C_2)\times P(M=0|C_2)\times P(F=1|C_2)\times P(V=0|C_2)=0$$
$$P(A|C_3)=P(P=1|C_3)\times P(M=0|C_3)\times P(F=1|C_3)\times P(V=0|C_3)=0$$

(5) 根据贝叶斯定理可以得到
$$P(C_1|A)=P(A|C_1)P(C_1)/P(A)=0.2045/P(A)>0$$
$$P(C_2|A)=P(A|C_2)P(C_2)/P(A)=0$$
$$P(C_3|A)=P(A|C_3)P(C_3)/P(A)=0$$

(6) 显然,C_1 对应的 $P(C_i|A)$ 值最大,因此判定未知样本属于鱼类(C_1)。

下面考虑一种特殊情况,即简单贝叶斯分类器在处理计数为 0 的属性值时的情况。例如,在例 8.3 中,$P(V=0|C_2)=0$,则 $P(C_2|A)=0$。由于 0 与任何因子相乘皆为 0,因此在属于某个具体类别的样本中,如果某个属性值对应的样本计数为 0,那么其他属性将不再对这个具体类别的概率产生任何影响。例如,给定一个未知数据样本 A,若它是无毒的($V=0$),则认为该样本不可能为爬行动物,即 $P(C_2|A)=0$。这种武断的结果有时候会造成分类结果错误,甚至没有结果。为了解决这个问题,可以在计算 $P(a_i|C_k)$ 时为分子和分母都增加一个小常数 q
$$P(a_i|C_k)=\left(\text{freq}(C_k,T_i)+q/g\right)/\left(\text{freq}(C_k,T)+q\right)$$

式中,q 是 0~1 之间的常数(通常为 1)。这种方法是对简单基本贝叶斯分类的一个补充,仅针对一些分类出错或无法分类的特殊情况。

8.3.3 贝叶斯信念网络

简单贝叶斯分类器是基于"一个指定类别中各属性的取值是相互独立的"这个假设来进行分类计算的,即给定一个数据样本类别,其样本的各属性的取值应是相互独立的。这个假

设简化了分类计算的复杂性。若该假设对于特定数据集不成立，简单贝叶斯分类器便会分类错误。举一个极端的例子，给定属性之间原本不相关的数据对象，理论上，将对象的某属性 A_1 复制为 A_2 后，并不改变对象的性质，因此其分类结果与复制属性前相比也不应该变化，但是此时属性 A_1 与 A_2 之间存在着完全相关，如果根据简单贝叶斯分类器的流程计算，可能得出完全不同的结论。

显然，实际问题中属性间的相互依赖情况是较常见的，贝叶斯信念网络[205]就是用于描述这种相互关联的概率分布，通过在属性之间建立关联（有向弧）来放松独立性假设。同时，为了提高效率，这些增加的有向弧需要满足：类别属性没有双亲节点，每个属性都有一个类别属性及最多有另一个属性作为其父节点。该网络能够描述各属性子集之间有条件的相互独立。它提供了一个图形模型来描述其中的因果关系，而后续的分类过程也基于这个模型进行。这种图形模型就称为贝叶斯信念网络（简称为信念网络）。

网络由图与点或边上的数量指标构成，因此一个信念网络也可以看作由两部分内容构成。第一部分就是有向无环图，其中的每个节点代表一个随机变量（属性），每条弧（两个节点间的有向边）代表一个概率依赖。若一条弧从节点 X 指向节点 Y，那么 X 就是 Y 的一个父节点，对应的 Y 就是 X 的一个子节点。给定父节点，每个属性都有条件地独立于图中非子节点。属性既可取离散值，也可取连续值。它们既可对应数据集中实际的属性，也可对应数据集中的"隐含属性"，以构成一个关系。信念网络的第二部分就是包含所有属性取值之间条件概率的信息。对于一个属性 X，定义一个条件分布 $P(X\,|\,\text{parent}(X))$，其中 $\text{parent}(X)$ 表示 X 的父节点。这样就可以描述对于 X 父节点的每一种组合，X 取每个值的条件概率。通常，这种条件概率以表的形式表示，因此称这部分内容为条件概率表。

给定属性 $A_1, A_2, \cdots, A_m$，任何数据对象（元组）的联合概率 $a_1, a_2, \cdots, a_m$ 都可以通过下式计算获得，即

$$P(a_1, a_2, \cdots, a_m) = \prod_{i=1}^{m} P\left[a_i\,|\,\text{parent}(A_i)\right] \tag{8.9}$$

式中，$P\left[a_i\,|\,\text{parent}(A_i)\right]$ 可以由信念网络中的条件分布 $P\left[X\,|\,\text{parent}(X)\right]$ 获得。

与简单贝叶斯分类器相同，信念网络的分类结果不是返回一个类别标记，而是返回一个关于类别属性的概率分布，即对每个类别的预测概率。

在一个贝叶斯信念网络的学习或训练过程中，其网络结构必须首先事先确定或从数据中推出。信念网络涉及的变量必须是可观察的或隐含在训练数据集合中的。若隐含在数据中，就称为数据遗失或不完全。

若网络结构确定且所涉及的变量均为可观察的，那么使用信念网络进行分类的过程与基本贝叶斯分类器的计算过程类似。若网络结构已知，但某些变量是隐含的，则可以利用梯度递减的方法来帮助训练信念网络，具体方法及从训练数据中学习网络结构的方法参见本章的参考文献[205, 206]。

8.4 其他分类方法

除了上述分类方法，还有一些分类方法因各具特色而得到日益关注和应用。本节将对其中一些方法的基本思想进行简要介绍，进一步细节请参阅相关参考文献。

8.4.1 神经元网络分类

神经元网络（Neural Network，NN）[207-209]起源于生理学和神经生物学中有关神经细胞计算本质的研究工作，是在对人脑组织结构和运行机制的认识理解基础上模拟其结构和智能行为的一种工程系统。神经元网络对噪声数据有较好的适应性，对未知数据也有很好的分类能力，但其需要较长的训练时间，模型选择和参数确定更依赖经验，同时其可理解性较差。

顾名思义，神经元网络使用一个网络对未知样本进行分类，它的分类能力主要取决于网络的拓扑结构和网络的权重设置两个因素。在前者确定后，神经元网络的学习过程就是如何调整网络的权重。目前已经有各种类型的神经元网络，其中在分类领域最流行的是基于多层前馈神经元网络的后向传播（BP）方法[210]。其中，多层的含义为网络包含一个或多个隐藏层；前馈是指误差反向传播，即后面的一层将结果反馈给前面的一层；后向传播是指在分类过程中，输入内容在隐藏层中向后传播并最终得到输出结果。

多层前馈神经元网络示意如图 8-5 所示，一般的多层前馈神经元网络是由一个输入层、一个或多个隐藏层和一个输出层组成的。输入信息同时提供给输入层的每个神经元，这些神经元的加权输出提供给第一个隐藏层，该隐藏层的加权输出可以输入到下一个隐藏层，最后一个隐藏层的加权输出作为输出层的神经元输入，输出层的输出结果就是分类结果。BP 方法使用链法则从后往前逐层计算权重的调整量，最小化其目标函数。当样本有 M 种类别时，可以在输出层中设置 M 个神经元，每个输出均代表了一个不同的类别，具有最大输出的神经元所代表的类别即为样本所属的类。有关神经元网络的具体介绍见第 12 章。

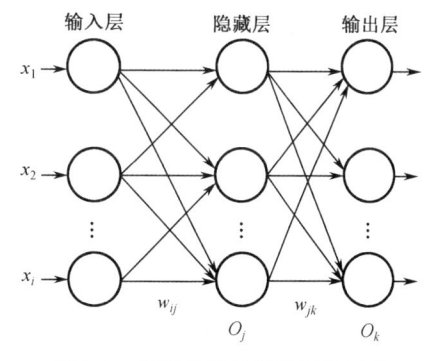

图 8-5 多层前馈神经元网络示意

8.4.2 支持向量机分类

支持向量机（Support Vector Machine，SVM）[211-213]能够非常有效地处理回归问题（时间序列分析）和模式识别（分类问题、判别分析）等诸多问题，并可推广至预测和综合评价等领域。

分类问题中，可将需要分类的对象看作 n 维实空间中的点。为了确定每个点的类别，希望能够把这些点通过一个 $n-1$ 维的超平面分开，通常这个超平面被称为线性分类器。例如，在二维空间中，$n-1$ 维的超平面为一条直线，若能找到一条直线把数据点分开，保证直线一侧的数据点均属于一类，则该直线就是一个线性分类器。人们希望找到分类最佳的超平面，也就是使得属于两个不同类的数据点间隔最大的那个面，该面亦称为最大间隔超平面。支持向量机的目的就是寻找最大间隔超平面。

支持向量机通过引入核函数将数据样本对应的向量映射到一个更高维的空间，从中找到一个最大间隔超平面。在分开数据的超平面的两边建有两个互相平行的超平面，支持向量机通过建立方向合适的间隔超平面使两个与之平行的超平面间的距离最大化。支持向量机的基本假设为：平行超平面间的距离或差距越大，分类器的总误差越小。

支持向量机针对有限样本，目标是得到现有信息下的最优解而不是样本数趋于无限大时的最优解。支持向量机方法通过解决一个凸二次规划问题得到全局最优解，从而克服了神经元网络中拓扑结构难以确定、会得到局部最优解等问题；支持向量机方法将实际问题通过非线性变化把样本从输入空间映射到更高维的特征空间，然后在这个特征空间中寻找一个具有最大间隔的超平面作为其分类面，从而解决了输入空间中非线性分类面的问题。

支持向量机方法的一个瓶颈是核函数，核函数的引入解决了非线性和维数灾难问题，但同时引入了模型选择的问题；另一个瓶颈在于数据量非常大时，如何快速地计算得出凸二次规划的最优解。

8.4.3 懒惰型分类器

前面介绍的各种分类方法具有一个共同点，它们均通过给定的训练集构造一个分类器，利用该分类器对新记录分类，这类方法称为"急切型学习方法"（Eager Learner）。与急切型学习方法对应的是"懒惰型学习方法"（Lazy Learner），这类方法不构造分类器，而是只将训练集保存起来或只对训练集做简单分析，当需要对新记录进行分类时，在保存的记录中寻找与之最相似的样本，根据这个样本的类别来分类。因此，用懒惰型学习方法进行分类时需要进行大量运算，对存储效率及并行运算等有很高的要求。懒惰型学习方法主要包括 k-最近邻分类方法[214,215]和基于案例推理方法[216]。

k-最近邻分类方法（kNN）基于相似性，将每个样本表示为 k 维空间中的一个点。对于需要分类的样本，选出与其最相近的 k 个样本，该样本的类别为这 k 个最相近样本中出现次数最多的类别。

基于案例推理方法（CBR）则采用问题数据库来解决新的问题，与 k-最近邻分类方法保存 k 维空间点不同，CBR 保存复杂的符号描述。当有新的案例到来时，首先判断案例数据库中是否存在相同的案例，若能找到相同案例，则按照此案例的解决方法解决新的案例；否则，寻找相似的案例，通过相似案例的解决方案，找出一个适合新案例的解决方案。CBR 的难点在于如何判断案例之间的相似性。

8.5 分类准确率

前面介绍了评价分类器的一些指标，其中分类准确率是最重要的一个指标，它揭示了用户在使用某分类器对（类别）未知样本进行分类时准确率到底有多少。

如前所述，通常一个分类器在给定测试集上的准确率为正确预测的样本数占整个测试集样本数的百分比。本节介绍与分类准确率相关的一些内容，包括有关分类器的准确率的一些基本技术，以及提高准确率的两种策略：Bagging 方法和 Boosting 方法。

8.5.1 分类准确率比较与评估

本节介绍保持法、k 倍交叉验证法、引导法三种经典的测试分类准确率的方法，还将着重分析综合考虑样本的类别分布及错误分类代价的 ROC 曲线方法。此外，评价比较两种分类器之间的分类准确率的优劣也是一种重要的技术，下面分别介绍成对 t-检验、McNemar 检验及基于 ROC 曲线的方法。

1. 经典的分类准确率评估

由于分类器是基于训练集样本构建的，使用训练集样本来测试分类器的精度可能会错误地导致过分乐观的估计，这样，当对新的样本分类时，分类准确率会比想象得偏低，因此需要独立的测试集样本来评估分类器的分类准确率。一种直观的思路是把所有可得的样本划分为训练集和测试集两个不相交的集合。比如，可将 2/3 的样本分配到训练集，1/3 的样本分配到测试集。该方法称为保持（Holdingout）法[217]（如图 8-6 所示），比较适用于样本总数比较多的情况。当需要对分类器进行参数调整时，若使用训练集本身，则会产生"过适应"的状

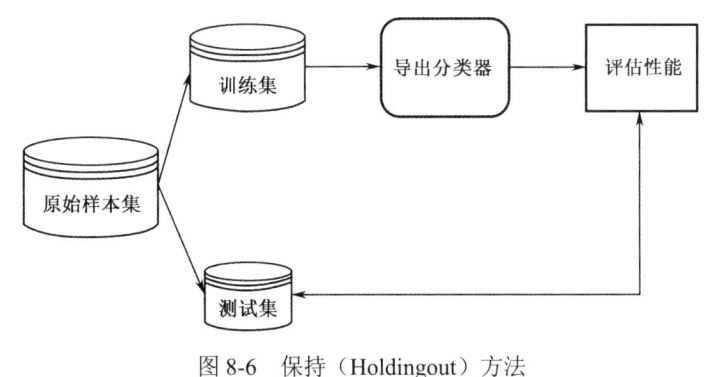

图 8-6 保持（Holdingout）方法

况，若使用测试集来选择参数，则无法客观评价分类器对未知样本的精度。因此，可取的方法是继续把训练集划分成两个独立的集合，前一个集合作为以前的训练集训练分类器，后一个集合作为验证集来调整分类器的参数。最后在测试集上完成对分类器的评估。由于划分训练集和测试集是随机的，因此一种随机选样方法是将保持方法重复 k 次，对各次准确率取平均值作为总体准确率的估计。

保持法存在的缺陷是它需要单独划出样本作为测试集，在样本数量比较少时不可取。另外，在随机选样方法得到的这些试验中，它们的训练集及测试集之间都可能有重叠的部分。

k 倍交叉验证法[218]对此进行了改进，将原始的数据集划分成 k 个互不相交的子集，每个子集的大小基本相等。在每次分类中，将其中的一个子集作为测试集，其他所有的子集作为训练集，如此进行 k 次分类和测试，最后取均值作为总体的分类准确率。虽然该方法中的这些训练集之间有重叠，但是它们的测试集是完全独立的，而且可以充分利用现有的样本。在交叉验证中，数据集的划分需要保证每个集合中样本的类分布和原始样本集中的大致相同。大量的实证研究及一些理论上的根据表明[218]，在 k 取 10 时能取得最佳的准确率估计。当 k 等于样本的数量时，通常把该方法称为留一法（Leave One Out）。

引导法[217]则是另一种基于统计上放回抽样的分类准确率评估方法。从原始数据集上使用放回抽样来构成一个与原始数据集大小相同的训练集。由于训练集中有样本是重复的，因此可以把原始数据集中没有被抽到的样本作为测试集。假设原始数据集有 N 个样本，则样本没有被抽中的概率是 $1-1/N$，因此一个样本在 N 次放回重复抽样中没有被抽到的概率为

$$\left(1-\frac{1}{N}\right)^N \approx e^{-1} = 0.368$$

因此，对于一个足够大的数据集，测试集包含其中大约 36.8%的样本，训练集则包含剩余的 63.2%的样本。在最后评估分类器的分类错误率（或准确率）时，引导法给出如下公式

$$e = 0.632 \cdot e_{te} + 0.368 \cdot e_{tr}$$

式中，e 代表估计的错误率，e_{te} 代表在测试集上的错误率，e_{tr} 代表在训练集上的错误率。

需要指出的是，反复抽样的方法不仅可以应用于评估阶段，也可以用来构成分类器。后面将会提到 Bagging 和 Boosting 两种构造分类器的方法。Bagging 方法多次使用上述引导方法来构成多个分类器，对未知样本采用投票的方式来决定其类别；Boosting 方法中依次产生多个分类器，而每个训练集中的样本抽取依赖于以前分类的结果，被错误分类次数越多的样本，其被抽中的可能性越大，最后综合各分类器的投票来判断新样本的类别。这些方法可以有效地提高分类器的精度。

2. ROC 曲线方法

在比较分类器优/劣时，将分类准确率作为分类器性能的唯一标准有两个基本的假设前提：未知样本集中样本的类分布与测试集中样本的类分布一致；所有错误分类（即将类 C_i 误分为类 C_j）的代价是相同的。最早出现在信号检测理论中的 ROC[219]（Receiver Operating

Characteristic）曲线方法则综合考虑了以上的因素，并且在机器学习领域也有广泛的应用。ROC 曲线方法是一种描述判别能力（分类能力）的图形描述，尽管其扩展可以适用于具有多个类别的分类问题，但它多用于分析类别数为 2 的分类问题，在下面的分析中仅考虑这种情况。

假设类别值域 $y \in \{+,-\}$，设置阈值 τ，如果分类器在当前样本的输出值大于 τ，则判断该样本的类别为正，否则为负。在测试集上得到的混淆矩阵（Confusion Matrix）如表 8-2 所示。

表 8-2 混淆矩阵

预测	实际	
	+	−
+	正确的正样本数（TP）	错误的正样本数（FP）
−	错误的负样本数（FN）	正确的负样本数（TF）

定义

$$\text{sensitivity} = \frac{TP}{TP+FN} \tag{8.10}$$

$$\text{specificity} = \frac{TF}{FP+TF} \tag{8.11}$$

则 sensitivity（或 specificity）表示正（或负）样本中被正确分类的比例，它们的值随着阈值 τ 的调整而改变。ROC 曲线是一个二维的曲线，纵坐标表示 sensitivity，横坐标表示 1−specificity，各点对应不同的阈值 τ。如图 8-7 所示，所有 ROC 曲线都经过点(0,0)和点(1,1)。前者表示，当阈值 τ 的设置过高时，所有的样本都被预测为负样本；而后者表示当阈值 τ 的设置过低时，所有的样本都被预测为正样本。通过点(0,0)和点(1,1)的直线 a 表示分类器随机地将样本判断为正或负，因此该曲线是一个最低的标准。ROC 曲线越靠近点(0,1)，代表它越有判别能力。假设正样本出现的先验概率是 $p(+)$，负样本出现的概率为 $p(-)$，把正样本错分为负样本的代价为 $c(-,+)$，把负样本错分为正样本的代价为 $c(+,-)$，因此 ROC 平面中点 (x,y) 代表的分类器的期望代价等于 $p(+) \cdot (1-y)c(-,+) + p(-) \cdot x \cdot c(+,-)$。

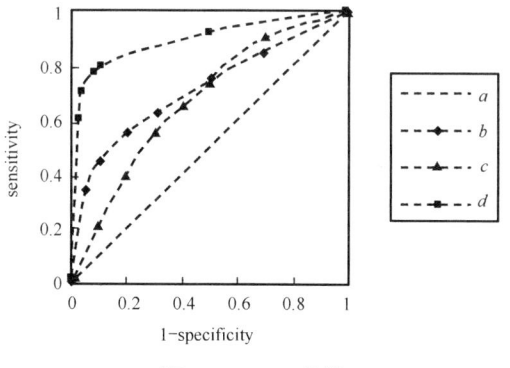

图 8-7 ROC 曲线

因此，若平面上任意两点 (x_1, y_1) 和 (x_2, y_2) 的连线的斜率满足

$$\frac{y_2 - y_1}{x_2 - x_1} = \frac{p(-)c(+,-)}{p(+)c(-,+)}$$

则这两点所代表的分类器的期望代价是相同的,并且由这两点决定的直线上的所有点所代表的分类器都具有相同的性能。如果该直线越能接近点$(0,1)$,它的截距就越大,因而直线上的点所代表的分类器的性能就越好。

在图 8-7 中,曲线 d 完全处在曲线 b 和 c 之上,因此它代表的分类器要明显优于 b 和 c 所代表的分类器。但是在大多数情况下,不同分类器的 ROC 曲线会相交(如曲线 b 和 c),此时表明没有哪个分类器在所有情况下都占绝对优势,因此一般计算 ROC 曲线下的面积(用 AUC 表示),以此来衡量和比较分类器的优/劣。直观来说,AUC 反映的是分类器在随机抽取的正样本上的输出比在随机抽取的负样本上的输出高的概率,在统计上等价于 Wilcoxon 秩检验[220]。因为直线 A 对应的 AUC 等于 0.5,所以分类器的 AUC 一般大于 0.5。目前存在许多计算 AUC 的方法,其中较为常用的是梯形积分法[143],即把曲线上相邻的代表点用直线相连,并将曲线下面所有相邻梯形的面积相加来估计 AUC 的值。当然,这种方法会低估实际的 AUC 值。

当样本数量比较少时,可以结合 k 倍交叉验证方法来估计分类器在样本集上的 ROC 曲线。首先,得到 k 个分类器在各自测试集上的 ROC 曲线,此时有两种选择:一种是求各 ROC 曲线中得到的精度(如 specificity 和 sensitivity)的平均值;另一种是求它们原始频数(如 TP 和 FP)的平均值。前者只能求得 AUC 的均值,若希望图形显示综合的 ROC 曲线,则需要使用后一种方法。

3. 经典的分类准确率比较

如果有多个分类器,为了选择"较好"的一个,需要对其进行比较。其中,分类准确率是最重要的指标之一,为了使得针对该指标进行的比较是合理、全面的,通常使用统计方法进行比较。一个可取的统计方法需要有较强的判断能力,即能够有效地分辨出两个分类器之间的差异,同时该统计检验的第 I 类错误(不存在差异的时候认为它们之间的差异是显著的)必须在可接受的范围之内。目前比较常用的方法有成对 t-检验、McNemar 检验等,包括 Friedman 非参数检验方法[221]等。

1) t-检验方法

t-检验[217]方法基于 k 倍交叉验证方法,假设需要比较分类器 A 和分类器 B 的分类准确率,t-检验方法将原始数据集分割成 k 个大小基本相同的子集,分类器 A 和分类器 B 都使用 k 倍交叉验证方法。A 和 B 在第 i 个测试集上的精度分别用 p_A^i 和 p_B^i 来表示。假设 $p^i = p_A^i - p_B^i$ 是从正态分布总体中独立抽取的,则可以计算统计量 t 为

$$t = \frac{\bar{p}}{\sqrt{\sigma_d^2/k}} \tag{8.12}$$

式中,$\bar{p} = \frac{1}{k}\sum_{i=1}^{k} p^i$,$\sigma_d^2 = \frac{1}{k-1}\sum_{i=1}^{k}\left(p^i - \bar{p}\right)^2$。

该 t-检验的自由度等于 $k-1$。为了能确定哪种分类器的分类准确率更高,可以使用双尾

检验来判断两种分类器的分类准确率的差异是否显著。若 t 值超过某阈值（或者相应的 p 值小于某阈值），则可以认为它们的差异是显著的。

但是因为采用 k 倍交叉验证时，训练分类器所基于的样本集之间是有重叠的，因此 p^i 之间并不是独立的，违反了该 t-检验的假设条件。尽管如此，实验证明该统计方法具有非常强的判断能力，并且第 I 类错误也可以接受，因而被广泛采纳。

2）McNemar 检验

McNemar 检验[222]是另一种常见的比较分类准确率的方法。在比较分类器的分类准确率时，把原始数据集分为训练集 R 和测试集 T，并使用 R 来训练分类器 A 和 B。记录分类器 A 和 B 对每个样本的分类结果得到如下的频数分布表。

A 和 B 都分类错误的样本数	A 分类错误但 B 分类正确的样本数
A 分类正确但 B 分类错误的样本数	A 和 B 都分类正确的样本数

分类器在测试集 T 上观测到的频数分布表为

n_{00}	n_{01}
n_{10}	n_{11}

假设分类器 A 和 B 具有相同的精度，即 $n_{01} = n_{10}$。McNemar 基于卡方检验，用来比较实际的频数分布和满足假设条件下期望的频数分布之间的符合程度。而期望的频数分布应该为

n_{00}	$(n_{01} + n_{10})/2$
$(n_{01} + n_{10})/2$	n_{11}

McNemar 检验计算一个自由度为 1 的卡方统计量为

$$\frac{(|n_{01} - n_{10}| - 1)^2}{n_{01} + n_{10}}$$

若原假设成立，则该统计量大于 $\chi^2_{1,0.95} = 3.841459$ 的概率小于 0.05。

由于 McNemar 检验只基于单个的训练集和测试集，因此它不能很好地解决样本集和分类器存在波动的问题。为了得到比较客观的分类结果，必须保证一定大小的测试集，这在可获得数据较少的情况下不太有利。但可以证明，McNemar 检验的第 I 类错误很低，而且具有不错的判别能力。在分类代价比较大、只能进行一次分类的时候，该检验是一种较好的选择。

4．基于 ROC 曲线的统计比较

正如前面所述，单独使用分类准确率来衡量分类器的优/劣是建立在样本集稳定的类分布及相同的错误分类代价的基础上的，因此可以使用 ROC 曲线技术来更全面地对分类器进行评估。由于通常两个分类器的 ROC 曲线会有交点，因此不能仅从 ROC 曲线来判断哪个分类器的性能更好，因此一般使用 AUC 这个指标来进行比较分析。比较成熟的方法有 Hanley-McNeil 检验[223]和 Delong-Pearson 检验[224]等，关于这两种方法的细节，请参考相关文献。

8.5.2 提高分类器的准确率

前面介绍了评估、比较分类器准确率的有关方法，以下介绍两种可以改进分类器准确率的常用方法。与前面介绍的决策树剪枝等修改分类器自身以提高分类准确率的方法不同，这里要讨论的是如何利用已有的分类器来对（类别）未知样本更准确地进行类别预测。

如图 8-8 所示，Bagging 和 Boosting 是两种常见的方法，可以将学习所获的 T（$T>1$）个分类器组合起来作为一个分类器进行预测，借以提高整个数据集的预测准确性。两种方法均使用投票的方式对（类别）未知样本进行预测。

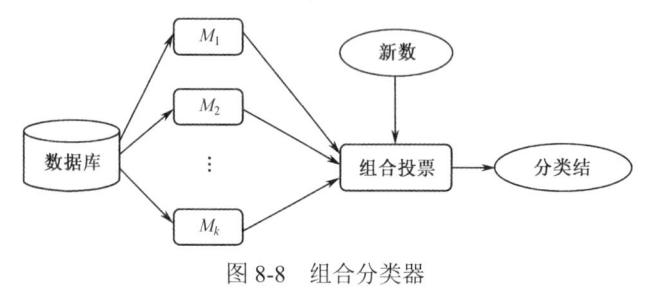

图 8-8 组合分类器

首先介绍 Bagging 方法[225]。给定样本集合 S，Bagging 方法的具体操作步骤如下。

（1）选择 T 的值，$T>1$，设 $t=1$。

（2）从样本集合 S 中采用替换方式获得训练集 S_t，以 S_t 为训练集学习得到分类器 C_t，$t=t+1$。

（3）重复（2）中的过程，直到 $t>T$ 为止。

（4）给定（类别）未知样本，依次使用 $t>T$（$t=1,2,\cdots,T$）对其分类，将 T 个结果中出现次数最多的类别赋予该样本。

经 Bagging 方法构造出的模型会减少单个分类器的误差，因此分类准确率通常比单个分类器有较大提高，并且对噪声数据处理更加稳定。

Bootsing[226]是一种通用的学习方法，可以提高任意给定方法的性能。首先介绍相关概念。在学习模型中，如果存在一个多项式级的学习方法用来识别一组概念，并且识别率很高，那么称这组概念是强可学习的；如果用学习方法识别一组概念的正确率仅比随机猜测的正确率略高，那么称这组概念是弱可学习的。Boosting 的基本思想是，如果能将一个弱学习方法提升为强学习方法，那么在学习时，只要找到一个比随机猜测略好的弱学习方法，就可以将其提升为强学习方法，而不必直接去找通常情况下很难获得的强学习方法。Boosting 就是将弱学习概念转化为强学习概念的工具。

具体到分类领域，Boosting 方法为每个训练样本赋予一个权重，通过学习获得一系列分类器；在学习获得一个分类器 C_t 后，对其权重进行更新以便使下一个分类器 C_{t+1} 能够集中解决分类器 C_t 所做出的错误预测；最后获得的分类器 $C*$ 则是将多个（单独）分类器组合起来，对样本进行投票以确定其类别，每个分类器投票权重为分类器 $C*$ 准确率的一个函数。AdaBoost 方法[227]是 Boosting 方法中比较流行的一种。对于一个有 d 个不同类别的数据库，先对各训练样本赋予权重$1/d$，每次构造分类器时选取样本的个数为d。构造出分类器后，再在对应的训练集上进行测试，若一条记录被正确分类，则减小其权重，反之增加其权重。一条记录的权重反映其被分类的难度，权重越高意味着其越难被正确地分类。所有的分类器构造完毕，将其组合在一起对未知样本的类别进行投票。投票时错误率低的分类器将得到较高的权重，对于新的记录，投票结果加权值最大的类别为该记录对应的类别。

小 结

分类可从数据集中抽取出描述数据集结构的一种模型，并对未来数据趋势做出预测。分类准确率、可理解性、速度、健壮性是对分类方法进行评估的重要的几方面内容。

决策树方法分为两部分。在决策树构建时，C4.5 等方法利用信息增益来帮助选择非叶子节点所对应的分裂属性，其他一些方法基于基尼系数选择分裂属性；在决策树剪枝过程中，通过对决策树中与噪声数据相对应的子树进行剪枝可改进决策树的分类准确率。

简单贝叶斯分类和贝叶斯信念网络理论基础均是贝叶斯定理。简单贝叶斯分类假设各属性之间相互独立，贝叶斯信念网络则允许属性之间存在条件依赖并通过对（条件依赖）属性子集进行定义描述来加以实现。

保持（Holdingout）方法、k 倍交叉验证方法是评估分类准确率的常用方法，但两者的评估有时过于片面；对不同分类器的分类准确率进行比较具有十分重要的意义。Bagging 方法和 Boosting 方法通过将多个分类器组合在一起来提高整个分类器的准确率。

思考与练习

8.1 简述什么是分类问题，以及分类准确率的含义。

8.2 将图 8-1 所示的决策树表示为规则的形式。

8.3 某分类训练集如下所示。

对象	a	c	d	e	Class	对象	a	c	d	e	Class
1	1	1	2	2	1	11	1	1	2	2	1
2	2	2	2	1	1	12	1	2	2	1	1
3	2	2	2	1	0	13	2	1	2	1	0
4	1	1	2	2	1	14	1	1	1	1	1
5	1	2	1	1	1	15	2	1	2	2	1
6	2	1	2	1	1	16	1	2	1	1	1
7	1	1	1	1	1	17	2	1	1	1	0
8	2	1	1	1	0	18	1	2	1	1	1
9	1	2	1	2	1	19	2	1	1	1	0
10	2	2	2	1	1	20	1	2	2	2	1

基于该数据，计算决策树。使用该决策树对训练集进行分类，准确率为多少？

8.4 基于题 8.3 中的表，根据简单贝叶斯分类法对数据(2, 2, 2, 2)进行分类。

8.5 使用简单贝叶斯分类法对题 8.3 中的数据进行分类，并回答准确率为多少。

第 9 章

聚类分析

BI

如果说分类是一种监督下的学习方法，那么聚类分析是一种无监督的学习方法。分类是"本来有类，按类细分"。聚类则是"原来无类，聚之成类"。生活中的类别有时并无绝对，例如，我们说张三和李四是一类人，其实常常很难简单地描述这是怎样的一类人，但这不妨碍我们通过日常的相处和了解把他们归为一类。在商务活动中，我们也时常会面对最新搜集的客户或产品数据，尽管对这些数据缺乏预先了解，但仍寄希望于依靠类别的描述对整体形成初步的认识。这样的分类需求是没有固定标准的，是依赖于对象本身特征的。在这种情况下，被称为无监督的学习方法的聚类分析是帮助我们实现目标的重要手段。

本章学习重点
- ❖ 相似度与距离测度概念
- ❖ 聚类分析基本原理与方法
- ❖ k-means 方法与 DBSCAN 方法

聚类（Clustering）是一种将数据集划分为若干组或类的过程和方法。但是与分类（Classification）不同，聚类分析将数据集划分形成的组或类不是预先定义好的，而是根据数据集中的数据本身特点，在聚类过程中逐步形成的。在同一组内的数据对象具有较高的相似度，而不同组间的数据对象的相似度较低。这种相似或不相似的度量是基于数据对象的描述属性取值来确定的，如采用各对象之间的距离来描述[228, 229]。

虽然在统计学和机器学习等诸多领域都有关于聚类的研究和应用，根据商务智能应用的特点，本章将主要介绍针对大规模数据进行聚类分析的相关方法。目前比较常见的聚类方法主要有划分方法、层次方法、基于密度的方法、基于网格的方法和基于模型的方法。本章还将详细介绍划分方法中的 k-means 方法和基于密度方法中的 DBSCAN 方法两种经典的、常用的聚类方法。

9.1 聚类分析简介

通过聚类过程将一群物理的或抽象的对象分为若干组，每组由相似的对象构成，称为一个类别（Cluster）。通常在很多应用中，为了简化问题或处理上的方便，同一个类别中的所有对象由于具有高度相似性，常常可以被当作一个对象来进行分析和处理，从而提高了分析和处理的效率。

聚类分析在很多领域都有着广泛的应用，包括生物学、医药学、人类学、市场营销和经济学等。应用形式有动植物分类、疾病归类、图像处理过程、模式识别及信息检索等。聚类分析最开始应用的领域之一是生物学的分类，近些年面向网络的应用越来越多。例如，通过对网络日志的分析来发现用户模式、产品购买和页面浏览中的个性推荐等。作为商务智能的一种方法，聚类分析还可以作为一个单独使用的工具，以帮助分析数据的分布，了解各数据类的特征，确定所感兴趣的数据类，以便进一步分析。当然，聚类分析也可以作为其他方法（如分类和定性归纳方法）的预处理步骤。

分类是将数据集合按事先定义好的分类标准进行划分，是一种监督学习的方法；而聚类是将数据集合按对特定测度的相似性程度进行聚合，并没有事先给定类别，属于一种无监督学习的方法。正因为如此，聚类分析又是一种通过观察学习的方法（Learning by Observation），而不是示例学习（Learning by Example）。

【例9.1】 某公司希望将客户按照一般特征（数据属性）进行分组，基于这些分组信息，针对不同的客户群进行有针对性的市场营销和广告活动。但该公司管理部门没有任何关于这些分组的预先定义的类别标准，他们知道客户的信息包括收入、年龄、婚姻状况、子女数目和教育程度等（见表9-1）。这时就需要用到聚类的方法。根据公司想推广的广告类型的不同，在聚类过程中并非所有的数据属性都是重要的。例如，假设广告是关于销售儿童奶粉的，则

表 9-1 公司客户数据示例

收 入	年 龄	婚姻状况	子女数目	教育程度
25 000	35	已婚	3	高中
15 000	24	已婚	1	高中
30 000	21	未婚	0	高中
23 000	25	离异	0	高中
21 000	25	离异	3	大学
72 000	60	已婚	0	大学
81 000	32	已婚	0	研究生
253 000	43	已婚	3	研究生
198 000	51	离异	2	大学

只要对有小孩的客户进行广告宣传即可。通过表 9-1，可能获得的聚类为：第一组客户高中毕业且有小孩；第二组客户同样高中毕业但没有小孩；第三组客户大学毕业且有小孩；第四组客户收入较高，大学毕业以上、没有小孩，第五组客户收入较高，大学毕业以上、有小孩。当然，如果对于这些数据考察其他属性（如年龄和婚姻状态），可能得到不同的聚类。

聚类方法应用到现实世界的具体数据库上时可能遇到许多有趣而又很重要的问题，这些问题往往会成为合理应用聚类方法需要考虑的重要因素。

（1）孤立点（Outlier）：不属于任何类别的数据对象，而且会在很大程度上影响聚类的效果和效率。

（2）动态数据（Dynamic Data）：数据库中的数据会随时间发生变化，数据库中数据的变化也会影响聚类结果。

（3）类别的语义（Semantic Meaning）解释：聚类结果的类别是根据数据自身特点产生的，与事先定义好类别的分类方法相比，每个类别的语义解释可能会困难得多。

（4）无完全正确解（No Correct Answer）：可能找到许多聚类的解，没有一个是完全正确的聚类结果，结果的类别数量也不易确定，往往需要一些相关背景和专业知识的帮助。

在商务智能领域，聚类分析已成为一个非常活跃的研究与应用课题。大多数聚类工作集中在设计有效、高效地对大规模数据进行聚类分析的方法上，包括聚类方法的可扩展性、复杂形式和复杂数据类型的聚类分析及其有效的高效性、高维聚类技术，以及混合数据属性与符号属性数据库中的聚类分析方法等。

9.2 相似度与距离测度

在进行聚类分析前，首先需要了解聚类分析中的相似度测度，因为只有确定了描述数据对象之间相似度的测度，才能将该测度作为聚类的标准并设定相应的聚类目标，即在同一类别中的数据对象的相似度较大，而不同类别中的数据对象的相似度较小。

不失一般性，本章中的数据对象主要使用数据矩阵来表示。数据矩阵是一个对象—属性结构。例如，一个车辆数据集合可以表示为一个 $n \times p$ 的矩阵，矩阵的行对应 n 个数据对象，如 n 辆车；矩阵的列对应 p 个属性，如车牌号、车型和质量等。数据矩阵采用关系表形式或 $n \times p$ 的矩阵来表示，如式(9.1)所示。

$$\begin{bmatrix} x_{11} & \cdots & x_{1f} & \cdots & x_{1p} \\ \vdots & \ddots & \vdots & & \vdots \\ x_{i1} & \cdots & x_{if} & \cdots & x_{ip} \\ \vdots & & \vdots & \ddots & \vdots \\ x_{n1} & \cdots & x_{nf} & \cdots & x_{np} \end{bmatrix} \tag{9.1}$$

数据对象之间的相似程度通常采用反映数据对象间差异程度的距离测度来表示：两个数据对象间的距离越小，表示它们越相似；两个数据对象间的距离越大，表示它们越不相似。

常用的距离测度主要有如下 3 种。

(1) 欧氏（Euclidean）距离，即

$$d(t_i, t_j) = \sqrt{\sum_{k=1}^{p} \left| x_{ik} - x_{jk} \right|^2} \tag{9.2}$$

式中，对象 t_i 的属性值为 $(x_{i1}, x_{i2}, \cdots, x_{ip})$，对象 t_j 的属性值为 $(x_{j1}, x_{j2}, \cdots, x_{jp})$，它们分别表示一个 p 维数据对象。

(2) 曼哈顿（Manhattan）距离，即

$$d(t_i, t_j) = \sum_{k=1}^{p} \left| x_{ik} - x_{jk} \right| \tag{9.3}$$

欧氏距离和 Manhattan 距离均满足距离函数的有关数学性质：

① $d(t_i, t_j) \geq 0$，表示对象之间的距离为非负数；

② $d(t_i, t_i) = 0$，表示对象自身之间的距离为零；

③ $d(t_i, t_j) = d(t_j, t_i)$，表示对象之间距离是对称函数；

④ $d(t_i, t_j) \leq d(t_i, t_h) + d(t_h, t_j)$，表示若将两个对象之间距离用一条边来表示，则对象自身之间的距离满足"两边之和不小于第三边"的性质；其中 h 为不同于 i, j 的第三个对象。

(3) 闵可夫斯基（Minkowski）距离，即

$$d(t_i, t_j) = \sqrt{\sum_{k=1}^{p} \left| x_{ik} - x_{jk} \right|^q} \tag{9.4}$$

实际上，Minkowski 距离是欧氏距离与曼哈顿距离的一个推广，式(9.4)中 q 为一正整数；当 $q=1$ 时，它代表曼哈顿距离；当 $q=2$ 时，它代表欧氏距离。

当然，根据实际问题的需要，每个属性变量都可以被赋予对应的权值 ω_k，以表示其代表属性的重要性。例如，加权的 Minkowski 距离公式就是

$$d(t_i, t_j) = \sqrt{\sum_{k=1}^{p} \omega_k \left| x_{ik} - x_{jk} \right|^q} \tag{9.5}$$

上述距离测度都是用来衡量数据对象之间的差异程度，而聚类得到的类别由于包含多个数据对象，类别之间的距离也有不同的衡量方式。类别通常使用一些特征数值进行描述。具体地，给定类别 K_m，该类别包含 N 个数据对象 $\{t_1,t_2,\cdots,t_N\}$，主要有以下 3 种特征数值[230]，即：重心（Centroid）

$$C_m = \frac{\sum_{i=1}^{N} t_i}{N} \tag{9.6}$$

半径（Radius）

$$R_m = \sqrt{\frac{\sum_{i=1}^{N}(t_i - C_m)^2}{N}} \tag{9.7}$$

直径（Diameter）

$$D_m = \sqrt{\frac{\sum_{i=1}^{N}\sum_{j=1}^{N}(t_i - t_j)^2}{N(N-1)}} \tag{9.8}$$

重心是类别的"中心"，不一定是类别中真正包含的数据对象。一些聚类方法会使用类别中相对处于中心位置的数据对象来表示该类别，这种对象被称为类别的中心点（Medoid）。半径是指类别中所有数据点到重心距离的均方根，直径是指类别中所有两点间距离的均方根。

给定两个类别 K_i 和 K_j，它们之间的距离主要有以下 6 种衡量方式。

（1）最小距离：一个类别中的任意数据对象与另一个类别中的任意数据对象之间的最小距离，即

$$\mathrm{dis}(K_i, K_j) = \min\left(\mathrm{dis}(t_{il}, t_{jm})\right)$$

式中，$\forall t_{il} \in K_i, \forall t_{jm} \in K_j$ 且 $t_{il} \notin K_j$，$t_{jm} \notin K_i$。

（2）最大距离：一个类别中的任意数据对象与另一个类别中的任意数据对象之间的最大距离，即

$$\mathrm{dis}(K_i, K_j) = \max\left(\mathrm{dis}(t_{il}, t_{jm})\right)$$

式中，$\forall t_{il} \in K_i, \forall t_{jm} \in K_j$ 且 $t_{il} \notin K_j$，$t_{jm} \notin K_i$。

（3）平均距离：一个类别中的任意数据对象与另一个类别中的任意数据对象之间的平均距离，即

$$\mathrm{dis}(K_i, K_j) = \frac{1}{LM}\sum_{t_{il} \in K_i}\sum_{t_{jm} \in K_j}\mathrm{dis}(t_{il}, t_{jm})$$

式中，$\forall t_{il} \in K_i, \forall t_{jm} \in K_j$ 且 $t_{il} \notin K_j$，L 和 M 分别表示类别 K_i 和 K_j 中数据对象的个数。

（4）离差距离：两个类别 K_i 和 K_j 的直径分别为 R_i 和 R_j，类 $K_{i+j} = K_i \cup K_j$ 的直径为 R_{i+j}，则类间离差距离

$$\text{dis}(K_i, K_j) = \sqrt{R_{i+j} - R_i - R_j}$$

(5) 重心距离：两个类别的重心之间的距离，即
$$\text{dis}(K_i, K_j) = \text{dis}(C_i, C_j)$$

式中，C_i 和 C_j 分别是类别 K_i 和 K_j 的重心。

(6) 中心点距离：两个类别的中心点之间的距离，即
$$\text{dis}(K_i, K_j) = \text{dis}(M_i, M_j)$$

式中，M_i 和 M_j 分别是类别 K_i 和 K_j 的中心点。

9.3 聚类分析方法

在商务智能领域，聚类分析受到很大关注并涌现出许多重要方法，如 k-means[231]、k-medoids、PAM[232]、CLARANS[233]、BIRCH[230]、CURE[234]、OPTICS[235]、DBSCAN[236]、STING[237]、CLIQUE[238]和 WaveCluster[239]等。对于相同的数据集来讲，不同的聚类方法可能产生不同的聚类结果。

聚类分析方法主要可以分为划分方法（Partitioning Methods）、层次方法（Hierarchical Methods）、基于密度的方法（Density-based Methods）、基于网格的方法（Grid-based Methods）和基于模型的方法（Model-based Methods）。

9.3.1 划分方法

划分方法（Partitioning Methods）是最基本的聚类方法，如 k-means、k-medoids、PAM、CLARA（Cluster LARger Application）[232]及 CLARANS（Cluster Larger Application based upon RANdomized Search）[233]等都属于划分方法。

划分方法的主要思路如下：给定一个包含 n 个数据对象的数据集，该方法首先将数据集进行初始的 k（$k \leq n$）个划分。这些划分满足两个条件：每个划分至少包含一个对象，每个对象属于且仅属于一个划分。以后通过不断地迭代来改变划分，使得每次改进后的划分都比前一次更好。划分好坏的标准就是同一划分内的数据对象的相似性越大越好，不同划分之间的对象的相似性越小越好。当相邻两次划分相比没有发生任何变化或收敛到一定误差范围内时，聚类过程结束。

反映数据对象之间相似性程度一般使用聚类的评价函数，评价函数用来表示类别内的差异 $w(K)$ 和类别之间的差异 $b(K)$。前者一般采用类内每个数据对象到类别重心的距离平方和，即

$$w(K) = \sum_{i=1}^{k} \sum_{t \in K_i} \mathrm{dis}(t, C_i)^2$$

其中，C_i 为类别 K_i 的重心。

后者一般定义为类别的重心间的距离平方和，即

$$b(K) = \sum_{1 \leq j < i \leq k} \mathrm{dis}(C_i, C_j)^2$$

其中，C_i 和 C_j 分别是类别 K_i 和 K_j 的重心。

聚类整体的质量好坏可以被定义为 $w(K)$ 和 $b(K)$ 的一个单调组合，如 $b(K)/w(K)$，该值越小，表示聚类质量越好，反之，聚类质量越差。

k-means 方法[231]是目前使用最广泛的一种聚类算法，该方法将期望获得的类别个数 k 作为用户输入参数，首先从 n 个数据对象中任意选择 k 个作为初始类别中心；而对于所剩下的其他对象，则根据它们与这些类别中心的距离，分别将它们分配给与其距离最近的类别；然后计算每个所获新类别的重心（类别中心）；不断重复这个过程，直到聚类评价函数收敛为止。对于 k-means 方法的详细介绍，详见 9.4 节。

针对 k-means 方法对孤立点（Outlier）的敏感性问题，可以采用 k-medoids 方法：不采用类别中的重心作为参照点，而是选用类别中位置最靠近中心的数据对象，即中心点（medoid）作为参考点。PAM（Partitioning Around Medoid）方法[232]就是最早提出的 k-medoids 方法之一。

相比较 PAM 方法，基于 k-medoids 的另外两种方法——CLARA 和 CLARANS 对大的数据集具有较好的聚类质量和可伸缩性。CLARA 方法的基本思想是：从整个大数据集中随机地分别选取一小部分样本作为整体数据对象的代表，利用 k-medoids 方法对这些抽样数据进行聚类分析；该方法分别取若干样本集，对每个样本集采用 k-medoids 方法，将其中最好的聚类结果输出。CLARANS 方法与 CLARA 方法不同，前者搜索的每一步都以某种随机方式进行采样（CLARA 方法搜索每步处理的数据样本是固定的）。CLARANS 方法的每次随机抽样数是由用户所设置的参数限制的。CLARANS 方法能够发现最"自然"的类别个数，也可以用于检验孤立点数据。

9.3.2 层次方法

层次方法（Hierarchical Methods）是将数据对象分为若干组并形成一个以不同规模的组为节点的树形结构来进行聚类。层次聚类方法又可以分为自下而上和自上而下的方法。而目前自下而上的聚合层次聚类方法比自上而下的分解层次聚类方法更常用于实际系统中。

自下而上的聚合层次聚类方法的思路是：初始将每个对象作为一个类别，然后将这些类别按一定的聚合条件聚合成较大的类别，直到所有对象都聚合成一个类别或满足一定的聚合终止条件为止。自上而下的分解层次聚类方法的思路恰好相反：初始将所有对象看成一个大的类别，然后按照一定的分解条件，将其不断分解为一个个小的类别，直到所有的对象均独

立成为一个类别或满足一定的分解终止条件为止。

聚合层次聚类方法的典型代表是 AGNES（Agglomerative NESting）方法[232]，而分解层次聚类方法的典型代表是 DIANA（Divisive ANAlysis）方法[232]。

AGNES 方法的思路是：最初将每个数据对象作为一个类别，然后按照某些准则一步步地合并，直到类别数目达到了用户规定的数值或所有数据元素都合并在一个类别中为止。类别合并的准则通常使用类别间距离最小的两个类别进行合并，类间距离一般采用 9.2 节中介绍的最小距离，即两个类别中任意数据对象之间的最小距离。

在 DIANA 方法的处理过程中，初始所有的数据对象都在同一个类别中，根据一些原则（如类别中最邻近对象的最大欧氏距离），将该类别分解。类别的分解过程反复进行，直到类别数目达到了用户规定的数值或最终每个新的类别中只包含一个数据对象。

单纯的层次聚类方法虽然比较简单，但经常会遇到合并或分解点选择的困难，因此需要将层次聚类和其他聚类技术集成起来，改进层次方法的聚类质量。BIRTH[230]、CURE[234]、ROCK[240]及 Chameleon[241]等方法都是改进的层次聚类方法。

BIRCH（Balanced Iterative Reducing and Clustering using Hierarchies）方法是一种综合的层次聚类方法，使用聚类特征（CF）和聚类特征树（CF Tree）来概括聚类描述。聚类特征树是一种高度平衡树，存储用于层次聚类的聚类特征。BIRCH 方法在第一阶段建立与数据集对应的初始基于内存的聚类特征树，在第二阶段使用相应的聚类算法对聚类特征树的叶子节点进行聚类。

CURE（Clustering Using REpresentatives）方法是一种将层次方法和划分方法相结合的聚类方法。该方法选择基于重心（Centroid）和基于中心点（Medoid）之间的中间策略，即选择数据集中固定数目的具有代表性的点，而不是用单个中心或对象来代表一个类别。CURE 方法首先将每个数据对象看成一个类别，然后以一个特定的收缩因子向类别中心"收缩"它们，即合并两个距离最近的代表点的类别。该方法能够克服大多数聚类方法倾向于发现具有相似大小和圆形形状聚类的不足，同时在处理孤立点数据时表现出较好的健壮性。

当处理的数据对象中含有符号变量属性时，需要采用 ROCK（RObust Clustering using linKs）方法进行聚类。该方法通过将类别的互连性与用户定义的静态互连性模型相比较来度量两个类别的相似度。两个类别的互连性被定义为两个类别间交叉链（Cross Link）的数目，$link(p_1,p_2)$ 是两个数据点 p_1 和 p_2 共同的近邻数目。简而言之，类别间的相似程度通过来自不同类别而有相同近邻数据点的数目计算得到。

CURE 方法强调对象间的近似度，但忽略了关于两个不同类别中对象的类别互连性的信息；ROCK 方法强调对象间的互连性，却忽略了对象间近似度的信息。为了综合上述两种方法的特点，Karypis 等人提出了一种采用动态模型的层次聚类方法，即 Chameleon 方法[241]。该方法将对象间的类别互连性与近似度结合起来考虑，在聚类过程中，若两个类别间的互连性和近似度与类别内部对象间的互连性与近似度高度相关，则合并这两个类别。Chameleon

方法利用一个图划分算法，将数据对象聚合成许多相对较小的子类别；再利用聚合层次聚类方法，并通过不断合并这些子类别来发现真正的类别。

9.3.3 基于密度的方法

基于密度的方法（Density-based Methods）的基本思路是：只要一个类别中数据点的密度大于某阈值，就把它加到与之相近的类别中。该方法可以避免如采用基于距离的聚类方法带来的只能发现圆形或球状类别的缺点，可以发现任意形状的聚类结果，并且对孤立点数据不敏感。在这类方法中，类别被看作数据空间中被低密度区域分割开的高密度对象区域。由于计算密度的复杂度较大且扫描整个数据库的查询操作较为频繁，数据量大时会造成频繁的I/O 操作。基于密度的聚类方法主要有 DBSCAN[236]和 OPTICS[235]等。

DBSCAN（Density-Based Spatial Clustering of Applications with Noise）方法是一种基于高密度连接区域的密度聚类方法，将类别定义为密度相连的点的最大集合，将具有足够高密度的区域划分为类别，并可以在有"噪声"或孤立点的数据集聚类中找到任意形状的类别。有关 DBSCAN 方法的详细介绍请见本书 9.5 节的内容。

DBSCAN 方法中需要用户定义一些参数，聚类结果对这些参数敏感，参数设置的细微差别可能导致聚类结果的很大差别。为了解决上述问题，OPTICS（Ordering Points to Identify the Clustering Structure）方法引入了核心距离(Core-Distance)和可达距离(Reachability-Distance)，以降低聚类方法对用户输入参数的敏感性。

9.3.4 基于网格的方法

基于网格的方法（Grid-based Methods）采用的是一种多解析度的网格数据结构。该方法将空间量化为有限数目的单元，这些单元形成了网格结构，所有聚类操作都在网格上进行。基于网格的聚类方法与其他聚类方法相比，有着处理速度快、处理时间独立于数据对象的数目，且仅依赖于量化空间中每维上单元数目的特点。例如，STING[237]、WaveCluster[239]和 CLIQUE[232]是三种有代表性的基于网格的聚类方法。

STING（STatistical INformation Grid）方法是一种基于网格的多解析度聚类方法，将空间划分为一个个矩形单元。在 STING 方法划分的矩形单元中，往往根据不同级别的解析度，存在一个层次结构：高层的每个单元被划分为多个低一层的单元。对每个网格单元属性进行描述的一些统计信息（如平均值、最大值和最小值）会被事先计算和存储。该方法采用一种自上而下基于网格方法的处理查询操作，且由于描述网格单元数据的统计信息是存储在相应单元中的，因此基于网格的计算与查询要求无关。

WaveCluster 聚类方法首先通过在数据空间中构建一个多维网格结构来汇总数据，然后采用小波变换来变换原特征空间，在变换后的空间中寻找到密集区域。在该方法中，每个网格单元汇总了一组映射到该单元中的点的信息。这种汇总信息适合在内存中进行多解析度小波变换和随后的聚类分析。WaveCluster 是一种基于网格和密度的聚类方法，满足一个好的聚类方法的许多要求：有效地处理大数据集合，发现任意形状的类别，成功地处理孤立点数据，对于数据输入顺序不敏感，不要求用户输入如类别个数或领域半径等参数。

CLIQUE（CLustering In QUEst）方法也是一种综合了基于密度和基于网格的聚类方法，对于大型数据库中的高维数据的聚类非常有效。该方法定义类别为相连的密集单元的最大集合，若某网格单元中的数据点的数目超过了某阈值，则该单元是密集的。对于每个类别，CLIQUE 方法寻找覆盖相连的密集单元的最大区域，然后确定其中最小的覆盖。

9.3.5　基于模型的方法

基于模型的方法（Model-based Methods）试图将给定的待聚类数据与某种数学模型达成最佳拟合。这类方法往往假定：数据都有一个潜在的混合概率分布。目前有概念聚类方法和神经元网络方法两种主要的基于模型的聚类方法。

概念聚类[242]方法是机器学习中的一种聚类方法，采用统计学的技术，在决定概念或聚类时使用概率测度。COBWEB[243]是一种常见的简单增量概念聚类方法，以分类树的形式创建层次聚类，它的输入对象用分类属性-值对来描述。COBWEB 方法采用了一种启发式估计测度，即分类效用（Category Utility）来指导分类树的构建。COBWEB 方法可以自动修正划分中类别的数目，而无须用户输入类别数量参数。

神经元网络方法则将每个类别描述成一个例证（Exemplar）。例证可视为类别的"典型"，不一定对应一个特定的数据实例或对象。基于给定距离度量，可以将新数据对象分配到包含与其最相似例证的类别中。被分配到类别的对象属性可以根据该类别例证的属性来进行预测。它主要有两种常用的神经元网络聚类方法：竞争学习方法（Competitive Learning）[244]和自组织特征映射方法（Self-Organizing feature Map，SOM）[245]。

9.4　*k*-means 方法

k-means 方法[231]是划分方法中最简单也是使用最广泛的聚类算法之一。*k*-means 方法的基本思路如下：以最终要得到的类别个数 *k* 为参数，首先从 *n* 个数据对象中任意选择 *k* 个对象作为初始类别中心，而对于所剩下的其他对象，则根据它们与这些聚类中心的相似度（距离），分别将它们分配给与其最相似的（聚类中心所代表的）类别，然后计算每个所获新类别的类别中心（该类别中所有对象的均值）；不断重复这个过程，直到所设定的偏差测度函数开

始收敛为止。一般采用均方差作为偏差测度函数，即

$$E = \sum_{i=1}^{k} \sum_{t \in K_i} |t - C_i|^2 \tag{9.9}$$

式中，E 为数据库中所有对象的均方差之和，t 为数据库中的一个数据对象，C_i 为类别 K_i 的重心（类别中心）。式(9.9)表示的聚类标准是使得所获得的 k 个类别具有各类别本身尽可能紧凑，而各类别间尽可能分开的特点。

图 9-1 给出了 k-means 方法的算法伪码。第 1 步是任意选择 k 个数据对象作为初始的类别中心。在第 2～10 步，使用不断迭代的方法将 n 个数据对象聚合成 k 个类别。在每次迭代中，首先根据每个类别中对象的重心，将每个对象赋给最类似（与类别距离最近）的类别（第 3～5 步），然后重新更新每个类别的重心（第 6～8 步），并计算更新后的类别均方差值 E（第 9 步）。直到后一次计算得到的 E 与前一次相比没有发生变化，说明此时均方差值 E 被最小化，聚类过程结束，得到 k 个类别 $\{K_1, \cdots, K_k\}$。

```
算法：k-means。划分方法的 k-means 算法基于类别中对象的重心。
输入：包含 n 个数据对象的数据集{t₁,…,tₙ}和类别数目 k。
输出：k 个类别{K₁,…,Kₖ}，使得均方差准则 E 最小。
处理流程：
（1） assign initial value for means;  //任意选择 k 个对象作为初始的类别中心
（2） do{
（3）    for(j=1 ; j≤n ; j++){
（4）        assign each tⱼ to the cluster which has the closest mean;
（5）    }
（6）    for(i=1; i≤k ; i++){
（7）        Cᵢ = ∑t/|Kᵢ| ;  //更新类别的重心
                t∈Kᵢ
（8）    }
（9）    E = ∑ᵢ₌₁ᵏ ∑_{t∈Kᵢ} |t - Cᵢ|² ;
（10）}until E doesn't change value  //迭代上述过程，直到均方差准则最小
（11） return {K₁,…,Kₖ} ;
```

图 9-1 k-means 方法的算法伪码

下面用一个例子来具体演示 k-means 方法的过程。

【例 9.2】 图 9-2(a)中有 10 个数据点，其数据点坐标如表 9-2 所示。

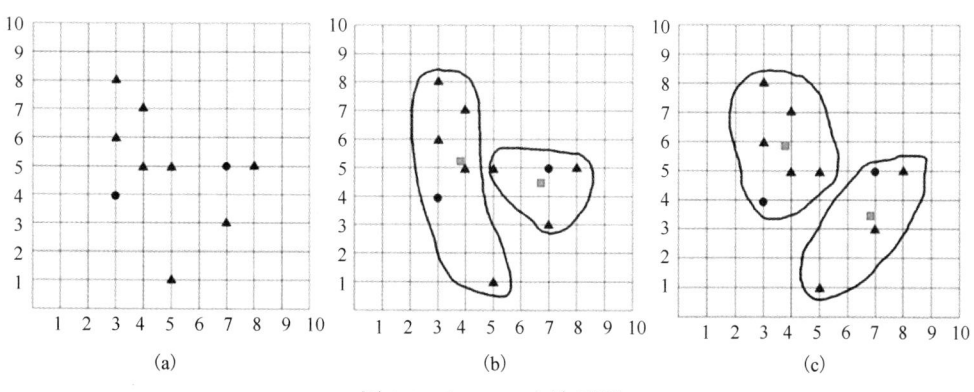

图 9-2 k-means 方法示例

根据所给的数据点坐标，通过对其使用 k-means 方法进行聚类（设 $n=10, k=2$），以下为该方法的执行步骤。

首先假定随机选择两个数据点，如点 1：(3, 4) 和点 9：(7, 5) 作为初始的类别中心（在图 9-2(a) 中用圆点标出），点 1 所在的类别为 K_1，点 9 所在的类别为 K_2。

第一次迭代：计算每个数据点到这两个类别中心的欧氏距离，并将它们划分在距离相对较近的类别中，结果如表 9-3 所示。经过此步产生两个类别 K_1：{1,2,3,4,5,6} 和 K_2：{7,8,9,10}。对于产生的两个类别分别计算平均值，得到两个类别的重心 C_1：$\left(3\frac{2}{3}, 5\frac{1}{6}\right)$ 和 C_2：$\left(6\frac{3}{4}, 4\frac{1}{2}\right)$，如图 9-2(b) 所示，其均方差值 $E_1 = 41.917$。

表 9-2 数据点坐标

序号	坐 标
1	(3, 4)
2	(3, 6)
3	(3, 8)
4	(4, 5)
5	(4, 7)
6	(5, 1)
7	(5, 5)
8	(7, 3)
9	(7, 5)
10	(8, 5)

表 9-3 第一次迭代计算结果

序号	坐 标	到 K_1 初始类别中心 (3, 4) 的距离	到 K_2 初始类别中心 (7, 5) 的距离	所属类别
1	(3, 4)	0	$\sqrt{17}$	K_1
2	(3, 6)	2	$\sqrt{17}$	K_1
3	(3, 8)	4	5	K_1
4	(4, 5)	$\sqrt{2}$	3	K_1
5	(4, 7)	$\sqrt{10}$	$\sqrt{13}$	K_1
6	(5, 1)	$\sqrt{13}$	$\sqrt{20}$	K_1
7	(5, 5)	$\sqrt{5}$	2	K_2
8	(7, 3)	$\sqrt{17}$	2	K_2
9	(7, 5)	$\sqrt{17}$	0	K_2
10	(8, 5)	$\sqrt{26}$	1	K_2

第二次迭代：对经过第一次迭代调整后的类别，重新计算每个点到两个类别重心的欧氏距离，并按照最近原则进行重新划分，结果如表 9-4 所示，产生两个类别 K_1：{1,2,3,4,5,7} 和 K_2：{6,8,9,10}。对于产生的两个类别分别计算平均值，得到两个类别的重心 C_1：$\left(3\frac{2}{3}, 5\frac{5}{6}\right)$ 和 C_2：$\left(6\frac{3}{4}, 3\frac{1}{2}\right)$，如图 9-2(c) 所示，其均方差值 $E_2 = 29.917 < E_1$。

第三次迭代：对经过第二次迭代调整后的类别，重新计算每个点到两个类别重心的欧氏距离，并按照最近原则进行重新划分，计算结果如表 9-5 所示。经过此步产生两个类别与第二次迭代产生的聚类结果一样，仍然为 K_1：{1,2,3,4,5,7} 和 K_2：{6,8,9,10}，均方差测度值收敛且没有发生变化，聚类过程结束。

最终通过使用 k-means 方法得到的两个类别为 K_1：{1,2,3,4,5,7} 和 K_2：{6,8,9,10}。

k-means 方法有以下优点[246]：

(1) 算法简单、快速，应用广泛。

(2) 计算复杂度为 $O(n \times k \times t)$，因此它在处理大数据库时也是相对有效的，具有可扩展性，其中 n 为数据库中对象个数，k 为类别个数，而 t 为循环次数，通常 $k \ll n, t \ll n$。

表9-4 第二次迭代计算结果

序号	坐标	到K_1重心$\left(3\dfrac{2}{3}, 5\dfrac{1}{6}\right)$距离	到K_2重心$\left(6\dfrac{3}{4}, 4\dfrac{1}{2}\right)$的距离	所属类别
1	(3, 4)	1.344	3.816	K_1
2	(3, 6)	1.067	4.039	K_1
3	(3, 8)	2.911	5.130	K_1
4	(4, 5)	0.373	2.795	K_1
5	(4, 7)	1.863	3.717	K_1
6	(5, 1)	4.375	3.913	K_2
7	(5, 5)	1.344	1.820	K_1
8	(7, 3)	3.976	1.521	K_2
9	(7, 5)	3.337	0.559	K_2
10	(8, 5)	4.337	1.346	K_2

表9-5 第三次迭代计算结果

序号	坐标	到K_1重心$\left(3\dfrac{2}{5}, 5\dfrac{5}{6}\right)$距离	到K_2重心$\left(6\dfrac{3}{4}, 3\dfrac{1}{2}\right)$的距离	所属类别
1	(3, 4)	1.951	3.783	K_1
2	(3, 6)	0.687	4.507	K_1
3	(3, 8)	2.267	5.858	K_1
4	(4, 5)	0.898	3.132	K_1
5	(4, 7)	1.213	4.451	K_1
6	(5, 1)	5.014	3.052	K_1
7	(5, 5)	1.572	2.305	K_2
8	(7, 3)	4.375	0.559	K_2
9	(7, 5)	3.436	1.521	K_2
10	(8, 5)	4.413	1.953	K_2

(3) 可找出使得均方差函数最小的 k 个划分,当结果类别是密集且类别之间区别明显时,聚类效果较好。

k-means 方法也存在一定的缺陷和不足,如下所述:

(1) 需要计算类别对象的均值(重心),因此一般只适用于类别均值有意义的情况。

(2) 需要用户事先指定类别个数 k,并对选择作为初始类别中心的数据点较为敏感,对于不同的初始值,可能导致不同的聚类结果。k-means 算法常常有可能终止于局部最优。

(3) 不适合发现非凸形状的类别,或者具有各种不同大小的类别。此外 k-means 方法对"噪声"和孤立点数据也很敏感,因为这类数据可能会影响到各类别的均值。

k-means 方法还有一些演化版本,主要在初始 k 个类别中心的选择、偏差程度的计算和类别均值的计算方法等方面有所不同。一般来说,获得更佳结果的策略是:首先应用自下而上的层次方法来获得类别数目,并发现初始分类;然后通过循环再定位(聚类方法)来改进分类结果。

另一种 k-means 方法的变化版本就是 k-modes 方法[247],通过用类别的模值来替换类别均值,采用相应的偏差程度计算方法来处理符号类型数值,以及利用基于频率对各类别模值进行更新的方法,从而将 k-means 方法的应用范围从数值型扩展到符号型数据。将 k-means 方法与 k-modes 方法结合,就可以对采用数值型和符号型描述的对象进行聚类分析,从而形成 k-prototypes 方法[247]。

9.5 DBSCAN 方法

DBSCAN(Density-Based Spatial Clustering of Applications with Noise)[236]方法是一种基

于高密度连接区域的密度聚类方法,将类别定义为密度相连的点的最大集合,将具有足够高密度的区域划分为类别,并可以在有"噪声"或孤立点的数据集类别中找到任意形状的类别。

为了更清楚地说明这种基于密度的聚类方法的基本思想,需要介绍以下概念。假设在图 9-3 中,ε 为圆的半径,最小密度 Minpts=3。

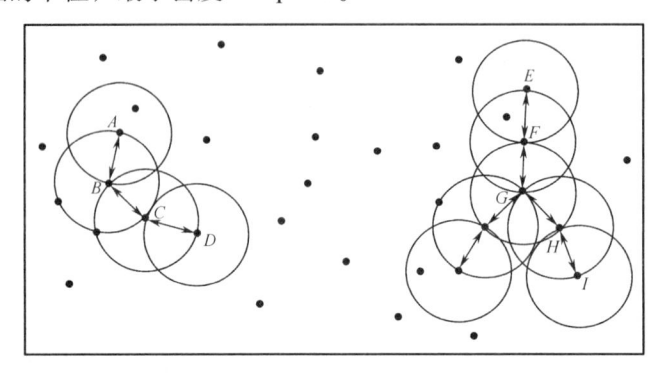

图 9-3　基于密度聚类中的密度可达和密度相连

(1) ε-邻域:给定数据对象 p 半径 ε 内的区域。

(2) 核心对象(Core Object):ε-邻域内至少包含 Minpts 个点(数据对象)的数据对象。例如在图 9-3 中,被标记的点中,A、B、C、E、F、G 和 H 是核心对象,D 和 I 不是核心对象。

(3) 直接密度可达(Directly Density-Reachable):在给定的数据对象集合 D 内,若 q 是一个核心对象,且在 q 的 ε-邻域内有对象 p,则称对象 p 从对象 q 出发是直接密度可达的(以单向箭头表示)。例如,在图 9-3 中,B 是从 A 直接密度可达的,反之亦然(以双向箭头表示);C 是从 B 直接密度可达的,反之亦然;D 是从 C 直接密度可达的,反之不成立,因为 D 不是核心对象。

(4) 密度可达(Density-Reachable):若存在一个对象链 $p_1, p_2, \cdots, p_n$,有 $p_1 = q, p_n = p$,对于 $p_i \in D (1 \leq i \leq n)$,$p_{i+1}$ 是从 p_i 关于 ε 和 Minpts 直接密度可达的,则对象 p 是从对象 q 关于 ε 和 Minpts 密度可达的。例如在图 9-3 中,D 是从 A(间接)密度可达的,但 A 并不是从 D 密度可达的,因为 D 不是一个核心对象。类似地,E、G、H 和 I 都是从 F 密度可达的,而 F 是从 E、G 和 H 密度可达的,但 F 并不是从 I 密度可达的。

(5) 密度相连(Density-Connected):如果对象集合 D 中存在一个对象 o,使得对象 p 和 q 都是从 o 关于 ε 和 Minpts 密度可达的,那么对象 p 和 q 是关于 ε 和 Minpts 密度相连的。例如在图 9-3 中,点 E、G 和 H 是密度相连的。

密度可达是直接密度可达的传递闭包,这种关系是非对称的;只有核心对象之间是相互密度可达的。但是,密度相连性是一种对称的关系。

(6) 边缘对象(Border Object):ε-邻域内包含少于 Minpts 个点,但同时落在某核心对象 ε-邻域内的数据对象。例如,在图 9-3 中,点 D 和 H 就是边缘对象。

(7) 噪声(Noise or Outlier,孤立点数据):一个基于密度的类别是基于密度可达性最大的密度相连对象的集合,若一个对象不包含在任何类别中,则被认为是"噪声"或孤立点数据。但数据集中既不是核心对象也不是边缘对象的数据对象一定是噪声。

DBSCAN 方法的基本思路是:通过检查数据集中每个数据点的 ε-邻域来寻找类别。如果一个数据对象 p 的 ε-邻域内包含的数据点数不小于 Minpts,则可创建一个以数据点 p 为核心对象的类别。然后使用该方法反复寻找从这些核心对象直接密度可达的对象,在这过程中可能会有一些密度可达类别的合并。当没有新的数据对象点被添加到任何类别中时,该方法聚类过程结束。

图 9-4 给出了 DBSCAN 方法的算法伪码。第 1 步是将数据集中的所有数据对象标记为核心点、边缘点或噪声,由于噪声最终将不包含在任何类别中,因此在以下处理过程中遇到噪声数据点可不予处理。类别个数也是在聚类过程中逐渐产生的,所以初始时类别个数 k 为 0。第 2~10 步对数据集中的每个数据点进行处理。当遇到核心点时,找到所有从该点密度可达的数据对象,形成一个类别(第 3、4 步)。若该核心点已经在某聚类中,则继续选择下一个点进行处理,否则该类别成为最终的一个类别(第 5~10 步)。注意:所有边缘点都可以从核心点密度可达,所以遇到边缘点时,也无须处理,直接继续选择下一个点进行处理即可。继续此过程直到数据集中的所有数据点都被处理完毕,则聚类过程结束,最后得到 k 个类别 $\{K_1,\cdots,K_k\}$。在该方法的处理过程中可能遇到某边缘点同时属于多个类别的情况,这时一种常规的处理方法就是将该边缘点归类到最先找到的类别中。

```
算法:基于密度的 DBSCAN 方法。
输入:包含 n 个数据对象的数据集{t₁,…,tₙ}和半径ε,最小密度 Minpts。
输出:k 个类别{K₁,…,Kₖ},达到最小密度要求。
处理流程:
(1) label all points as core, border or noise points, k=0; //初始没有类别
(2) for(i=1 ; i≤n ; i++){
(3)     if(tᵢ is core point){
(4)         X={tⱼ| tⱼ is density-reachable from tᵢ};
(5)         If( !∃Kⱼ(j = 1,2,⋯,k),s.t. tᵢ ∈ Kⱼ ) {
(6)             k=k+1;
(7)             Kₖ=X;
(8)         }
(9)     }
(10) }
(11) return {K₁,…,Kₖ};
```

图 9-4 DBSCAN 方法的算法伪码

下面用一个例子来具体说明 DBSCAN 方法的操作过程。

【例 9.3】 表 9-6 给出了一个包含 12 个数据点坐标的数据集(见图 9-5(a)),对该数据集使用 DBSCAN 方法进行聚类(设 $n=12$,用户输入 $\varepsilon=1$,Minpts=4)。

表 9-7 给出了针对该数据集使用 DBSCAN 方法进行聚类的过程。

最终聚出的类别为 $K_1:\{1,3,4,5,9,10,12\}$ 和 $K_2:\{2,6,7,8,11\}$,如图 9-5(b)所示。具体过程说明如下。

表 9-6 数据点坐标数据集

序号	坐标	序号	坐标	序号	坐标
1	(1, 0)	5	(2, 1)	9	(0, 2)
2	(4, 0)	6	(3, 1)	10	(1, 2)
3	(0, 1)	7	(4, 1)	11	(4, 2)
4	(1, 1)	8	(5, 1)	12	(1, 3)

(a)

(b)

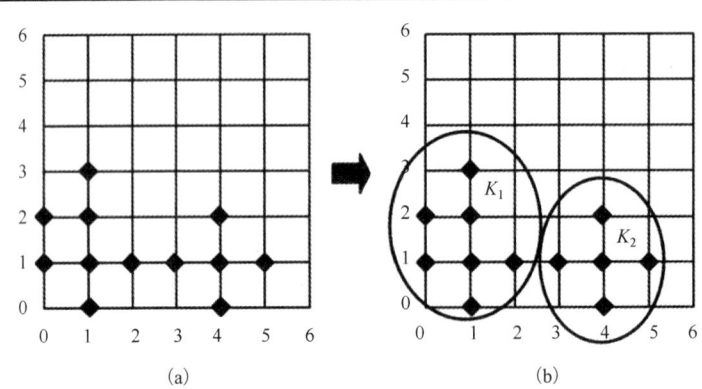

图 9-5 DBSCAN 方法示例（基于数据表 9-6）

表 9-7 用 DBSCAN 方法聚类过程（$\varepsilon=1$，Minpts=4）

步骤	选择的点	ε-邻域中的点数	点的类型	通过计算可达点而找到的新类别
1	1	2	边缘点	无
2	2	2	边缘点	无
3	3	3	边缘点	无
4	4	5	核心点	K_1: {1, 3, 4, 5, 9, 10, 12}
5	5	3	边缘点	已在 K_1 中
6	6	3	边缘点	无
7	7	5	核心点	K_2: {2, 6, 7, 8, 11}
8	8	2	边缘点	已在 K_2 中
9	9	3	边缘点	已在 K_1 中
10	10	4	核心点	已在 K_1 中
11	11	2	边缘点	已在 K_2 中
12	12	2	边缘点	已在 K_1 中

最终聚出的类别为 K_1：{1,3,4,5,9,10,12} 和 K_2：{2,6,7,8,11}，见图 9-5(b)。具体过程如下。首先根据每个数据点 ε-邻域中的数据点的数目标记每个点的类型，$k=0$。

第 1 步，选取点 1，由于是边缘点，选择下一个点。

第 2 步，选取点 2，由于是边缘点，选择下一个点。

第 3 步，选取点 3，由于是边缘点，选择下一个点。

第 4 步，选取点 4，由于是核心点，找到由它密度可达的所有数据点形成聚类{1,3,4,5,9,10,12}。由于不存在其他聚类包含点 4，因此 $k=1$，K_1：{1,3,4,5,9,10,12}。选择下一个点。

第 5 步，选择点 5，已经在 K_1 中，选择下一个点。

第 6 步，选取点 6，由于是边缘点，选择下一个点。

第 7 步，选取点 7，由于是核心点，找到由它密度可达的所有数据点形成聚类$\{2,6,7,8,11\}$。由于不存在其他的聚类包含点 7，因此 $k=2$，K_2:$\{2,6,7,8,11\}$。选择下一个点。

第 8 步，选择点 8，已经在 K_2 中，选择下一个点。

第 9 步，选择点 9，已经在 K_1 中，选择下一个点。

第 10 步，选择点 10，已经在 K_1 中，选择下一个点。

第 11 步，选择点 11，已经在 K_2 中，选择下一个点。

第 12 步，选择点 12，已经在 K_1 中，且该点是最后一个数据点，聚类过程结束。

DBSCAN 方法需要对数据集中的每个对象进行处理，通过检查每个对象点的 ε- 邻域来寻找类别。若检查到核心对象，则需要找到从该核心对象密度可达的其他数据对象，以建立新的类别。如果采用空间索引，DBSCAN 方法的计算复杂度为 $O(n\log n)$，其中，n 为待聚类的数据对象的个数。一般情况下，DBSCAN 方法的计算复杂度为 $O(n^2)$。

DBSCAN 方法可以将具有足够高密度的区域划分成类别，而且可以在带有噪声的空间数据库中发现任意形状的类别。但该方法对用户定义的参数值（如 ε 和 Minpts）非常敏感，这些参数值细微不同的设置可能会导致聚类结果的巨大差异[26]。

最后，举例说明对于同一组数据，不同的聚类方法具有不同的特点，因而可能获得不同的聚类结果。

【例 9.4】 对例 9.2 中的数据集（见表 9-2）使用 DBSCAN 方法进行聚类（设 $n=10$，用户输入 $\varepsilon=2$，Minpts $=4$）。表 9-8 给出了针对该数据集使用 DBSCAN 方法进行聚类的过程。

表 9-8　使用 DBSCAN 方法聚类的过程（$\varepsilon=2$，Minpts=4）

步骤	选择的点	ε-邻域中的点数	点的类型	通过计算可达点而找到的新聚类
1	1	3	边缘点	无
2	2	5	核心点	K_1: $\{1,2,3,4,5,7\}$
3	3	3	边缘点	已在 K_1 中
4	4	5	核心点	已在 K_1 中
5	5	4	核心点	已在 K_1 中
6	6	1	噪声	无
7	7	3	边缘点	已在 K_1 中
8	8	2	边缘点	无
9	9	4	核心点	K_2: $\{8,9,10\}$
10	10	2	边缘点	已在 K_2 中

最终聚出的类别为 K_1:$\{1,2,3,4,5,7\}$ 和 K_2:$\{8,9,10\}$，如图 9-6(a) 所示。具体过程如下。

首先，根据每个数据点 ε- 邻域中的数据点的数目标记每个点的类型，$k=0$。

第 1 步，选取点 1，由于是边缘点，选择下一个点。

第 2 步，选取点 2，由于是核心点，寻找到由它密度可达的所有数据点形成类别$\{1,2,3,4,5,7\}$。由于不存在其他的类别包含点 2，所以 $k=1$，K_1:$\{1,2,3,4,5,7\}$。选择下一个点。

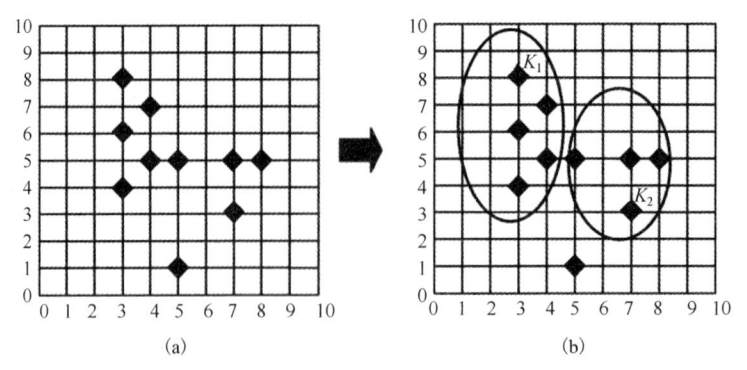

图 9-6　DBSCAN 方法示例（基于数据表 9-2）

第 3 步，选取点 3，已经在 K_1 中，选择下一个点。

第 4 步，选取点 4，已经在 K_1 中，选择下一个点。

第 5 步，选取点 5，已经在 K_1 中，选择下一个点。

第 6 步，选取点 6，由于是噪声，选择下一个点。

第 7 步，选取点 7，已经在 K_1 中，选择下一个点。

第 8 步，选取点 8，由于是边缘点，选择下一个点。

第 9 步，选取点 9，由于是核心点，寻找到由它密度可达的所有数据点形成类别{7, 8, 9, 10}。但由于点 7 已经属于第 2 步找到的类别 K_1，且不存在其他类别包含点 9，因此 $k = 2$，K_2: {8, 9, 10}。选择下一个点。

第 10 步，选择点 10，已经在 K_2 中，且该点是最后一个数据点，聚类过程结束。

可以看到，对于同一个数据集（见表 9-2），在例 9.2 中使用 k-means 方法，得到的聚类结果为 K_1: {1, 2, 3, 4, 5, 7} 和 K_2: {6, 8, 9, 10}。在例 9.4 中使用 DBSCAN 方法（用户输入 $\varepsilon = 2$，Minpts=4），得到的聚类结果为 K_1: {1, 2, 3, 4, 5, 7} 和 K_2: {8, 9, 10}。使用 k-means 方法，点 6 被划分给了类别 K_2，而使用 DBSCAN 方法，点 6 被识别为噪声数据，除此之外，其他聚类结果基本一致。从图 9-2(a)中也可以较为直观地看到，点 6 的确离其他点较远，说明了 DBSCAN 方法具有一定的判别噪声的特点。

小　结

一个类别是一组数据对象的集合，同一个类别中的元素高度相似，不同类别的对象间则相似性较小。将一组物理或抽象对象通过无监督学习的方式分组为类似对象形成多个类别的过程称为聚类过程。聚类分析在很多领域都有着广泛的应用，包括生物学、医药学、人类学、市场营销和经济学等。聚类分析既可以用于数据挖掘工具以获得数据分布的内在规律，也可以作为其他数据挖掘的预处理步骤。

数据对象之间的相似程度通常用反映数据对象间差异程度的距离测度来表示，常用的距离测度主要有欧氏距离、曼哈顿距离和闵可夫斯基距离等。通常使用重心（Centroid）、半径（Radius）和直径（Diameter）等变量来描述聚类类别（Clusters）的特征。描述类别之间差异的距离测度主要有最小距离、最大距离、平均距离、离差距离、重心距离和中心点距离等。

聚类分析是数据挖掘中比较活跃的研究领域。目前比较流行的聚类方法主要包括划分方法、层次方法、基于密度的方法、基于网格的方法和基于模型的方法。

k-means 方法是划分方法中目前得到最广泛使用的聚类方法之一。k-means 方法基于用户设定的期望获得类别个数的参数 k，将 n 个对象划分成 k 个类别，以使所获得的类别满足：同一个类别中的对象相似度较高，不同类别间的对象相似度较小。类别的相似度可根据数据对象到各类别中对象的均值所获得的"重心"的距离来度量。

DBSCAN 方法是一种基于高密度连接区域的密度聚类方法。该方法将类别定义为密度相连的点的最大集合，将具有足够高密度的区域划分为同一类别，并可以在有"噪声"或孤立点的数据集类别中找到任意形状的类别。

思考与练习

9.1 简要回答聚类与分类的相同点和不同点？两者分别适用于什么情况？

9.2 分别计算下面两个元组的欧氏距离、曼哈顿距离和闵可夫斯基距离（$q = 4$）。

（1）(10,0,5,8)和(20,8,-1,12)

（2）(5,9,6,8,1)和(10,11,4,12,4)

9.3 计算题 9.2 中两组数据（组（1）和组（2））的最小距离、最大距离、平均距离和重心距离（均取欧氏距离）。

9.4 平面上有如下 11 个点：(8,9), (6,8), (1,5), (7,0), (1,1), (4,7), (3,7), (5,5), (7,2), (4,8), (5,6)。根据 k-means 方法（取欧氏距离）将其聚合为 3 类，取前 3 个点为初始中心。要求：

（1）写出每次迭代的中心。

（2）给出最后的类别。

第10章

社会网络分析

住在德国的土耳其烤肉店老板与美国影星马龙·白兰度间是有某种联系吗？如果这位老板告诉你，白兰度是他朋友的同事的女友的结拜姐妹的父亲担任制片电影的男主角，可不要觉得他在吹牛，这是一家德国报纸做的一个真实有趣的实验，其背后的理论叫"六度分割"，即你可以通过不超过五个中间人认识世界上任何一个陌生人。微博、微信等新兴社会化媒体平台使神奇的小世界在网络社会里得到了直观展现，当人们日益依赖社会网络圈时，如何理解、定义、分析在网络环境下产生并不断增长的社会网络数据也是我们应该关注的问题。本章将带领读者进入社会网络，探索其中的奥秘。

本章学习重点
- ❖ 社会网络的中心性
- ❖ 社会网络的权威
- ❖ 社会网络的链接分析

随着社会网络（Social Network）的兴起，人们使用互联网的行为发生了巨大的变化，从单纯的关注网络信息，变成现在更加关注通过网络的人与人之间的交互。通过网络，人们每天都在关注着自己好友的动态，也将自己的信息发送给好友，社会网络应用已经极大程度地改变了人们的生活方式。

对于组织而言，社会网络进一步改变了组织的运作、管理和决策方式。社会网络的出现及其与组织的互动（如组织内部数据与外部数据的融合），打破了组织传统的有形或无形的界限，重新梳理和定义了组织与组织之间，组织与个体之间，个体与个体之间信息交互的渠道、知识共享的方式和信任合作的关系。这些通过社会网络所形成的新关系对组织的行为和绩效发挥着重要的作用。通过社会网络及其分析方法，企业可以优化组织沟通，丰富社会资本，维系客户关系，建立持久合作关系以及管理企业舆情等；政府可以提升社区服务，引导公众舆论，服务信息宣传等。可以说，社会网络及其分析方法对于组织来讲具有越来越重要的现实意义。

社会网络中包含社会中的社会实体（组织中的人或者参与者），以及实体之间的活动与关系。这种关系和活动可以抽象成为网络或者图，每个节点表示一个参与者，每条边表示两个参与者之间的关系和交互。利用网络图可以研究该网络的结构特征，以及每个参与者的权威和位置等属性，同时可以从社会网络中挖掘出各种类型的子图及发现深层次的社会现象。例如，"六度分割"（Six-Degree of Separation）[248]就是社会学家应用社会网络的分析方法所发现的社会现象，其含义为：虽然在整个地球上与每个人有联系的人的个数相对于世界人口总数而言非常少，但是只要努力寻找，任何两个人之间通过不超过五个中间联系人，即六步就可以联系上。通过社会网络分析也可以发现世界上许多其他网络也有极相似的结构，如通过超文本链接的网络、经济活动中的商业联系网络、生态系统中的食物链，甚至人类脑神经元及细胞内的分子交互作用网络等[249, 250]。这也说明了社会网络分析方法具有非常广泛的应用价值。

本章将主要介绍社会网络的中心性、社会网络的权威、引用社会网络、社会网络的链接分析，以及社会网络中的社区等方面的内容。

10.1 社会网络的中心性

社会网络是由一群参与者组成的，一个较为直观的想法是：这群参与者中哪些是重要的或者是关键的参与者，也就是那些广泛参与其他参与者连接的参与者，这就是社会网络中心性所反映的内容。一般认为，一个参与者如果与其他参与者有着广泛联系，其重要程度要高于那些联系较少的参与者，就是中心度要高于其他人，这样的参与者称为中心参与者（Central Actor）。

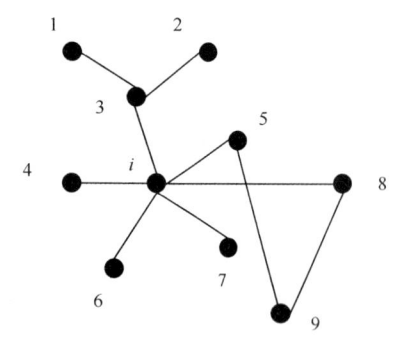

图 10-1 10 个节点组成的社会网络

在一个社会网络中，节点之间的连接（Ties）也称为链接（Links）。一个中心参与者就是那些参与到许多链接中的参与者。一个 10 个节点组成的社会网络的示例如图 10-1 所示，其中节点 i 参与到的连接数是最多的，直观上判断节点 i 应为这个社会网络的中心参与者。

那么，如何判断社会网络中的一个节点为中心参与者，是否有一些测度能够衡量？本节将对这个问题进行介绍。在社会网络分析中，有三种常用的中心性测度用以度量一个节点的中心度，分别是度中心性、贴近中心性、中介中心性。

10.1.1 度中心性

度中心性（Degree Centrality）是反映某特定节点拥有与其他参与者的链接或者链接数目。这个定义在无向图和有向图中是不同的。

在无向图中，参与者 i 的度中心性就是 i 的度与最大度 $n-1$ 之间的比值，即

$$C_D(i) = \frac{d(i)}{n-1} \tag{10.1}$$

式中，$C_D(i)$ 表示参与者 i 的度中心性，$d(i)$ 表示参与者 i 的度（i 参与到链接的个数）。任何一个节点的度都不大于 $n-1$，因此度中心性的取值范围为[0, 1]。

在有向图中，对于某节点，它与其他节点之间的边有两个方向，分为链入链接（其他节点指向节点 i 的边）和链出链接（节点 i 指向其他节点的边）。在度中心性的定义中，主要考虑一个节点的链出链接（出度），即

$$C_D'(i) = \frac{d_o(i)}{n-1} \tag{10.2}$$

式中，$C_D'(i)$ 表示参与者 i 在有向图中的度中心性，$d_o(i)$ 表示参与者 i 的出度。对于任何一个节点，它的出度均不大于 $n-1$，因此在有向图中的度中心性的取值范围也为[0, 1]。

对于图 10-1 中的节点 i，它的度为 6，因此它的度中心性的计算结果为 $6/9 \approx 0.67$。

10.1.2 贴近中心性

度中心性是从一个节点的出度/入度的角度反映它的中心性，而贴近中心性采用了另一个角度。贴近中心性认为一个参与者如果与其他参与者之间的距离足够近，那么说明这个参与者就位于中心。在贴近中心性的定义中，使用最短距离来度量两个节点之间的距离。假设两个节点 i 和 j 之间的最短距离为 $d(i,j)$，那么在无向图中，节点 i 的贴近中心度的定义为

$$C_C(i) = \frac{n-1}{\sum_{j=1}^{n} d(i,j)} \tag{10.3}$$

对于节点 i 而言，最理想的情况是它与其余每个节点之间的距离都最近，就是都为 1，那么在这种情况下

$$\sum_{j=1}^{n} d(i,j) = n-1$$

此时节点 i 的贴近中心性是最大的，取值为 1。在一般情况下

$$\sum_{j=1}^{n} d(i,j) > n-1$$

所以贴近中心性的取值范围为[0, 1]。需要说明的是，能够计算贴近中心性说明这个社会网络一定是连通图，即任何两个节点之间都可以到达，否则会有两个节点之间的最短距离不存在，这样贴近中心性的计算也就无法进行。

对于有向图，贴近中心性的定义与在无向图中的定义是一致的，区别是有向图中两个节点之间的最短距离的计算不同于无向图，需要考虑边的指向。同样，在有向图中贴近中心性的取值范围也是[0, 1]。

图 10-1 中的节点 i 到其他 9 个节点的最短距离分别为：$d(i,1)=2$，$d(i,2)=2$，$d(i,3)=1$，$d(i,4)=1$，$d(i,5)=1$，$d(i,6)=1$，$d(i,7)=1$，$d(i,8)=1$，$d(i,9)=2$。因此，节点 i 的贴近中心性为 9/(2+2+1+1+1+1+1+1+2)=9/12=0.75。

10.1.3　中介中心性

相比于度中心性和贴近中心性，中介中心性从另一个角度度量了一个节点的中心性。在中介中心性中，如果两个节点 k 和 j 想要彼此联系上，而节点 i 在连接它们的路径上，那么节点 i 对于连接节点 k 和 j 起到一定的作用。对于节点 i 而言，如果它处于更多节点对之间的路径上，那么节点 i 对于其他节点的控制能力更强，节点 i 也应处于整个网络的中心。

在无向图中，节点 i 的中介中心性定义为

$$C_B(i) = \sum_{j \neq i \neq k} \frac{p_{jk}(i)}{p_{jk}} \tag{10.4}$$

式中，p_{jk} 表示节点 j 与节点 k 之间的最短路径数目，$p_{jk}(i)$ 表示节点 j 与节点 k 之间经过节点 i 的最短路径数目。理想情况下，若节点 j 与节点 k 之间的每条最短路径都通过节点 i，则 $p_{jk} = p_{jk}(i)$。这样从节点对 j 与节点 k 的角度，节点 i 具有最大的中介中心性。在无向图中，若每对节点都满足上述的理想情况，则节点 i 的中介中心性最大，即

$$C_B(i) = \frac{(n-1) \times (n-2)}{2} \tag{10.5}$$

因此，如果将节点 i 的中介中心性归一到区间[0, 1]之间，那么归一后的中介中心性的定义方

式为

$$C_B(i) = \frac{2 \times \sum_{j \neq i \neq k} \frac{p_{jk}(i)}{p_{jk}}}{(n-1) \times (n-2)} \quad (10.6)$$

与接近中心性不同的是，中介中心性不一定要求网络是连通子图，对于不连通的网络，中介中心性依然可以计算。

为更好地说明中介中心性的计算过程，考虑如下例子。

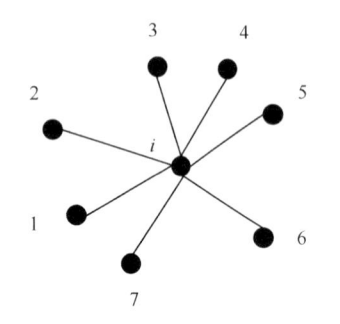

图 10-2　8 个节点组成的社会网络

【例 10.1】　设由 8 个节点组成的社会网络，如图 10-2 所示。如计算节点 i 的中介中心性，依次考虑任何一对节点，它们之间的最短路径条数均为 1，而这唯一的一条最短路径也必须通过节点 i，因此节点 i 的中介中心性最大，为 1。依次计算其他 7 个节点的中介中心性，得到结果为

$C_B(1) = 0$，$C_B(2) = 0$，$C_B(3) = 0$，$C_B(4) = 0$，$C_B(5) = 0$，$C_B(6) = 0$，$C_B(7) = 0$

在有向图当中，依然用类似无向图中的方式计算中介中心性。但是在有向图当中，节点 k 到节点 j 最短路径不同于节点 j 到节点 k 之间的最短路径，因此对于一个节点 i，需要通过进行归一计算结果，即

$$C'_B(i) = \frac{\sum_{j \neq i \neq k} \frac{p_{jk}(i)}{p_{jk}}}{(n-1) \times (n-2)} \quad (10.7)$$

式中，归一后的计算结果将落到[0, 1]区间。

10.2　社会网络的权威

在社会网络中，一个节点如果被大量的其他节点所指向，就认为这个节点具有非常高的权威。例如，在网页之间通过链接形成的网络中，如果一个网页被多个网页中的链接所指向，那么这个网页一定非常具有权威性。权威（Prestige）相比于中心性而言，是对节点重要性的一个不同视角的度量方式。与中心性不同，权威只能在有向图中计算，而中心性可以在有向图和无向图中计算；中心性只考虑一个节点的出度，而权威重点考虑一个节点的入度，就是链入链接。本章将介绍三种常用的权威度量方式，分别是度权威、邻近权威和等级权威。

10.2.1　度权威

度权威（Degree Prestige）从一个节点度的角度来衡量一个节点的权威。直观上，如果一个节点有多个链入链接，也就是有多个节点指向该节点，那么这个节点一定具有高权威。因

此，度量一个节点的权威的直观方法就是度量它的入度。入度越大，则该节点的权威越高。度权威的定义为

$$P_\text{D}(i) = \frac{d_I(i)}{n-1} \tag{10.8}$$

式中，$d_I(i)$ 表示节点 i 的链入链接个数。理想情况下，节点 i 的链入链接数最大不超过 $n-1$，因此，整个度权威的取值范围为[0, 1]。当所有其他节点都有边指向节点 i 时，它具有最大的权威值 1；当其他任何节点都没有边指向节点 i 时，它具有最小的权威值 0。

10.2.2 邻近权威

度权威仅考虑那些与节点 i 相邻的参与者，但是忽略了那些通过间接的方式依然可以到达 i 的节点，即存在一条有向路径可以到达 i 的节点。邻近权威就是考虑上述两类节点的一种度量权威性的测度。

对于节点 i，I_i 表示能够到达该节点的所有节点的集合，该集合也称为节点 i 的影响区域。用 $d(j,i)$ 表示节点 j 到节点 i 的最短路径长度，其中每条边的距离都是 1。这样集合 I_i 中的平均距离为

$$\frac{\sum_{j \in I_i} d(j,i)}{|I_i|} \tag{10.9}$$

式中，$|I_i|$ 表示集合 I_i 的大小。

对于节点 i，其影响区域占全体节点的比率为

$$\frac{|I_i|}{n-1} \tag{10.10}$$

对于一个节点 i，直观上这个节点的影响区域越大，说明这个节点的权威越高，最理想情况下，这个节点 i 的影响区域就是 $n-1$。此外，若节点 i 的影响区域中的节点到达节点 i 的平均距离越短，则节点 i 的权威也越高。因此，对于节点 i，其邻近权威的定义为

$$P_\text{P}(i) = \frac{\dfrac{|I_i|}{n-1}}{\dfrac{\sum_{j \in I_i} d(j,i)}{|I_i|}} \tag{10.11}$$

极端情况下，所有节点都可到达节点 i，并且所有节点到达节点 i 的距离都为 1，则式(10.11)中的分子为 1，分母也为 1，节点 i 的邻近权威为最大值 1。否则，如果所有节点都不可到达节点 i，那么 $|I_i|=0$，节点 i 的邻近权威为最小值 0。可见，邻近权威的取值范围也是[0, 1]。

10.2.3 等级权威

度权威是基于一个节点的入度,而邻近权威是基于一个节点的入度和节点之间的距离,可以说邻近权威比度权威考虑得更为全面和复杂。接下来继续考虑一个更为复杂的权威性度量测度,即等级权威(Rank Prestige)。

在度权威和邻近权威中都忽略了一个因素,就是其他节点的权威。例如,在网页之间通过链接所构成的网络中,如果一个网页得到多个权威性很高的网页的指向链接,那么这个网页的权威也会很高。因此,在计算一个节点的权威时,需要考虑其他节点的权威。等级权威也就是一种考虑了其他节点权威的测度。将等级权威 $P_R(i)$ 定义为指向节点 i 的节点权威的线性组合,即

$$P_R(i) = A_{1i}P_R(1) + A_{2i}P_R(2) + \cdots + A_{ni}P_R(n) \tag{10.12}$$

式中,A_{ji} 表示节点 j 是否指向节点 i。若节点 j 指向节点 i,则 $A_{ji}=1$,否则 $A_{ji}=0$。式(10.12)表明,在等级权威中一个节点的权威是由所有指向该节点的节点权威构成的,这也符合直观认知。

每个节点都可以构成如上所示的一个等式。如果有 n 个节点,就会有 n 个等式。为进一步形式化表示等级权威,将所有节点的等级权威构成一个等级权威的向量,即

$$\boldsymbol{P} = (P_R(1), P_R(2), \cdots, P_R(n))^{\mathrm{T}} \tag{10.13}$$

如果用矩阵 $\boldsymbol{A}$ 表示网络的邻接矩阵,即如果 j 指向 i,那么 $A_{ji}=1$,否则 $A_{ji}=0$,即

$$\boldsymbol{P} = \boldsymbol{A}^{\mathrm{T}}\boldsymbol{P} \tag{10.14}$$

$\boldsymbol{P}$ 是矩阵 $\boldsymbol{A}^{\mathrm{T}}$ 的特征向量,可以通过求矩阵 $\boldsymbol{A}^{\mathrm{T}}$ 的特征向量来确定 $\boldsymbol{P}$。

10.3 引用社会网络

社会网络分析另一个应用领域是科技文献之间的引用分析(Citation Analysis)。在科技文献领域中,每篇学术文章引用不同作者的文献,引用让学术文章之间构成了联系,形成了网络。本节将介绍两种常见的引用分析,一种是同引分析(Co-Citation),另一种是引文耦合(Bibliographic Coupling)。

10.3.1 同引分析

在科技文献之间,经常存在两篇论文 i 和 j 同时被一篇论文 k 引用的情况,所谓同引分析,就是利用这样的一种关系来度量论文 i 和 j 之间的相似程度。

图 10-3 是一个同引情况的示例，有向箭头表明引用关系，如节点 k 与节点 i 之间的有向边表明在论文 k 中对论文 i 进行了引用。

在图 10-3 中，论文 i 和 j 同时被论文 k、k_1、k_3 和 k_4 引用，这意味着论文 i 和 j 所讨论的话题有着非常高的相似程度，也就是论文 i 与 j 的相似程度很高。论文 i 和 j 之间的同引论文越多，说明这两篇论文之间的相似程度越高，所讨论的话题越接近。

假设有 n 篇论文，$\boldsymbol{L}$ 为其引用矩阵。引用矩阵 $\boldsymbol{L}$ 中的第 i 行第 j 列的元素 L_{ij} 表明两篇论文 i 和 j 之间的引用关系，若论文 i 中引用了论文 j，则 $L_{ij} = 1$；论文 i 没有引用论文 j，则 $L_{ij} = 0$。那么 n 篇论文中有多少篇论文同时引用了论文 i 和论文 j 的计算公式为

$$C_{ij} = \sum_{k=1}^{n} L_{ki} L_{kj} \qquad (10.15)$$

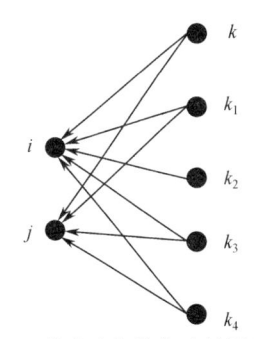

图 10-3 论文 i 和论文 j 的同引示例

式中，如果论文 k 同时引用了论文 i 和论文 j，那么 $L_{ki} = 1$，$L_{kj} = 1$，则 C_{ij} 的计数增加 1。如果将所有的 C_{ij} 构成一个矩阵 $\boldsymbol{C}$，这个矩阵即对称矩阵，即 $C_{ij} = C_{ji}$。矩阵 $\boldsymbol{C}$ 被称为同引分析矩阵，它对于分析两篇文章相似性非常有帮助。

10.3.2 引文耦合

引文耦合与同引分析是一组镜像操作。同引分析将同时被一篇文章引用的两篇文章联系起来，而引文耦合是将同时引用的同一篇文章的两篇文章联系起来，如图 10-4 所示。也就是说，如果论文 i 与论文 j 同时引用了一篇论文 k，就认为论文 i 与论文 j 之间存在一定的相似程度，它们讨论的话题具有一定的相似性。论文 i 与论文 j 之间共同引用的论文数越多，说明这两篇论文之间的相似程度越高。与同引分析相类似，在引文耦合中，若计算同时被论文 i 和论文 j 引用的论文数，则

$$B_{ij} = \sum_{k=1}^{n} L_{ik} L_{jk} \qquad (10.16)$$

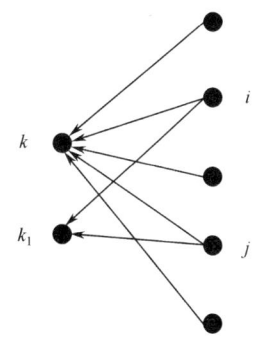

图 10-4 论文 i 和论文 j 的引文耦合

若将所有的 B_{ij} 构成一个方阵 $\boldsymbol{B}$，则称为引文耦合矩阵，显然，这个矩阵也是对称矩阵，即 $B_{ij} = B_{ji}$。

10.4 社会网络的链接分析

社会网络的链接分析中最经典的两个算法是 PageRank 算法和 HITS 算法。HITS 算法在

1998 年的 ACM-SIAM 会议上由 Jon Kleinberg 提出[251]，而 PageRank 算法在同年 4 月举办的 WWW 会议上由 Sergey Brin 和 Lawrence Page 提出[252]。HITS 算法与 PageRank 算法的主要思想非常类似，但 PageRank 算法逐渐成为网络搜索领域的主要算法，这主要归功于该算法的非查询相关的网页分析方式和抵御网页作弊的能力，也归功于谷歌公司的商业成功。

10.4.1 PageRank 算法

PageRank 方法是一种经典的网页排名方法，是一种静态的网页评级算法，为每个网页离线计算 PageRank 值，且该值与查询内容无关。PageRank 算法依赖于 Web 的自然特性，利用 Web 的庞大链接结构来为单个网页质量做参考。PageRank 是由谷歌创始人 Sergey Brin 和 Lawrence Page 提出[252]的。

PageRank 排名方法是将网页之间按照链接的方式组成一个网络，将每个网页的 PageRank 值看作该网页的权威值。下面首先介绍两个相关概念。

网页 i 的链入链接：指从其他网页指向网页 i 的链接。通常情况下，不考虑来自同一网站的链接。

网页 i 的链出链接：指从网页 i 指向其他网页的链接。通常情况下，也不考虑来自同一网站的链接。

PageRank 算法的提出主要基于如下三点假设：

（1）若一个页面被很多其他页面所指向，则这个页面可能是重要的。

（2）若一个页面被重要的页面所指向，则这个页面可能是重要的。

（3）一个页面的重要性可均匀传播到它指向的页面中。

给定网页集合 $\{d_1, d_2, \cdots, d_N\}$，其中包含有 N 个网页，按照网页集合之间的链接关系（指向关系），将这 N 个网页构成一个图 $G(V, E)$，其中 V 为图 G 的所有节点的集合，E 为图 G 的所有边的集合。图 G 中每个节点对应一个网页，图 G 是一个有向图，其中每条边表示两个网页之间的指向关系。该图的转移矩阵为 T，M 为转移矩阵的转置矩阵。为更好地说明这一过程，考虑例 10.2[253]。

【例 10.2】 给定 4 个网页组成的文档集合 $\{A, B, C, D\}$。按照它们之间的指向关系绘成图 G，如图 10-5 所示。在这 4 个网页形成的图中，网页 A 中包含有一个指向网页 C 的链接，网页 B 中包含一个指向网页 C 的链接，网页 C 中只有两个链入链接，网页 D 中有两个链出链接，一个是指向网页 A，另一个是指向网页 B。按照 4 个网页之间的指向关系，可得到它们之间的转移矩阵。图 10-5 中 4 个网页形成转移矩阵的转置矩阵如图 10-6 所示。

转置矩阵 M 中每个元素表示相应列的网页转移到相应行的网页的概率，如在 M 中的第 1 行第 4 列的元素 1/2 表示图 G 中网页 D 转移到网页 A 的概率为 1/2。

对于转置矩阵 M，M_{kj} 是 M 中第 k 行第 j 列的元素，其取值分为两种情况。

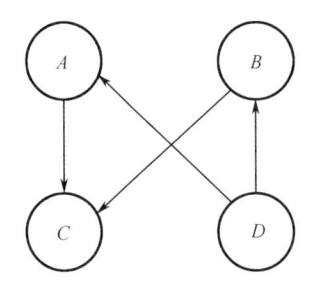

图 10-5　4 个网页形成的图 G

$$M = \begin{array}{c} \\ A \\ B \\ C \\ D \end{array} \begin{bmatrix} A & B & C & D \\ 0 & 0 & 0 & 1/2 \\ 0 & 0 & 0 & 1/2 \\ 1 & 1 & 0 & 0 \\ 0 & 0 & 0 & 0 \end{bmatrix}$$

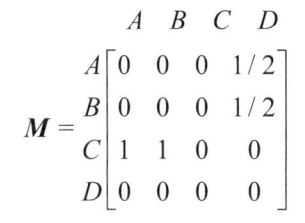

图 10-6　转移矩阵的转置矩阵 M

(1) 若节点 k 和节点 j 之间存在 j 指向 k 的边，则

$$M_{kj} = \frac{1}{|O(j)|} \tag{10.17}$$

式中，$|O(j)|$ 表示节点 j 的出度，也就是链出链接的个数。

(2) 若两个节点之间不存在 j 指向 k 的边，则相应的 $M_{kj} = 0$。

进而，可以计算节点的权威度。根据 PageRank 算法的三个假设，任意一个节点 j 的权威度可按照如下方法计算，即

$$R(j) = \sum_{k \in I(j)} \frac{R(k)}{|O(k)|} \tag{10.18}$$

式中，$I(j)$ 表示所有指向 j 的节点集合，节点 j 的权威度为所有指向 j 的节点的权威度的叠加。权威度的定义采用递归的方式，因此可以进行迭代计算，即

$$R_i(j) = \sum_{k \in I(j)} \frac{R_{i-1}(k)}{|O(k)|} \tag{10.19}$$

初始情况下，每个节点的权威度为 $1/n$，也就是 $R_0(j) = 1/n$。

相应地，将所有节点权威度构成一个向量 $\boldsymbol{R}$，可利用矩阵运算的方法对 $\boldsymbol{R}$ 进行迭代，即

$$\boldsymbol{R}_i = \boldsymbol{M} \times \boldsymbol{R}_{i-1} \tag{10.20}$$

为了使此迭代计算收敛，对于矩阵 $\boldsymbol{M}$ 有两方面的要求：一是要求 $\boldsymbol{M}$ 必须满足非周期，二是要求 $\boldsymbol{M}$ 必须不可约。对于 $\boldsymbol{M}$ 而言，非周期是可以满足的，但是不可约要求 $\boldsymbol{M}$ 必须是一个强连通图，也就是 $\boldsymbol{M}$ 中任何两个节点都可达。这对于 $\boldsymbol{M}$ 来说是很难满足的。因此，为满足这样的要求，在图 G 中为每个节点增加 n 条边，指向图中的每个节点，包括自己本身，这样形成一个新的图 G^*，显然这个图 G^* 会满足强连通特性。

对于 $\boldsymbol{M}$ 矩阵中的任一列 j，如果原本 j 不存在任何链出链接，那么在图 G 中 j 没有任何边指向其他节点。而在图 G^* 中为每个节点增加了 n 条边，因此 $\boldsymbol{M}$ 矩阵中的这一列的每个元素都变为 $1/n$。否则，对于节点 j 指向的任意一个节点 k，原来的值 $1/|O(j)|$ 变为

$$c \times \frac{1}{|O(j)|} + (1-c) \times \frac{1}{n}$$

其中，c 为 0～1 之间的实数。改变后的矩阵用 $\boldsymbol{M}^*$ 表示，则新的迭代公式为

$$\boldsymbol{R}_i = \boldsymbol{M}^* \times \boldsymbol{R}_{i-1} \tag{10.21}$$

$$M^* = \begin{array}{c} \\ A \\ B \\ C \\ D \end{array} \begin{array}{cccc} A & B & C & D \\ \left[\begin{array}{cccc} 0.05 & 0.05 & 0.25 & 0.45 \\ 0.05 & 0.05 & 0.25 & 0.45 \\ 0.85 & 0.85 & 0.25 & 0.05 \\ 0.05 & 0.05 & 0.25 & 0.05 \end{array}\right] \end{array}$$

图 10-7 调整后的矩阵 M^*

以例 10.2 为例,给定 $c = 0.8$,则调整后的矩阵 M^* 如图 10-7 所示。若给定初始状态下的权威度为 $R_0 = (0.25, 0.25, 0.25, 0.25)^T$,则按照迭代计算公式得到 4 个网页的权威度结果为 $R = (0.176, 0.176, 0.332, 0.316)^T$。因此,按照 PageRank 所计算的网页权威值,4 个网页的排名结果为<$C\ D\ A\ B$>。

PageRank 算法的主要优点是防止作弊的发生。在 PageRank 算法中,一个页面的权威和重要性是由指向它的页面所决定的,也就是由该页面的链入链接决定。因此,对于一个页面的拥有者而言,他很难将自己的页面链接嵌入一些重要的网页,通过这样的方式影响 PageRank 值是非常不易的。

PageRank 算法的另一个优点是:每个页面的 PageRank 值不受查询条件的影响,只受全局的链接情况影响。因此,所有页面的 PageRank 值都是在离线的情况下计算出来的,而不是在用户查询时计算出的。因此在用户进行检索时,搜索的效率就非常高。但 PageRank 值与查询条件无关的特点也会导致一些缺陷,如用户在查询某特定话题时往往希望得到仅在这一话题上的权威页面,而 PageRank 给出的是广泛意义上的权威。此外,PageRank 算法没有考虑页面的生成时间,将新旧页面统一对待,这也是 PageRank 算法的一个不足。针对这一不足,已有很多研究人员提出了考虑时间的 PageRank 算法(Timed PageRank),感兴趣的读者请参考文献[254]。

10.4.2 HITS 算法

HITS(Hypertext Induced Topic Search)算法与 PageRank 算法不同,是与查询相关的。当用户提交一个查询请求时,HITS 算法首先得到检索系统返回的相关页面,并以此为基础,从链入链接和链出链接两个角度扩展出两个页面集合,并计算页面的评级,分别是权威等级(Authority Ranking)和中心等级(Hub Ranking)。

HITS 算法包含两个基本的概念,即权威网页和中心网页。

一个有权威(Authority)的网页,意味着这个网页一定拥有数量众多的链入链接。这与 PageRank 算法的思想类似。有权威的网页会包含重要或者权威的信息,会得到许多外部网页的信赖和引用。

一个中心(Hub)网页,意味着这个网页一定拥有数量众多的链出链接,这些链接分别指向不同的权威网页。一个中心网页作为某个特定话题的组织和集成者,会指向许多与这个话题相关的权威网页。

HITS 算法的核心思想是中心网页与权威网页之间存在互相促进的关系,好的中心网页一定会有很多的链出链接指向好的权威网页,而好的权威网页一定会包含很多好的中心网页的链入链接。图10-8给出的是权威网页和中心网页的示例。

当用户提交查询条件 q 后，检索系统会检索相关网页，并根据网页的相关性将检索结果排序。HITS算法一般选取排名在前200位的网页，这些网页与查询条件 q 的相关性较高。这些网页所形成的集合称作根基 W。

在得到 W 后，HITS对 W 进行扩展，将指向 W 集内部的网页和 W 集所指向的外部网页加入 W，形成扩充后的网页集合，这里记为 S，称为基集。在扩充的过程中，对于 W 中的每个网页，为限制最终扩充形成的集合 S 的规模，HITS算法一般只需将50个指向它的外部网页加入 W。

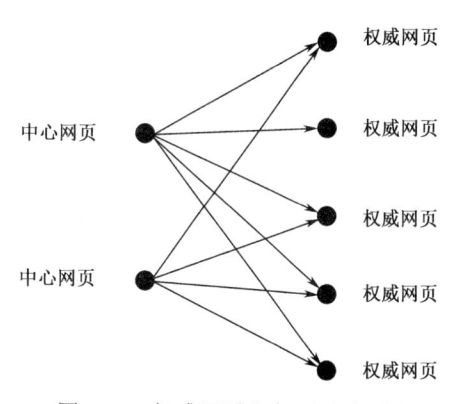

图 10-8 权威网页和中心网页示例

计算 S 中每个网页的权威分值和中心分值。假设待考察的网页数目为 n，S 形成的有向图为 $G=(V,E)$，其中 V 是有向图的节点集合（网页集合），E 是有向图中的有向边集合。假设 L 是有向图的邻接矩阵，即

$$L_{ij} = \begin{cases} 1, & (i,j) \in E \\ 0, & (i,j) \notin E \end{cases} \tag{10.22}$$

每个网页都有一个权威分值，表示为 $a(i)$，都有一个中心分值，表示为 $h(i)$。按HITS算法的核心思想，这两种分值之间是相互促进的，其计算方式为

$$\begin{cases} a(i) = \sum_{(j,i) \in E} h(j) \\ h(i) = \sum_{(i,j) \in E} a(j) \end{cases} \tag{10.23}$$

为更加清晰地表达权威分值与中心分值之间的转化关系，将所有网页的权威分值构成列向量 $\boldsymbol{a} = (a(1), a(2), \cdots, a(n))^\mathrm{T}$，所有网页的中心分值构成列向量 $\boldsymbol{h} = (h(1), h(2), \cdots, h(n))^\mathrm{T}$，则

$$\begin{cases} \boldsymbol{a} = \boldsymbol{L}^\mathrm{T} \boldsymbol{h} \\ \boldsymbol{h} = \boldsymbol{L} \boldsymbol{a} \end{cases} \tag{10.24}$$

显然，权威分值与中心分值的计算需要采用迭代方法，这与PageRank算法中的计算类似。$\boldsymbol{a}_k$ 和 $\boldsymbol{h}_k$ 分别代表第 k 次迭代时的权威分值向量和中心分值向量，初始时，$\boldsymbol{a}_0 = \boldsymbol{h}_0 = (1,1,1,\cdots,1)^\mathrm{T}$，则迭代公式为

$$\begin{cases} \boldsymbol{a}_k = \boldsymbol{L}^\mathrm{T} \boldsymbol{L} \boldsymbol{a}_{k-1} \\ \boldsymbol{h}_k = \boldsymbol{L} \boldsymbol{L}^\mathrm{T} \boldsymbol{h}_{k-1} \end{cases} \tag{10.25}$$

为保证迭代过程中权威向量和中心向量足够小，每步迭代结束后，需要将这两个向量归一化，使得

$$\begin{cases} \sum_{i=1}^{n} a(i) = 1 \\ \sum_{i=1}^{n} h(i) = 1 \end{cases} \tag{10.26}$$

图 10-9 给出了 HITS 方法的算法伪码，如果两次迭代之间的差异小于预设定的向量时，迭代停止。

```
算法：HITS。
输入：基集 S 的邻接矩阵 L。
输出：S 中各网页的权威分值向量 a_k 和中心分值向量 h_k。
处理流程：
（1） a_0=h_0=(1, 1, …, 1); //初始化权威分值向量和中心分值向量
（2） k=1;
（3） do{
（4）    a_k=L^T La_{k-1};   //迭代计算权威分值向量
（5）    h_k= LL^T h_{k-1};   //迭代计算中心分值向量
（6）    a_k=a_k/||a_k||_1;   //归一化
（7）    h_k=h_k/||h_k||_1;   //归一化
（8）    k=k+1;
（9） }until ||a_k-a_{k-1}||<ε_a and ||h_k-h_{k-1}||<ε_h //两次迭代差异小于设定向量
（11） return a_k and h_k;
```

图 10-9　HITS 方法的算法伪码

HITS 算法会得到所有网页的权威值和中心值，将选择一些中心性和权威性评级高的页面返回给用户。

HITS 算法的优点是可根据用户搜索内容来计算网页的评级，提供更加相关的权威页面和中心页面。这也是 PageRank 算法的一个不足。

相比于 PageRank 算法，HITS 算法也有着自身的不足。首先，HITS 算法的抵御作弊能力较差。HITS 算法加入了对页面自身链出链接的考虑，因此网页可以通过修改自身的链出链接，影响 HITS 算法的效果。其次，HITS 算法在形成基集 S 时加入了大量的外部网页，这些外部网页可能会包含与搜索话题不相关的内容。此外，HITS 算法是基于查询条件的算法，因此要在拿到查询条件之后进行计算，算法的效率不高。针对 HITS 算法的问题，许多研究者开展了多方面有效的研究工作，感兴趣的读者请参阅相关文献[255-257]。

10.5　社会网络中的社区

在日常生活中，存在着不同的社区或团体，这些社区或团体中有着共同特点或共同兴趣的人，这些人在一起参加同一个活动。在社会网络中也有着类似的概念，称为社会网络中的社区。社会网络中的社区就是由讨论统一话题、有着共同兴趣的个体所组成的群体。社会网络中的社区有着重要的作用[258]：对于感兴趣的使用者来说，社区提供了有价值的、可靠的和

相关的信息来源。关注这些社区，能够让使用者在第一时间获取相关信息。

下面给出社区的定义[259]：一个由相同种类实体组成的集合 $S = \{s_1, s_2, \cdots, s_n\}$，社区就是一个 S 中所有具有相同主题的实体集合 $C = (T, G)$，其中 T 是社区主题，而 G 是 S 的子集。若 $s_i \in G$，则称 s_i 为社区 G 的成员。

基于社区的定义，同样可以给出子社区和父社区的定义[259]：一个社区 (T, G) 可能包含由一个子社区所组成的集合 $\{(T_1, G_1), (T_2, G_2), \cdots, (T_m, G_m)\}$，其中 T_i 是 T 的一个子主题，且 $G_i \in G$。相应地，(T, G) 也可以称为 (T_i, G_i) 的父社区。

不同数据所形成的社区可能是不一样的，对于网络页面，一个社区中的网页往往包含了与该社区主题相关的关键词，网页之间也存在联系彼此的链接。对于电子邮件，社区成员之间有着频繁的邮件往来，同时邮件内容有与主题相关的关键词。

社区发现的目的是给出一个包含实体的数据集，从中能够找到潜在的社区。每个社区都可以找到它的主题和相应的成员。对社区发现的算法较多，常见的包括二分社区发现算法、最大流社区发现算法。感兴趣的读者可以进一步参阅文献[260,261]。

小　结

社会网络是由一群参与者组成的。网络中心性是反映网络中哪些是重要的或者是关键的参与者，哪些是广泛参与其他节点连接的参与者。一个参与者如果具有较高的中心性，其重要程度要高于那些中心性较低的人，这样的参与者称为中心参与者。常用的中心性测度包括度中心性、贴近中心性及中介中心性。

权威相比于中心性而言，是对节点重要性的另一个视角的度量方式。权威只能在有向图中计算，而中心性可以在有向图和无向图中计算；中心性只考虑一个节点的出度，而权威重点考虑一个节点的入度，也就是链入链接。常用的权威测度包括度权威、邻近权威和等级权威。

社会网络分析的另一个应用领域是科技文献之间的引用分析。在科技文献领域中，每篇学术文章引用不同作者的文献，引用让学术文章之间构成了联系，形成了网络。同引分析和引文耦合分析是计算两种常用的分析文献之间相关程度的方法。

社会网络的链接分析中最经典的两个算法是 PageRank 算法和 HITS 算法，其思想相似，但各有优点和不足。PageRank 算法与查询无关，抵御作弊的能力较强；而 HITS 算法与查询相关，抵御作弊的能力不如 PageRank 算法。

社会网络中的社区是由讨论统一话题，或者有着共同兴趣的个体所组成的群体。社会网络中的社区对于人们有着重要的作用。社区发现的目的是给出一个包含实体的数据集，从中能够找到潜在的社区。每个社区都可以找到它的主题和相应的成员。

社会网络吸引了很多科研人员开展了多方面的研究工作，感兴趣的读者可以参考 Wasserman 的著作[262]，以对该课题进行更为深入的研究。

思考与练习

10.1 给定一个 10 个节点组成的网络,如下所示,试计算其中节点 i 的中介中心性。

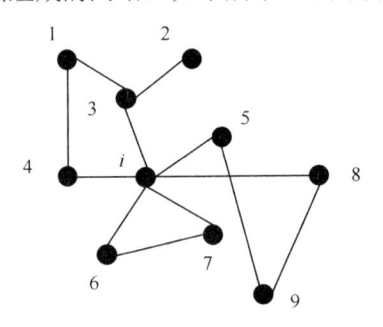

10.2 简述 PageRank 算法的过程和优缺点。
10.3 简述 HITS 算法的过程和优缺点。
10.4 简述社会网络中社区的含义。

第 11 章

概率图模型

生活中无论是预测明天是否会下雨,还是预测股市中股票的涨跌情况,本质都是在研究事件发生的概率。概率图模型提供了一个用图形来描述概率模型的框架,这种可视化方法使我们可以更加容易地理解模型的内在性质,能够对现实世界中的复杂问题进行刻画。基于条件独立性的基本假设,图形化表示直观地描述了随机变量之间的条件独立性,有利于将复杂的概率模型分解为简单模型的组合,并更好地理解概率模型的表示、推断、学习等方法。20世纪 90 年代末,概率图模型的研究逐步成熟,到 21 世纪,概率图模型在机器学习、计算机视觉、自然语言处理等领域不断发展壮大。本章将介绍几种常见的代表性概率图模型。

本章学习重点
- 概率图模型的原理和类型
- 朴素贝叶斯模型的结构与应用
- 隐马尔可夫模型的结构与应用
- 高斯混合模型的原理与应用
- LDA 模型的原理与应用

11.1 概率图模型简介

概率图模型（Probabilistic Graphical Model，PGM）是一种用图结构来描述变量之间的相互依赖关系、对概率进行结构化表示的模型，能进行高效的学习和推理，是研究高维空间概率的常用方式。基于条件独立的假设，概率图模型的参数相对较少，能达到较高的计算效率。

图是由一组节点和节点之间的边组成的，在概率图模型中，每个节点表示一个或一组随机变量，节点之间的边表示随机变量之间的概率依赖关系。根据图中的边是否存在方向，概率图模型可分为两类：有向图模型和无向图模型。有向图模型（Directed Graphical Model）可以刻画变量间显式存在的因果关系，又被称为贝叶斯网络（Bayes Network）或者信念网（Belief Network）等。而无向图模型（Undirected Graphical Model）中变量间显式的因果关系难以获得，只能反映变量间的相关性，常用的有马尔可夫模型（Markov Model）、因子图（Factor Graph）等。图 11-1 给出了两个代表性图模型（有向图模型和无向图模型）的示例，分别表示了 4 个变量 $\{x_1, x_2, x_3, x_4\}$ 之间的依赖关系。

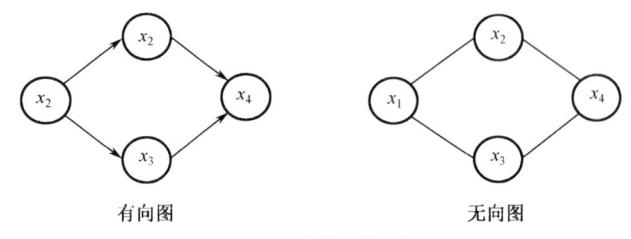

图 11-1 图模型示例

在有向图模型或者说贝叶斯网络中，所有变量 X 的联合概率分布可以表示为所有随机变量的局部条件概率分布的累乘形式，即

$$p(X) = \prod_k p[X_k \mid \text{parents}(X_k)] \tag{11.1}$$

式中，$\text{parents}(X_k)$ 表示 X_k 的父节点。

根据条件独立性假设，贝叶斯网络中的变量之间存在四种基本关系，如图 11-2 所示。

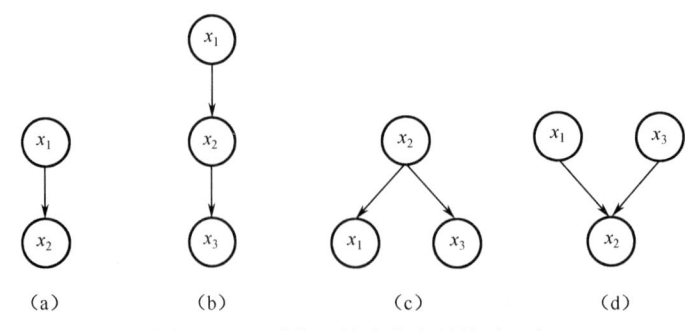

图 11-2 贝叶斯网络中的变量关系示意

(1) 直接因果关系，如图 11-2(a)所示，父节点 x_1 是因，子节点 x_2 是果。

(2) 间接因果关系，如图 11-2(b)所示，x_1 是 x_2 的因，x_2 是 x_3 的因，x_1 与 x_3 构成间接因果关系。当 x_2 已知，x_1 和 x_3 是条件独立的，即 $x_1 \perp x_3 | x_2$，其中符号 $\perp$ 表示"独立"。

(3) 共因关系，如图 11-2(c)所示，x_2 同时是 x_1 和 x_3 的因。当 x_2 已知时，x_1 和 x_3 是条件独立的，即 $x_1 \perp x_3 | x_2$。

(4) 共果关系，如图 11-2(d)所示，x_1 和 x_3 都是 x_2 的因。当 x_2 未知时，x_1 和 x_3 是条件独立的，x_2 已知时反而不独立。

概率图模型在使用时一般要解决 3 个主要问题：① 表示问题。对于一个问题和其背后的概率分布，如何用图结构来描述随机变量之间的独立和依赖关系。② 学习问题。在给定图结构后，如何根据观测到的数据学习图模型的参数。③ 推断关系。在已知部分变量时，如何利用模型计算未知变量的条件概率分布。

概率图模型的图结构表示是根据先验知识提前设计并确定的，对于不同的问题需选择不同的模型，做出合理的假设，需要建模者对所研究的问题具有仔细的观察和深刻的认知，才能对变量之间的相关关系有所洞察，所设计的概率图结构才能符合客观规律并行之有效。学习过程是指在给定结构下根据观测数据，对模型概率表示时的相关参数进行学习，概率图模型中常用的参数学习算法有 EM 算法和 Gibbs 采样等。而推断是指使用概率图对未知变量进行预测，在一些复杂模型中，精准推断是难以实现的，常需采用一些近似推断的算法，如变分推断（Variational Inference）、蒙特卡罗采样（Monte Carlo Sampling）等。

概率图模型众多，本章将选取几类常用的模型进行介绍，包括朴素贝叶斯模型、隐马尔可夫模型、高斯混合模型和 LDA 模型等。

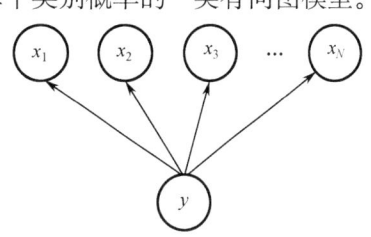

11.2 朴素贝叶斯模型

朴素贝叶斯模型（Naïve Bayes Model）是一种简单的概率分类模型。分类问题作为最具代表性的一类有监督学习问题，旨在根据样本特征标识出该样本所属的类别标签，如常见的垃圾邮件识别，根据病情变化判断患者是否患病等都属于典型的分类任务。朴素贝叶斯模型是在强条件独立假设下，使用贝叶斯公式来计算样本属于每个类别概率的一类有向图模型。

一般，朴素贝叶斯分类问题可表示为，一个样本具有 N 维特征向量 $\boldsymbol{x} = \{x_1, x_2, \cdots, x_N\}$，并对应一个类别标签 y，假设类别标签的取值空间为 $\{y_1, y_2, \cdots, y_M\}$，分类任务需要在观测到样本特征的情况下，预测该样本所属的类别。相应朴素贝叶斯分类图模型如图 11-3 所示。

图 11-3 朴素贝叶斯模型

当 y 给定时，可认为 x_n（$1 \leqslant n \leqslant N$）之间是条件独立

的，并且 x_n 之间本身不存在其他依赖关系，这便是朴素贝叶斯模型的强条件独立假设。根据贝叶斯公式，已知样本特征，样本所属类别的条件概率计算方式为

$$p(y|x;\theta) = \frac{p(x_1, x_2, \cdots, x_N|y;\theta)p(y;\theta)}{p(x_1, x_2, \cdots, x_N)} \quad (11.2)$$
$$\propto p(x_1, x_2, \cdots, x_N|y;\theta)p(y;\theta)$$

由强条件独立假设，式(11.2)可进一步表示为

$$p(y|x;\theta) \propto p(y|\theta_c)\prod_{n=1}^{N} p(x_n|y;\theta_n) \quad (11.3)$$

式中，$\propto$ 表示正比于关系，θ_c 是 y 的先验概率分布的参数，θ_n 是条件概率分布的参数，朴素贝叶斯模型的参数学习一般采用简单的极大似然估计法。

由式(11.3)可知，使用朴素贝叶斯模型进行标签预测时，需要确定两类概率：一是类别标签的先验概率 $p(y=y_i)$，可根据训练数据中属于类别 y_i 的样本数占总数的比例得到；二是给定类别标签时的条件概率 $p(x_n|y=y_i)$。x_n 为连续值时，一般采用高斯概率分布建模，高斯分布的均值和方差等参数由训练数据中的特征值分布情况确定；若为离散值，则可采用多项式分布建模，直接用训练数据中该类别下出现特征值的频率作为概率。最后选择最大的 $p(y=y_i|x)$ 值对应的 y_i 作为该样本的预测类别。

理论上，朴素贝叶斯分类器的分类精度相对于其他分类器具有一定优势，但仍有两方面原因限制了其分类的准确率：一是其强条件独立假设，即指定类别时各属性的取值是相互独立的这个假设很难满足；二是有时无法获得数据的准确概率分布。即便如此，有研究及应用表明，朴素贝叶斯模型在很多任务中还是取得了良好结果。特别是由于朴素贝叶斯模型简单，解释性强，易于使用，其在不同应用场景中均得到了广泛应用。

【例 11.1】表 11-1 展示了某健身培训公司关于客户是否开通会员的信息记录，记录的属性包括客户的性别、学历和职业，三个变量均为离散变量。以表中的信息为训练集，用朴素贝叶斯模型预测一名客户：性别为女、学历为硕士、职业为教师，其是否会开通会员。

表 11-1 是否开通会员信息记录表

性别（x_1）	学历（x_2）	职业（x_3）	是否开通会员（y）
女	本科	销售	否
女	硕士	程序员	是
男	硕士	程序员	是
女	本科	教师	否
男	本科	销售	是
男	硕士	教师	否
女	本科	教师	是

该问题的图模型可以表示图 11-3。该问题需要计算 $p(y|x_1=女, x_2=硕士, x_3=教师)$，根据朴素贝叶斯模型的计算步骤，首先需要计算类别标签的先验概率，即

$$p(y=是) = \frac{3}{7}, \quad p(y=否) = \frac{4}{7}$$

然后计算给定类别标签时的条件概率，该问题中样本属性均为离散变量，则

$$p(x_1 = 女 | y = 是) = \frac{1}{2}, p(x_1 = 女 | y = 否) = \frac{2}{3}$$

$$p(x_2 = 硕士 | y = 是) = \frac{1}{2}, p(x_2 = 硕士 | y = 否) = \frac{1}{3}$$

$$p(x_3 = 教师 | y = 是) = \frac{1}{4}, p(x_3 = 教师 | y = 否) = \frac{2}{3}$$

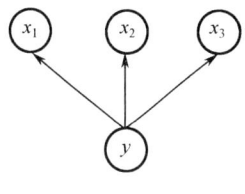

图 11-4 例 11.1 图

利用以上结果，进一步计算，得

$$p(x_1 = 女, x_2 = 硕士, x_3 = 教师 | y = 是)$$
$$= p(x_1 = 女 | y = 是) \times p(x_2 = 硕士 | y = 是) \times p(x_3 = 教师 | y = 是) = \frac{1}{16}$$

$$p(x_1 = 女, x_2 = 硕士, x_3 = 教师 | y = 是)$$
$$= p(x_1 = 女 | y = 否) \times p(x_2 = 硕士 | y = 否) \times p(x_3 = 教师 | y = 是) = \frac{4}{27}$$

根据贝叶斯定理，可得

$$p(y = 是 | x_1 = 女, x_2 = 硕士, x_3 = 教师) \propto p(x_1 = 女, x_2 = 硕士, x_3 = 教师 | y = 是)p(y = 是) = \frac{3}{112}$$

$$p(y = 否 | x_1 = 女, x_2 = 硕士, x_3 = 教师) \propto p(x_1 = 女, x_2 = 硕士, x_3 = 教师 | y = 否)p(y = 否) = \frac{16}{189}$$

比较上述两个概率值的大小，可预测该客户更有可能不会成为续费会员。关于贝叶斯模型用于解决分类问题的具体实现过程及应用举例曾在本书第 7 章介绍，读者也可结合该章内容进行学习。

11.3 隐马尔可夫模型

11.3.1 马尔可夫过程

马尔可夫过程（Markov Process）是随机过程中的一个重要模型，由数学家马尔可夫提出。他提出了用数学分析方法研究自然过程的一般图式——马尔可夫链，并开创了以马尔可夫过程为代表的随机过程研究。

对于一类随机过程，假设一个系统有 N 个可能的状态 $S_1, S_2, \cdots, S_N$，随着时间的推移，该系统会从某状态转移到另一个状态。如果用 q_t 表示系统在时间 t 时刻的状态变量，t 时刻的状态值为 S_j 的概率取决于前 $t-1$ 个时刻的状态值，可以表示为

$$p(q_t = S_j | q_{t-1}, q_{t-2}, \cdots, q_1) \quad (1 \leqslant j \leqslant N) \tag{11.4}$$

如果在特定情况下，系统在时间 t 的状态仅与上一时刻 $t-1$ 的状态相关，与之前其他时间的状态无关，即具备无记忆性，也称为马尔可夫性质。该系统构成一个离散的一阶马尔可夫链，

则概率表示为

$$p(q_t = S_j | q_{t-1}) \quad (1 \leq j \leq N) \tag{11.5}$$

进一步考虑上式独立于时间 t 的随机过程，即所谓的不动性假设，那么

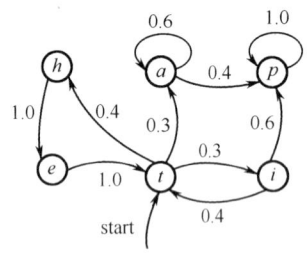

$$p(q_t = S_j | q_{t-1}) = a_{ij} \quad (1 \leq j \leq N) \tag{11.6}$$

则该随机过程被称为马尔可夫过程或马尔可夫链。在马尔可夫过程中，状态转移概率 a_{ij} 构成的矩阵一般记为状态转移矩阵 $\boldsymbol{A}$，a_{ij} 必须满足以下条件，即

$$a_{ij} \geq 0, \quad \sum_{j=1}^{N} a_{ij} = 1 \tag{11.7}$$

图 11-5 马尔可夫状态转移图

马尔可夫模型可以表示成状态转移图的形式，如图 11-5 所示，状态之间的边表示状态的转移概率，称为转移弧，零概率的转移弧省略，每个节点所有发出弧的概率之和等于 1。

对于一个时间跨度为 T 的状态序列 $S_1, S_2, \cdots, S_T$，整个序列的概率表示为

$$p(S_1, S_2, \cdots, S_T) = p(S_1) \times p(S_2 | S_1) \times p(S_3 | S_2) \times \cdots \times p(S_T | S_{T-1}) = \pi_{S_t} \prod_{t=1}^{T-1} a_{S_t S_{t+1}} \tag{11.8}$$

式中，$\pi_i = p(q_1 = S_i)$ 为初始状态的概率。

11.3.2 隐马尔可夫建模与处理

隐马尔可夫模型（Hidden Markov Model，HMM）是一种简单的动态贝叶斯网络模型，由美国数学家鲍姆（Leonard E. Baum）等人于 20 世纪 70 年代提出[263]，主要用于时序数据的建模，在语音识别和自然语言处理领域有着广泛的应用。

图 11-6 为隐马尔可夫模型的图结构，其变量可以分为两组：一组是状态变量 $y = \{y_1, y_2, \cdots, y_T\}$，$y_t$ 表示 t 时刻的系统状态，该变量往往是不可观测的，因此称为隐变量；另一组是观测变量 $x = \{x_1, x_2, \cdots, x_T\}$，$x_t$ 表示第 t 时刻的观测值。一般状态变量 y 的取值是离散的，系统常在 N 个状态 $\{S_1, S_2, \cdots, S_N\}$ 之间转换。观测变量可以是离散的也可以是连续的，为便于后续讨论，假定观测变量也是离散的，取值范围为 $\{o_1, o_2, \cdots, o_M\}$。

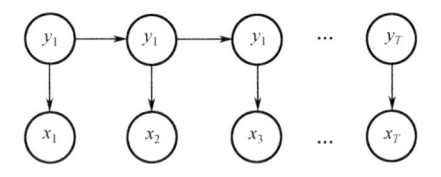

图 11-6 隐马尔可夫模型的图结构

模型结构图中的边表示了变量之间的依赖关系。HMM 有两个基本假设。一是观测独立假设，在任一时刻，观测变量都只由当前时刻的状态变量决定，与其他状态变量和观测变量的取值无关。二是马尔可夫假设，状态变量构成了一个马尔可夫链，其满足马尔可夫性质（无记忆性），即当前的状态变量取值仅依赖于上一时刻的状态，与之前的状态无关。基于这些基本性质，隐马尔可夫模型的联合概率分布可以表示为

$$p(x,y) = p(x_1 | y_1) p(y_1) \prod_{t=2}^{T} p(x_t | y_t) p(y_t | y_{t-1}) \tag{11.9}$$

除了模型结构、隐变量和观测变量的取值，由联合概率分布可知，确定一个隐马尔可夫模型需要确定三组重要的模型参数。

（1）初始状态概率 $\pi_i = p(y_1 = s_i)$，即模型在初始时刻隐变量取各种状态值的概率 $\pi = \{\pi_1, \pi_2, \cdots, \pi_N\}$。

（2）状态转移概率 $a_{ij} = p(y_t = s_j | y_{t-1} = s_i)$，表示隐变量取值在各状态之间转移的概率，一般记为状态转移矩阵 $\boldsymbol{A}$。

（3）输出观测概率 $b_{ij} = p(x_t = o_j | y_t = s_i)$，表示在当前状态值 $y_t = s_i$ 的情况下，获得观测值 $x_t = o_j$ 的概率，一般用矩阵 $\boldsymbol{B}$ 表示。

模型的整体参数空间表示为 $\mu = (\boldsymbol{A}, \boldsymbol{B}, \pi)$，给定这些参数时，观测序列 $x = \{x_1, x_2, \cdots, x_T\}$ 的生成过程如下。

（1）令 $t = 1$，由初始状态概率 π 生成一个初始状态值 $y_1 = s_i$。

（2）根据输出观测矩阵 $\boldsymbol{B}$，确定当前 t 时刻的观测值 $x_t = o_j$。

（3）由状态转移矩阵 $\boldsymbol{A}$，确定下一时刻的状态值 y_{t+1}。

（4）令 $t = t + 1$，当 $t < T$ 时，不断重复步骤（2）和步骤（3），否则结束。

实际应用中，使用隐马尔可夫模型主要关注以下三个问题。

（1）在给定模型参数 $\mu = (\boldsymbol{A}, \boldsymbol{B}, \pi)$ 和观测序列 $x = \{x_1, x_2, \cdots, x_T\}$ 情况下，怎样快速地计算概率 $p(x|\mu)$，换言之就是如何评估模型与观测序列的匹配程度。

对于这个问题，一般采用前向算法进行计算。将 $p(x|\mu)$ 展开成如下形式，即

$$p(x|\mu) = \sum_y p(x, y|\mu) = \sum_y p(y|\mu) p(x|y, \mu) \tag{11.10}$$

式中，$p(y|\mu) = \pi_{y_1} a_{y_1 y_2} a_{y_2 y_3} \cdots a_{y_{T-1} y_T}$，$p(x|y, \mu) = b_{y_1 x_1} b_{y_2 x_2} \cdots b_{y_T x_T}$。若模型有 N 个不同的状态，时间长度为 T，则有 N^T 个可能的状态序列，搜索路径呈指数爆炸。为解决这个问题，可使用动态规划中的前向算法，定义前向变量为

$$a_t(i) = p(x, y_t = s_i | \mu) \tag{11.11}$$

$p(x|\mu)$ 是在到达 y_T 时观测到的序列 $x = \{x_1, x_2, \cdots, x_T\}$ 的概率（所有可能的概率之和），基于 $a_t(i)$，就可以高效地求得 $p(x|\mu)$，即

$$p(x|\mu) = \sum_{s_i} p(x, y_T = s_i | \mu) = \sum_{i=1}^{N} a_T(i) \tag{11.12}$$

动态规划计算 $a_t(i)$，时间 $t+1$ 的前向变量可根据时间 t 的前向变量 $a_t(1), a_t(2), \cdots, a_t(N)$ 的值递推计算，即

$$a_{t+1}(j) = \left[\sum_{i=1}^{N} a_t(i) a_{ij} \right] b_j(x_{t+1}) \tag{11.3}$$

综上所述，用前向算法计算 $p(x|\mu)$ 的过程主要分为以下三步：① 初始化 $a_1(i) = \pi_i b_i(x_1)$，

$1 \leqslant i \leqslant N$；② 循环计算 $a_{t+1}(j) = \left[\sum_{i=1}^{N} a_t(i) a_{ij}\right] b_j(x_{t+1})$，$1 \leqslant t \leqslant T-1$；③ 输出结果 $p(x|\mu) = \sum_{i=1}^{N} a_T(i)$。前向算法总的复杂性为 $O(N^2 T)$。

(2) 在已知观测序列 $x = \{x_1, x_2, \cdots, x_T\}$ 的情况下，如何寻找最优的模型参数 $\mu = (\boldsymbol{A}, \boldsymbol{B}, \pi)$，使得生成该观测序列的概率 $p(x|\mu)$ 值最大，即如何训练模型使得其能更好地拟合观测数据，即模型的学习问题。

对于 HMM 参数的学习，常采用 Baum Welch 前向后向算法[264, 265]。该算法基于期望值最大化（Expectation-Maximization，EM）算法[266]，其基本思想为：初始化时，随机地给模型的参数赋值（遵循限制规则，如从某状态出发的转移概率总和为 1），得到模型 μ_0，然后可以从 μ_0 得到从某状态转移到另一状态的期望次数，以期望次数代替公式中的次数，得到模型参数的新估计，由此得到新的模型 μ_1，从 μ_1 中又可重新计算得到模型中隐变量的期望值，据此重新估计模型参数。循环这个过程，直至参数收敛于最大似然估计值为止。

(3) 模型的推断问题，在已知观测序列 $x = \{x_1, x_2, \cdots, x_T\}$，并经参数学习得到模型参数 μ 的情况下，如何推测出"最优"的状态序列 $y = \{y_1, y_2, \cdots, y_T\}$，能够最好地解释观测序列，即根据观测序列推断出隐藏的模型状态。

HMM 的推断常使用 Viterbi 搜索算法[267]，推断问题是在给定模型 μ 和观察序列 x 的条件下求概率最大化的状态序列，即

$$\hat{y} = \arg\max_{y} p(y|x, \mu) \tag{11.14}$$

Viterbi 搜索算法是一种基于动态规划求解最优状态序列的算法，Viterbi 变量 $\delta_t(i)$ 是在时间 t 时，其模型沿着某路径到达 $y_t = s_i$，并输出观察序列 $x = \{x_1, x_2, \cdots, x_T\}$ 的最大概率，即

$$\delta_t(i) = \max_{y_1, y_2, \cdots, y_{t-1}} p(y_1, y_2, \cdots, y_{t-1}, y_t = s_i, x_1, x_2, \cdots, x_t | \mu) \tag{11.15}$$

Viterbi 变量也可采用递归计算的方式，即

$$\delta_{t+1}(i) = \max_{j} \left[\delta_t(j) \times a_{ji}\right] \times b_i(x_{t+1}) \tag{11.16}$$

采用 Viterbi 搜索算法进行参数推断的算法如下。

(1) 初始化 Viterbi 变量，即 $\delta_1(i) = \pi_i b_i(x_1)$，$1 \leqslant i \leqslant N$，则概率最大的路径变量为 $\phi_1(i) = 0$。

(2) 递归计算为

$$\delta_t(j) = \max_{1 \leqslant i \leqslant N} \left[\delta_{t-1}(i) \cdot a_{ij}\right] \times b_j(x_t) \quad (2 \leqslant t \leqslant T, 1 \leqslant j \leqslant N) \tag{11.17}$$

$$\phi_t(j) = \arg\max_{1 \leqslant i \leqslant N} \left[\delta_{t-1}(i) \times a_{ij}\right] \times b_j(x_t) \quad (2 \leqslant t \leqslant T, 1 \leqslant j \leqslant N) \tag{11.18}$$

(3) 当 $t = T$ 时计算结束，得到

$$\hat{y}_T = \arg\max_{1 \leqslant i \leqslant N} \left[\delta_T(i)\right] \tag{11.19}$$

$$\hat{p}(\hat{y}_T) = \max_{1 \leqslant i \leqslant N} \left[\delta_T(i)\right] \tag{11.20}$$

(4) 通过回溯得到的路径即为状态序列

$$\hat{y}_T = \hat{\phi}_{t-1}[\hat{y}_{t-1}] \quad (t = T-1, T-2, \cdots, 1) \tag{11.21}$$

隐马尔可夫模型常被用以处理序列数据的相关问题,尤其是在自然语言处理领域常被应用于分词和语音识别等任务。例如,在语音识别任务中,将听到的音频序列看作观测序列 $x = \{x_1, x_2, \cdots, x_T\}$,需要根据音频序列推断对应的文字 $y = \{y_1, y_2, \cdots, y_T\}$,即模型中的隐状态序列。以音频和文字相对应的完备语料库作为训练集,采用 Baum Welch 前向后向算法学习得到隐马尔可夫模型的三组重要参数,包括初始概率 π,不同词或文字之间的状态转移矩阵 A,以及文字对应输出发音的输出观测矩阵 B。那么对于新的需要识别对应文字的语音序列,即可利用 Viterbi 搜索算法推断得出其对应的文字序列,从而达到语音识别的目的。

11.4 高斯混合模型

在现实生活中,数据是混杂的,其分布情况往往难以直接满足某种简单的概率分布,而混合模型假设数据的整体分布是由不同的子分布复合而成的,即可采用 K 个子概率分布组成的混合分布来表示观测数据的总体概率分布。

高斯混合模型(Gaussian Mixture Model,GMM)使用多个高斯分布作为子分布,其总体密度函数为多个高斯密度函数的加权组合,并使用期望最大化(EM)算法进行训练,能够识别出观测数据中由不同子分布生成的数据,也可以作为一种聚类算法使用[268]。

高斯分布(Gaussian Distribution)也常被称为正态分布(Normal Distribution),是一种在自然界大量的存在的、最为常见的分布形式,在数理统计领域有着广泛的应用。当样本数据 X 是一维数据时,高斯分布遵从如下概率密度函数,即

$$p(x|\mu,\sigma) = \frac{1}{\sqrt{2\pi\sigma^2}} \exp\left(-\frac{(x-\mu)^2}{2\sigma^2}\right) \tag{11.22}$$

式中,μ 为数据的均值,或称期望值,σ 为数据的标准差。

当样本数据 X 是 D 维数据时($D > 1$),高斯分布遵从如下概率密度函数,即

$$p(x|\mu,\Sigma) = \frac{1}{(2\pi)^{\frac{D}{2}}|\Sigma|^{\frac{1}{2}}} \exp\left(-\frac{(x-\mu)^T \Sigma^{-1}(x-\mu)}{2}\right) \tag{11.23}$$

式中,μ 为数据的均值向量,Σ 为数据的协方差矩阵。

高斯混合模型可以看作是由 K 个单高斯模型组合而成的模型,即数据包含 K 个类别,这 K 个类别子模型是混合模型的隐变量。K 用 $x_1, x_2, \cdots, x_N$ 表示观测数据,α_k 表示观测数据属于第 k 个子模型的概率,显然需满足条件:

$$\alpha \geq 0, \sum_{k=1}^{K} \alpha_k = 1$$

$\phi(x|\theta_k)$ 表示第 k 个子模型的高斯分布密度函数,其展开形式与上面介绍的单高斯模型相

同，参数为 $\theta_k=(\mu_k,\sigma_k^2)$。图 11-7 表示一个由 $K=2$ 的二维混合高斯分布生成的数据示意。

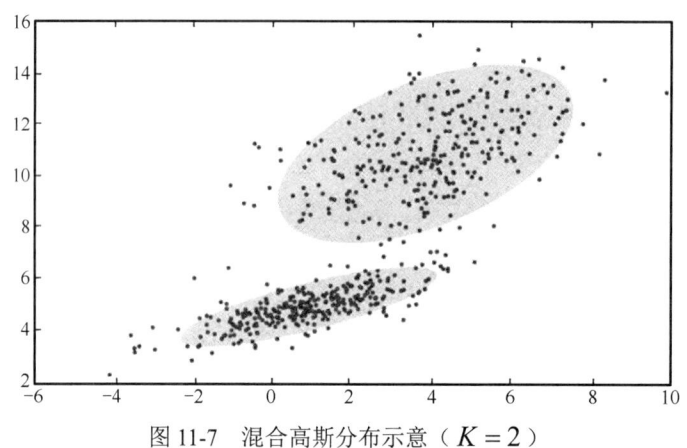

图 11-7 混合高斯分布示意（$K=2$）

从高斯混合模型中生成一个样本数据 $x_1,x_2,\cdots,x_N$ 的过程如下：

（1）根据 α_k 随机选取一个子高斯分布，假设选中第 k 个高斯分布。

（2）从选中的第 k 个分布 $\phi(x|\theta_k)$ 中生成数据 x_i。

（3）重复上述过程，直至生成所有样本点。

在高斯混合模型中，随机变量 x 的概率密度函数表示为

$$P(x|\theta)=\sum_{k=1}^{K}\alpha_k\phi(x|\theta_k) \tag{11.24}$$

高斯分布的本质并不复杂，而通过融合多个单高斯模型来使得数据分布形式更复杂，从而产生更复杂的样本。理论上，如果某高斯混合模型融合的高斯模型个数足够多，它们之间的权重设定足够合理，这个混合模型可以拟合任意分布的样本。

对高斯混合模型而言，其模型需要根据数据形式学习的参数为 $\theta=\{\alpha_k,\mu_k,\sigma_k\}$，即每个单高斯模型的均值和标准差，以及在混合模型中发生的概率。单高斯模型可以用极大似然（Maximum Likelihood）法估算模型的期望值和方差，用极大似然法估计假设所有样本之间是相互独立的，将所有样本点相乘之后得到的联合概率作为似然函数，通过求导，得到使联合概率分布最大化的参数作为模型的参数。

但高斯混合模型通常并不知道样本到底是来自哪一个子分布，对于有隐含变量的模型无法直接求导计算，因此需要通过迭代的方法进行求解，即采用期望最大化（EM）算法。有关 EM 算法的详细介绍，读者可参阅文献[266]，本节主要介绍 EM 算法如何在高斯混合模型中计算模型参数。

对于样本数据 $x_1,x_2,\cdots,x_N$ 和一个有 K 个子模型的高斯混合模型，想推算出高斯混合模型的最佳参数 $\theta=\{\alpha_k,\mu_k,\sigma_k\}$，通过 EM 算法迭代更新的具体步骤如下。

（1）开始时随机初始化参数。

（2）E-step。依据当前参数，计算每个数据 x_i 来自第 k 个子模型的可能性为 γ_{ik}。

（3）M-step。计算新一轮迭代的模型参数，即

$$\mu_k = \frac{\sum_{i=1}^{N}\gamma_{ik}x_i}{\sum_{i=1}^{N}\gamma_{ik}} \quad (k=1,2,\cdots,K) \tag{11.25}$$

$$\sigma_k = \frac{\sum_{i=1}^{N}\gamma_{ik}(x_i-\mu_k)(x_i-\mu_k)^{\mathrm{T}}}{\sum_{i=1}^{N}\gamma_{ik}} \quad (k=1,2,\cdots,K) \tag{11.26}$$

$$\alpha_k = \frac{\sum_{i=1}^{N}\gamma_{ik}}{N} \quad (k=1,2,\cdots,K) \tag{11.27}$$

（4）重复计算 E-step 和 M-step 步骤，直至参数收敛。

至此，便可确定高斯混合模型的参数。注意，EM 算法具备收敛性，但并不保证找到全局最优解，有可能找到的是局部最优解。实际操作时，子模型数 K 一般需指定，初始化时初始类中心需指定，协方差矩阵和混合权重也要设置。所以，使用时一般会初始化几次不同的参数进行多次迭代优化，取结果最好的一次作为最终结果。

高斯混合模型也可以识别出样本点属于哪一个子高斯分布，从而达到聚类的目的。见图 11-6，可以看作二维空间中多个点通过高斯混合模型（$K=2$）聚成了两类。在特定条件下，k-means 聚类算法可被视为高斯混合模型的一种特殊形式。整体上，高斯混合模型具有更强的描述能力，因为聚类时数据点的从属关系不仅与近邻相关，还会依赖于类簇的形状。高斯分布的形状由协方差来决定，在协方差矩阵上添加特定的约束条件后，高斯混合模型和 k-means 可能得到相同的聚类结果。

11.5 LDA 模型

主题模型是一种用来在大量文档中发现潜在主题的统计模型。一个文档中的具体词语都是与某主题相关的，通过对文本中词所对应的潜在主题进行推测，得到文档所对应的多个潜在主题的分布。LDA（Latent Dirichlet Allocation，潜在狄利克雷分配）模型是一种常用的文档主题生成模型，是 Blei、David 等人于 2003 年提出的，用来推测文档的主题分布，是目前应用最广泛的主题模型[269]。LDA 模型可以将语料库中每篇文档的主题以概率分布的形式给出，可以对多篇文档的主题进行分析，也可以根据文档主题分布做主题聚类或文本分类等。

绝大多数自然语言模型都将一篇文档看成一系列无顺序词的集合，代表的有 Bags of Words 类模型，一般不考虑词与词之间的顺序与序列相关性。LDA 模型也采取了类似的考虑，一篇文档可以表示为词的序列，即 $d_m = (w_{m1}, w_{m2}, \cdots, w_{mN})$，$N$ 表示文档 d_m 中词的个数，

文档即组成文档的词是可观测变量。一个语料库中一般包含多篇文档，$D = \{d_1, d_2, \cdots, d_M\}$，$M$ 为整个语料库中的文档数。这里以一个常见的新闻主题识别为例，一个小型新闻语料库中有几百篇新闻，则一篇新闻即一篇文档，每篇新闻可以进行分词处理，形成上百个词语。

LDA 模型的基本假设为一篇文档是多个潜在主题的混合概率分布，主题是相关词的概率分布，且都服从多项分布（Multinomial Distribution）形式。即一篇新闻可能与多个主题相关，文档中每个词都由其中的一个主题生成。LDA 模型使得每篇新闻都有一个多个主题的概率分布与之对应，每个主题都由一个多个单词的概率分布与之相关联。

多项分布是二项分布扩展到多维的情况，多项分布中单次试验中的随机变量的取值不再是 0 或 1，而是有多个取值，可以用 $p_1, p_2, \cdots, p_k$ （$k>2$）表示随机变量取值的概率，作为分布的参数，其概率密度函数见式(11.28)，其中 x_1 表示随机变量取值为 1 发生的次数，n 表示实验重复的总次数，即

$$n = \sum_{i=1}^{K} x_i$$

则

$$P(x_1, x_2, \cdots, x_k; n, p_1, p_2, \cdots, p_k) = \frac{n!}{x_1! x_2! \cdots x_k!} p_1^{x_1} p_2^{x_2} \cdots p_k^{x_k} \tag{11.28}$$

LDA 模型的概率图如图 11-8 所示。

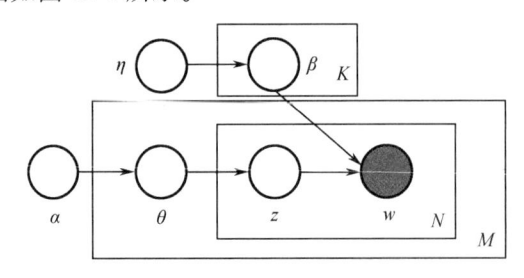

图 11-8　LDA 模型的概率图

LDA 模型是生成式模型，模型假设语料库中每篇新闻的生成为逐个生成新闻中的所有词语的过程，这个过程主要分为以下步骤。

（1）假设该语料库所用文档共对应 K 个潜在主题。

（2）按照先验概率选择一篇文档 d_i，确定文档 d_i 的主题分布的参数 $\theta_i \sim \text{Dir}(a)$。

（3）从文档-主题的多项分布 multinomial(θ_i) 采样生成文档 d_i 的第 j 个词 w_{ij} 对应的主题 z_{ij}。

（4）对主题 z_{ij} 确定其词分布的参数 $\beta_{z_{ij}} \sim \text{Dir}(\eta)$。

（5）从主题-词的多项分布 multinomial($\beta_{z_{ij}}$) 采样生成文档的词 w_{ij}。

（6）重复步骤（2）～（5），直至生成文档 d_i 中所有 N 个词。

Dir($\cdot$) 表示狄利克雷分布（Dirichlet Distribution），假设文档-主题和主题-词两个多项分布的参数 θ 和 β 满足狄利克雷分布，由于狄利克雷分布是多项分布的共轭先验分布，采用共

轭先验分布的设置使得算法的学习和推断更为高效。

根据 LDA 模型的网络结构及文档生成过程，一篇文档的联合概率分布可表示为

$$p(\theta_i, \beta, d_i \mid \alpha, \eta) = p(\theta_i \mid \alpha) p(\beta \mid \eta) \prod_{j=1}^{N} \sum_{z_{ij}}^{K} p(z_{ij} \mid \theta_i) p(w_{ij} \mid \beta_{z_{ij}}) \tag{11.29}$$

式中，$p(\theta_i \mid \alpha)$ 表示文档-主题分布的参数 θ_i 满足超参数为 α 的狄利克雷分布，即

$$p(\theta_i \mid \alpha) = \frac{\Gamma\left(\sum_{k=1}^{K} a_k\right)}{\prod_{k=1}^{K} \Gamma(a_k)} \prod_{k=1}^{K} p_k^{\theta_{ik}-1} \tag{11.30}$$

同理，$p(\beta_z \mid \eta)$ 的计算公式为

$$p(\beta_z \mid \eta) = \frac{\Gamma\left(\sum_{q=1}^{Q} \eta_q\right)}{\prod_{q=1}^{Q} \Gamma(\eta_q)} \prod_{q=1}^{Q} p_q^{\beta_{zq}-1} \tag{11.31}$$

式中，Q 表示主题 z 对应的词的个数，一般为语料库中包含的不同词的词数。

进一步，每篇文档的概率可表示为

$$p(d_i \mid \alpha, \eta) = \iint p(\theta_i \mid \alpha) p(\beta \mid \eta) \left(\prod_{j=1}^{N} \sum_{z_{ij}=1}^{K} p(z_{ij} \mid \theta_i) p(w_{ij} \mid \beta_{z_{ij}}) \right) d\theta_i d\beta \tag{11.32}$$

整个语料库的概率表示为

$$p(D \mid \alpha, \eta) = \prod_{i=1}^{M} \iint p(\theta_i \mid \alpha) p(\beta \mid \eta) \left(\prod_{j=1}^{N} \sum_{z_{ij}=1}^{K} p(z_{ij} \mid \theta_i) p(w_{ij} \mid \beta_{z_{ij}}) \right) d\theta_i d\beta \tag{11.33}$$

应用 LDA 模型的目的是根据新闻的用词推断该新闻的主题分布，即需要得到 $p(z_i \mid d_i)$。在模型训练过程中，需要学习的参数为 $\theta_1, \theta_2, \cdots, \theta_M$ 和 $\beta_1, \beta_2, \cdots, \beta_K$。$\alpha, \eta$ 是模型的超参数。此外，LDA 模型中的主题数 K 是根据经验事先给定的，使用时一般会根据训练出来的结果，逐步对主题数目参数进行调整，进而优化 LDA 模型主题分析效果。

LDA 模型的参数学习和推断一般常采用吉布斯采样（Gibbs Sampling）算法，吉布斯采样算法是一种马尔可夫链蒙特卡洛（MCMC，Markov Chain Monte Carlo）采样方法，用于在难以直接采样时从某一多变量概率分布中近似抽取样本序列[270]。该序列可用于近似联合分布、部分变量的边缘分布或计算积分（如某一变量的期望值）。某些变量可能为已知变量，故对这些变量并不需要采样。有关该算法的具体推导细节，感兴趣读者可参考相关文献和书目。本节主要对用吉布斯采样算法的 LDA 模型参数学习的核心思路进行介绍。该算法主要分为如下几步。

（1）随机初始化。对语料库中的每篇文档中的每个词，随机选择一个主题。

（2）重新扫描语料库，对每个词，按照吉布斯采样算法公式重新进行对应主题的采样，在语料库中进行更新。

（3）重复以上语料库的重新采样过程直到吉布斯采样值收敛。

（4）统计语料库中的文档-主题和主题-词共现频率矩阵，从而得到最终的参数 θ, β。

通常在 LDA 模型的训练过程中，采用吉布斯采样算法收敛之后的 n 次迭代平均结果来做参数估计，这样得到的估计质量更高。

经过参数学习得到 LDA 模型后，如何对新的文档进行其主题分布的计算呢？这个参数推断的过程和参数学习的过程几乎是完全一致的，同样采用吉布斯采样算法，不同之处在于，新的文档采样中的 β 是确定的，是由之前训练语料得到的模型提供的，在采样过程中仅需要对文档的主题分布进行估计即可，推断的过程如下。

（1）随机初始化。对当前文档 d_{new} 中的每个词，随机选择一个主题。

（2）重新扫描当前文档，按照吉布斯采样算法公式对每个词对应的主题重新采样。

（3）重复以上语料库的重新采样过程直至吉布斯采样值收敛。

（4）统计语料库文档中的主题频率分布，该分布就是要求的 θ_{new}。

以一个简单的新闻语料库为例，其对应的词库为：[科比，篮球，足球，奥巴马，希拉里，克林顿]。使用 LDA 模型之前先假定有 2 个潜在主题，通过学习，得到每个主题对应的词语的概率分布为：

主题1：[科比:0.3，篮球:0.3，足球:0.3，奥巴马:0.03，希拉里:0.03，克林顿:0.04]

主题2：[科比:0.03，篮球:0.03，足球:0.04，奥巴马:0.3，希拉里:0.3，克林顿:0.3]

观察上述结果，可将主题 1 归纳为"体育"，主题 2 归纳为"政治"。当语料库中词的数量较多时，可以根据概率值高的少数词进行归纳总结。对于语料库中的每篇新闻，可根据每个词对应的主题，学习得到一篇与新闻对应的主题分布，比如一篇新闻的主题分布是[体育:0.8，政治:0.2]。一篇新的新闻也可以按其用词推断对应的主题分布。通过 LDA 模型得到的文档-主题分布，可以看作一种文本向量，可进一步应用于下游的自然语言处理任务。

小　结

本章主要介绍了概率图模型的基本类型和应用，并详细介绍了几种常见的有向图模型，包括朴素贝叶斯模型，隐马尔可夫模型，高斯混合模型和 LDA 模型。

朴素贝叶斯模型在强条件独立假设的基础上，使用贝叶斯公式进行分类问题的标签预测，其模型计算过程简单，易于使用，虽然对于特征条件独立的假设过强，但在实际应用中表现出了良好的性能。

隐马尔可夫模型是一种代表性的动态贝叶斯模型，其充分利用了数据的马尔可夫性质，在处理时序数据时拥有较好的能力，常用于语音识别等任务。

高斯混合模型用多个子高斯分布的混合来描述数据分布，拥有更强的数据表示能力，也常用来对数据进行聚类操作。

LDA 模型是在自然语言处理领域一个常用的主题模型，该模型的假设基于一篇文档的生成过程，能有效得出文档最终主题分布，从而进行后续其他自然语言的处理任务。

概率图模型提供了一种直观且能有效对现实世界变量依赖关系进行刻画的方式，其图结构的表达有利于将复杂的概率模型分解为简单模型的组合，可以更好地理解概率模型的表示、推断、学习等方法，相比于神经元网络算法也具有更好的可解释性。

目前，概率图模型已经发展成为一个庞大的研究领域，涉及众多模型和算法。本章只介绍了一些相对基础的内容，读者若需要更加深入了解概率图模型，可以继续参阅相关书籍 *Probabilistic Graphical Models: Principles and Techniques*[271]、*Probabilistic Reasoning in Intelligent Systems: Networks of Plausible Inference*[272]。

思考与练习

11.1 概率图模型可分为哪两大类模型？请各举出几个常用的模型。
11.2 你认为，朴素贝叶斯模型中的条件独立假设是否合理？请给出理由。
11.3 简述马尔可夫性质。
11.4 请尝试画出高斯混合模型的概率图形式。
11.5 LDA 模型中为何要假设主题满足狄利克雷分布？

第 12 章

神经元网络

人工智能机器人 AlphaGo 战胜人类围棋顶尖高手李世石的新闻轰动全球,让人工智能一下子进入了寻常百姓家,成为家喻户晓的热词。AlphaGo 能取得如此成功的关键技术之一正是深度学习,即深度神经网络。除了令人瞩目的 AlphaGo,以深度学习为代表的人工智能技术已经在模式识别、计算机视觉、语音识别与生成、自然语言处理、机器翻译等方面取得了重要的进步,其诸多应用也与人们生活的方方面面深度融合,如车站核验身份时的人脸识别,便利店里的人脸支付,聊天时便捷的语音输入,购物时提供实时客服服务的智能机器人,媲美高级翻译专家的智能同声传译……以神经元网络为基础的深度学习正在改变着人类生活,也极大提高了生产服务的效率。本章将揭开人工智能的神秘面纱,一窥实现这些智能的神经元网络模型。

本章学习重点
- ❖ 神经元网络的基本概念
- ❖ 前馈神经元网络的结构和应用
- ❖ 卷积神经元网络的结构和应用
- ❖ 循环神经元网络的结构和应用
- ❖ 注意力机制的计算方法

12.1 神经元网络简介

神经元网络（Neural Network），又称人工神经元网络（Artificial Neural Network），是深度学习（Deep Learning）的主要模型。神经元网络最初的灵感来自人脑中处理信号的神经元，生物学研究揭示了人脑由一个个带有突触的神经元连接组成，神经元受到一定的外部刺激而产生信号。受此启发，早期的神经科学家构造了一种模拟人脑神经系统的数学模型，随着后期的发展，如今的神经元网络不仅是对人脑思考过程的模拟，更多的构造和学习方式来自数学的启发，包括线性代数、概率论、优化理论等等。

从机器学习的角度来看，神经元网络一般可以看作一个非线性模型，其基本组成单元为具有非线性激活函数的神经元，通过大量神经元之间的连接，使得神经元网络成为一种高度非线性的模型。神经元之间的连接权重就是需要学习的参数，可以在机器学习的框架下通过梯度下降方法来进行学习。

如今以神经元网络为主的深度学习和人工智能是近些年发展十分迅速的研究领域，其在工业界的应用也十分引人瞩目，如人脸识别、机器翻译、语音识别和自动驾驶等技术的发展切实地改变着人们的生活状态。

神经元网络的发展并非一帆风顺，其大致经过了以下三个阶段。

（1）第一阶段是 20 世纪 40～60 年代的控制论，期间提出了许多基本的神经元模型和学习规则。1943 年，心理学家 Warren McCulloch 和数学家 Walter Pitts 最早提出了基于简单逻辑运算的人工神经元网络，称为 MP 模型，至此开启了人工神经元网络研究的序幕[273]。1951 年，McCulloch 和 Pitts 的学生 Marvin Minsky 建造了第一台神经网络机 SNARC。Rosenblatt 于 1958 年提出了一种可以模拟人类感知能力的神经元网络模型，称为感知机（Perceptron）模型[274]，并提出了一种接近于人类学习过程（迭代、试错）的学习算法以实现单个神经元的训练。

然而在 20 世纪 70～80 年代，由于感知机无法处理异或回路问题以及计算机的计算能力限制，神经元网络研究陷入了第一个低谷期。

（2）第二个阶段大致是 1980—1995 年，Werbos 的反向传播算法的提出重燃了人们对于神经元网络的探索[275]。20 世纪 80 年代中期，一种连接主义模型开始流行，即分布式并行处理（Parallel Distributed Processing，PDP）模型[276]，反向传播算法也逐渐成为 PDP 模型的主要学习算法。随后，LeCun 等人将反向传播算法引入了卷积神经元网络[277]，并在手写体数字识别上取得了很大的成功[278]。

但之后十年，由于算力和数据的限制，神经元网络的学习能力非常有限，相比之下，以支持向量机为代表的机器学习类模型既能达到与神经元网络相媲美的精度，架构又更为简单，易用且解释性强，更受主流的关注与重视，神经元网络的研究又一次步入低谷。

（3）第三个阶段大概是从 2006 年至今，研究者逐渐掌握了训练深层神经元网络的方法，伴随大规模并行计算及图形处理器 GPU（Graphics Processing Unit）设备的普及，计算机的计算能力大幅提升。此外，互联网的发展积累了可供机器学习的海量数据。在强大的计算能力和超大的数据规模支持下，计算机已经可以端到端地训练一个大规模神经元网络。随着深度神经元网络在语音识别[279]和图像分类[280]等任务上的巨大成功，各大科技公司都投入巨资研究深度学习，以神经元网络为基础的深度学习迅速崛起。

神经元网络按其结构大致可以分为前馈神经元网络、卷积神经元网络和循环神经元网络[281]三种基本类型，分别有适用的数据类型和场景，本章将详细介绍每种模型的基本结构、特点和应用等，当然实践中的网络大都是复合型结构，即一个网络中包含了多种类型。本章还将介绍近几年在深度学习领域备受关注的注意力机制。

12.2 前馈神经元网络

本节介绍神经元网络中最为基础的一种网络结构——前馈神经元网络，并详细说明构成该神经元网络的基本结构神经元，如何通过网络连接结构对输入数据进行线性变换和非线性转换等处理，以及实现该神经元网络非线性变换的常用激活函数等内容。

12.2.1 神经元

神经元（Neuron）是神经元网络的基本单位，与生物神经元的结构类似，接收输入信号进行处理后产生输出。假设一个神经元接收 m 维向量 $x=(x_1, x_2, \cdots, x_m)$ 作为输入，一般神经元先对该输入进行线性变换，通常用 $z=W^T x+b$ 表示净输入或净活性（Net Activation）值，其中 W 是权重矩阵，b 为偏置项。净活性值经过一个非线性函数，即激活函数 $f(\cdot)$ 的映射转换，得到活性值 $a=f(z)$ 为该神经元的输出。一个复杂的神经元网络正是由多个这样的基础神经元组合而成。典型的神经元结构如图 12-1 所示。

12.2.2 激活函数

激活函数（Activation Function）是实现神经元网络中非线性变化的主要操作，该操作确保了网络对复杂映射的学习表示能力。一般的激活函数需具备以下性质：连续并可导（只允许少数点上的不可导），保证可以采用学习算法来学习参数；简单且其值域在一个合适的空间范围内，以保证网络的学习效率和稳定性。下面介绍四种常用的激活函数。

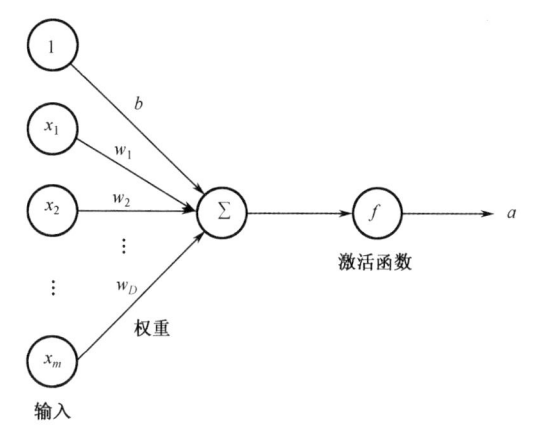

图 12-1 神经元结构

1. Sigmoid 函数

Sigmoid 函数如图 12-2 所示，其定义为

$$a = \frac{1}{1+e^{-z}} \tag{12.1}$$

Sigmoid 的值域为[0,1]，输入值在 0 附近时，近似于线性函数。输入值越大，函数值越接近 1；输入值越小，函数值越接近 0，此时函数的导数接近于 0，使模型收敛速度变慢。该函数输出值的特性使得其能较方便地与统计学习模型相结合，比如在进行二分类时作为输出层的激活函数，其输出值正好可以表示样本属于正类别的概率。

2. Tanh 函数

Tanh 函数如图 12-3 所示，其定义为

$$a = \frac{e^z - e^{-z}}{e^z + e^{-z}} \tag{12.2}$$

该函数可以看作放大并平移的 Sigmoid 函数，值域为[-1,1]。其于 Sigmoid 函数，可将其表示为 $\text{Tanh}(z) = 2\text{Sigmoid}(z) - 1$。Tanh 函数在大多数情况下的效果都比 Sigmoid 函数好。两函数的共同缺点是在 z 值接近无穷大或无穷小时，这两个函数的导数即梯度变得非常小，造成梯度下降速度会变得非常慢，而影响模型收敛效率。

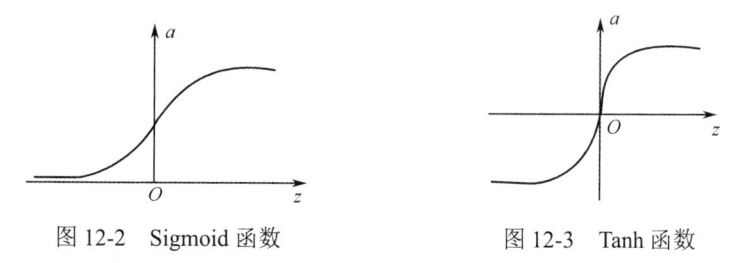

图 12-2　Sigmoid 函数　　　图 12-3　Tanh 函数

3. ReLU 函数

修正线性单元（Rectified Linear Unit，ReLU）[282]函数如图 12-4 所示，是目前深度神经

元网络中最为常用的激活函数。其函数定义为

$$a = \max(0, z) \tag{12.3}$$

ReLU 作为激活函数的神经元在计算上较为高效。因为当 $z>0$ 时，ReLU 的导数一直为 1。采用 ReLU 函数作为激活函数时，梯度下降的收敛速度较快，在一定程度上缓和了神经元网络梯度消失的问题。当难以选择哪种激活函数时，在绝大多数情况下，ReLU 激活函数都是一个较好的选择。

4．Leaky ReLU 函数

Leaky ReLU 的函数如图 12-5 所示，其定义为

$$a = \max(0, z) + \gamma \min(0, z) \tag{12.4}$$

式中，γ 一般取一个很小的值，如 0.001。当 $\gamma<1$ 时，该函数也可以被写为 $a = \max(\gamma z, z)$。与 ReLU 函数不同，Leaky ReLU 函数在输入 $z<0$ 时，可保持一个很小的梯度 γ。这样当神经元非激活时也能有一个非零的梯度可以更新参数，避免基本 ReLU 函数可能出现的神经元永远不能被激活的"死亡"现象[283]。

图 12-4　ReLU 函数　　　　　图 12-5　Leaky ReLU 函数

12.2.3　前馈神经元网络

前馈神经元网络（Feedforward Neural Network，FNN），又叫多层感知机（Multilayer Perceptron，MLP），是一类基础且重要的神经元网络形式。由一个输入层（第一层）、一个或多个隐藏层（中间层）和一个输出层（最后一层）构成，每层由多个神经元构成。在其内部参数从"输入层-隐藏层-输出层"单向传播，没有反向传播，可以用一个有向无环图表示。层与层之间一般采用全连接，同一层内的节点没有边连接即不存在信息传递。前馈神经元网络可以看作一个函数，通过简单非线性函数的多次复合，实现输入空间到输出空间的复杂映射。通用近似定理[284, 285]证明，常见的连续非线性函数都可以用前馈神经元网络来近似。

典型的全连接前馈神经元网络如图 12-6 所示，可以看出，其是由多个基础的神经元组合叠加而成，每个神经元的计算方式如 12.2.1 节所述，对上一层输入进行非线性变换得到中间节点新的值，再继续沿网络结构向前传递，得到最终的输出。

确定一个前馈神经元网络需要定义其拓扑结构和网络参数，拓扑结构包括其隐藏层的层数，每层神经元的个数等，一般需要在设计网络时依据先验知识人工设定。网络参数指线性变换中的权重参数，这些权重参数不需要指定，而是通过在数据中的学习不断优化确定的，

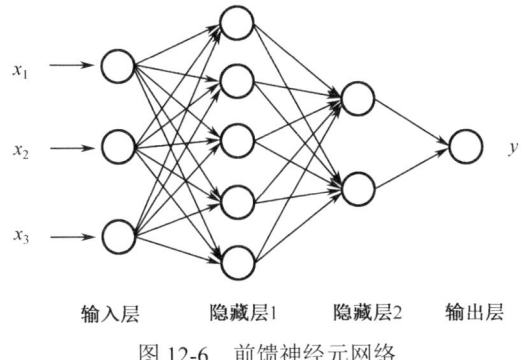

图 12-6　前馈神经元网络

神经元网络的学习就是在学习最优的权重参数值。

神经元网络中权重参数的学习是通过梯度下降算法，根据任务目标设定相对应的损失函数。在训练数据集上，梯度下降算法通过计算损失函数对权重参数的偏导数，确定学习率 α 并对权重参数进行不断迭代更新，直至损失函数值收敛达到最优为止。

传统的通过链式法则逐一对每个权重参数求偏导进行权重参数更新的方法较为低效，所以在神经元网络的训练中通常使用反向传播算法（Back Propagation，BP），以更高效地进行梯度计算。反向传播算法的含义是：第 l 层的一个神经元的误差项（或敏感性）是所有与该神经元相连的第 $l+1$ 层神经元的误差项的权重和，再乘以该神经元激活函数的梯度。无论采用哪种算法，手动计算梯度的过程非常琐碎且低效，在实际应用中，主流的深度学习框架，如 TensorFlow、Keras 和 PyTorch 等都已经实现了自动梯度计算的功能，无须人工干预，只需关注网络结构设计，并选择合适的损失函数和优化器，即可大大提高开发和应用效率。

以一个垃圾短信识别问题为例，其目标是训练一个前馈神经元网络，以实现根据短信文本内容预测该短信是否为垃圾短信，从而实现自动垃圾短信过滤的功能。这是一个典型的有监督二分类问题，已有的数据是大量的短信样本及人工标注的是否为垃圾短信的标签，将样本标签为"是垃圾短信"记为 1，不是则记为 0。对于短信文本首先要将其处理成算法能够识别和处理的向量形式，这一步一般称为文本的预处理，常见的处理方式包括用词袋模型将文本表示成高维稀疏向量，或通过词向量模型得到低维稠密向量，可参考本书 13.1 节。

进而，可根据先验知识确定好网络结构，设定适当网络层数、节点个数、学习率、激活函数类型等超参数。对于这样的二分类问题，网络的输出层可选择 Sigmoid 函数作为激活函数，其良好的性质适用于解决此类分类问题。将数据集分成训练集和测试集，在训练集上，将短信文本经预处理后形成的向量作为前馈神经元网络的输入 x，则最终网络输出的 $y\in[0,1]$ 作为预测值，表示模型预测短信属于类别 1（垃圾短信）的概率。一个好的模型是指模型预测得到的类别与真实的标签值越接近越好，即损失函数的值越小越好，二分类问题的损失函数一般使用交叉熵（Cross Entropy）函数。通过反向传播算法在训练集上得到使损失函数值最优的模型参数，在测试集上对模型的效果进行评价，二分类问题常用的评价指标有准确率（Precision）、召回率（Recall）等。训练好得到满足标准的模型后，可以将其保存。

新的短信不再需要人工审核其是否为垃圾短信，可以在文本处理后输入前馈神经元网络，便可自动得到该短信是否属于垃圾短信的预测结果，从而实现垃圾短信过滤的功能。神经元网络模型的应用大大提高了效率，降低了成本。相比传统的机器学习模型，神经元网络不需要进行复杂的特征工程，是一种端到端的学习方式，且模型的准确率往往更高。

12.3 卷积神经元网络

卷积神经元网络（Convolutional Neural Network，CNN）是一种专门处理具有类似网格结构数据的神经元网络，其核心是使用了卷积的这一特殊的线性运算方式，常用于处理图像数据（一般将图像转化为二维的像素矩阵）和时序数据等。

卷积神经元网络最早用于图像处理领域，计算机处理图像数据时，一般将图像转换成由像素点表示的二维矩阵，对于灰度图像用一个二维矩阵表示，若是彩色图像，则表示为分别对应 RGB 三个颜色通道的三个二维矩阵。图像数据往往维度较高，以常见的图像分类数据集 ImageNet 为例，每幅图像大小一般为 300×300 Pixel，共 1000 个类别，假设使用一个有 10000 个节点的隐藏层的普通前馈神经元网络，则该模型需要学习 10 亿个参数，这是非常大的计算消耗，训练效率低且容易出现过拟合现象。针对图像数据这一比较特殊的数据类型，前馈神经元网络的处理能力往往比较有限。但现实生活中不可忽视的一部分信息类型就是图像、视频等图像类数据，所以如何构建能高效处理图像数据的网络模型，使计算机像人眼一样可以读懂视觉信息一直都是图像处理领域的重点关注问题。图像数据本身还有一些不容忽视的独特性，如局部特征不变性（如要识别图像中的猫，对猫这个对象做平移、旋转、缩放等变化时不会影响其本质特征，不影响其语义表达）和本地性（识别猫这个物体时不需要去关注太远的像素，一个像素和它周围像素相关性更高，一定范围内的像素点共同构成一个对象）等。

在处理图像数据时，卷积神经元网络的特性能够很好地应对以上问题。对于本地性，卷积操作一般只对一个固定窗口视野中的像素点进行卷积变换，无须直接对全局信息进行计算，即局部连接。对于特征不变性，卷积操作的权重对于不同的窗口输入是共享不变的，即权重共享。其最终网络参数只和卷积操作的窗口大小相关，而与输入和输出的维度无关，并且还采取了汇聚操作，在有效提取图像特征的同时大大减少了网络的参数量。卷积神经元网络主要应用在图像和视频处理上，如图像分类、人脸识别、自动驾驶中的目标识别和图像风格迁移等，其性能也远远超过了其他网络模型。近年来，卷积神经元网络广泛应用到自然语言处理、推荐系统等领域。卷积神经元网络一般由卷积层、汇聚层和全连接层交叉堆叠组成。

12.3.1 卷积层

卷积（Convolution）是数学分析中一种重要运算，在信号处理或图像处理中，常使用一维或二维卷积。一维卷积经常用在信号处理领域，用于计算信号的延迟累积。假设一个信号发生器每个时刻 t 产生一个信号 x_t，信息的衰减率为 w_k，其表示在 $k-1$ 个时期后信号的强度为原来的 w_k 倍。假设有一个信号序列 $\boldsymbol{x} = \{x_1, x_2, \cdots\}$，则 t 时刻收到的累积信号为

$$y_t = \sum_k w_k x_{t-k+1} \tag{12.5}$$

式中，y_t 是当前信息与之前时刻延迟信息的累积。$\boldsymbol{w} = w_1, w_2, \cdots, w_k$ 称为滤波器（Filter）或卷积核（Convolution Kernel）。滤波器长度为 K，一般情况下，滤波器的长度 K 远小于信号序列 $\boldsymbol{x}$ 的长度。为简化起见，假设卷积的输出 y_t 的下标 t 从 K 开始，则信号序列 $\boldsymbol{x}$ 和滤波器 $\boldsymbol{w}$ 的卷积可表示为

$$\boldsymbol{y} = \boldsymbol{w} * \boldsymbol{x} \tag{12.6}$$

式中，*表示卷积运算。设计不同的滤波器可以提取信号序列的不同特征。比如，当滤波器 $\boldsymbol{w} = [1/K, \cdots, 1/K]$ 时，卷积相当于信号序列的简单移动平均（窗口大小为 K）；当滤波器 $\boldsymbol{w} = [1, -2, 1]$ 时，可以近似实现对信号序列的二阶微分。

当卷积应用于图像处理时，因为图像数据是二维结构，所以需要对一维卷积进行扩展。类似地，输入信息 $\boldsymbol{X}$ 和滤波器 $\boldsymbol{W}$ 的二维卷积定义为

$$\boldsymbol{Y} = \boldsymbol{W} * \boldsymbol{X} \tag{12.7}$$

式中，*表示二维卷积运算。如图 12-7 所示的卷积层计算表示了一个采用一个滤波器对图像输入数据进行计算的具体过程。使用滤波器与该处理窗口中的数值进行元素对应乘（Element-Wise Product）再加和的操作，得到一个数字输出作为对应输出位置的元素值。

深色区域卷积计算示例：$(-1)*1+0*0+1*1+(-1)*5+0*4+1*2+(-1)*3+0*4+1*5=-1$

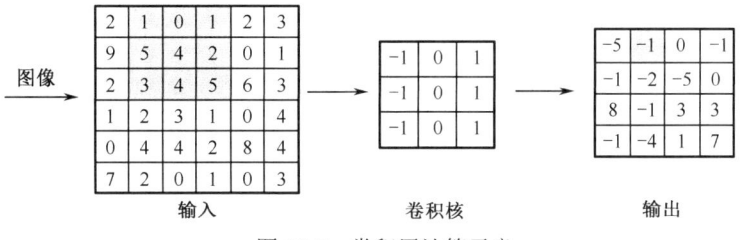

图 12-7 卷积层计算示意

在图像处理领域，卷积的主要功能是在图像上滑动卷积核（滤波器），通过卷积操作提取图像的某种特征，不同的滤波器设计可以对应提取不同的图像特征，将图像经过卷积操作得到的结果称为特征映射（Feature Map）。除基础的对应乘滤波器之外，常见的滤波器还有均值滤波器，对窗口中的所有像素值取平均；高斯滤波器，对图像进行平滑去噪；特定设计的滤波器还可以用来提取图像的边缘特征。

在计算卷积的过程中，需要进行卷积核翻转。在具体实现时，一般会以互相关（Cross-Correlation）操作来代替卷积，从而减少一些不必要的计算开销。互相关是衡量两个序列相关性的函数，直接使用输入图片上的窗口信息与卷积核进行点积计算，作为当前窗口的特征计算结果。互相关和卷积的区别仅仅在于卷积核是否进行翻转，因此互相关也可以称为不翻

转卷积。当卷积核是可学习的参数时，卷积和互相关在图像的特征抽取能力上是等价的。因此，为了实现上的便捷，一般使用互相关来代替卷积。目前在深度学习工具中的卷积操作实际上都是互相关操作。在卷积的标准定义基础上，还可以引入卷积核的滑动步长和零填充来使卷积更灵活地进行特征抽取。步长（Stride）是指卷积核在滑动时的步长间隔，零填充（Zero Padding）是在输入向量两端进行补零操作。

以图 12-7 为例，首先将图片转换成 6×6 的二维像素矩阵输入网络，用一个 3×3 的卷积核对图像进行卷积操作，卷积核按步长 1 滑动扫描图像，对图像边缘区域不进行零填充操作，最终得到 4×4 的输出矩阵，即图像的一个特征映射。

卷积层的作用是提取一个局部区域的特征，不同的卷积核相当于不同的特征提取器。特征映射是指将一幅图像经过卷积提取到的特征，每个特征映射可以作为一类抽取的图像特征。为了提高卷积网络的表示能力，一般使用多个不同卷积核得到多个特征映射，以更好地表示图像特征。在经过卷积层得到图像的特征映射后，还可以接激活函数进行非线性转换，而激活函数多使用 ReLU 函数。

12.3.2　汇聚层

汇聚层（Pooling Layer），早期也翻译为池化层，目前多被称为"汇聚"。汇聚层的作用是进行特征选择，从而降低特征数量和参数数量。卷积层虽然可以显著减少网络中连接的数量，但特征映射中的神经元个数并没有显著减少。如果后面接一个分类器，分类器的输入维数依然很高，很容易出现过拟合。为了解决这个问题，可以在卷积层后加上一个汇聚层，从而降低特征维数，避免过拟合。

将经过卷积操作得到的特征映射，划分为多个区域，区域之间可以出现重叠，也可以不重叠。汇聚是对每个区域进行下采样（Down Sampling）得到一个值，作为这个区域的代表值。常用的汇聚函数有下述两种。

（1）最大汇聚（Max Pooling）：选择这个区域内所有神经元的最大活性值作为这个区域的表征。

（2）平均汇聚（Mean Pooling）：取区域内所有神经元活性值的平均值作为区域代表值。

汇聚层在有效减少神经元数量的同时，还使得网络对一些小的局部形态改变保持不变性。目前主流的卷积网络中，汇聚层仅包含下采样操作，在早期的一些卷积网络（如 LeNet-5）中，有时会在汇聚层使用非线性激活函数。

对于图 12-7 中的卷积层输出，图 12-8 展示了对其进行汇聚层操作的过程，将每个特征映射划分为 2×2 大小的不重叠区域，然后使用最大汇聚方式进行下采样，将 4×4 的卷积层输出进一步压缩为 2×2 的矩阵，有效地减少了模型参数。汇聚层区域的划分一般不能过大，过大的采样区域可能带来过多的信息损失，不利于模型最终的效果。

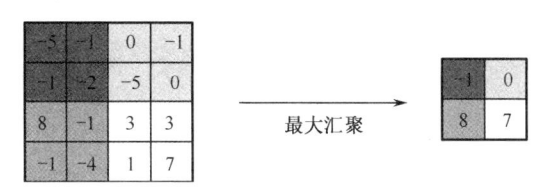

图 12-8　汇聚层计算示意

经过上述卷积层和汇聚层的操作，将高维图像像素矩阵转换成了低维矩阵，并将得到的低维矩阵继续作为后续全连接层的输入，全连接层的设计一般直接适应下游具体任务，如图像分类等。卷积神经元网络不仅降低了数据维度，提高了计算效率，还很好地契合了图像数据本身的局部特征不变性和本地性等特点，保证了学习性能，因此卷积神经元网络在图像识别等任务中被广泛使用。

12.3.3　卷积神经元网络结构

典型的卷积神经元网络由卷积层、汇聚层、全连接层交叉堆叠而成。如图 12-9 所示，一个卷积块有连续 M 个卷积层和 N 个汇聚层，M 通常设置为 2~5，N 通常为 0 或 1。一个卷积网络中可以堆叠 Q 个连续的卷积块，然后在后面接着 K 个全连接层，Q 的取值区间比较大，如 1~100 或者更大，K 一般为 0~2。

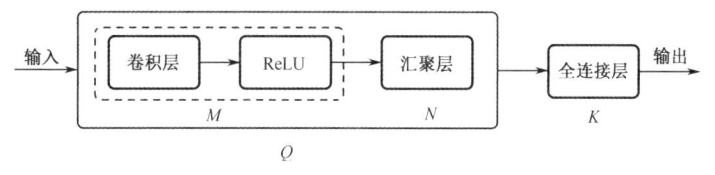

图 12-9　卷积网络整体结构示意

目前，卷积神经元网络的整体结构趋向于使用更小的卷积核（如 3×3）及更深的结构（如层数大于 50），此外，由于卷积的操作性越来越灵活（如不同的步长），汇聚层的作用也变得越来越小，因此目前比较流行的卷积网络中，汇聚层的比例正在逐渐降低，趋向于全卷积网络。

在卷积神经元网络中，网络结构、网络层数、滤波器个数、维度和汇聚层操作等都需要使用者提前定义，且卷积神经元网络需要学习卷积核中权重及偏置参数。与前馈神经元网络类似，卷积神经元网络也可以通过误差反向传播算法来进行参数学习。在实际运用过程中，一般直接使用封装好的神经元网络框架进行自动学习，无须考虑一些算法的细节，大大提高了应用的便捷性。

12.3.4　典型卷积神经元网络

LeNet-5[286]虽然提出的时间比较早，但它是一个非常成功的神经元网络模型。早在 20 世纪 90 年代，基于 LeNet-5 的手写数字识别系统就被美国多家银行用以识别支票上的手写数字。LeNet-5 的中间层由卷积层-汇聚层-卷积层-汇聚层-卷积层-全连接层组成，最终输出对应 10 个数字的类别，即将数字识别任务看作一个多分类任务，以对应数字标签为手写图像分类。

AlexNet[280]是第一个现代深度卷积神经元网络模型，首次使用了很多现代深度卷积神经元网络的技术方法，如使用 GPU 进行并行训练，采用 ReLU 作为非线性激活函数，使用 Dropout 防止过拟合等。由于其网络规模超出了当时 GPU 的内存，AlexNet 将模型拆分为两部分，在两个 GPU 上进行计算，并在特定层实现 GPU 之间的通信。这些技术的使用都为图像识别领域深度卷积网络的发展带来了深远的影响，AlexNet 也是 2012 年 ImageNet 图像分类竞赛的冠军。

在 AlexNet 后还出现了很多优秀的卷积神经元网络，如 VGG 网络[287]，Inception v1、v2、v4 网络[288,289,290]和残差网络（Residual Network）[291]等，通过引入跨层的直连边，甚至可以训练上百层乃至上千层的卷积神经元网络。目前，卷积神经元网络已经成为计算机视觉领域的主流模型。卷积神经元网络也是用于图像和视频数据表征的主要方法之一，相关内容读者可结合第 13 章进行学习。

12.4 循环神经元网络

循环神经元网络（Recurrent Neural Network，RNN）是一种具有短期记忆能力，用于处理序列数据的代表性神经元网络模型。在一般的前馈神经元网络中，信息是从输入层到隐藏层到输出层的单向传播，层与层之间有全连接，一层中的节点是无连接的。信息的传递是单向的，这种限制虽然使得网络更容易学习，但在一定程度上也减弱了神经元网络模型的能力。在很多现实任务中，网络的输出不仅与当前时刻的输入相关，也与其过去一段时间的输出相关。比如对于处理序列数据，一个序列中的不同元素是存在前后依赖关系的，以一句话为例，要预测下一个单词是什么，需要结合之前的词分析，因为一句话中的单词不是前后孤立的。此外，时序数据的长度一般是不固定的，如语音、文本等，而前馈神经元网络要求输入和输出的维数都是固定的，不能任意改变。因此，当处理这一类与时序数据相关的问题时，就需要一种更为适合的模型。

在循环神经元网络中，隐藏层的输出不仅与上一层的输入相关，更重要的是还与上一时刻当前层的输出相关，这样的操作保留了之前的序列信息，实现了网络对之前信息的记忆功能。理论上，循环神经元网络可以对任意长度的序列进行处理。在实际应用中，循环神经元网络非常适合处理语句序列，在自然语言处理的相关任务上表现出优越的性能。

循环神经元网络的研究历史最早可追溯到 1933 年，西班牙生物学家在研究大脑皮层时发现了刺激在神经回路中的循环传递现象[292]。1982 年，John Hopfield 提出了具有结合存储能力的 Hopfield 网络[293]；1986 年，Michael I. Jordan 基于 Hopfield 网络的结合存储概念，在分布式并行处理理论下建立了新的循环神经网络，即 Jordan 网络[294]。1989 年，Ronald Williams 和 David Zipser 提出了循环神经元网络的实时循环学习（RTRL）[295]。随后 Paul Werbos 在 1990 年提出了循环神经元网络的随时间反向传播（BPTT）[296]，RTRL 和 BPTT 被沿用至今，是循环神经元网络参数学习的主要方法。1991 年，Sepp Hochreiter 发现了循环神经元网络的长期依赖问题（Long-Term Dependencies Problem）[297]，即在对序列进行学习时，循环神经元网络会出现梯度消失（Gradient Vanishing）和梯度爆炸（Gradient Explosion）现象，无法掌握长时间跨度的非线性关系。为解决长期依赖问题，大量优化理论得以引入并衍生出许多改进算法，比较重要的包括 Jurgen Schmidhuber 及其合作者在 1992 年和 1997 年提出的神经元历史压缩器（Neural History Compressor, NHC）[298]和长/短期记忆网络（Long Short-Term Memory networks, LSTM）[299]。

12.4.1 循环神经元网络基础结构

循环神经元网络的最基本假设便是当前的状态与当前的输入与上一时刻的状态都有关。简单循环神经元网络基本结构如图 12-10 所示，网络的输入记为 $\{x_0, x_1, \cdots, x_t, x_{t+1}, \cdots\}$，输出记为 $\{y_0, y_1, \cdots, y_t, y_{t+1}, \cdots\}$，隐藏层的状态记为 $\{s_0, s_1, \cdots, s_t, s_{t+1}, \cdots\}$。其中，$s_t$ 表示 t 时刻隐藏层的状态，是网络中的记忆单元。用 o_t 表示 t 时刻的输出值，具体的计算方式为

$$s_t = f(Ux_t + Ws_{t-1} + b) \tag{12.8}$$

$$o_t = g(Vs_t) \tag{12.9}$$

式中，f 表示非线性的激活函数，U 是状态-输入权重矩阵，表示当前状态值与当前输入的相关程度；W 是状态-状态权重矩阵，表示之前状态与当前状态的相关程度。V 是状态-输出权重矩阵，s_t 实现了网络对之前信息的记忆功能，包含之前隐藏层的信息，而输出 o_t 只与当前时刻的 s_t 相关。对于不同时刻的输入，其参数 U、W 和 V 是共享的。在应用中，为了降低网络的复杂度，s_t 往往只包含前面若干步而不是所有步的隐藏层信息。由于循环神经元网络具有短期记忆能力，相当于存储装置，因此其计算能力非常强大。Haykin 于 2009 年证明一个完全连接的循环神经元网络可以近似任何一个非线性动力系统，为循环神经元网络的发展提供了理论依据[300]。

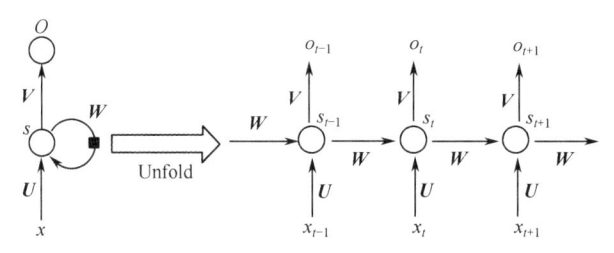

图 12-10 简单循环神经元网络基本结构

网络中的每一步都会产生输出，但并不是所有输出都是必需的。比如，预测句子所表达的情绪，只需要最后一个单词输入后的输出，而不需要知道每个单词输入后的输出。同理，每步都需要输入也不是必需的。循环神经元网络的关键在于隐藏层，通过信息循环传递的隐藏层捕捉输入中的序列相关信息。

循环神经元网络的参数学习方法依旧采用梯度下降方法，由于存在一个被递归调用的函数，参数学习过程与前馈神经元网络略有不同，常采用随时间反向传播（Back Propagation Through Time，BPTT）算法[296]和实时循环学习（Real-Time Recurrent Learning，RTRL）[295]的梯度下降算法。BPTT 主要思想是通过类似前馈神经元网络的误差反向传播算法来计算梯度，将循环神经元网络展开成一个多层前馈网络，把原来循环神经元网络中的每个时刻看作前馈网络中的一层，然后按照前馈网络中的反向传播算法计算参数梯度。在有循环神经元网络展开的前馈网络中，所有层的参数是共享的，因此参数的真实梯度是所有展开层的参数梯度之和。与 BPTT 算法不同，RTRL 算法是通过前向传播的方式来计算梯度。在循环神经元网络中，一般网络输出维度远低于输入维度，因此 BPTT 算法的计算量会更小，但是 BPTT 算法需要保存所有时刻的中间梯度，空间复杂度较高。RTRL 算法不需要梯度回传，适用于在线学习或无限序列的学习任务。与之前的网络类似，循环神经元网络的参数学习依旧可以通过常用的深度学习框架自动实现。

基本的循环神经元网络虽能对序列数据进行很好的建模，但由于其在学习过程中会出现梯度消失或爆炸的问题，使其难以对时间间隔长的长期依赖关系进行建模，该问题一般被称为长期依赖问题（Long-Term Dependencies Problem，LTDP）[297]。为缓解梯度消失或爆炸问题，比较有效的方法是改进模型或者优化方法，如通过权重衰减或者梯度截断来解决梯度爆炸问题。此外，一种非常有效且常用的解决方式是引入门控机制来控制信息的累积速度，有选择地加入新的信息而遗忘旧的信息，这类网络被称为基于门控的循环神经元网络（Gated RNN），其中最常用的是长/短期记忆网络和门控循环单元网络。

12.4.2 长/短期记忆网络

长/短期记忆网络（Long Short-Term Memory Network，LSTM）[299, 301]是循环神经元网络的一个变体，可以有效地解决简单循环神经元网络的长期依赖问题。相比于简单循环神经元网络，其变化主要体现在引入门控机制对隐藏层状态的计算方式进行改进。

LSTM 引入了一个新的隐藏层内部状态 h_t 进行线性的循环信息传递，然后输出给隐藏层的外部状态进行非线性传递，在每个时刻 t，LSTM 的内部状态 h_t 记录了到当前时刻为止的历史信息。其内部状态及隐藏层的计算方式为

$$\tilde{h}_t = \tanh(W_h x_t + U_h s_{t-1} + b_h) \tag{12.10}$$

$$h_t = a_t \odot h_{t-1} + b_t \odot \tilde{h}_t \tag{12.11}$$

$$s_t = c_t \odot \tanh(h_t) \tag{12.12}$$

式中，$\tilde{h}_t$ 表示当前时刻的候选状态，网络采用门控机制控制信息的传递路径，公式中的三种门分别是：遗忘门 a_t，$a_t \in [0,1]^D$；输入门 b_t，$b_t \in [0,1]^D$；输出门 c_t，$c_t \in [0,1]^D$。遗忘门用于控制上一时刻内部状态的（记忆单元）h_{t-1} 需要遗忘多少信息；输入门用于控制当前时刻的候选状态 $\tilde{h}_t$ 需要保存多少信息；输出门用于控制当前时刻的内部状态的（记忆算元）h_t 输出多少信息给外部状态（外部输出值）s_t。LSTM 中的门是一种"软门"，取值为[0, 1]，表示以一定的比例允许信息通过，三种门的计算方式如下

$$a_t = \sigma(W_a x_t + U_a s_{t-1} + b_a) \tag{12.13}$$
$$b_t = \sigma(W_b x_t + U_b s_{t-1} + b_b) \tag{12.14}$$
$$c_t = \sigma(W_c x_t + U_c s_{t-1} + b_c) \tag{12.15}$$

式中，$\sigma(\cdot)$ 为 Logistic 函数，其输出区间为(0, 1)；x_t 为当前时刻的输入值，s_{t-1} 为上一时刻的外部输出值。

图 12-11 为 LSTM 的循环单元结构，其计算过程为：首先，利用上一时刻的外部输出值 s_{t-1} 和当前时刻的输入值 x_t，计算出三种门 a_t、b_t 和 c_t 及候选状态 $\tilde{h}_t$；其次，结合遗忘门 a_t 和输入门 b_t 来更新当前的记忆单元 h_t；最后，根据输出门 c_t，将内部的状态信息传递给外部输出值 s_t。

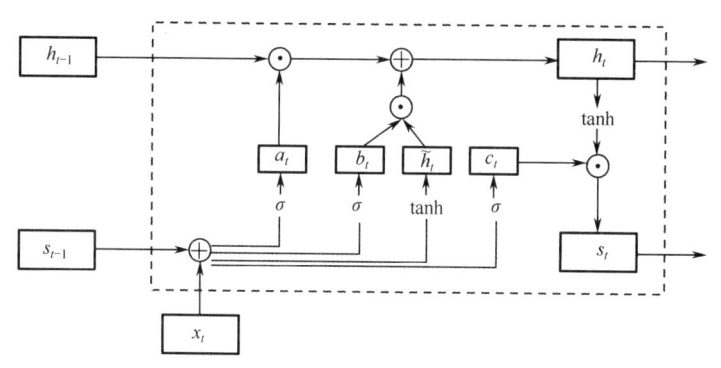

图 12-11　LSTM 的循环单元结构

通过 LSTM 循环单元，整个网络可以建立较长距离的时序依赖关系。在 LSTM 中，中间隐藏层输出状态的 s 可以在某时刻捕捉到某个关键信息，并有能力将此关键信息保存一定的时间间隔，但隐状态在每个时刻都会被重写，可以看作一种短期记忆(Short-Term Memory)。网络参数可以被看作长期记忆（Long-Term Memory），隐含了从训练数据中学到的经验知识，其更新周期也要远远慢于短期记忆。记忆单元 h 中保存信息的生命周期要长于短期记忆 s，但远远短于长期记忆，因此称为长/短期记忆（Long Short-Term Memory）。

LSTM 是目前使用最广泛的循环神经元网络模型之一，成功应用在很多领域，如语音识别、机器翻译、语音模型及文本生成。

12.4.3 门控循环单元网络

门控循环单元（Gated Recurrent Unit，GRU）网络[302, 303]是一种比 LSTM 更简单的门控循环神经元网络，其参数更少，训练收敛速度更快。GRU 网络利用门控机制来控制信息的传递方式，与 LSTM 不同的是，GRU 网络不引入额外的记忆单元，采用更新门的方法来控制当前状态需要从历史状态中保留多少信息，以及需要从候选状态中接收多少信息。

$$\tilde{s}_t = \tanh\left[W_s x_t + U_s(r_t \odot s_{t-1}) + b_s\right] \tag{12.16}$$

$$s_t = z_t \odot s_{t-1} + (1 - z_t) \odot \tilde{s}_t \tag{12.17}$$

式中，$r_t \in [0,1]^D$ 为重置门，控制候选状态 $\tilde{s}_t$ 的计算对上一时刻状态 s_{t-1} 的依赖程度。$z_t \in [0,1]^D$ 为更新门，控制对历史信息的保留比例，即

$$r_t = \sigma(W_r x_t + U_r s_{t-1} + b_r) \tag{12.18}$$

$$z_t = \sigma(W_z x_t + U_z s_{t-1} + b_z) \tag{12.19}$$

当 $r_t = 0$ 时，候选状态 $\tilde{s}_t = \tanh(W_s x_t + b_s)$ 只与当前的输入值有关，与历史状态无关。当 $r_t = 1$ 时，候选状态 $\tilde{s}_t = \tanh(W_s x_t + U_s s_{t-1} + b_s)$ 只与当前输入值及上一时刻的输出状态有关。

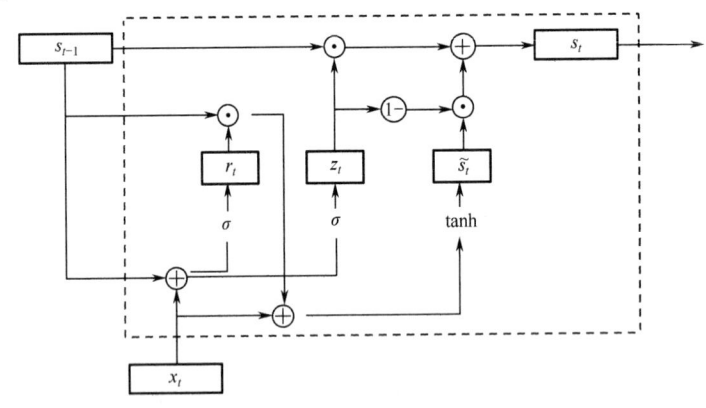

不同于 LSTM 使用不同的输入门和遗忘门，两种门之间存在一定的冗余性，GRU 网络直接使用一个门来平衡输入和历史信息之间的取舍。不难看出，当 $z_t = 0$，$r_t = 1$ 时，GRU 网络会退化成简单循环网络。当 $z_t = 0$，$r_t = 0$ 时，当前外部状态的 s_t 只与当前输入值 x_t 相关，与历史外部状态的 s_{t-1} 无关。当 $z_t = 1$ 时，当前内部状态的 h_t 等于上一时刻内部状态的 h_{t-1}，与当前输入值 x_t 无关。图 12-12 给出了 GRU 网络的循环单元结构。

图 12-12 GRU 网络的循环单元结构

相对于 LSTM，GRU 网络的结构和参数更简单，且能很好地解决长期依赖问题，在训练和应用时更为高效。GRU 网络常被用于处理文本序列数据，被成功应用于机器翻译和语音识别等任务。此外，GRU 网络还被用于个性化推荐领域，用于解决序列推荐问题[304]。序列推荐问题是将用户的历史行为，包括点击、浏览、购买等数据看作一个序列，在此历史行为序列数据上用 GRU 网络进行建模，挖掘用户的偏好及演变过程，从而预测用户在下一时刻

可能会点击或购买的商品，并将此推荐给该用户，提升用户的使用体验。

在有些任务中，一个时刻的输出不但与过去时刻的信息有关，也与后续时刻的信息有关。比如给定一个句子，其中一个词的词性由它的上下文决定，即包含左右两边的信息。因此，在这些任务中可以增加一个按照时间的逆序来传递信息的网络层，以实现网络对双向信息的捕捉能力。双向循环神经元网络（Bidirectional Recurrent Neural Network，Bi-RNN）[305]由两层循环神经元网络组成，它们的输入相同，只是信息传递的方向不同。

12.5 注意力机制

神经元网络所能处理的信息量大小一般与其网络复杂度、节点个数和参数数量等成正相关关系，但是计算资源往往是有限的，一味增大模型规模并不现实。为了减少计算复杂度，借鉴生物神经元网络的一些机制，可以引入局部连接、权重共享及汇聚操作来简化神经元网络结构。虽然这些机制可以有效缓解模型的复杂度和表达能力之间的矛盾，但是实际应用过程依然希望在不"过度"增加模型复杂度的情况下来提高模型的表达能力。

一种考虑是可以借鉴人脑解决信息过载的机制。人们每天的生活要接触各种各样庞杂的信息，包括来自视觉、听觉、触觉的各种各样的信息，在这些信息的轰炸中大脑还是能有条不紊地工作，是因为人脑在处理信息时并不是关注了所有信息，而是会对信息进行筛选，只关注有用的重要的信息，这种能力就称为注意力（Attention）。

受人脑处理信息的启发，神经元网络中也引入注意力机制（Attention Mechanism），作为一种资源分配方案，将有限的计算资源用来处理更重要的信息，是解决信息超载问题的主要手段。注意力机制需要设计注意力值的计算方式，根据计算得到的注意力值确定哪些是模型应该重点关注的重要信息，一般不会单独使用，而是嵌入其他的神经元网络结构中。

对于一组输入信息 $\boldsymbol{X} = (x_1, x_2, \cdots, x_N) \in \mathbf{R}^{D \times N}$，注意力的计算一般分为两步。第一步计算在所有输入信息上的注意力分布，第二步由注意力分布计算输入信息的加权平均。一般用查询向量（Query Vector）作为与任务相关的表示，查询向量和输入向量维度一般相等，通过一个函数来计算每个输入向量与查询向量的相关性。注意力分布 a_n 的计算方式为

$$a_n = \text{softmax}\left[s(x_n, \boldsymbol{q})\right] = \frac{\exp\left[s(x_n, \boldsymbol{q})\right]}{\sum_{j=1}^{N} \exp\left[s(x_n, \boldsymbol{q})\right]} \tag{12.20}$$

式中，$s(\boldsymbol{x}, \boldsymbol{q})$ 表示注意力分布计算函数，一般可采用以下方式进行计算。

（1）加性模型，$s(\boldsymbol{x}, \boldsymbol{q}) = \boldsymbol{v}^{\mathrm{T}} \tanh(\boldsymbol{W}\boldsymbol{x} + \boldsymbol{U}\boldsymbol{q})$，结构简单易于使用。

（2）点积模型，$s(\boldsymbol{x}, \boldsymbol{q}) = \boldsymbol{x}^{\mathrm{T}} \boldsymbol{q}$，相对加性模型比利用矩阵乘积对点积计算能更好，计算效率更高。

(3) 缩放点积模型，$s(\boldsymbol{x},\boldsymbol{q}) = \dfrac{\boldsymbol{x}^\mathrm{T}\boldsymbol{q}}{\sqrt{D}}$，当输入向量的维度 D 较高时，点积模型的值通常有比较大的方差，导致 softmax 函数的梯度比较小，使用缩放点积可以缓解 softmax 函数的梯度消失问题。

(4) 双线性模型，$s(\boldsymbol{x},\boldsymbol{q}) = \boldsymbol{x}^\mathrm{T}\boldsymbol{W}\boldsymbol{q}$，是一种泛化的点积模型，相比点积模型，在计算相似度时通过 $\boldsymbol{W}$ 引入了非对称性。

注意力分布 a_n 用来表示第 n 个输入信息对于给定任务的重要程度，得到注意力分布值后，一般采用加权平均的方式对输入信息进行汇总，即

$$\mathrm{att}(\boldsymbol{X},\boldsymbol{q}) = \sum_{n=1}^{N} a_n x_n \tag{12.21}$$

除了以上介绍的基本的注意力计算方式，还有其他一些结构值得注意，下面主要介绍在自然语言处理中常用的两种注意力计算方式，多头注意力和自注意力模型。

12.5.1 多头注意力模型

在多头注意力（Multi-Head Attention）模型中，一般用键值对（Key-Value Pair）的形式来表示输入信息，其中键（Key）用来计算注意力分布，值（Value）用以计算最终的聚合信息，如 $(\boldsymbol{K},\boldsymbol{V}) = [(k_1,v_1),(k_2,v_2),\cdots,(k_n,v_n)]$ 表示 N 组输入信息，给定任务相关的查询向量 $\boldsymbol{q}$ 时，注意力计算方式为

$$\mathrm{att}[(\boldsymbol{K},\boldsymbol{V}),\boldsymbol{q}] = \sum_{n=1}^{N} a_n v_n = \sum_{n=1}^{N} \mathrm{softmax}[s(k_n,\boldsymbol{q})] \cdot v_n \tag{12.22}$$

式中，$s(k_n,\boldsymbol{q})$ 为注意力分数计算函数，当 $K = V$ 时，键值对模式就等价于普通的注意力模型。

多头注意力模型利用多个查询向量 $\boldsymbol{Q} = (q_1,q_2,\cdots,q_M)$，每个查询向量关注不同部分，并行地对输入信息进行注意力计算，然后对多个 Attention 值进行拼接操作，其计算方式为

$$\mathrm{aat}[(\boldsymbol{K},\boldsymbol{V}),\boldsymbol{Q}] = \mathrm{att}[(\boldsymbol{K},\boldsymbol{V}),q_1] \oplus \mathrm{att}[(\boldsymbol{K},\boldsymbol{V}),q_2] \cdots \oplus \mathrm{att}[(\boldsymbol{K},\boldsymbol{V}),q_M] \tag{12.23}$$

式中，$\oplus$ 表示向量的拼接运算。

12.5.2 自注意力模型

对于变长序列数据的编码，一般可以采用卷积神经元网络或者循环神经元网络，但这种处理只建模了信息的局部依赖关系，面临着如何解决长距离依赖关系的问题。一种方式是使用全连接网络直接计算远程相关性，但无法处理变长的输入序列。对于不同的输入长度，其连接权重的大小也是不同的，这时就可以利用注意力模型来"动态"地生成不同连接的权重，这就是自注意力模型（Self-Attention Model，SAM）。

自注意力也叫内部注意力，用以计算序列内部元素之间的连接权重，得到一个与输入等

长的输出向量。为了提高模型的学习能力，自注意力模型常采用查询-键-值的模式（Query-Key-Value），其计算过程如图 12-13 所示。

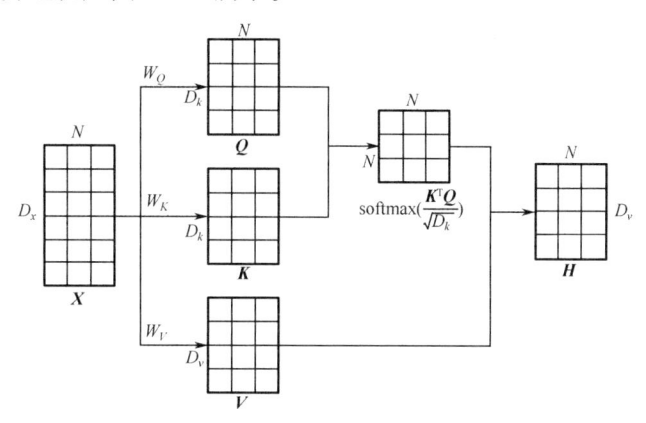

图 12-13 自注意力模型计算过程

假设输入序列 $X = (x_1, x_2, \cdots, x_N) \in \mathbf{R}^{D_x \times N}$，输出序列为 $H = (h_1, h_2, \cdots, h_N) \in \mathbf{R}^{D_v \times N}$，自注意力模型的计算过程如下：

（1）对于每个输入 x_i，通过线性变换将其映射到三个不同的空间，分别得到查询向量、键向量和值向量。线性映射的具体过程为

$$Q = W_q X \in \mathbf{R}^{D_k \times N} \tag{12.24}$$

$$K = W_k X \in \mathbf{R}^{D_k \times N} \tag{12.25}$$

$$V = W_v X \in \mathbf{R}^{D_v \times N} \tag{12.26}$$

式中，$Q = (q_1, q_2, q_3, \cdots, q_N)$，$K = (k_1, k_2, k_3, \cdots, k_N)$，$V = (v_1, v_2, v_3, \cdots, v_N)$，分别是由查询向量、键向量和值向量构成的矩阵。

（2）一般使用缩放点积来作为注意力分数的计算函数，输出向量序列为

$$H = \mathrm{att}\big[(K,V), Q\big] = V \mathrm{softmax}\left(\frac{K^\mathrm{T} Q}{\sqrt{D_k}}\right) \tag{12.27}$$

式中，softmax($\cdot$) 为按列进行归一化的函数。

自注意力模型忽略了输入信息的位置信息，因此在单独使用时，一般需要加入位置编码信息来进行修正。自注意力模型可以作为神经元网络中的一层来使用，既可以用来替换卷积层和循环层，也可以与它们一起交替使用。

自注意力模型还可以扩展为多头自注意力（Multi-Head Self-Attention）[306,307]模型，引入多组线性映射参数得到多组查询-键-值的表示，得到多组注意力输出后进行拼接操作，从而达到捕捉不同交互信息的目的。随着大规模预训练模型 Bert 使用多头自注意力模型对文本进行编码和解码训练，并在自然语言处理领域带来了显著的性能提升，多头自注意力模型的应用也越来越受到学界和工业界的关注。

小 结

作为基础的神经元网络模型，前馈神经元网络是其他模型的基础，即使复杂模型层出不穷，但往往是多个简单模型的复合形式，离不开前馈神经元网络这一经典模型结构。对于现实世界中最常见且蕴含丰富信息的图像和文本等数据，直接使用前馈神经元网络会带来参数过多、模型学习效果不佳等问题，所以结合数据关键特征的其他网络形式不断被提出，如卷积神经元网络、循环神经元网络等。

在图像处理领域，最具代表性的模型便是卷积神经元网络，使用卷积核的卷积运算可以对图像特征进行高效的处理。基于卷积神经元网络的各种网络被提出，且有很多已成功应用于人脸识别和图像搜索等实际问题。

对于语言或文本等序列数据的分析，最为有代表性的是循环神经元网络，以及在循环神经元网络基础上提出的长/短期记忆网络（LSTM）、门控循环单元（GRU）网络等，这些网络能够很好地捕捉序列数据的相互依赖关系。

为了提高对信息的处理效率，注意力机制也被越来越多地嵌入网络，使得网络更关注重点信息。如今，注意力机制在自然语言处理领域已经获得了显著成就。

除了本章介绍的几种代表性的神经元网络模型，该领域还在不断涌现着各种新的模型。例如，适用于图数据处理的图神经元网络模型等。神经元网络的学习能力强大，在很多领域的应用中均取得了良好效果，受到了学界和工业界的广泛关注。但是不可忽视的是，深度神经元网络依然存在着一些问题亟待解决，如训练带来的高能耗问题、网络受参数影响大、内部结构黑箱、解释性低、人机信任问题等，这些都给神经元网络的未来发展带来了挑战。

思考与练习

12.1 请举出一些你生活中应用神经元网络的例子。

12.2 神经元网络中常用的非线性激活函数有哪些？各有什么特点？

12.3 卷积神经元网络中的汇聚层有什么作用？

12.4 对于循环神经元网络中的长期依赖问题，一般有哪些解决方法？

12.5 简述多头自注意力模型的计算方式。

12.6 给定以下 7×7 的图像，采用卷积神经元网络进行处理。其中，卷积层的滤波器（Filter）为 3×3 矩阵，步长（Stride）为 2；汇聚层则应用最大汇聚（Max pooling）方式，视野大小为 2×2。请分别基于卷积层滤波器（a）和（b），画出原始图像经过一个卷积层的处理结果。并根据该结果，分别画出其再经过一个汇聚层的处理结果。

图像

0	0	0	0	0	0	0
0	0	0	2	0	1	0
0	0	0	2	0	2	0
0	0	2	2	1	2	0
0	1	0	1	2	2	0
0	2	1	2	1	2	0
0	0	0	0	0	0	0

滤波器（a）

-1	-1	-1
-1	1	-1
-1	-1	1

滤波器（b）

-1	1	-1
-1	1	-1
-1	1	-1

第 13 章

多模态数据表征

以深度学习为代表的人工智能技术正改变着人们的决策方式,让机器进行辅助协同决策的基础是让机器读懂大千世界的各种信息。人类社会传递信息的主要途径是文字、图像和声音等。在互联网上,海量的信息多以这些形式存在,如博客平台的博文、购物网站的商品描述和评论、视频平台的视频内容、音乐网站的音乐产品,林林总总。如何将这些非结构化的多模态数据转换为机器可以处理的结构化向量形式,并且保留数据本身的有价值信息和特征以用于后续的分析任务,被称为数据的表征学习,也是研究和实践关注的焦点之一。本章将分别介绍对文本、图像、音频和视频等常见数据的表征学习方式,为读者呈现非结构化数据转化为结构化数据的独特魅力。

本章学习重点
- ❖ 文本表征常用方法
- ❖ 图像表征常用方法
- ❖ 音频表征常用方法
- ❖ 视频表征常用方法

人们希望计算机可以如人类大脑一样对外界各种信息进行感知，并且能够经过算法处理形成最终的智能决策。除了可以直接被计算机处理的结构化数据，如今的机器学习算法面对更多的是非结构化的数据，其中最主要的是互联网上丰富的多模态数据，包括文本、图像、音频和视频等。根据具体的应用需求，多模态数据在经过预处理后，可抽取与之相关的特征矢量，建立多维特征矢量空间。在此基础上，可以对多模态数据进行多维分析，以发现有用的结构模式。将非结构化数据转化为计算机可直接处理的向量或矩阵形式，并尽量不损失数据本身蕴含的信息和特征，这个任务被称为表征学习（Representation Learning）。对于不同的多模态数据形式，其表征学习的方式也不同，本章将分别对文本、图像、音频和视频四类主要的多模态数据表征方法进行介绍。

13.1 文本表征

文本是最常见的一种非结构数据，并且蕴含了极大的信息量。历史学家曾说，人类文明得以延续的关键正在于人类发明了语言和文字。在互联网上，不论是头条新闻，还是用户生成的博文，评论等其都是以文字形式出现的，还有视频、音频中的交流语音等也可以通过语音识别转换成文字再进行处理。让计算机能够看懂人类语言，是实现初级人工智能的关键任务，此类文本挖掘任务一般被统称为自然语言处理（Natural Language Process，NLP）。对于诸多文本挖掘任务，文本表征是基础性任务之一，也是后续任务能否取得良好表现的关键。下面将介绍文本表征几种常用代表性的方法，包括早期较为简单的词袋模型，以及后期更为常用的嵌入式文本表征模型，以及基于概率图模型的主题模型。

13.1.1 词袋模型

词袋模型（Bag of Words）是最早的文本表征方法。顾名思义，词袋模型将一段话或者一篇文章视为一个"词袋"，即一个装有多个词语的袋子。词袋模型假设文本是由多个词语组成，不考虑词语之间的前后顺序，仅关注文本包含了哪些词语，以及词语出现的次数。

在用词袋模型对文本进行向量化表征前，需要对原始文本数据进行一些基本的数据清洗和预处理，从而能有效地统计文本中包含的词及词频。首先，对文本进行分词操作，即分析一个文本是由哪些词组成的，之后标注各词在当前语言环境下的词性，在词性标注后进行停用词过滤，将一些无意义的助词及信息含量过小的词语过滤掉。相比于以英文为代表的拉丁语系，中文在基本文法方面具有一定的特殊性，如没有天然间隔、词性更复杂等，这使得对中文分词有比较大的挑战，中文情境下的分词和词性标注等任务本身也是值得关注的机器学习任务之一。目前已有各种各样的方法被用于分词任务，如基于字符串匹配的方法、基于统计的方法和基于机器学习的方法等。随着近些年自然语言处理的快速发展，这些任务目前已经有效完成，并且有相对成熟的工具包可供研究者或实践人员直接使用。比如，开源工具包 Jieba 能高效准确地进行中文分词，并进行词性标注和停用词过滤等操作，一般直接调用该工具包可以进行初步的文本数据处理工作；对于英文，则有开源工具包 NLTK 等可直接调用。

经过初步的文本预处理后，一个文档就由自然语言描述转化为一系列词的描述，可以用于之后的分析。最基础的 multi-hot 形式的文本向量表示方法将语料库（处理后的所有文本）中包含的所有词作为文本向量对应的特征维度，向量维度即语料库中所有特征词的个数。对于每个文本，统计其包含词语的词频，将对应词的频数作为该文本在此特征维度上的元素值，一个词的频数越大，对应的元素值就越大，可以理解为这个词对这篇文本更为重要，文本中没有出现的词对应的元素值都为 0。这种方法使得语料库中所有文本都被表示为等长的稀疏向量，得到向量后，即可进行后续的文本数据挖掘任务，如文本分类、情感分析等。

【例 13.1】 词袋模型的主要流程。假设一个语料库中有两句话，分别为 s1："John likes to watch movies, Mary likes movies too" 和 s2："John also likes to watch football games"。对于英文语料，可以暂不考虑去除停用词等处理，这两个句子形成的特征词表为：['also', 'football', 'games', 'john', 'likes', 'mary', 'movies', 'to', 'too', 'watch']。分别统计两个句子中出现词语的频数，则词频数可作为对应特征维度上的值，最终两个句子 multi-hot 形式的向量表征如下所示：

```
       also  football  games  john  likes  mary  movies  to  too  watch
s1 = [  0,     0,       0,     1,    2,     1,    2,      1,   1,   1]
s2 = [  1,     1,       1,     1,    1,     0,    0,      1,   0,   1]
```

TF-IDF（Term Frequency-Inverse Document Frequency）是一种统计方法，在以词频表示的 multi-hot 文本向量基础上，进一步考虑了不同文本特征词对于文档的重要程度。它的主要思路是，如果某文本特征词在某文档中出现的频率高，但在其他文档中出现的频率低，那么这个词对于该文档的重要程度会较高，具有很强的类别区分能力，适合用来进行文档分类。TF-IDF 中的 TF 反映文本特征词 w 在文档 D_i 中出现的频率，IDF 反映包含文本特征词 w 的文档数。在实际应用中，TF-IDF 有多种不同的计算形式，常见的一种计算方式如下

$$\text{TF} - \text{IDF}(w) = \text{TF}(w) \cdot \text{IDF}(w) \tag{13.1}$$

式中，$\text{TF}(w) = \dfrac{w\text{在文档}D_i\text{中出现的次数}}{\text{文档}D_i\text{的总词量}}$，$\text{IDF}(w) = \log_2 \left(\dfrac{\text{文档集}D\text{中的文档总数}}{\text{包含}w\text{的文档数}+1} \right)$。将上面例子中的词频数替换为对应的 TF-IDF 值，即可得到新的文本向量表征。

词袋模型的优点是简单快速，易于理解，是文本特征词选择的常用方法；缺点是只用词频来衡量词的重要性在某些情况下会不够全面，而且这种表征方法没有考虑词语之间的顺序，无法体现词语在上下文的位置信息，同时用词袋模型处理得到的向量往往是高维稀疏的，日常应用时使用的语料库其特征词数一般在万级以上，这带来了计算资源损耗等问题。

13.1.2　Word2vec 模型

Word2vec 是谷歌团队于 2013 年提出的一种高效训练词向量（Word Vector）的自然语言处理工具[308]，能简单、快速得到词语的向量表示，适用于大规模语料的学习。Word2vec 是一种词嵌入（Word Embedding）的特征表示方式，将一个词映射到 N 维向量空间中，即将词语表示转换为 N 维向量的数学表示，这样的向量被称为词向量。该模型是一种神经元网络语言模型（Neural Network Language Model），相比高维稀疏的词袋模型，能得到词语的低维稠密向量表示，且考虑了语序和语义等更多的信息，泛化能力更强，较多用于计算词语的相似度，适用于文本分类、情感分析、命名实体识别等自然语言处理任务。

Word2vec 基本思想是上下文语境（Context）越相似的词其向量表示也更相近。Word2vec 中有两种训练词向量的方式，一是使用特征词上下文中多个词语预测当前特征词的 CBOW（Continues Bag-Of-Words）模型，二是使用当前特征词预测其上下文中多个词语的 Skip-Gram 模型。

CBOW 是一个简单的三层神经元网络模型，如图 13-1（a）所示。输入层是已知上下文词语的 one-hot 型向量表示，隐藏层是一个全连接层，输出层是 softmax 层。该网络的目标是使输出层得到向量与真实文本中该目标词的 one-hot 型向量尽可能接近。通过计算输出向量与真实词向量之间的损失，该模型可以使用反向传播算法训练此网络，得到最终用于预测后续词语的模型。注意，模型训练结束后的隐藏层参数是关注重点，因为隐藏层参数才是最终需要的词向量。

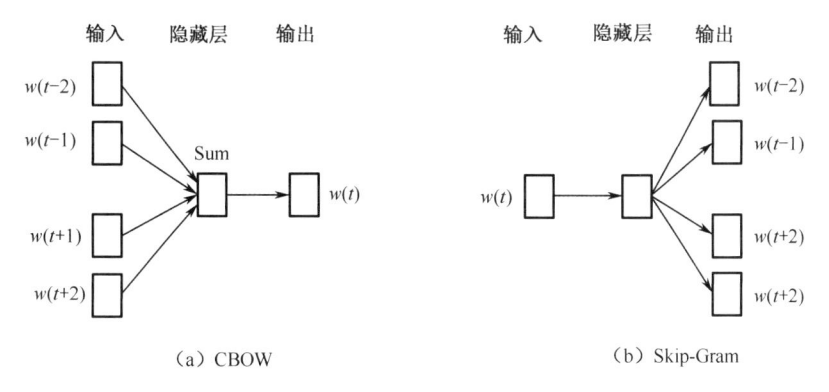

图 13-1　Word2vec 模型训练示意

Skip-Gram 模型也是一个简单的三层神经元网络，其输入/输出与 CBOW 模型正好相反，如图 13-1（b）所示。Skip-Gram 模型的输入是当前要学习的词，经过一层隐藏层，输出的目标是该词的上下文单词，Skip-Gram 模型通过改进 CBOW 模型中的输出层，使得模型可以同时输出多个预测词语结果，隐藏层的学习参数同样是最终输出的词向量。对于这两种词向量训练方式的详细过程，感兴趣的读者可以进一步参阅文献[308]。

使用 Word2vec 可以得到低维稠密的词向量，相较于简单的词袋模型，其表达的语义信息更为丰富，损失的信息更少，且词向量维度不受语料库词语书的影响，一般设置为 100～

500，在计算时避免了高维稀疏向量带来的计算损失。得到词向量后，一般采用加和或者用词频进行加权平均等方式得到文本的表示，用以后续的文本分析任务。但是，这样的处理过程依旧会带来一定的信息损失（尤其是对于长文本）。为直接对文本进行向量表征，谷歌在Word2vec 的基础上又提出了 Doc2vec 模型。

13.1.3 Doc2vec 模型

2014 年，Mikolov 等在 Word2vec 的基础上提出了文本向量化的深度学习算法 Doc2vec 模型，将向量特征的计算从词语层面扩展到句子段落层面[309]。

Doc2vec 模型是在 Word2vec 模型基础上提出的一种用于计算长文本向量的深度学习算法，与 Word2vec 模型不同，在神经元网络的输入层，Doc2vec 模型增加了一个句子向量，句子向量与词向量维度相同，每次在训练过程中，将长文本作为一个特殊的段落 ID 引入语料中。在训练过程中，算法结合上下文、单词顺序和段落特征，以及训练词向量出现的概率分布，在计算句子向量的同时也可计算词向量。实验表明，使用 Doc2vec 模型直接训练文本向量，在文本相似度、情感分类等方面表现出了更好的效果。

Doc2vec 模型增加了一个与词向量长度相等的段落向量 Paragraph ID，该向量具有固定长度，不仅加入了文本语义信息，还使模型具有更好的泛化能力。Doc2vec 模型也有两种具体的训练方式：Distributed Bag Of Words（DBOW）和 Distributed Memory（DM），分别对应 Word2vec 模型中的 Skip-Gram 和 CBOW，即 DM 模型根据给定上下文来预测目标词，DBOW 则根据目标词来预测上下文。

以 DM 模型为例，如图 13-2 所示，设一份文档中有 N 个文本，每个文本被映射成一个指定维度的独立向量作为矩阵 $\boldsymbol{D}$ 的一列，矩阵 $\boldsymbol{W}$ 的一列是上下文词语映射成的向量，将 $\boldsymbol{D}$ 中段落向量和 $\boldsymbol{W}$ 中词向量进行求和或拼接来预测目标词语。其中，段落向量可被看作文本中

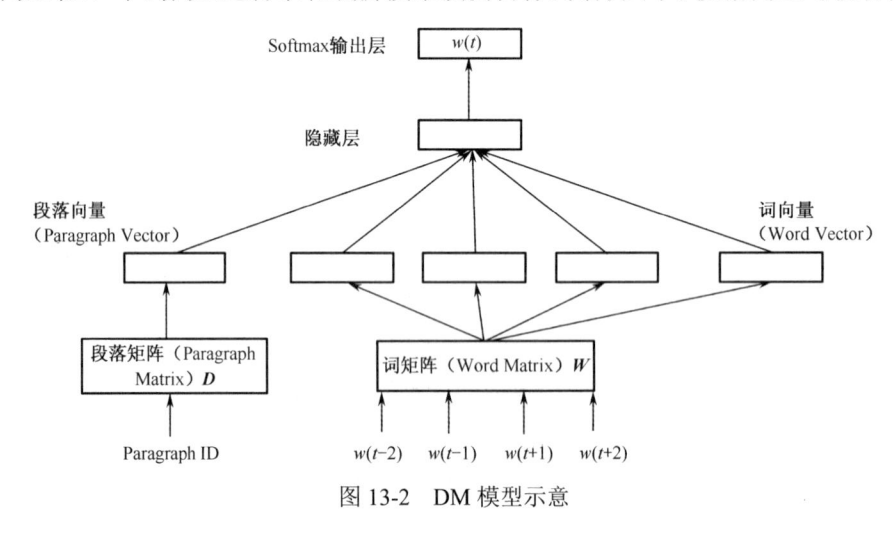

图 13-2 DM 模型示意

的另一个词,用于存储段落信息,上下文是通过固定长度的滑动窗口在文本中不断采样得到的。段落向量和词向量维数一致,但代表着两个不同的向量空间,Softmax 层的输入是段落向量和词向量累加或拼接后的向量。模型中使用随机梯度下降和反向传播训练,在同一文本中段落向量是唯一的,即可被所有该文本的上下文窗口共享。DBOW 则是相反的训练方式,主要思路与 Word2vec 模型中的 Skip-Gram 类似,更详细的计算和训练过程,读者可以参阅文献[309]。

不同于 Wordv2vec 模型得到词向量后还要进行加权平均等操作得到文本向量,Doc2vec 模型可以通过网络训练直接得到该文本的向量表征。Doc2vec 模型和 Word2vec 模型提出了嵌入式文本表征方法,训练生成的低维稠密向量文本表示对于计算文本的相似度,文本分类等任务都更为有效。实践中可以借助如开源的 Gensim 库进行文本表征。

13.1.4 主题模型

主题模型是用来在大量文档中发现潜在主题的一种统计模型。如果一篇文档有一个中心思想,那么一些特定词语会出现得比较频繁。一个文档中通常包含多个主题,而且每个主题所占的比例各不相同,与各主题相关的关键字出现次数与主题之间的比例有关。主题模型能够自动分析文档,不计顺序地统计文档内的单词,根据统计的信息,判断该文档包含的主题和各主题所占比例,经过主题模型得到的文本关于主题的向量也可以看作一种对文本进行向量表征的方式。下面介绍主题分析中常用的潜在语义分析模型、概率潜在语义分析模型及潜在狄利克雷分配模型三种模型。

1. 潜在语义分析模型

潜在语义分析(Latent Semantic Analysis,LSA)模型是一种自然语言处理技术。LSA 模型基于一个"分布式假设":一个单词的属性是由它所处的环境刻画的,这也就意味着如果两个单词在含义上比较接近,那么它们也会出现在相似的文本中,也就是具有相似的上下文。LSA 模型构建了一个"单词-文档"矩阵 U,矩阵的每行表示一个单词,每列表示一个文档,其中矩阵值 u_{ij} 表示第 i 个单词在第 j 个文档中出现的次数或是该单词的 TF-IDF 值。构建单词-文档矩阵后,LSA 模型对该矩阵进行奇异值分解(Singular Value Decomposition,SVD),得到的每个奇异值代表了潜在语义的重要程度。将分解后的奇异值按从大到小进行排列,取前 k 个最大的奇异值作为对原矩阵的近似表示。得到矩阵的近似表示后,可以通过计算单词(矩阵的行)之间的夹角余弦,或文档(矩阵的列)之间的余弦相似度得到单词之间的或文档之间的相似度。

LSA 模型试图利用文档中隐藏的潜在概念来进行文档分析与检索,能够达到比直接的关键词匹配更好的效果。该模型使用向量来表示词和文档,并通过向量间的关系(如夹角)来判断词及文档间的关系。LSA 模型将词和文档映射到潜在语义空间，从而去除了原始向量空间中的一些"噪声"，提高了信息检索的精确度。LSA 模型适用于较小规模数据，可用于文档分类/聚类、同义词/多义词检索、跨语言搜索等任务。LSA 模型也有一些缺点需要注意，如 SVD 的计算很耗时，潜在语义数量 k 的选择对结果的影响非常大，缺乏充分的统计理论基础，矩阵中的负值难以解释等。

2. 概率潜在语义分析模型

概率潜在语义分析（Probability Latent Semantic Analysis，PLSA）模型是由 LSA 模型发展而来[310]。LSA 模型使用线性代数的方法，对"单词-文档"矩阵进行 SVD 分解，其存在问题是最终得到的潜在语义表示无法解释，也更无法从概率的角度来理解这个模型。PLSA 模型则使用了一个生成式的概率图模型，通过引入一个隐变量来表示文档的主题，然后进行统计推断。PLSA 模型假设每篇文档都包含一系列可能的潜在主题，文档中的每个单词不是凭空产生的，而是在这些潜在主题的指引下通过一定概率生成的。在 PLSA 模型中，主题是一种单词上的概率分布，而每个文档又可以看成主题上的概率分布。每篇文档就是通过这样一个两层的概率分布生成的。

PLSA 模型示意如图 13-3 所示，d 表示一篇文档，z 表示由文档生成的一个主题，w 表示由主题生成的一个单词。在这个模型中，d 和 w 是已经观测到的变量，而 z 是未知的变量，代表潜在的主题。d 和 w 的联合概率分布为

$$p(w,d) = \sum_z p(z)p(d|z)p(w|z) = p(d)\sum_z p(z|d)p(w|z) \tag{13.2}$$

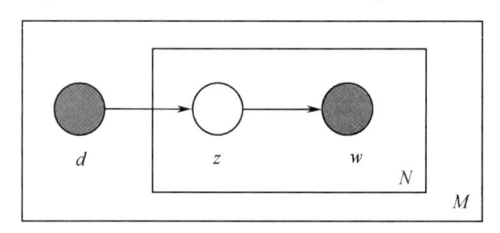

图 13-3 PLSA 模型示意

通过最大期望（Expectation-Maximization，EM）算法求解模型，得到各文档对应的隐变量，通过隐变量表示各文档所属的主题类别。PLSA 模型可以对大规模文档进行低维表示，并可以在一定程度上处理一词多义（多义词）与多词一义（同义词）问题，PLSA 模型还具有坚实的概率统计理论基础。但是，PLSA 模型估计的参数数量与文档规模呈线性关系，面对大规模文档数据时，模型要估计过多的参数，同时无法有效地对新文档进行模型嵌入，也容易产生过拟合现象。

3. 潜在狄利克雷分配模型

潜在狄利克雷分配（Latent Dirichlet Allocation，LDA）模型是 Blei、David 等人于 2003

年提出的,用来推测文档的主题分布,是目前应为最广泛的主题模型[269]。LDA 模型可以将语料库中每篇文档的主题以概率分布的形式给出,可以对多篇文档的主题进行分析,也可以进而根据文档的主题分布,完成主题聚类或文本分类等其他任务。通过 LDA 模型得到的文档主题也可以实现对文本数据的话题表征。本书第 11 章对 LDA 模型进行了介绍,请读者参阅。

13.2 图像表征

图像是一类重要的多模态数据,也是最早应用表征学习的数据之一。对于图像的表征通常都采用深度学习类的方法。深度学习可以看作一种通过简单、非线性映射方式获取多层特征的表征学习方法,把原始输入数据通过逐层映射,转变为高阶的、更抽象的特征。

对于图像表征,最常用方法就是卷积神经元网络。卷积神经元网络一般是由多个卷积层和全连接层组成,卷积操作、局部连接性和权值共享是卷积神经元网络最显著的特点,其基本原理本书曾在第 12 章中介绍过。自 2012 年起,研究人员不断提出更深、性能更强的卷积神经元网络模型,如 AlexNet[280]、VGGnet[311]、ResNet[312]等。2010 年,Zeiler 等人[313]还提出了反卷积(Deconvolution)的概念,用于卷积神经元网络的特征可视化及图像无监督特征学习。

另一种常用于图像处理的方法是自编码器(Auto Encoder)。自编码器通常分为编码器(Encoder)和解码器(Decoder)两部分,编码器将数据编码为潜在变量,解码器将潜在变量重建为原数据。一幅图像由很多像素点组成,这些像素点构成了原始特征,但这些特征之间并不是完全独立的,如图像中通常都会有大片的连续像素,其中的像素值高度相似。而在图像中起识别性作用的是物体的边缘、轮廓及局部模式,如人的耳朵、脸庞等。自编码器在图像处理上最早的成功应用就是利用并缩减了图像中的信息冗余,逐层提取出真正有信息量的特征,实现了特征的高效提取和压缩。

经典自编码器容易导致生成图像不连续,不能达到对原始训练图像特征的高效提取。对此,Diederik P. Kingma 和 Max Welling 在 2013 年首次提出了图像变分自编码器(Variational Auto-Encoder,VAE)[314],在经典自编码器的基础上改变了编/解码方式。变分自编码器是一种利用深度学习和生成式模型构建的自编码器,其特点是将深度学习思想和贝叶斯推断结合,以完成输入目标向低维向量空间的编码映射和向高维向量空间的反解码。

图像变分自编码器的基本流程与一般的深度学习模型相同,采用与输入图像相同类型大小的图片来训练模型,以完成对输入图像的特征提取和目标图像的自动重构生成。首先,使用编码器模块编码接收的图像,将其映射到包含图片特征的概念向量构成的潜在向量空间。然后,通过解码器模块将其解码为与目标图片同维度大小的输出,可以通过指定编码器的输出来限制编码器学习的具体特征。不同之处在于,VAE 不是将输入图像压缩成潜在空间中的固定编码，而是将图像转换为统计分布参数（平均值和方差），随后使用这两个参数从分布中随机采样一个元素并将其解码到原始输入。这个过程的随机性提高了 VAE 的稳健性，并使得潜在空间中任何位置都对应有意义的表示，即潜在空间采样的每个点都能解码为有效输出。变分自编码器的工作流程如图 13-4 所示。

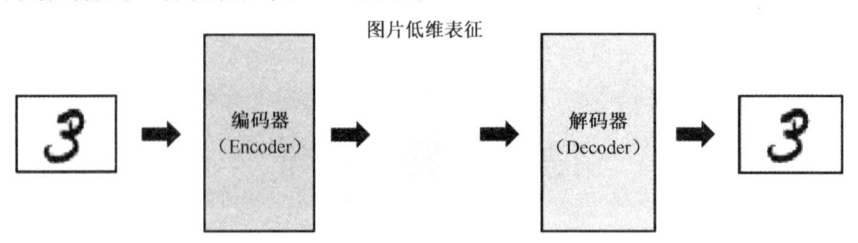

图 13-4　变分自编码器的工作流程

生成式对抗网络（Generative Adversarial Network，GAN）也是一种常被用于图像表征的方法。GAN 由 Goodfellow 等人于 2014 年提出，可以代替变分自编码器来学习图像的潜在空间，其生成的图像与真实图像在统计上几乎无法区分，从而可以生成相当逼真的合成图像[315]。GAN 结构由一个生成器网络和一个判别器网络组成，二者训练的目的都是为了战胜彼此。生成器网络（Generator Network）以一个随机向量（潜在空间中的一个随机点）作为输入，并将其解码为一幅合成图像。判别器网络（Discriminator Network），又称为对手（Adversary）网络，以一幅图像（真实或合成均可）作为输入，并预测该图像来自训练集还是生成器网络。训练生成器网络的目的是欺骗判别器网络，因此随着训练的进行，能够逐渐生成越来越逼真的图像，即看起来与真实图像无法区分，以至于判别器网络无法区分二者。训练得到的生成器网络可以用于图像的表征。GAN 的工作流程如图 13-5 所示。

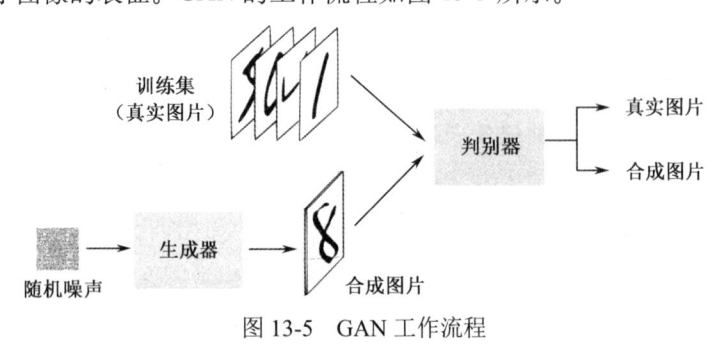

图 13-5　GAN 工作流程

生成式对抗网络在生成逼真的自然样本、三维建模、图像风格迁移等领域均得到了广泛应用。训练和调节 GAN 的过程比较复杂，感兴趣读者可参阅相关文献[315]。

13.3　音频表征

音频分析在语音识别、数字信号处理、音乐分类、标签生成等领域的应用逐渐受到了学者们的关注。目前流行的应用系统,如虚拟助手 Siri 和百度小度等,都是构建于音频信号提取模型之上的。很多研究人员在音频分类、语音识别、语音合成等任务上不断努力,构建了许多工具来分析、探索、理解音频数据。

物理学研究表明,语音信号通常以规律性的间隔重复,以使每个波具有相同的形状。声波的高度表示了声音的强度,被称为振幅。信号完成一个完整波所花费的时间称为周期,信号在一秒钟内产生的波数称为频率,频率是周期的倒数,单位是赫兹。音频可以简单也可以复杂,可以将不同频率的音频信号加在一起,以创建具有更复杂重复模式的复合音频信号。

在语音和音频处理中,一些常用的数据特征和转换方法包括频谱、频谱图和梅尔频率倒谱系数(Mel-Frequency Cepstral Coefficients,MFCC)等。处理音频信号时,采样能将连续信号转换为一组离散数值,通过有规律的时间间隔对声波进行采样,并在每个样本处测量声波的振幅。采样频率是指在一段固定时间中提取样本的数量,高采样频率会消耗更多的计算资源,但信息丢失得少;而低采样频率所需的计算资源较少,但是会丢失较多信息。最常见的采样频率为 44.1 kHz,即每秒 44100 个采样。由采样获得的音频信号一般被表示为时域信号,即音频特征与时间的关系。

一个音频信号由多个简单的单频声波组成,采样只能捕捉一段时间内对信号的振幅,而忽略了语音中的不同频率成分。傅里叶变换可以将信号分解为单个频率与频率对应的振幅,换句话说,可以将信号从时域转换到频域,变换后的频率与振幅的对应关系图被称为频谱。傅里叶变换基于傅里叶定理。傅里叶定理表明每个信号都可以分解为一组正弦波和余弦波,它们加起来等于原始信号。语音信号傅里叶变换示意如图 13-6 所示,将时域中的信号表征转换成频域中的表征。

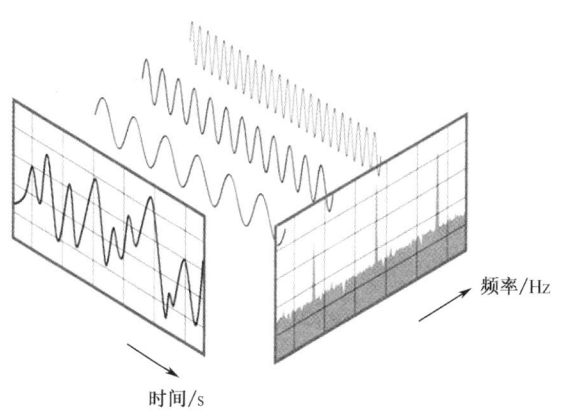

图 13-6 语音信号傅里叶变换示意

在音频处理中,傅里叶变换能够分解信号的频率成分,是一个非常有效且简洁的方法。但大多数音频信号(如音乐和语音)的频率成分随时间变化,这些信号被称为非周期性信号。短时傅里叶变换是一种表示非周期性信号随时间变化的频谱方法,将一个音频信号分割为不同的帧,然后计算每帧的傅里叶变换,一般采用快速傅里叶变换(Fast Fourier Transform,FFT)算法。通过对信号的多个窗口部分进行多次快速傅里叶变换得到多个频谱,由此得到的结果被称为频谱图。

频谱图可以视为一堆相互堆叠的快速傅里叶变换的呈现,当信号在不同频率下随时间变化时,频谱图提供了一种直观表示信号的强度或幅度的方法。如图 13-7 所示,其中 x 轴为时间,y 轴为频率,一般使用对数刻度,颜色深浅表示振幅,振幅单位一般采用分贝表示(可以将其视为振幅的对数刻度),这是因为人耳一般只能感知到非常小的集中频率和幅度范围。频谱图的每个垂直"片段"本质上都是该时间点的信号频谱,显示了在该时间点上信号的频率成分。

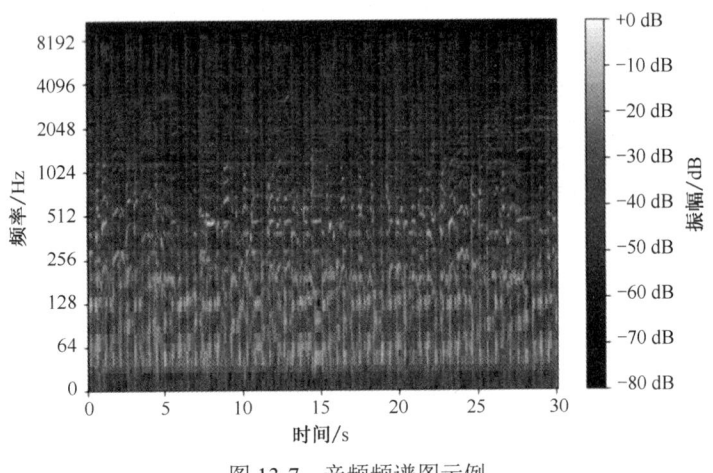

图 13-7 音频频谱图示例

MFCC 由 Davis 和 Mermelstein 在 1980 年提出,是从音频样本中提取信息的主流工具之一[316]。人类听到声音频率的方式称为"音调",音调是人类对于声音的主观感受,高音调的声音比低音调的声音的频率更大。但人耳对频率的感知并不是线性的,对低频之间的感知差异比高频更敏感。梅尔刻度便是反映这一现象的非线性刻度单位,表示人耳对等距音调变化的感知,其参考点是将 1000 Hz 且高于人耳听阈值 40 dB 以上的声音信号定为 1000 mel(梅尔)。当频率高于 500 Hz 时,人耳每感觉到等量的音调变化所需的频率变化随频率的增加而越来越大。在赫兹刻度 500 Hz 往上的 4 个 8 度(1 个 8 度即 2 倍的频率),只对应梅尔刻度的 2 个 8 度。梅尔刻度与线性的频率刻度赫兹(Hz)之间可以进行近似的数学换算,将频率(f)转换为梅尔(mel)的常用方式为

$$\text{mel} = 2595 \log_{10}\left(1 + \frac{f}{700}\right) \tag{13.3}$$

将普通的频谱通过梅尔滤波器组,然后取对数幅度和离散余弦变换(DCT),产生梅尔倒谱。DCT 可以提取信号的主要信息和峰值,峰值是音频信息的要点。通常,从梅尔倒谱中提取的前 13 个系数称为 MFCC,它们保存了有关音频的重要信息,并经常用于训练机器学习模型。MFCC 背后的数学原理是比较复杂的,但在实践中可以借助开源音频处理库(如 Librosa)直接计算,得到一个音频样本 MFCC。

近年来,随着深度学习变得越来越普遍,在处理音频方面也取得了巨大的成功。常用的

方法是将音频数据转换为频谱图，然后使用卷积神经元网络（CNN）来直接处理这些图像，通过深度神经元网络自动学习到信号中有用的信息和特征。

13.4　视频表征

视频表征学习（Video Representation Learning，VRL）旨在通过机器学习算法对原视频进行表征提取，为相关下游任务提供语义特征。视频可以看作由连续多帧的图像组成，前文提到的图像表征方法，如卷积神经元网络等，也是进行视频表征的常见方法。但是相对于基础的图像数据，视频数据量更大、维度更高，表达、处理、分析、传输和利用的技术挑战性更大，它的时空特性使得传统的图像表征方法无法直接用于视频，还需要结合视频数据特性对方法进行改进。

最简单直接的方法是将视频进行截帧，然后在图像粒度（单帧）上进行特征表达。对于图像一般直接使用卷积神经元网络进行处理，但是对于视频而言，一帧图像只是整个视频中很小的一部分，若这帧图像对于整个视频不具有区分度，或是一些与视频主题无关的图像，则对下游的预测任务而言并不是有效的表征。因此，除了静态的图像特征，学习视频时间域上的动态表征是提高视频表征的关键任务之一。

一种常见的视频表征方式是在基础 CNN 上进行扩展，其总体思路是在 CNN 框架中寻找时间域上的某模式来表达局部运动信息，从而获得总体性能的提升。例如，一个扩展的 CNN 有三层[317]，在第一层对 10 帧（大概 1/3 s）图像序列进行 $M \times N \times 3 \times T$ 的卷积，其中 $M \times N$ 是图像的分辨率，3 是图像的 3 个颜色通道，T 取为 4，是参与计算的帧数，从而形成在时间轴上的 4 个响应，在第二、三层上进行 $T = 2$ 的时间卷积，那么在第三层包含了这 10 帧图片的所有时空信息。该网络的总体精度更高，在运动丰富的视频（如摔角、爬杆等强运动视频）中能够取得较大幅度的性能提升。在实现时，这个网络架构还可以加入多分辨的处理方法，进一步提高处理速度。

双路 CNN 的方式包括两个独立的神经元网络，一个 CNN 用来处理普通的单帧图像，另一个 CNN 处理连续几帧的光流信息，以捕捉视频的动态特征，最后把两个模型的结果平均进行优化[318]。3D CNN 在处理视频帧序列图像集合时，直接将卷积核扩展到时域，卷积在空域和时域同时进行[319]。此外，引入 LSTM 的处理方法，其基本思路是用 LSTM 对基于帧的 CNN 最后一层的激活，在时间轴上进行整合[320]。该方法不使用 CNN 全连接层后的最后特征进行融合，是因为全连接层后的高层特征已经丢失了空间特征在时间轴上的信息。这种方法可以对 CNN 特征进行更长时间的融合，对处理的帧数没有上限，从而能对更长时长的视频进行表达；也可通过 LSTM 引入记忆单元，以有效表达帧的先后顺序。

小　结

文本是最常见的一种非结构数据，并且蕴含了极大的信息量。对于诸多基于文本的商务智能分析任务，文本表征是基础性任务之一。常用的文本表征方法包括词袋模型、嵌入式文本表征模型，以及基于概率图模型的主题模型。

图像是一类重要的多模态数据，也是最早应用表征学习的数据类型之一。对于图像的表征一般采用卷积神经元网络的方法，把原始输入数据通过逐层映射，转变为高阶的、更为抽象的特征；还有自编码器和生成式对抗网络等方法。

在语音和音频处理中，一些常用的数据特征和转换方法包括频谱、频谱图和梅尔频率倒谱系数等。

视频表征学习旨在通过机器学习算法对原视频进行表征提取，为相关下游任务提供语义特征。视频可以看作由连续多帧的图像组成，图像表征方法也是进行视频表征的常见方法。但是相对于基础的图像数据，视频数据的数据量更大、维度更高，表达、处理、分析、传输和利用的技术挑战性更大，其时空特性使得传统的图像表征方法无法直接用于视频，还需要结合视频数据特性对方法进行改进。

思考与练习

13.1　词袋模型的优/缺点是什么？

13.2　例 13.1 给出了两句话的 multi-hot 形式的向量表征，请尝试计算出这两句话的 TF-IDF 向量表征。

13.3　简述生成式对抗网络的基本思想。

13.4　音频信号的频谱图表达了哪些信息？

13.5　相比图像处理，你认为，视频数据处理的难点是什么？

专题篇

B1

第 14 章

信息提取与洞察[1]

BI

当大数据可能为决策者提供现实场景的全景式洞察的同时，在很多情形下，出于数据的可获性及成本、时间的限制，乃至人们的认知能力、阅读心理等因素的影响，人们面对和能够直接处理的数据往往是有限的、部分的（即小数据）。也就是说，人们的许多决策是基于小数据（数据集合全体的子集）的。例如，消费者只有有限的时间和精力浏览挑选全部商品中的一小部分；企业管理者只能从所有企业内部信息中看到部分信息进行决策；政府决策者受限于时间和精力只能从全部人民的诉求和舆论讨论中获取部分细节，等等。上述讨论引出了一个重要问题，即基于小数据的决策与基于大数据的决策在效果上取决于小数据与大数据之间的信息不对称程度。本章将重点介绍由此引发的"大数据—小数据"问题，并分别从三个语义反映的角度深入阐述。

本章学习重点
- ❖ "大数据—小数据"问题
- ❖ 代表性信息提取问题
- ❖ 一致性信息提取问题
- ❖ 多样性信息提取问题

---

[1] 本章内容部分摘自作者团队相关工作，陈国青、张瑾、王聪、卫强、郭迅华。"大数据—小数据"问题：以小见大的洞察。《管理世界》，2021.2，261-272。

随着大数据、人工智能、移动互联等新兴科技与社会经济生活的深度融合，数字经济正逐渐成为一种重要的经济形态。以科技创新为核心动力的数字经济的发展，在数字空间重构了经济社会活动和管理决策场景，也催生了大量的数据，如线上购物中的消费者偏好、社交网络上的富媒体内容动态、共创环境下的价值创造活动、平台生态圈内的参与者行为、虚拟化生产中的数字组装日志、智能交通中的时空轨迹、用户直连制造（C2M）中的需求订单、交易市场支付结算的数字货币等。与土地、劳动力、资本、技术等传统要素一样，数据也成为一种重要的生产要素，进而使得大数据赋能成为产业创新和管理决策的基础性驱动机制。

大数据扩大了人们以全景和细粒度的方式观察现实世界全貌的可能性，从而使人们能够在决策过程中全面了解当前事物。但是，在许多情况下，由于数据可获性、成本、时间、能力和心理因素等原因，人们经常只能接触到有限且部分的数据（小数据）。换句话说，尽管人们希望对大数据有一个全局的了解，但是可能常常不得不依靠他们可以掌握或处理的小数据来进行决策。显然，此时的决策质量在很大程度上取决于小数据的质量，而往往在很多决策场景下，大数据与小数据之间存在明显的差异，即决策信息不对称性，进而引出"大数据—小数据"问题。

简单说来，"大数据—小数据"问题是一类信息提取问题，旨在从大数据中找到特定规模的小数据子集，使得小数据尽可能地"反映"大数据的语义，为决策者提供"以小见大"的洞察。也就是说，"大数据—小数据"问题是在"语义反映"的意义上，寻求获得小数据，使其语义与大数据语义尽可能相近。本章将围绕"小数据"如何代表性反映、一致性反映和多样化反映"大数据"的语义来讨论"大数据—小数据"问题[321]。

14.1 "大数据—小数据"问题概述

"大数据—小数据"问题中的"大数据"是指相关数据全体，"小数据"是相关数据全体的一个子集，小数据通过部分数据反映大数据在特定方面的语义（Semantics）内容。从集合概念的角度，作为相关数据全体的"大数据"对应着"大集合"，而作为相关数据全体之子集的"小数据"对应着"小集合"。在这个意义上，"大数据—小数据"问题也可以表达为"大集合—小集合"问题。进而，"大数据—小数据"问题可以表示为小数据集合反映大数据集合的问题。这里的"反映"是指语义反映，即小数据携带的语义与大数据所携带的语义之间的异同关系（如距离或相近性）。如果给定大数据集合（大集合），对于"大数据—小数据"问题的求解就是从大数据集合中提取一个小数据集合（大数据集合的子集——小集合），使得小数据集合的语义与大数据集合的语义尽可能相近。这里，根据应用情境的不同，对于小数据集合的规模通常有特定约束。一般，小数据集合的规模远远小于大数据集合的规模。

从形式化定义的角度，大数据集合（大集合）和小数据集合（小集合）分别用 D 和 D' 表示，D' 是 D 的子集。具体说来，设 $A=\{A_1, A_2, \cdots, A_q\}$ 是 D 的属性集合，U_j 是属性 A_j 的论域（$j=1,\cdots,q$）。对于属性向量 $(A_1, A_2, \cdots, A_q)$，其对应的论域空间为 $U=U_1\times U_2\times\cdots\times U_q$。给定大集合 $D=\{d_1, d_2, \cdots, d_n\}$ 和整数 k（$k\ll n$），"大数据—小数据"问题旨在寻求获得一个小集合 $D'=\{d'_1, d'_2, \cdots, d'_k\}$，$D'\subset D$，使得小集合的语义 $s(D')$ 尽可能接近大集合的语义 $s(D)$，即

$$\max_{D'\subset D}\{1-[s(D)\ominus s(D')]\} \tag{14.1}$$

式中，$s(D)$ 是从 U 的高阶论域空间 U^p 到语义空间 V 的映射 $U^p\to V$（$p\geq 1$）；$s(D')$ 是从 U 的高阶论域空间 $U^{p'}$ 到语义空间 V 的映射 $U^{p'}\to V$（$p\geq p'\geq 1$）；$\ominus$ 为超减法运算，是从 $V\times V$ 到 $[0,1]$ 的映射 $V\times V\to[0,1]$。也就是说，语义是通过映射关系及其映射到 V 上的结果（像）表示的。超减法运算优化的核心是度量小集合 D' 与大集合 D 之间的语义偏差，语义偏差越小，则说明小集合的语义能更好地"反映"大集合的语义。

对于任一数据集合 X，其语义总体 $S(X)$ 是 X 中元素的属性特征或 X 元素关系的含义集合表示。在不同的情景、视角和认识条件下，X 的语义有着不同的体现，反映 X 的数据在相关属性上的取值及其模式（如结构、类别、关系等）。例如，$s(X)$ 就是语义的某特定体现，即 $s(X)\in S(X)$。在"大数据—小数据"问题中，$X=D$ 时，有 $s(D)\in S(D)$。同样，$X=D'$ 时，有 $s(D')\in S(D')$。以 $X=D$ 为例，D 的元素间相似关系体现了 D 的一个语义，是 $U\times U$ 到 $[0,1]$ 的映射，即 $s(D):U^p\to[0,1]$，$p=2$。再如，D 的均值体现了 D 的一个语义，即 $s(D):U^p\to U$（$p=|D|=n$）；类似地，D' 的均值亦体现 D' 的一个语义 $s(D'):U^{p'}\to U$（$p'=|D'|=k$）。

从表达的层次，语义可以分为显式语义和隐式语义。显式的语义比较直接，通常可以直接观察到，而隐式的语义可能需要进一步揭示或者表达。例如，最直观的一种显式语义表述的就是 D 的一种存在或者是 D 中元素 d 的一种存在。换句话说，d 在属性 A_j（$j=1,2,\cdots,q$）上的取值 $(d(A_1), d(A_2), \cdots, d(A_q))$ 刻画了 d 的一种存在，即

$$d=\big(d(A_1), d(A_2), \cdots, d(A_q)\big) \tag{14.2}$$

$$D=\big\{\big(d_i(A_1), d_i(A_2), \cdots, d_i(A_q)\big)\big|d_i(A_j)\in\mathbf{U}_j;\ i=1,2,\cdots,n;\ j=1,2,\cdots,q\big\} \tag{14.3}$$

假设一个便利店的老板进行销售情况的统计，记录了一个月内所有购买的条目如表 14-1 所示，其中包含了所有客户的基本个人信息及购买商品的信息。该表的每个记录的条目都构成了一个存在实例，体现出其在表中属性特征的语义内涵。所有记录的总和则反映了用户购买商品信息的全体存在及相关属性上的语义。因此，表 14-1 中各纪录条目在属性上的取值就是语义的一种显性表示。

表 14-1 小卖铺销售情况示例

ID	性别	日期	商品名称	商品单价/元	数量/个
1	男	11.30	矿泉水	2	1
2	男	11.19	香烟	200	1
3	女	11.10	棒棒糖	1	5
...	...	...	...	...	...

如果该便利店老板不满足这种显性表示，而想分析客户购买商品的平均价格，就需要在表 14-1 记录的基础上针对各属性的取值进行分析。这里，平均价格是记录在"价格"属性上的一种取值模式，但是其作为一种语义并没有显式地呈现在表 14-1 中，而是隐式地体现在其取值关系中。平均价格是一种相对简单可以得到的隐式语义，其他隐式语义还包括结构特征、类别特征和顺序特征等。这些隐式语义往往不容易被直接观察到，而是需要通过一系列的数据分析手段和机器学习技术进行挖掘才能予以揭示。

综上所述，大数据集合的语义在不同的情景、视角和侧重点下存在不同的表示，下面从三种语义反映角度出发，讨论"大数据—小数据"问题的代表性信息提取、一致性信息提取和多样性信息提取。

14.2 代表性信息提取

代表性信息提取是"大数据—小数据"问题的一种类型，旨在从上述显式语义的视角获得一个数据实例的小集合，以求尽可能地反映数据实例全体的内容语义。例如，当需要从所有评论中浏览一部分评论时，当需要从所有行业报告中学习一部分报告时，当需要从所有新闻中选取一部分新闻阅读时，等等，人们需要通过从"大数据"集合中提取一个"小数据"子集，依据这个小数据子集认识全局的信息从而进行决策。这种通过部分具体的数据实例内容来反映"大数据"的数据实例内容的"反映"，被称为代表性语义反映，从"大数据"集合中提取这样的"小数据"子集被称为代表性信息提取。概括来说，代表性语义反映作为"大数据—小数据"问题的一类特殊情形，其核心思路是在数据实例和内容覆盖层面上产生"以小见大"的洞察。相关求解方法可以帮助管理者有效解决在基于数据决策过程中的大小数据间内容语义信息不对称问题，进而更好地为大数据驱动的决策赋能。

14.2.1 代表性评估测度

代表性语义反映的概念内涵主要体现的是大数据 D 与小数据 D' 在元素内容上的对应关系，这种对应关系可以通过元素实例之间的相似关系来度量，如对于 $d \in D, d' \in D'$，二者相似度 $\text{sim}(d,d')$ 测量了二者之间的内容异同，反映了 d 代表（或覆盖）d' 内容的程度，也反映了 d' 代表（或覆盖）d 内容的程度。这里，相似度测度 $\text{sim}()$ 通常设定具有自反性和对称性，且 $\text{sim}(d,d') \in [0,1]$。换句话说，代表性的含义是通过元素内容间的相似关系体现的，也体现了小数据 D' 在内容上对大数据 D 的覆盖情况，即代表性具有内容覆盖（Content Coverage）的意味。需要指出的是，由于代表性是通过显式数据实例之间的相似关系来刻画的，那么数据相似度（或差异性）测量决定着大数据与小数据间的"反映"关系，也影响着生成小数据集合的思路逻辑。

如图 14-1 所示，D 中 d 被 D' 中 d' 内容上代表的程度通过相似度 $\text{sim}(d',d)$ 表示，则从子集 D' 的角度，将 D' 中各元素与 D 中 d 相似度最大的那个元素与 d 的相似程度视为整个 D' 代表 d 的程度，即 $\text{sim}(D',d) = \max_{d' \in D'} \text{sim}(d',d)$，这也是对整个 D' 从内容上代表 d 的一个表达。进而，D 被 D' 代表的势（Cardinality）是所有 D 中 d 被 D' 代表的程度之和，即 $\sum_{d \in D} \text{sim}(D',d)$ 为 D' 在内容上对于 D 的覆盖"量"，可视作 $s(D')$，即

$$s(D') = \sum_{d \in D} \text{sim}(D',d) \tag{14.4}$$

而 D 的势（D 的总量 $|D|$）可视作 $s(D)$。若将语义转换为 $0 \sim 1$ 之间的量（即占总量的比例，或内容覆盖程度），则 $s(D)$ 为 1，且

$$s(D') = \frac{1}{|D|} \sum_{d \in D} \text{sim}(D',d) \tag{14.5}$$

【**例 14.1**】 有 1000 个大小相同的四种类别的小球构成一个大集合，分别是 100 个 a 类球、200 个 b 类球、300 个 c 类球和 400 个 d 类球，相同类别的小球完全一样（相似度为 1），不同类别的球完全不一样（相似度为 0）。按照 4 种策略，从这 1000 个小球中提取若干，得到 4 种结果，如图 14-2 所示。

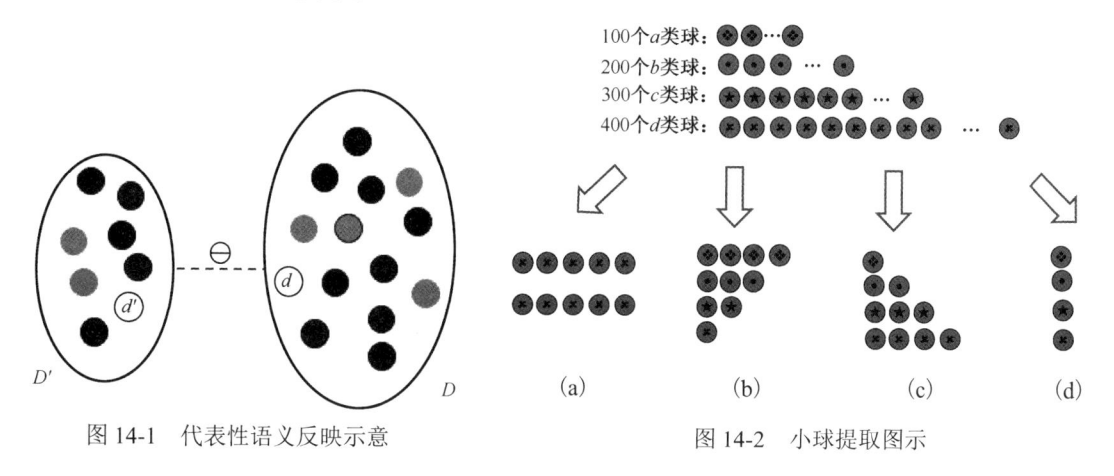

图 14-1 代表性语义反映示意　　图 14-2 小球提取图示

此时根据上述代表性测度的计算公式，可以分别得到 4 种结果所反映的代表性测度值。结果 (a) 由于只包含了 d 类球 1 种，因此其代表性测度值为

$$\frac{1}{1000}[(100+200+300) \times 0 + 400 \times 1] = 0.4$$

结果 (b) ~ (d) 均包含了 4 种类型的球，因此其代表性测度值为 1。

14.2.2　代表性信息提取方法

根据 14.2.1 节介绍的代表性评估测度，给定 D 和 k，代表性信息提取问题可以表达为

$$\max_{D'\subset D,|D'|=k}\{1-[|s(D')\ominus s(D)|]\}=\max_{D'\subset D,|D'|=k}\frac{1}{|D|}\sum_{d\in D}\text{sim}(D',d) \quad (14.6)$$

代表性信息提取问题是一个 NP-难问题[322]。这对于方法创新提出了高要求，特别是需要设计出新颖有效的优化策略和启发式方法。再者，如何确保启发式方法的寻优效果是此问题求解的另一个难点。鉴于此，相关研究证明了该问题具有一个重要性质，即子模性（Submodularity）。子模性表明：对于该问题，如果 D 有两个子集 D'_1 和 D'_2，存在 $D'_1\subset D'_2$ 的关系，那么可以得到

$$s(D'_1+d)-s(D'_1)\geqslant s(D'_2+d)-d(D'_2) \quad (d\in D-D'_2) \quad (14.7)$$

子模性的一个直观经济学含义是其满足边际收益递减的原则。也就是说，对于 D 的一个相对较大的子集 D'_2 而言，增加一个新的元素 d 带来的 D'_2 对 D 的语义反映增益要小于 D'_1 对 D 的语义反映增益。重要的是，子模性保证了即使采用直接的贪心启发式方法（如 Cove-Select），得到的代表性语义反映的子集会以 $(1-1/e)$ 的近似程度逼近最优解[322]。

还有一类数据情形值得关注，如果数据本身具有类别标签，或者数据集合中存在较多相似的数据实例可以进行归聚或类别划分，就可以采用一个不同的求解策略，即构造式策略（如 Repset）[323]。基本思路是从大数据集合 D 的每个类别中提取一个代表元素，以此来构造生成小数据集合 D'，如图 14-3 所示。

设 H 为 D 的一个划分，即 $H=(D_1, D_2, \cdots, D_k)$，且 $D=U_{j=1}^{k}D_j$，D_j 为划分的一个群簇。群簇内的数据元素是相似的（或具有超过阈值标准的强相似程度），而群簇间的数据元素是不相似的（或具有低于阈值标准的弱相似程度）。因此，可以通过选取群簇内的某元素来代表该群簇的其他相似元素，这个元素就被视为该群簇的代表元素。记 d_j^* 为 D_j 的代表元素，则 D_j 被 d_j^* 代表的势为

$$\sum_{d^\circ\in D_j}\text{sim}(d_j^*,d^\circ)$$

进而 $D=U_{j=1}^{k}D_j$，被 $D'=(d_1^*,d_2^*,\cdots,d_k^*)$ 代表的势（内容覆盖"量"）为

$$\sum_{j=1}^{k}\sum_{d^\circ\in D_j}\text{sim}(d_j^*,d^\circ)$$

可视作 $s(D')$，即

$$s(D')=\sum_{j=1}^{k}\sum_{d^\circ\in D_j}\text{sim}(d_j^*,d^\circ) \quad (14.8)$$

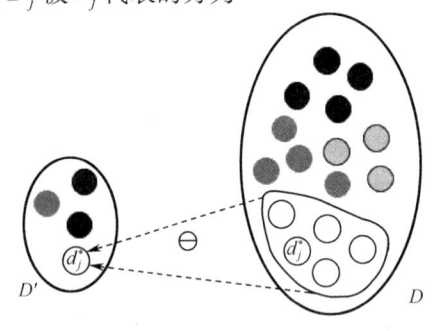

图 14-3 代表性语义反映示意（类别划分情形）

而 D 的势（D 的总量 $|D|$）可视为 $s(D)$。同样，若将语义转换为 0~1 之间的量（即占总量的比例，或内容覆盖程度），则

$$s(D')=\frac{1}{|D|}\sum_{j=1}^{k}\sum_{d^\circ\in D_j}\text{sim}(d_j^*,d^\circ) \quad (14.9)$$

而此时 $s(D)=1$，给定 D 和 k，代表性语义反映问题可表示为

$$\max_{D'\subset D}\{1-[|s(D')\ominus s(D)|]\} = \max_{D'=(d_j^*|d_j^*\in D_j, j=1,\cdots,k)\subset D} \frac{1}{|D|}\sum_{j=1}^{k}\sum_{d^\circ\in D_j}\text{sim}(d_j^*,d^\circ) \quad (14.10)$$

仍以图 14-2 为例，如果可以准确地将 1000 个小球分为 4 类（$k = 4$，分别为 100 个 a 类球、200 个 b 类球、300 个 c 类球、400 个 d 类球），根据上面内容覆盖的含义，就可以提取小数据集合 D' 为图 14-2(d) 的情形，且

$$s(D') = \frac{1}{|D|}\sum_{j=1}^{4}\sum_{d^\circ\in D_j}\text{sim}(d_j^*,d^\circ) = \frac{1}{1000}(100+200+300+400) = 1 = s(D)$$

值得指出的是，在本节及后面的讨论中，为简单方便，通过例 14.1 来示意信息提取的不同类型及其含义，其中假设各小球类别内部的元素间的相似度为 1，不同类别的元素间的相似度为 0。而在很多实际应用中，更一般的情形是：元素之间的相似度是 0~1 之间的值，如任两个产品评论之间、文章之间、客户偏好之间等，它们可能在某种程度上相似，即 Sim() 是元素对（如 (d_j^*,d°)）到区间 [0, 1] 上的映射。

14.3　一致性信息提取

在决策场景中，人们常常需要了解概括性语义（如属性特征的统计汇总）以形成对于数据内容及其含义的认识。一致性语义反映是"大数据—小数据"问题的一种特殊类型，旨在从隐式语义的视角获得一个数据实例的小集合，寻求使得"小集合"在特定属性特征下反映的概括性语义与"大数据"集合的概括性语义尽可能地一致。例如，考虑消费者用户体验调研的场景，共有 1000 名被试者（实验的对象）参与调研。调研内容为被试者对于所购买产品在价格、使用体验和售后服务等方面的反馈。调研者可以浏览统计所有的调研结果得到关于产品在各个维度上用户评价的极性分布，也可以针对有特点的用户具体观看该用户的所有反馈信息。如果考虑现实时间因素，调研者只能从中选取 10 个用户反馈来具体浏览，那么抽取的小集合中被试者评价的极性分布与大集合的极性分布不同会使得调研者形成错误的结论。例如，1000 名被试者中关于售后服务部分有 300 个好评、700 个差评（30%好评，70%差评），而在使用体验部分则是 800 个好评、200 个差评（80%好评，20%差评）；如果调研者抽取的小集合中关于售后服务的部分是 7 个好评、3 个差评（70%好评，30%差评），而关于使用体验的部分是 4 个好评、6 个差评（40%好评，60%差评），那么这样的极性分布差异会使调研者的认知出现偏差，从而影响后续的判断与决策。此时，在"大数据—小数据"问题中，语义反映强调"小数据"集合在相关属性特征（如"售后服务""使用体验"）上的取值模式（如比例/分布）与"大数据"集合的一致性，这种"反映"称为一致性语义反映。

一致性语义反映的概念内涵是小数据集合 D' 在相关属性上的取值模式与大数据集合 D 在这些属性上的取值模式相一致。取值模式一般是对于数据实例属性取值的深层次刻画，所

以一致性语义反映属于隐式语义反映的范畴。一致性语义反映示意图如图 14-4 所示，大数据集合 D 在属性特征上的取值模式为其在各属性特征 (A_1, A_2, A_3, A_4) 上的取值分布，即语义 $s(D)$。一致性是指对于子集 D'，其元素在部分属性特征（如 A_1 和 A_3）上的取值模式 $s(D')$ 与 D 在这些属性上的取值模式 $s(D)$ 相一致。通常，子集 D' 的非空取值属性特征个数远小于全集 D 的属性特征个数。以用户反馈为例，所有用户反馈涉及的属性特征可能很多，覆盖产品的各个方面，包括价格、售后、物流和使用体验，等等。但是如果只针对某用户反馈，该用户的反馈可能只涉及的某些方面，如只强调产品物流比较慢，而没有提及使用体验等其他方面。因此，对于大集合中提取的小集合而言，通常提及的属性特征个数也较为有限。

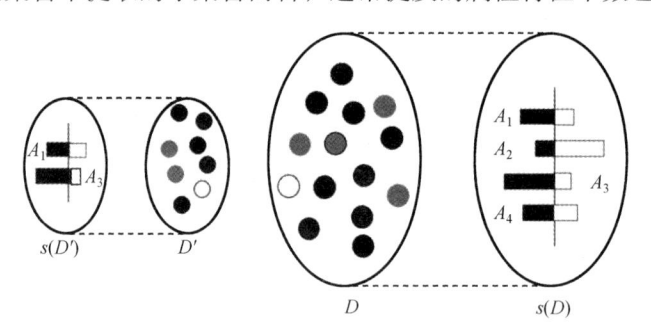

图 14-4 一致性语义反映示意

概括说来，一致性语义反映作为"大数据—小数据"问题的一类特殊情形，其核心思路是如何兼顾和协同"大数据"与"小数据"传递语义信息的一致性，使大小数据传递同频声音，进而帮助管理者做出精准决策。建模和求解方法的不断创新，可以为大数据驱动的管理决策赋能，对于在取值模式（如分布一致性）层面上的"以小见大"洞察具有重要意义。

14.3.1 一致性评估测度

由于取值模式作为隐式语义存在多种形态，本节围绕取值分布形态讨论一致性语义反映问题的形式化表示，并进而得到一致性评估测度。令 D 表示"大数据"集合，D' 表示"小数据"集合，$A_{D'}$ 是 D' 上所有特征 A 的集合（即 $A \in A_{D'}$），D_A 表示 D 中包含属性 A 的数据所形成的集合。假设每个属性特征的值域为二值集合 (x, y)（如评论极性取值），对于属性特征 A，取值为 x 的数据在 D_A' 上的占比（取值分布）为 $|D_A'^x|/|D_A'|$，类似地，其在 D 上的占比为 $|D_A^x|/|D_A|$，分别对应 D_A' 和 D_A 的语义，即

$$s(D_A') = |D_A'^x|/|D_A'|, \quad s(D_A) = |D_A^x|/|D_A|$$

进一步，考虑所有属性特征，可以得到 D' 和 D 的语义，即

$$s(D') = \sum_{A \in \mathbf{A}_{D'}} s(D_A'), \quad s(D) = \sum_{A \in \mathbf{A}_{D'}} s(D_A)$$

一致性评估测度可以定义为 D' 和 D 在语义上的相似程度，即

$$\sum_{A \in \mathbf{A}_{D'}} \left(1 - \left| \frac{|D'^x_A|}{|D'_A|} - \frac{|D^x_A|}{|D_A|} \right| \right) \tag{14.11}$$

进一步，可以将此测度值正规化到[0,1]期间上（如通过$1/|A_D|$或其他权重）。同样以例 14.1 为例，可以计算图 14-2 中 4 种提取结果（图 14-2(a)～(d)）的一致性测度值。假设有两类属性 A 和 B，a 类球代表属性 A 的值为正，b 类球代表属性 A 的值为负，c 类球代表属性 B 的值为正，d 类球代表属性 B 的值为负。此时结果图 14-2(a)中只包含属性 B，根据式(14.11)，可以得到一致性测度值为

$$1 - \left| \frac{|D'^+_B|}{|D'_B|} - \frac{|D^+_B|}{|D_B|} \right| = 1 - \left| \frac{0}{10} - \frac{300}{300+400} \right| = \frac{4}{7}$$

结果图 14-2(b)的一致性测度值为

$$\left(1 - \left| \frac{|D'^+_A|}{|D'_A|} - \frac{|D^+_A|}{|D_A|} \right| \right) + \left(1 - \left| \frac{|D'^+_B|}{|D'_B|} - \frac{|D^+B|}{|D_B|} \right| \right) = \left(1 - \left| \frac{4}{4+3} - \frac{100}{100+200} \right| \right) + \left(1 - \left| \frac{2}{2+1} - \frac{300}{300+400} \right| \right)$$

$$= \frac{32}{21}$$

类似可以得到，图 14-2(c)和图 14-2(d)的一致性测度值分别为 2 和 $\frac{37}{21}$。

14.3.2　一致性信息提取方法

根据一致性评估测度，则给定 D 和 k，一致性语义反映问题可表示为

$$\max_{D' \subset D, |D'|=k} \{1 - [|s(D') \ominus s(D)|]\} = \max_{D' \subset D, |D'|=k} \sum_{A \in A_{D'}} \left(1 - \left| \frac{|D'^x_A|}{|D'_A|} - \frac{|D^x_A|}{|D_A|} \right| \right) \tag{14.12}$$

如果希望体现不同属性特征的重要性，可以引入属性特征权重 $w_A = |D_A|/|D|$。此时，求解问题可以表示为

$$\max_{D' \subset D, |D'|=k} \sum_{A \in \mathbf{A}_{D'}} w_A \times \left(1 - \left| \frac{|D'^x_A|}{|D'_A|} - \frac{|D^x_A|}{|D_A|} \right| \right) \tag{14.13}$$

相关研究证明，上述一致性语义反映问题是一个 NP-难问题[324]，这就使得问题求解难以采用传统优化方法。相关研究提出了一种新颖的求解方法（eSOP），通过在方法中加入增强型逐步寻优策略（增强型逐步寻优策略如图 14-5 所示），使得一致性语义反映问题的求解精度和效率具有显著优势[324]。

具体而言，在求解方法逐次迭代进行小数据集合扩展时，不仅保留具有最高一致性得分的数据，还可通过引入一个参数 $\alpha \in [0,1]$ 来控制一致性得分的阈值，以生成一个一致性得分在 $[\text{minValue} + \alpha \times (\text{maxValue} - \text{minValue}), \text{maxValue}]$ 区间的候选集合供后续一致性子集使

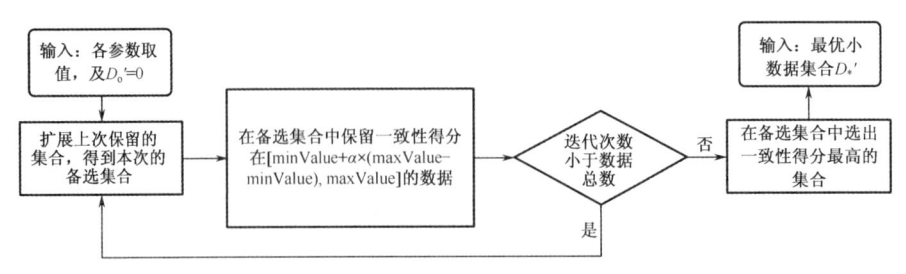

图 14-5 增强型逐步寻优策略思路流程

用。当 $\alpha=1$ 时，相当于仅保留具有最大一致性得分的数据进入后续迭代中，即求解方法退化为贪心方法；当 $\alpha=0$ 时，相当于保留一致性得分在 (minValue, maxValue) 区间的数据作为候选集合，相当于方法退化为穷举求解方法。因而，通过控制 α 的取值，可以调节方法的寻优空间及求解效率。具体的算法细节读者可参阅文献[324]。

此外，近年相关研究针对上述一致性语义反映问题的不同视角和情境进行了扩展，包括：Zhang 等（2016 年）从消费者行为学角度，刻画消费者可能在不同位置的评论处停止，引入消费者在第 i 条评论处阅读停止概率 p_i，进而将求解问题转化为优化期望意义的一致性，即

$$\max \sum p_i \sum_{A \in \mathbf{A}_{D'}} w_A \times \left(1 - \left|\frac{|D'^x_A|}{|D'_A|} - \frac{|D^x_A|}{|D_A|}\right|\right)^{[324]}$$

Wang 等（2018 年）针对消费者对在线评论发布时间的关注，引入时间衰减函数对在线评论进行赋权，进而形成考虑评论时效性的一致性语义反映问题，并在寻优方法中引入优先队列结构和剪枝策略，在保证优化效果的同时进一步提升求解效率[325]。Chen 等（2018 年）进一步考虑了在线评论质量因素，设计了结合评论质量评估框架的语义衡量方法，进而形成考虑评论质量的一致性语义反映优化目标，并在寻优方法中结合了深度优先搜索方法和贪心策略，提出了兼顾效率和精度的问题求解算法[326]。

14.4 多样性信息提取

在决策场景中，人们常常需要从多样性的角度来观察世界，即希望通过"小数据"集合来体现"大数据"集合的多样性特点。多样性语义反映是"大数据—小数据"问题的一种特殊类型，旨在从隐式语义的视角获得一个数据实例的小集合，以求小集合在特定属性下反映的结构性语义与大数据集合尽可能地相近。例如，挑选商品时，人们期待丰富的选择；阅读商品评论时，人们期待全面的、全方位的评价；调研用户需求时，人们期待不同角度的诉求。此时，语义反映强调"小数据"集合反映"大数据"集合的类别多样性。

多样性语义反映的概念内涵是指小数据集合 D' 对于大数据集合 D 的相应类别结构 $H=(D_1, D_2, \cdots, D_k)$ 的覆盖程度。相对于 D'，D 的元素在特定属性（如形状）上的取值存在

某种模式（如类别：圆形、矩形、多边形和梯形），即构成了 D 上的一个语义 $s(D)$，如图 14-6 所示。取值模式一般是语义的深层次刻画，所以多样性语义反映也属于隐式语义反映的范畴。

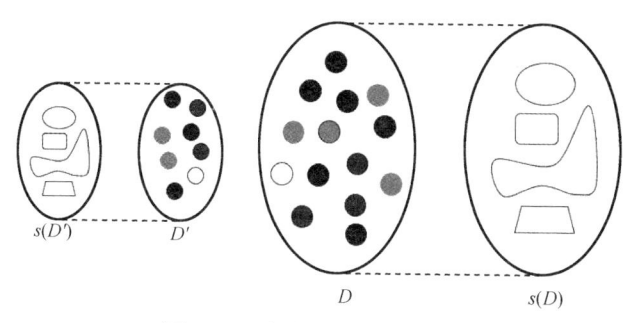

图 14-6 多样性语义反映示意

作为"大数据—小数据"问题的一类特殊情形，多样性语义反映体现了大数据环境下管理决策的新需求，即如何缩减"大数据"与"小数据"在特定属性下的结构性语义差异，使"小数据"能够反映出"大数据"中的不同角度，进而帮助决策者掌握大数据中的结构语义。

14.4.1 多样性评估测度

给定大数据集合 D，多样性语义反映问题是寻找规模为 k 的子集 D'，使得 D' 在 H 的框架下（D 的类别结构下）对于 D 的覆盖最大，换句话说，多样性语义反映具有结构覆盖的意味。计算结构覆盖程度的一个思路是通过信息熵[327]来计算 H 的"信息载量"。具体而言，对于 D 的子集 $D'(|D'|=k)$，假设 D' 中的每个元素 d'_j 对应一个 D 的子类 D_j（$j=1,2,\cdots,k$），或将 d'_j 看作 D_j 的类别标签。进而，对于 D 中的任一元素 d，按照与 D' 中每个元素 d'_j 的相似程度高低，确定其类别归属，即元素 d 属于 D_j 的程度（隶属度）为 d 与 d'_j 的相似度 $\text{sim}(d,d'_j)$，当 d 与 d'_j 相似度最大时，d 的类别划分为 D_j。基于此，可以得到集合 D 的类别划分 $D_1,D_2,\cdots,D_k$。相应地，D_j 的势

$$n_j^v = \sum_{d \in D_j} \text{sim}(d'_j, d)$$

表示以 d'_j 为类标签的类别 D_j 中元素的隶属度的和，构成了 d'_j 与 D_j 的对应。而

$$\sum_{j=1}^{k} n_j^v = n^v$$

是 D' 关于 D 的对应。通过 D' 中元素与 D 中不同类别的对应，可以计算 D 的"信息熵"，以体现 D' 在类别划分 $D_1,D_2,\cdots,D_k$ 的框架下对于 D 的多样性反映。这样，D' 对于 D 的多样性语义为（$k>1$）

$$s(D') = -\frac{1}{\log_2 k} \sum_{j=1}^{k} \frac{n_j^v}{n^v} \log_2\left(\frac{n_j^v}{n^v}\right) \tag{14.14}$$

值得一提的是，当 D' 和 D 的元素间存在相似关系时（即相似度在[0,1]区间上取值），D_j

由最大相似度原则生成。这里，在操作层面存在一种情况，当 D' 中的两个元素 d'_1 与 d'_2 完全相似（相等）时，D 中元素 d 分别与 d'_1 和 d'_2 的相似度可能相同。如果此时该相似度值对于 D' 所有元素来讲是最大的，那么 d 将属于子类 D_1（或 D_2）。如果 D 中存在多个这样的 d，为避免都被对应到一个子类中，此时通常需要一个分配操作，如采用均匀分配原则，将这样的 d 尽可能均匀地分配到 D_1 或 D_2 中。从另一个角度，这个形成子类的过程也是确定 d'_j 对应（覆盖）D_j 的过程。

此外，式 (14.14) 是针对 $k>1$ 的情形。对于 $k=1$ 的情形，因为没有类别结构，可以理解其没有多样性，所以相应的多样性测度值设定为 0。

同样以例 14.1 为例，考虑信息提取结果（见图 14-2）的多样性测度值（结构覆盖度）计算。这里，同类小球间的相似度为 1，不同类小球间的相似度为 0。首先，考虑提取图 14-2(d) 的结果：D' 是由 a、b、c 和 d 中分别各提取一个小球组成，即 D' 个元素正好对应 D 的一个类。换句话说，$D' = \{a,b,c,d\}$ 中的 4 个小球分别覆盖（对应）了 D 的 100 个 a 类球，200 个 b 类球，300 个 c 类球，400 个 d 类球。根据式 (14.14)，相应的多样性测度值为

$$-\frac{1}{\log_2 4}\left[\frac{100}{1000}\log_2\left(\frac{100}{1000}\right) + \frac{200}{1000}\log_2\left(\frac{200}{1000}\right) + \frac{300}{1000}\log_2\left(\frac{300}{1000}\right) + \frac{400}{1000}\log_2\left(\frac{400}{1000}\right)\right]$$
$$= 92.32\%$$

下面考虑提取图 14-2(c) 的结果：D' 是由 10 个小球组成，分别为 1 个 a 类球，2 个 b 类球，3 个 c 类球，4 个 d 类球。换句话说，$D' = \{a,bb,ccc,dddd\}$ 的类别结构 (1:2:3:4) 正好与 D 的类别结构相同 (100:200:300:400)。由于 D' 中存在相同的小球，因此需要进行分配操作。这里采用均匀分配原则：将 2 个 b 类球分别对应分配到 200 个 b 类球上，3 个 c 类球分别对应分配到 300 个 c 类球上，4 个 d 类球分别对应分配到 400 个 d 类球上，即每个球对应（覆盖）到 100 个同类球上。根据式 (14.14)，相应的多样性测度值为

$$-\frac{1}{\log_2 10} \times 10 \times \frac{100}{1000}\log_2\left(\frac{100}{1000}\right) = 100\%$$

可以看到，结果 (3)（见图 14-2(c)）的多样性测度值高于结果 (4)（见图 14-2(d)），体现了结果 (3) 更好地反映了大集合 D 的多样性语义，即结果 (3) 不仅包含了 D 的各类元素，还呈现出与 D 相同的类别结构。此外，考虑提取结果 (2)（见图 14-2(b)），$D' = \{aaaa,bbb,cc,d\}$，即其类别结构为 4:3:2:1，对应 D 的类别结构 100:200:300:400。可以采用近似均匀原则，根据式 (14.14) 得到多样性测度值约为 80.25%。最后，对于提取结果 (1)（见图 14-2(a)），D' 仅由 1 类小球组成，所以其多样性测度值为 0。

14.4.2 多样性信息提取方法

当 $k=1$ 时，令 $s(D')=1$，类似地，有 $s(D)=1$，则多样性语义反映问题可以表示为

$$\max_{D'\subset D, |D'|=k} \{1-[|s(D')\ominus s(D)|]\} = -\frac{1}{\log_2 k}\sum_{j=1}^{k}\frac{n_j^v}{n^v}\log_2\left(\frac{n_j^v}{n^v}\right) \quad (14.15)$$

多样性语义反映问题同样是一个 NP-难问题[322]，通常需要采用启发式方法进行求解。然而单一的启发式方法容易陷入局部最优，导致影响问题的求解精度，因而可以采用组合多种启发式方法进行寻优的方式来提升效果。相关研究提出一个融合方法（Cov$_{c+s}$-Select），通过贪心算法和模拟退火算法的组合策略，以获得良好的寻优效果和算法效率[322]。图 14-7 给出了模拟退火随机搜索策略的思路流程。

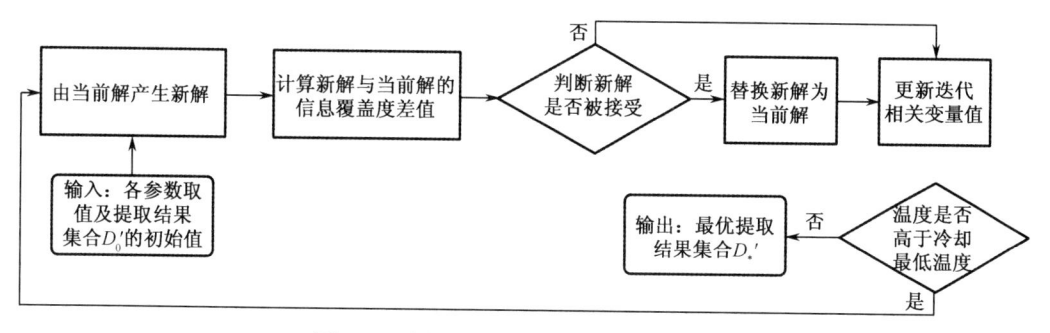

图 14-7　模拟退火随机搜索策略思路流程

图 14-7 呈现的算法是一个迭代过程，其中两个主要步骤是：① 计算新解与当前解的多样性语义反映的差值。这一步需要计算当前结果集合和可能的新结果集合的多样性语义反映，并计算新解带来的增益（负值表示减少值）。这里计算的增益，一方面决定是否使用新解代替当前解，另一方面会影响后续"接受概率"的计算。② 判断新解是否被接受，是模拟退火"随机搜索"思路的核心。如果出现新解没能改进多样性语义反映的效果，并不一定放弃新解，而是以一定的"接受概率"接受无改进的新解。这种"接受概率"会受到新解的多样性语义反映增益及当前冷却温度的双重影响。如果当前"接受概率"大于随机概率，就接受新解代替当前解，否则仍保留当前解。当新解与当前解的测度值相同时，仍然坚持使用新解代替当前解，这也是为了鼓励算法进行更多寻优，避免陷入局部最优[322]。

小　结

从决策的角度，决策者需要获得对于"大数据"全貌的描述，但现实中出于成本和时间的考虑，决策者面对的数据往往是有限的、部分的"小数据"。此时存在着决策信息的不对称性。为了在决策中通过实例子集帮助人们以局部看整体，需要通过"小数据"来反映"大数据"。这类信息提取问题被称为"大数据—小数据"问题，有助于管理者获得"以小见大"的洞察。

"大数据—小数据"问题意在寻求一个小集合，使得小集合的语义尽可能接近大集合的语义。从表达层次，语义可以分为显式语义和隐式语义。显式语义通常可以直接观察到，隐式语义通常需要进一步揭示或表达。从不同的语义反映角度,"大数据—小数据"问题有三种典型类型:代表性信息提取、一致性信息提取、多样性信息提取。

代表性信息提取是从显式语义的视角,通过部分的数据实例内容来反映"大数据"的数据实例内容。代表性语义反映信息提取问题是,从大集合中提取可以最大限度提高代表性评估测度值的小集合,可以通过启发式方法或是构造式方法等解决。"大数据—小数据"问题的代表性信息提取求解能够提升数据实例在内容覆盖层面上的洞察。

一致性信息提取是从隐式语义的视角,使得提取出的小集合在特定属性特征下反映的概括性语义与大数据集合的概括性语义尽可能保持一致。一致性语义反映的信息提取问题是,从大集合中提取可以最大限度提高一致性评估测度值的小集合,可以通过逐步寻优策略或是贪心策略等解决。"大数据—小数据"问题的一致性信息提取求解能够提升数据实例在分布一致性等层面取值模式上的洞察。

多样性信息提取也是从隐式语义的视角,使得提取出的小集合在特定属性下反映的结构性语义与大数据集合的结构性语义尽可能保持一致。多样性语义反映的信息提取的问题是,从大集合中提取可以最大限度提高多样性评估测度值的小集合,可以通过模拟退火算法或是贪心策略等解决。"大数据—小数据"问题的多样性信息提取求解能够提升数据实例在结构一致性等层面取值模式上的洞察。

思考与练习

14.1 简述"大数据—小数据"问题的含义,并结合自己日常生活和工作中的体验和感受,举例说明一种"大数据—小数据"问题在生活中的反映和体现。

14.2 "大数据—小数据"问题主要有哪几种典型类型?它们各自的特点以及相互之间的差别是什么?

14.3 原始集合 D 以及它的 4 个提取结果小集合 D_1、D_2、D_3 和 D_4 的内容如下,设相同颜色的小球间的相似度为 1,不同颜色小球间的相似度为 0。

D:100 个红球,200 个黄球,300 个白球,400 个黑球。

D_1:1 个红球,2 个黄球,3 个白球,4 个黑球。

D_2:10 个红球,20 个黄球,30 个白球。

D_3:1 个红球,1 个黑球。

D_4:4 个红球,3 个黄球,2 个白球,1 个黑球。

(1)试计算 4 个提取结果小集合相对于原始集合的代表性评估测度值。

(2)设该集合有两类属性:属性 A 为红球还是黄球,属性 B 为白球还是黑球,每个球的颜色反映一个球在某属性上的取值。试计算 4 个提取结果小集合相对于原始集合的一致性评估测度值。

(3)采用(近似)均匀分配原则,试计算 4 个提取结果小集合对于集合 D 的多样性评估测度值。

第 15 章

关联分类

关联规则能帮助找到看似无关的事物间的联系，分类分析则能使人们看清原本杂乱无章的数据。那么，如果"双剑合璧"，是否会事半功倍呢？本章介绍的相关知识正是从融合两种分析方法精华、发挥其各自优势的思路出发的。关联规则的分析结果能为人们提供关于目标数据的宝贵先验知识。基于这些知识构建的分类器就像一个经验丰富的老向导，能够带领大家在分类分析的道路上少走弯路，快速到达目的地。

本章学习重点
- 分类关联规则的剪枝方法
- 基于关联规则的分类器构建
- GARC 方法

在方法篇中提到，关联规则和分类分析均是商务智能领域关注的重要知识形式。关联分类是将关联规则应用于分类中，构建基于关联规则的分类器。其主要思路是将分类规则视为关联规则的特例，利用关联规则挖掘方法进行全局数据扫描，力图反映数据结构特征的性质，将关联规则所具有的"语义丰富性"优势应用于分类算法中。关联分类方法的分类准确率不但能够达到用户满意的水平，而且其规则表达形式易于决策者理解。

关联分类一般包括三个步骤：第一，从训练集中挖掘出分类关联规则；第二，对分类关联规则进行剪枝；第三，构建分类器。

15.1 生成分类关联规则

在关联分类中，分类关联规则（Class Association Rules，CAR）可以表示为形如 $X \Rightarrow C$ 的规则，其中 X 为属性集合，C 为类别。可见，如果将 C 看作一种特殊属性，那么分类规则其实是关联规则的一种特例。进而，生成分类关联规则有两种思路：一种思路是先挖掘出所有的关联规则（满足阈值限制），然后从中挑选出后项为类别属性的规则；另一种思路是直接挖掘后项为单个类别属性的分类关联规则。

前者的思路简单，易于实现，但显然没有必要，因为这样会得到大量不能应用于分类的关联规则，而且规则越多，挖掘耗费时间越长，所以目前常见的方法都使用后者。

用于挖掘分类关联规则的方法主要基于 Apriori 扩展算法，将关联规则挖掘过程分解为两个子问题：① 找到所有支持度大于最小支持度的项集（Itemset），称为频繁集（Frequent Itemset）；② 基于获得的频繁集生成规则。

关联分类的一个经典方法是 CBA[328]。在 CBA 方法中，数据集 D 中的每个记录由 n 个条件属性和 1 个类别属性组成。一个候选频繁集可以描述为 $X \cup C_i$ 及对应的两个指标 lcount 和 wcount。其中，X 是这 n 个条件属性中任意 m（$m \leq n$）个属性取值的组合，lcount 是 D 中包含 X 的记录个数（$\|X\|$），wcount 是同时包含 X 和类别值 C_i 的记录的个数（$\|XC_i\|$）。基于上述概念可以给出支持度和置信度的概念如下

$$\text{Dsupp}(X \cup C_i) = \text{wcount} / |D|$$

$$\text{Dconf}(X \cup C_i) = \text{wcount} / \text{lcount}$$

根据 CBA 方法中的 lcount 和 wcount 计算该候选频繁集的支持度后，则可得到满足最小支持度的候选集 L_k，然后生成新的候选集 C_{k+1}（典型的 Apriori 过程），进而计算候选规则的置信度，最终可得到满足最小支持度和最小置信度的分类规则集。

注意，由于 Apriori 扩展算法本质上只能处理布尔取值的属性（取值为 0 或 1），对于包含数量型属性的训练集，在挖掘规则前要对该属性进行离散化处理，即给定一个属性 A，将其值域 U 划分为互不存在交集的 m 个集合：$U_1, U_2, \cdots, U_m$，且 $U_1 \cup U_2 \cup \cdots \cup U_m = U$。其

中，U 可以是连续的实数集合（如某物的质量等），也可以是有序的离散数的集合（如自然数），如一个人的年龄。这部分内容一直是研究和应用的热点。详细讨论请参见第 6 章和相关文献。

【**例 15.1**】 对于表 15-1 所示的数据，采用 Apriori 生成分类关联规则如下。

表 15-1 样本数据集

序 号	含手续费	高固定收益	高 风 险	长 周 期	类 别
1	1	0	1	0	投资型产品
2	1	1	0	0	理财型产品
3	0	0	1	0	投资型产品
4	0	1	0	1	理财型产品
5	1	0	1	1	投资型产品
6	1	0	0	1	保险型产品
7	1	0	1	0	投资型产品
8	1	0	0	1	保险型产品
9	1	1	0	0	理财型产品
10	0	0	0	1	保险型产品
11	0	0	0	1	保险型产品

该数据集包含 3 个类别：投资型产品（C_1）、保险型产品（C_2）和理财型产品（C_3）；4 个属性：含手续费、高固定收益、高风险和长周期，为简化起见，本章将 4 个属性分别用字母 P、M、F 和 V 表示。设最小支持度为 2/11，即每个项集至少出现两次才算频繁，最小置信度为 75%。

（1）计算 1-项集的 lcount 和 wcount 值，即

$$\text{lcount}(C_1) = 4, \text{lcount}(C_2) = 4, \text{lcount}(C_3) = 3$$

计算每个类别的支持度是因为，如果某类别，如 C_3，支持度小于最小支持度，那么接下来将不再生成后项为 C_3 的分类规则，即

$$\text{lcount}(P) = 7, \text{lcount}(M) = 3, \text{lcount}(F) = 4, \text{lcount}(V) = 6$$

由于 P、M、F 和 V 的 lcount 均不小于 2，因此计算对应的 wcount

$$\text{wcount}(P \cup C_1) = 3, \text{wcount}(P \cup C_2) = 2, \text{wcount}(P \cup C_3) = 2$$
$$\text{wcount}(M \cup C_1) = 0, \text{wcount}(M \cup C_2) = 0, \text{wcount}(M \cup C_3) = 3$$
$$\text{wcount}(F \cup C_1) = 4, \text{wcount}(F \cup C_2) = 0, \text{wcount}(F \cup C_3) = 0$$
$$\text{wcount}(V \cup C_1) = 1, \text{wcount}(V \cup C_2) = 4, \text{wcount}(V \cup C_3) = 1$$

（2）计算 2-项集的 lcount 和 wcount 值，即

$$\text{lcount}(P \cup M) = 2, \text{lcount}(P \cup F) = 3, \text{lcount}(P \cup V) = 3, \text{lcount}(M \cup F) = 0,$$
$$\text{lcount}(M \cup V) = 1, \text{lcount}(F \cup V) = 1$$

选择其中满足阈值限制的项集计算 wcount

$$\text{wcount}(P \cup M \cup C_1) = 0, \text{wcount}(P \cup M \cup C_3) = 2$$

这里不需计算 $P \cup M \cup C_2$ 的 wcount，因为 wcount($M \cup C_2$)=0，所以 $P \cup M \cup C_2$ 不可能为频繁集，下面对项集 $P \cup F$ 和项集 $P \cup V$ 同样仅计算部分 wcount 即可，故

$$\text{wcount}(P \cup F \cup C_1) = 3$$
$$\text{wcount}(P \cup V \cup C_2) = 2$$

(3) 计算 3-项集的 lcount 和 wcount。由（2）的结果可知，不存在 3-项频繁集。结束。

下面利用上面的结果计算分类关联规则的置信度。

从 1-项频繁集中得到

$$\text{Dconf}(P \Rightarrow C_1) = 3/7 < 75\%$$
$$\text{Dconf}(P \Rightarrow C_2) = 2/7 < 75\%$$
$$\text{Dconf}(P \Rightarrow C_3) = 2/7 < 75\%$$

在后面的过程可以发现，对于一系列频繁集 $P \cup C_i$，仅需考虑 lcount($P \cup C_i$) 值最大的频繁集 $P \cup C_i$ 所对应的分类关联规则，因为其他 $P \cup C_i$ 形成的规则对分类没有贡献。这里，为了阐明生成分类关联规则的过程，列举所有规则：

$$\text{Dconf}(M \Rightarrow C_3) = 3/3 > 75\%$$
$$\text{Dconf}(F \Rightarrow C_1) = 4/4 > 75\%$$
$$\text{Dconf}(V \Rightarrow C_2) = 4/6 < 75\%$$

从 2-项频繁集中得到

$$\text{Dconf}(MP \Rightarrow C_3) = 2/2 > 75\%$$
$$\text{Dconf}(PF \Rightarrow C_1) = 3/3 > 75\%$$
$$\text{Dconf}(PV \Rightarrow C_2) = 2/3 < 75\%$$

于是，最终得到如下分类关联规则为

$$M \Rightarrow C_3 \text{ with Dsupp} = 3/11, \text{Dconf} = 100\%$$
$$F \Rightarrow C_1 \text{ with Dsupp} = 4/11, \text{Dconf} = 100\%$$
$$MP \Rightarrow C_3 \text{ with Dsupp} = 2/11, \text{Dconf} = 100\%$$
$$PF \Rightarrow C_1 \text{ with Dsupp} = 3/11, \text{Dconf} = 100\%$$

此外，分类关联规则挖掘方法还可以采用 FP-tree 方式[183]。第 7 章关联规则中提到，Apriori 算法能够有效地生成关联规则，但需要多次扫描数据集。FP-tree 算法将数据库压缩到一棵频繁模式树中，通过设计有效的数据结构，避免了逐层生成候选集的过程。基于 FP-tree 的分类方法首先进行第一次数据库扫描，生成一项频繁集集合并按照支持度大小降序排列，得到频繁项列表 L。在第二次进行数据集扫描时，对每条记录中的项按照 L 中的次序处理，创建新节点或更新现有节点计数，由此形成 FP-tree 结构。FP-tree 结构在压缩数据库内容的同时，保存了项集间的关联信息，求解频繁项集的问题相应转化为递归地找出树中最短频繁模式并连接其后缀构成长频繁模式的问题，由此避免了大量候选集的生成和频繁的数据库扫描。

CMAR 分类器也是使用 FP-tree 方式的一种典型分类器[329]。当然，基于 FP-tree 方式的关联分类方法在处理属性很多的大型数据集时存在一定的局限。

15.2 分类关联规则剪枝

一般,虽然得到的分类关联规则仅是数据集对应的规则的一部分,但其规模仍然非常庞大。数量过多的分类关联规则不仅会影响分类器的分类准确率,也会减弱分类器对结果的解释能力。而且,在得到的所有分类关联规则中,有的可能对分类不会产生任何作用(如没有记录适用于该规则),有的可能对分类产生副作用(错误地对记录分类)。这些规则称为冗余/冲突规则,它们会影响分类器性能。规则剪枝正是针对这种现象而提出的。

通常有两种对冗余/冲突规则剪枝的方式,分别是后剪枝方式和先剪枝方式。

15.2.1 后剪枝方式

后剪枝方式的思路是,先得到所有满足阈值限制的分类关联规则,再删除冗余/冲突规则。具体方式因分类器的设计思想而异,下面介绍悲观错误率法和 χ^2 检验法两种常见的剪枝方法。

1. 悲观错误率法

悲观错误率法的基本想法是,记录每条分类规则在整个训练集学习过程中的分类准确率贡献,依次删除贡献最小的规则;不断重复上面的过程,直到显著影响到训练集的分类准确率为止。该方法与给定记录如何选择对应的分类规则紧密相关。下面以 CBA 分类器的剪枝过程为例,解释该方法如何进行。

首先,将所有规则按以下标准设定优先级并降序排列:如果规则 R_i 的置信度高于 R_j,或两者置信度一致,而 R_i 的支持度高于 R_j,或两者置信度和支持度都一样,但是 R_i 比 R_j 先生成,那么规则 R_i 的优先级高于 R_j。这样,任意两个规则都可以进行优先级对比,最后所有规则都可按优先级高低排成一个队列。

然后,使用规则队列对训练集的记录进行分类。CBA 分类器按照规则的优先级从高到低的顺序进行逐个判断,一旦某规则适用于该记录(即规则条件项的属性完全被该记录的属性项集包含),则应用该规则对此记录进行分类。如果没有任何一条规则适用于该记录,就将该记录归于预设好的默认类别。

CBA 方法基于一种对数据集合进行覆盖的思路对规则集合进行剪枝,按照规则的优先级依次检验每条规则是否应该加入分类器,最后分类器中的规则和所设定的默认类别满足两个条件:对于训练数据集而言,每条规则至少有一次是正确分类的(若记录满足分类器中优先级更高规则的条件项,则该记录不再适用于这条规则进行分类),整个分类器在训练集上错误率最低。在所有剩余的不能满足任何一条规则的记录中,占比例最大的类别被设定为该分类器的默认类别。图 15-1 为 CBA 算法构建分类器步骤伪码,即列出了对得到的初始规则集剪枝的过程。

```
按照样本的优先级进行降序排列;
For 队列中每一条规则 r ∈ R do
    temp = φ;
    for 每一个样本 d ∈ D do
        if d 满足规则 r 的条件 then
            存储 d 的 id 到 temp 中, 如果 r 正确地预测了 d 的类别, 则标记该规则;
        end
    end
    if r 被做了标记 then
        将 r 插入到分类器 C 的最后;
        从数据库 D 中删除所有 temp 中所记录的样本;
        为当前的分类器选择一个默认的类别;
        计算当前分类器 C 的总错误率;
    end
end
找出分类器总错误率最低时所对应的那条规则 p, 并删除它之后的所有规则;
将 p 所对应的那个默认类别作为最终分类器 C 的默认类别
```

图 15-1　CBA 算法构建分类器步骤的伪码

2. χ^2 检验（规则前后项相关性检验）法

经过分类关联规则的挖掘，可得到所有置信度和支持度满足阈值限制的分类关联规则，虽然置信度确实在一定程度上反映了分类关联规则的预测能力，但是仍然存在一些缺陷。

首先，规则 $X \Rightarrow Y$ 的置信度可以视为是一个条件概率，但是该条件概率对于 $\|Y\|$ 和 $|D|$ 并不敏感，因为置信度是 $\|XY\|/\|X\|$，其中 $\|X\|$、$\|Y\|$ 和 $\|XY\|$ 表示包含项集（属性集）X、Y 和 XY 的记录个数，$|D|$ 表示数据集 D 的记录个数。也就是说，如果保持该式的分子和分母不变，当 $\|Y\|$ 的大小或 $|D|$ 发生变动时，规则的置信度是不变的。如图 15-2 所示，当 $\|Y\|$ 增大或数据集 D 的规模变小时，规则 $X \Rightarrow Y$ 的预测能力会下降，即覆盖的记录减少。例如，当 $\|Y\|$ 足够大至与数据集 D 本身非常接近时，包含项集 X 的记录更可能同时属于记录子集 $\|Y\|$。另一种情况是，分子和分母同比例增加时，规则的置信度保持不变，但显然人们对那些从较大的数据集中获得的同样置信度的规则更感兴趣。图 15-2 直观地显示了上述内容，说明仅仅是置信度不一定能很好地描述规则的预测能力。

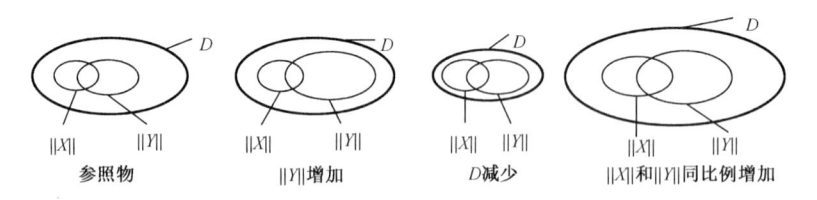

图 15-2　保持置信度不变的三种情况

置信度还存在另一个局限。在大数据环境下，考虑到数据的庞杂性和多样性，将最小支持度设置为 1% 甚至更小。这样很有可能生成一些规则具有非常高的置信度，但是它们只能覆盖其中很少的一部分记录，而这些记录也许只是由噪声造成的。因此，过于重视那些具有高置信度和低支持度的规则可能存在潜在危险，只选择具有最高置信度的规则并不总是最佳的策略。而 χ^2（卡方）检验可以在一定程度上克服这些缺点。

χ^2 检验是统计学中常用的检验方法之一，通常用来评估变量之间的相关程度。本质上，它是基于观测频率和期望频率之间的比较。设 f_0 表示观测到的频率，f 表示期望频率，卡方统计值可以定义为

$$\chi^2 = \sum \frac{(f_0 - f)^2}{f} \tag{15.1}$$

它可用来测试观测值与期望值之间偏差的程度。对于每条规则 $X \Rightarrow Y$ 及给定的训练集 D，可以得到一个 2×2 的列联表，如表 15-2 所示。

表 15-2 规则 $X \Rightarrow Y$ 的 2×2 列联表

	Y	$\neg Y$	行和
X	m_{11}	m_{12}	$\|X\|$
$\neg X$	m_{21}	m_{22}	$\|D\| - \|X\|$
列和	$\|Y\|$	$\|D\| - \|Y\|$	$\|D\|$

表 15-2 中的 $\|X\|$ 表示包含项集（属性集）X 的样本个数。这样，规则 $X \Rightarrow Y$ 的卡方统计值为

$$\chi^2 = \frac{(m_{11}m_{22} - m_{12}m_{21})^2 |D|}{(m_{11} + m_{12})(m_{21} + m_{22})(m_{11} + m_{21})(m_{12} + m_{22})} \tag{15.2}$$

在分类关联规则剪枝中，一些方法（如 CMAR 方法）使用 χ^2 检验来剪除规则前项和后项负相关的分类规则。对于挖掘出的分类规则 $R: X \Rightarrow C$，使用 χ^2 检验来判断属性项 X 是否与类别项 C 正相关，若是负相关，则剪除该条规则。

以上两种剪枝方法体现了目前多数分类器的剪枝思想，当然可以将两者结合起来，即使用 χ^2 检验值作为分类规则的排序标准，按照悲观错误率的思路进行剪枝。

上面两种方法虽然具体操作不同，但都体现了**数据集覆盖策略**的思想。数据集覆盖策略一般在规则被创建和排序后使用，其剪枝思路如下：逐条按规则排列顺序，完整扫描数据集寻找当前训练集中是否有适用当前规则的数据记录，一旦找到使用该规则的数据记录，就将该条规则加入分类器，并将适用于该规则的所有数据记录从当前训练集中删除，然后循环进行此过程，直到当前训练集为空集或所有规则都已检验完毕停止。在现有关联规则分类算法中，CBA、CBA(2)[330, 331]和 CMAR 等方法都采用了数据集覆盖方法进行剪枝。

与数据集覆盖策略不同的是**懒惰剪枝策略**，该策略认为，只有那些对分类没有帮助的规则才应该删除，而在理想最小支持度阈值未知的情况下，设置其他任何基于出现频率（大于零）的剪枝规则都可能失去一些有用信息，这是一种相对保守的减枝策略。与数据集覆盖策略一样，懒惰剪枝策略也是在规则被创建和排序后使用。按照排序规则逐条对训练集数据进行扫描，去除那些分类错误的规则，将适用于这些规则的数据记录进行下一个循环和下一条记录的检测。最终留下来的规则包括两种：一种为至少在训练集数据中有一条记录适用于该规则，另一种为在剪枝过程中没有使用到的规则。而后者在数据集覆盖方法中会被剪除。

15.2.2 先剪枝方式

先剪枝方式的思路是，提前停止产生不需要规则的处理过程，即挖掘出少量的分类关联规则。这种方法本身并非完全实现剪枝的目的，在得到较少的分类关联规则后，同样需要进行筛选，但由于产生的规则较少，能够提高生成分类器的速度。另外，这种方法得到的结果通常与后剪枝方式得到的结果不同，可能在挖掘过程中省略后剪枝方式中一些被看作非冗余/冲突的规则。先剪枝的典型例子是 GARC 方法及其扩展[332-334]方法。GARC 方法及其扩展方法从整个算法框架上进行重新设计，在保持和提高分类准确率（分类精度）的前提下，以获得更加简约的分类器并提高可理解性为目的，同时消除规则中可能存在的冲突和冗余。

具体来说，GARC 方法的剪枝思路包括两个要点。首先，引入信息增益的概念来选取最佳分裂属性（包含分类信息最多的属性），并且要求所有的规则必须包含该属性。这个步骤可以大大缩小候选集的规模，同时尽可能地减少信息损失。其次，GARC 设计了一系列先剪枝策略，一方面可以消除规则的冗余和冲突，另一方面可以根据存储的规则集和排除集来有效减小后续候选频繁集的规模。

1. 最佳分裂属性

GARC 利用信息增益的概念选择其最佳分裂属性，并且要求所有的候选频繁集必须包含该最佳分裂属性。由于在经典关联规则算法中，候选频繁集的生成和存储是一个瓶颈，特别是 2-项候选频繁集的规模会非常庞大，因此 GARC 引入最佳分裂属性，一方面可以有效地避免分类信息的损失，另一方面可以有效控制候选频繁集的规模。

设属性 A 有 n 个不同的取值，并依次将数据集 T 分割成 n 个不同的子集 $T_1, T_2, \cdots, T_n$，对于一个数据集 $S \subseteq T$，$freq(C_k, S)$ 表示 S 中类别标记为 C_k 的记录数目，则 $info(S)$ 用来衡量鉴别数据集 S 中某记录的类别标记所需的平均信息量，即

$$\text{info}(S) = -\sum_{k=1}^{g} \frac{\text{freq}(C_k, S)}{|S|} \times \log_2\left(\frac{\text{freq}(C_k, S)}{|S|}\right) \tag{15.3}$$

式中，$|S|$ 表示 S 中记录的个数，g 表示数据集中类别的个数。

当数据集 T 按照属性 A 的 n 个属性值被分割成 n 个子集后，它们的平均信息量为

$$\text{info}_A(T) = \sum_{i=1}^{n} \frac{|T_i|}{|T|} \times \text{info}(T_i) \tag{15.4}$$

则按照属性 A 分割数据集 T 获得的信息增益被定义为

$$\text{gain}(A) = \text{info}(T) - \text{info}_A(T) \tag{15.5}$$

GARC 选择能获得最大信息增益的属性作为其最佳分裂属性。遍历数据集后，GARC 将对所有的 1-项集进行统计并计算它们的置信度和支持度。因此，$\text{info}_A(T)$ 可以按照如下公式进行计算，即

$$\begin{aligned}
\text{info}_A(T) &= \sum_{i=1}^{n} \frac{|T_i|}{|T|} \times \text{info}(T_i) \\
&= -\sum_{i=1}^{n} \frac{|T_i|}{|T|} \times \left[\sum_{k=1}^{g} \frac{\text{freq}(C_k, T_i)}{|T_i|} \times \log_2 \frac{\text{freq}(C_k, T_i)}{|T_i|} \right] \quad (15.6) \\
&= -\sum_{i=1}^{n} \text{Dsupp}(A = v_i) \times \left[\sum_{i=1}^{g} \text{Dconf}(A = v_i \Rightarrow C_k) \times \log_2 \text{Dconf}(A = v_i \Rightarrow C_k) \right]
\end{aligned}$$

式中，Dsupp 和 Dconf 分别代表的是项集和规则的支持度和置信度。

【例 15.2】 给定如表 15-3 所示的训练数据集，假设最小支持度阈值 Min_supp= 0.21，最小置信度阈值 Min_conf=0.8。首次扫描数据集后，可以得到属性 Outlook 为最佳分类属性。第二轮扫描数据集时，记录 TID1 支持以下 3 个候选集：{Sunny, Mild, Play}、{Sunny, Normal, Play}和{Sunny, True, Play}。注意，{Mild, Normal, Play}、{Mild, True, Play}和{Normal, True, Play} 不会被选为候选集，因为它们不包括最佳分裂属性。

表 15-3 训练数据集

TID	Outlook	Temperature	Humidity	Windy	Class
1	Sunny	Mild	Normal	True	Play
2	Sunny	Hot	High	True	Don't play
3	Sunny	Hot	High	False	Don't play
4	Sunny	Mild	High	False	Don't play
5	Sunny	Cool	Normal	False	Play
6	Overcast	Mild	High	True	Play
7	Overcast	Hot	High	False	Play
8	Overcast	Cool	Normal	True	Play
9	Overcast	Hot	Normal	False	Play
10	Rain	Mild	High	True	Don't play
11	Rain	Cool	Normal	True	Don't play
12	Rain	Mild	High	False	Play
13	Rain	Cool	High	False	Play
14	Rain	Mild	High	False	Play

2．先剪枝策略

GARC 同样采用先剪枝策略。从分类角度，生成的大量分类规则之间可能存在冗余和冲突。例如，可能同时存在相互冲突的规则 $X \Rightarrow C_i$ 和 $X \Rightarrow C_j$，具有相同的前项，却预测为不同的类别；或者同时存在两条规则 $X \Rightarrow C_i$ 和 $XY \Rightarrow C_j$ 且 $\text{Dconf}(X \Rightarrow C_i) \geqslant \text{Dconf}(XY \Rightarrow C_j)$，从语义上，后者是冗余的，没有必要包含在规则集中。为此 GARC 方法提出了简洁规则集。

一个分类规则集 ψ 如果满足如下条件，那么它是一个简洁规则集（Compact Set）ψ_c：

(1) 规则集 ψ 中不同时包含形如 $X \Rightarrow C_i$ 和 $X \Rightarrow C_j$ 的规则。

(2) 若规则集 ψ 中包含规则 $X \Rightarrow C_i$，则形如 $XY \Rightarrow C_i$ 的规则不同时包含在规则集中。

(3) 规则集 ψ 中不存在形如 $XY \Rightarrow C_j$ 的规则，其优先度低于该规则集中已经存在的规则 $X \Rightarrow C_i$。（优先级的定义与 CBA 方法中相同。）

显然，对于任何一个规则集 ψ ，按照上述三个条件反复剔除冗余和冲突的规则，最终都可以获得一个与其对应的简洁规则集 ψ_c ，该简洁规则集由于消除了冗余和冲突规则，则不但仍能保持满意的精度水平，而且规则数大大减少，显著提高了对分类器的可理解性。

3．GARC 方法扩展

在本章后续讨论中可以看到，GARC 方法与其他方法相比具有一定优势，主要体现在：在分类准确率与其他方法基本相当的前提下，GARC 规则集的规则数目显著少于其他关联分类方法，且消除了一定的规则冲突和冗余。沿着这个思路，近年来出现了 GARCII[333]和 GEAR 方法[334]。与 GARC 中不同类别的规则均包含相同的最优分裂属性的做法不一样，GARCII 考虑不同类别规则的最优分裂属性存在不同的情形。因此，GARCII 设计了一个新颖的兴趣度：类信息熵。类信息熵可以为不同类别的规则选择出最适合该类别的最优分裂属性，称为"类最优分裂属性"，在规则生成时各个类别的规则分别包含对应类别的类最优分裂属性。

具体做法为：对于某类别 C_k ，所有其他类别的记录均被认为属于类别 $C_{\neg k}$ 。此时，原数据集转变为只包含两个类别（ C_k 和 $C_{\neg k}$ ）的数据集，则数据集 T 中某个类别所需的平均类信息量为

$$\text{info}_k(T) = -\frac{\text{freq}(C_k, T)}{|T|} \times \log_2\left[\frac{\text{freq}(C_k, T)}{|T|}\right] - \frac{\text{freq}(C_{\neg k}, T)}{|T|} \times \log_2\left[\frac{\text{freq}(C_{\neg k}, T)}{|T|}\right] \quad (15.7)$$

相应地，对于具有 n 个不同取值的属性 A ，其关于类 k 的信息量为

$$\begin{aligned}
\text{info}_{Ak}(T) &= \sum_{i=1}^{n} \frac{|T_i|}{|T|} \times \text{info}_k(T_i) \\
&= \sum_{i=1}^{n} \frac{|T_i|}{|T|} \times \left\{-\frac{\text{freq}(C_k, T)}{|T|} \times \log_2\left[\frac{\text{freq}(C_k, T)}{|T|}\right] - \frac{\text{freq}(C_{\neg k}, T)}{|T|} \times \log_2\left[\frac{\text{freq}(C_{\neg k}, T)}{|T|}\right]\right\} \\
&= -\sum_{i=1}^{n} \text{Dsupp}(A=v_i) \times \left[\text{Dconf}(i_k) \times \log_2 \text{Dconf}(i_k) + (1-\text{Dconf}(i_k)) \times \log_2[1-\text{Dconf}(i_k)]\right]
\end{aligned} \quad (15.8)$$

式中，Dsupp 和 Dconf 分别表示相应项集或规则的支持度和置信度， i_k 表示规则 $A=v_i \Rightarrow C_k$ 。因此，根据属性 A 对数据集 T 进行划分后对于类别 C_k 所得的类信息增益为

$$\text{gain}_k(A) = \text{info}_k(T) - \text{info}_{Ak}(T) \quad (15.9)$$

根据类信息熵的计算方法，对数据集进行一次扫描之后便可计算得出类信息熵，从而得到各个类别选择类最优分裂属性。

【例 15.3】仍然使用表 15-1 中的数据集 T ，经过对数据集的第一轮扫描后，可以得到表 15-4 所列信息。

表 15-4 1-项集/规则的支持度和置信度信息

freq(C_1, T)=4	freq(C_2, T)=3	freq(C_3, T)=4
Dsupp(P=0)=4/11	Dsupp(P=1)=7/11	Dsupp(M=0)=8/11
freq(C_1, T)=4	freq(C_2, T)=3	freq(C_3, T)=4
Dsupp(P=0)=4/11	Dsupp(P=1)=7/11	Dsupp(M=0)=8/11

(续)

Dsupp(M=1)=3/11	Dsupp(F=0)=7/11	Dsupp(F=1)=4/11
Dsupp(V=0)=5/11	Dsupp(V=1)=6/11	
Dconf(P=0 $\Rightarrow C_1$)=1/4	Dconf(P=1 $\Rightarrow C_1$)=3/7	Dconf(P=0 $\Rightarrow C_2$)=2/4
Dconf(P=1 $\Rightarrow C_2$)=2/7	Dconf(P=0 $\Rightarrow C_3$)=1/4	Dconf(P=1 $\Rightarrow C_3$)=2/7
Dconf(M=0 $\Rightarrow C_1$)=4/8	Dconf(M=1 $\Rightarrow C_1$)=0	Dconf(M=0 $\Rightarrow C_2$)=4/8
Dconf(M=1 $\Rightarrow C_2$)=0	Dconf(M=0 $\Rightarrow C_3$)=0	Dconf(M=1 $\Rightarrow C_3$)=1
Dconf(F=0 $\Rightarrow C_1$)=0	Dconf(F=1 $\Rightarrow C_1$)=4/7	Dconf(F=0 $\Rightarrow C_2$)=3/7
Dconf(F=1 $\Rightarrow C_2$)=1	Dconf(F=0 $\Rightarrow C_3$)=0	Dconf(F=1 $\Rightarrow C_3$)=0
Dconf(V=0 $\Rightarrow C_1$)=3/5	Dconf(V=1 $\Rightarrow C_1$)=0	Dconf(V=0 $\Rightarrow C_2$)=2/5
Dconf(V=1 $\Rightarrow C_2$)=1/6	Dconf(V=0 $\Rightarrow C_3$)=4/6	Dconf(V=1 $\Rightarrow C_3$)=1/6

GARCII 为每个类别分别计算其最优分裂属性。以"投资型产品"为例，计算过程为

$$\text{info}_{C_1}(T) = -\frac{\text{freq}(C_1, T)}{|T|} \times \log_2\left[\frac{\text{freq}(C_1, T)}{|T|}\right] - \frac{\text{freq}(C_{\neg 1}, T)}{|T|} \times \log_2\left[\frac{\text{freq}(C_{\neg 1}, T)}{|T|}\right]$$

$$= -\frac{4}{11} \times \log_2\left(\frac{4}{11}\right) - \frac{7}{11} \times \log_2\left(\frac{7}{11}\right) = 0.9457$$

$$\text{info}_{PC_1}(T) = \sum_{i=1}^{n} \frac{|T_i|}{|T|} \times \text{info}_{C_1}(T_i)$$

$$= \sum_{i=1}^{n} \frac{|T_i|}{|T|} \times \left\{-\frac{\text{freq}(C_1, T)}{|T|} \times \log_2\left[\frac{\text{freq}(C_1, T)}{|T|}\right] - \frac{\text{freq}(C_{\neg 1}, T)}{|T|} \times \log_2\left[\frac{\text{freq}(C_{\neg 1}, T)}{|T|}\right]\right\}$$

$$= 0.9220$$

同理，$\text{info}_{MC_1}(T)=0.7273$, $\text{info}_{FC_1}(T)=0$, $\text{info}_{VC_1}(T)=0.7960$。

通过计算类信息增益，可以得到"投资型产品"的类最优分裂属性为"高风险"（F）。同理可以计算得到类别"保险型产品"和"理财型产品"的类最优分裂属性分别为"长周期"（V）和"高固定收益"（M）。

GARC 的另一个扩展方法是 GEAR 方法。GEAR 方法进一步分析了冗余规则的情形及相应的处理方式。进而，在 GARC 剪枝策略基础上，GEAR 又引入了若干其他先剪枝策略。这使得生成的分类规则集不但保持了较理想的分类精度，而且更简约。

15.3 构建分类器

在对分类关联规则进行剪枝后，分类器需要使用规则集对（类别）未知记录进行分类。从分类方式上，可以将分类器划分成单一规则分类器和多规则分类器两种。

15.3.1 单一规则分类器

顾名思义，给定分类规则集合 ψ 与（类别）未知记录 d，分类器从 ψ 中选出一条规则对 d 进行分类。单一规则预测思路很简单也很直观，经过前面诸多过程的筛选和"学习"，分类

规则已经按照优先级排序，所以采用分类器中适用于待分类记录的数据项中优先级最高的分类规则来进行预测是很自然的解决方法。若测试集中有一条记录在分类器中不适用任何规则，则该记录被分到默认类别。

除了前面所介绍的 CBA 与 GARCII，如 ADT、L^3G 等方法[335, 336]都采用了单一规则进行预测。通常，单一规则分类需要对分类规则集 ψ 中所有规则进行排序，选择优先级最高的并且"适用"未知记录 d 的规则。在此，"适用"程度需要通过规则兴趣度进行度量。显然，支持度与置信度是最基本也常见的兴趣度指标。

在多数算法中，无论规则的后项是何类别，分类器的生成过程均设置相同的最小支持度，但数据中很有可能类别分布不均匀，导致所得到的每个类别对应的规则数量也分布不均，这样有可能降低分类器的准确率。有一种改进方式是，为每一类别记录设置不同的最小支持度。用户只需要设定一个全局最小支持度，系统自动根据各类别记录所占比例给出各类的最小支持度。此外，在 15.2 节提到置信度有时不能完全反映数据属性之间的相关性，因此一些分类器会采用其他兴趣度对规则进行排序。除了已经介绍过的 χ^2 检验，还有蕴含强度等兴趣度也常常作为分类规则优先级判别的依据。

蕴含强度作为一种衡量关联规则兴趣度的测度[337]，它测量的是符合规则前项记录的类别分布与随机抽取记录的类别分布之间的偏差。换句话说，与随机抽样相比，那些符合规则前项的记录被分类到其他类别的概率应该比较低，蕴含强度就是衡量两者之间这种差异的程度。如图 15-3 所示，令 U 和 V 分别代表从数据集 D 中随机抽取的两个子集，并且它们包含的记录数分别与 $\|X\|$ 和 $\|Y\|$ 相等，即 $|U| = n_a$，$|V| = n_b$。

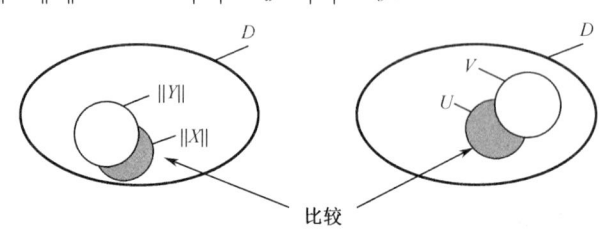

图 15-3 符合规则前项记录的类别分布与随机取样时记录分布的比较

假设数据集 U 和 V 之间是独立的，$N_{u\bar{v}} = |U \cap \bar{V}|$ 代表数据集 U 中不属于数据集 V 的记录个数的期望值，$n_{a\bar{b}}$ 代表符合规则前项 X 的记录中不属于规则所预测的类别 Y 的记录个数。如果 $n_{a\bar{b}}$ 显著小于随机抽样获得的期望值 $N_{u\bar{v}}$，那么可以认为规则 $X \Rightarrow Y$ 具有很强的蕴含强度。或可以认为，$\Pr[N_{u\bar{v}} \leq n_{a\bar{b}}]$ 的值越小，则规则 $X \Rightarrow Y$ 的蕴含关系就越强。因此蕴含强度可定义为 $1 - \Pr[N_{u\bar{v}} \leq n_{a\bar{b}}]$。随机变量 $N_{u\bar{v}}$ 符合超几何分布，即表示 $\Pr[N_{u\bar{v}} = k] = \Pr$[随机抽取 $|U|$ 个样本，恰好有 k 个样本不在 V 内]。令 $n_u = |U|$，$n_v = |V|$，$n_{\bar{v}} = |\bar{V}|$，因此 $N_{u\bar{v}}$ 等于

$$\frac{C_{n_{\bar{v}}}^{k} \times C_{n_v}^{n_u - k}}{C_n^{n_u}} \tag{15.10}$$

由于 $n_v = n_a$，$n_v = n_b$，蕴含强度则可以表示为

$$1 - \sum_{k=\max(0,n_a-n_b)}^{n_{a\bar{b}}} \frac{C_{n_{\bar{b}}}^{k} \times C_{n_b}^{n_a-k}}{C_n^{n_a}} \tag{15.11}$$

一般情况下，如果数据集规模 $|D|$ 不特别大，采用式(15.11)来计算蕴含强度是非常合适的。但是一旦数据集规模 $|D|$ 比较庞大，式(15.11)中排列组合的值就会呈爆炸性增长，从而计算时间也会大大延长，且不利于实际问题的处理。因此在大数据集的情况下，需要对式(15.11)进行近似计算。如果 $n_{a\bar{b}}$ 相对较小（这在规则挖掘中通常成立），那么可以使用泊松分布来获得一个近似的估计值。这样前面用来计算蕴含强度的公式可以用下式替换[190]，即

$$1 - \sum_{k=\max(0,n_a-n_b)}^{n_{a\bar{b}}} \frac{C_{n_{\bar{b}}}^{k} \times C_{n_b}^{n_a-k}}{C_n^{n_a}} \approx 1 - \sum_{k=0}^{n_{a\bar{b}}} \frac{\lambda^k}{k!} e^{-\lambda} \tag{15.12}$$

式中，$\lambda = n_a \times (n - n_b)/n$。

如前所述，保持分类关联规则 $X \Rightarrow Y$ 的置信度不变，如果仅变动 $\|Y\|$ 的大小或数据集的记录数 n，则规则的蕴含强度也会发生变化。此外，在 n 增大的同时保持 $n_{a/n}$、$n_{b/n}$ 和 n_{ab}/n 不变，其蕴含强度也会调整。蕴含强度的敏感性分析如图 15-4 所示。

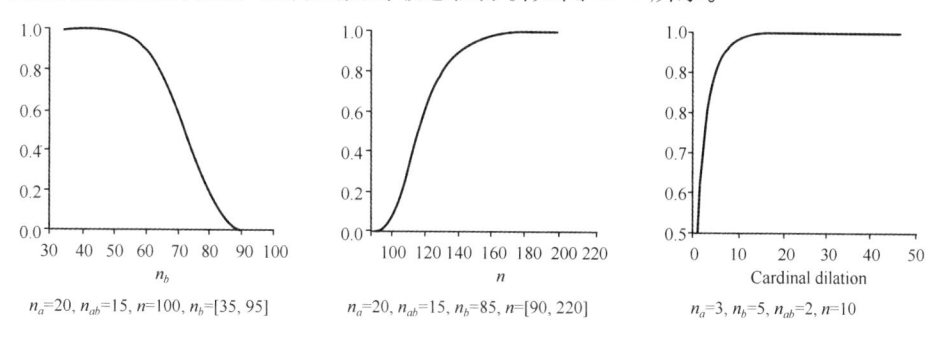

图 15-4 蕴含强度的敏感性分析

15.3.2 多规则分类器

仅仅使用一条规则进行分类，不但忽视了其他分类规则所蕴含的丰富信息，而且当很多规则在所有指标上都十分接近时，单一规则分类容易做出错误判断。因此，在有些情况下，选择多条规则进行预测就有其必要性。多规则分类的思路是选择分类关联规则的全部或部分（如高兴趣度的），对类别未知记录进行预测。如果预测分类到同一类，则将该记录标记为相应类别；如果得到的类别多于一个，则需采用一个判断指标，将具有最大指标值的类别标记为该测试记录的预测分类。常用的判断指标可以是 χ^2，也可以是拉普拉斯（Laplace）期望正确率等[338]。

CMAR 和 CPAR[338] 是两种比较典型的多规则分类器。对于未知记录，CMAR 可选出所有适用于该记录的规则，如果这些规则类别相同，则将该类别赋予此记录；如果所选规则类别不一致，则将规则按照类别分组，利用加权 χ^2 计算各组的"组合强度"（Collective Strength），

且采用多条规则共同分类。CPAR 方法则首先选出所有适用于该记录的规则，对规则按类别分类后，再分别在各类中选出 k 条最优规则，计算各类规则的 Laplace 平均期望正确率，将期望正确率最高的类别赋予该记录。CPAR Laplace 平均期望正确率的计算公式为

$$\text{LaplaceAccuracy} = (n_c + 1) / (n_{\text{tot}} + k) \tag{15.13}$$

式中，k 是类别数，n_{tot} 是规则满足的所有记录数，n_c 是规则满足的类别为 c 的记录数。

15.4　混合型关联分类

在关联分类方法中，有一大类是将关联规则分类方法与其他分类方法相结合构造的混合分类方法，如基于关联规则的决策树（Association based Decision Tree，ADT）、ART（Association Rule Tree）和 LB 方法等[339, 340]。

基于关联规则的决策树（Association based Decision Tree，ADT）方法在生成关联规则时，不设置最小支持度，只生成符合最小置信度的规则，称为置信规则。规则生成、构造相应的规则决策树，并采取悲观错误率法对决策树进行剪枝。

由于没有最小支持度的设定，不存在基于下闭合性（Dsupp(XY) ≤ Dsupp(X)）的剪枝策略，因此 ADT 不能直接采用 Apriori 思想来生成关联规则。于是 ADT 方法相应提出了基于置信度的性质，并在置信规则生成过程中剪枝。接着，就利用生成的置信规则构造 ADT。置信规则集中的每一条规则均为树中的一个节点。在对树进行剪枝时，则采用基于悲观错误率的方法首先对子节点进行剪枝，再对父节点剪枝。如果一个节点的子节点均被剪枝，那么该节点退化为叶子节点，并覆盖原子节点包含的所有记录。

ART 方法也是一种将关联规则分类方法与决策树方法相结合的混合方法。它与一般的决策树方法每次利用一个属性进行数据划分不同，其关联规则树可以同时利用多个属性进行划分，从而在某些情况下可提高判定树的分类准确率并降低计算复杂度。ART 方法从下向上生成关联规则，在某层生成满意规则后，其中的最优规则及次优规则被用来作为树的 IF 分枝。没有被这些规则覆盖的剩余记录应用同样的方法生成 ELSE 分枝。在规则选择上，则设置置信度的"容忍程度"，所有置信度高于 MaxConf − Δ 的规则均为次优规则，其中 MaxConf 为置信度最高的规则，即最优规则的置信度，Δ 为"容忍程度"。ART 采用 TBAR 算法[339]生成关联规则，能够减小候选集规模。

15.5　GARC 方法解析

本节进一步介绍 GARC 方法的一些思路细节，包括主要算法框架，并且讨论与其他相关

方法的比较。同时，从方法论的视角，进一步探讨在设计新的关联分类方法时应考虑的若干问题。

15.5.1 GARC 思路与算法框架

GARC 方法的思路可以归纳为最佳分裂属性、排除项集、简洁规则集、剪枝性质与策略四种。

1. 最佳分裂属性

如前所述，GARC 引入信息增益的概念来确定最佳分裂属性，作为生成候选集的组成属性之一，以期在保有信息量的情况下减少生成候选集的数量。

2. 排除项集

GARC 将生成频繁集和产生规则合并在一个步骤中，用于重点发现和存储规则项集（可生成规则的频繁集）和排除项集（支持度小于阈值的候选项集）。

(1) 规则项集：若候选项集 XC_i 的支持度不小于最小支持度 α，则称该候选项集为频繁集（Frequent Itemset）。若频繁集 XC_i 的置信度不小于最小置信度 β，则称该频繁集为规则项集（Rule Itemset），并可生成规则 $X \Rightarrow C_i$。

(2) 排除项集：若候选项集的支持度小于最小支持度 α，则称它为排除项集（Excluded Itemset）。

GARC 根据规则项集和排除项集的信息来控制候选项集的规模。由于任何包含排除项集的候选项集也是排除项集，则任何包含规则项集的候选项集所产生的规则为冗余分类规则，所以可以在生成频繁集的过程中忽略这些候选项集，进而减少相应的存储和计算开销。

3. 简洁规则集

GARC 定义了如下规则。

(1) 冲突规则：若存在分类规则 $r_1: X \Rightarrow C_i$ 和 $r_2: X \Rightarrow C_j$ 均满足最小支持度 α 和最小置信度 β，且 $i \neq j$，则称 r_1 与 r_2 冲突。

若有数据记录 t 包含属性 X，则根据 r_1，该记录 t 将被分到 C_i 类，而根据 r_2，记录 t 则将被分到另一个不同类别 C_j，则这两个规则冲突。

(2) 冗余规则：若存在分类规则 $r_1: X \Rightarrow C_i$ 和 $r_2: Z \Rightarrow C_i$ 均满足最小支持度 α 和最小置信度 β，且 $Z \supset X$，则称 r_2 相对于 r_1 冗余。

分类规则 r_1 意指：若有数据记录 t 包含属性 X，则 t 将被分到 C_i 类。显然，如果 t 满足 r_2，则 t 也将满足 r_1。从这个意义上，r_2 是冗余的。

(3) 简洁规则集：满足最小支持度和最小置信度且不包含上述冲突和冗余的分类规则的

集合，就称为简洁规则集（Compact Set），即记 $\psi=\{r\,|\,r$ 为关联分类规则且 $\mathrm{Dsupp}(r) \geqslant \alpha$，$\mathrm{Dconf}(r) \geqslant \beta\}$ 为满足最小支持度和最小置信度的分类规则的集合。若简洁规则集为 ψ_c，则

$$\psi = \psi - \psi_{co} - \psi_{re} \tag{15.14}$$

式中，$\psi_{re}=\{Z \Rightarrow C_i\,|\,Z \Rightarrow C_i \in \psi, \exists X \Rightarrow C_i \in \psi 有 X \subset Z\}$，$\psi_{co}=\{Z \Rightarrow C_j\,|\,Z \Rightarrow C_j \in \psi, \exists X \Rightarrow C_i \in \psi$，有 $X \subseteq Z, j \neq i$ 且 $\mathrm{Pre}(Z \Rightarrow C_j) < \mathrm{Pre}(X \Rightarrow C_i)\}$，其中 Pre 表示规则的优先度：规则 r 被称为优先于规则 r'，记作 $\mathrm{Pre}(r') < \mathrm{Pre}(r)$，当 $\mathrm{Dconf}(r) > \mathrm{Dconf}(r')$ 时成立，或者 $\mathrm{Dconf}(r) = \mathrm{Dconf}(r')$ 且 $\mathrm{Dsupp}(r) > \mathrm{Dsupp}(r')$ 时成立。

4．剪枝性质与策略

GARC 除了利用信息熵和排除项集减少候选项集的生成之外，上述冲突和冗余的去除也可以作为先剪枝策略融入频繁集生成的过程中。此外，GARC 又提出了下列三条与冲突相关的性质，并可以用于先剪枝策略中。

性质 1：如果最小置信度 β 大于 50%，则规则 $X \Rightarrow C_i$ 和 $X \Rightarrow C_j$ 不可能同时在 D 中成立。

性质 2：假设规则 $X \Rightarrow C_i$ 在数据库 D 中成立，若满足 $1-\mathrm{Dconf}(X \Rightarrow C_j) < \alpha$，则任何项集 XYC_j 都是排除项集。

性质 3：假设规则 $X \Rightarrow C_i$ 在数据库 D 中成立，若满足 $\|X\| < 2|D|\alpha$，则任何项集 XYC_j 都是排除项集。

将上述思路要点系统整合起来，就得到 GARC 方法的算法框架，GARC 算法如图 15-5 所示。

```
GARC 算法
（1） rule = { r | r is an 1-itemset, Dsupp(r) ≥ α and Dconf(r) ≥ β};    //初始化规则项集 //
（2） excluded ={ e | e is an 1-itemset, and Dsupp(e) < α};              //初始化排除项集//
（3） bestattr = gain;
（4） if (β≤0.5) and (∀r:X⇒Ci ∈ rule, ∃r':X⇒Cj ∈ rule such that r' does not precede r) then
（5）     rule = rule − {X⇒Cj};                                         //删除冲突规则//
（6） for k from 2 to m do                // m 条件属性的个数//
（7）     empty(cand);                    // 清空候选项集 cand//
（8）     if coverall(rule)
（9）         break;
（10）    for each transaction t in T do
（11）        Ct = CandidateGen(t, bestattr, k);
（12）        for each c ∈ Ct do
（13）            maintCand(rule, excluded, c, cand);
（14）        end for;
（15）    end for;
（16）    R={r | r ∈ cand, Dsupp(r) ≥ α and Dconf(r) ≥ β};
（17）    if (β≤0.5) and (∀r:X⇒Ci ∈ R, ∃r':X⇒Cj ∈ R such that r' does not precede r) then
（18）        R = R − {X⇒Cj};                                           //消除冲突规则//
（19）    if (∀r:X⇒Ci ∈ R, ∃r':XY⇒Cj ∈ R such that Y≠∅, X∩Y=∅, and r' does not precede r) then
（20）        R = R − {XY⇒Cj};                                          //消除冗余规则//
（21）    rule = rule ∪ R;
（22）    E = {e | e ∈ cand, Dsupp(e) < α};
（23）    excluded = excluded ∪ E;
（24） end for;
（25） sort(rule);
```

图 15-5　GARC 算法

具体来说，图 15-5 中第（1）～（3）行是对数据集进行的第一次扫描。它完成了下述功能：产生所有的 1-项候选频繁集，从中选择出所有的 1-项规则项集和排除项集。根据 1-项项集的统计数据计算信息增益，从中选择最佳分裂属性。第（6）～（24）行表示的是每次扫描数据集所做的操作。其中 Coverall (rule) 检验当前产生的规则是否已经覆盖了所有的训练数据，若是，则停止扫描数据集，退出循环。对于每条数据记录，CandidataeGen(t, bestattr, k) 生成所有包含最佳分裂属性的 k-项集。然后根据已有的规则项集和排除项集及相关的性质，有选择地将这些 k-项集加入候选频繁项集中，这由 maintCand(rule, exclue, c, cand) 完成。这个步骤的主要目的在于尽量减少生成不必要的候选频繁项集，减少存储量和提高算法效率。在完成一遍数据集扫描和统计后，满足最小支持度和最小置信度的项集加入规则项集，而不满足最小置信度的项集加入排除项集。另外，第（4）～（5）行和第（17）～（20）行代码用于剔除可能存在的冗余和冲突的规则，以生成简洁的分类规则项集。最后所有的规则按照优先级进行排序。

　　GARC 算法中所调用的关键函数 maintCand(rule, excluded, c, cand) 的伪码如图 15-6 所示。该函数用于控制候选频繁项集的规模。只有那些不包含任何排除项集和规则项集的项集，以及按照性质 2 和性质 3 不能确定是排除项集的项集才被加入候选频繁项集。其中 addToCand 函数的伪码如图 15-7 所示。

```
maintCand(rule, excluded, c, cand)
(1)   begin
(2)     if ¬∃r ∈ rule, (c ⊃ r) and ¬∃e ∈ excluded, (c ⊃ e) then
(3)       if ¬∃r ∈ rule, (c ⊃ ancetedent(r)) then
(4)         addToCand(c, cand);                //将 c 加入 cand 中//
(5)       else
(6)         if ∃r ∈ rule, (c ⊃ ancetedent(r)) and ((1−Dconf(r) ⩾ α) and (Dsupp(X) ⩾ 2α)) then
(7)           addToCand(c, cand);
(8)         else                               //当 c 是排除项集的时候//
(9)           excluded = excluded ∪ {c};
(10)        end if;
(11)      end if;
(12)    else
(13)      if ∃e ∈ excluded, (c ⊃ e) or ∃r ∈ rule, (c ⊃ r) then
(14)        c' = ancetedent(e) ∪ {q};         //q is a fixed mark different from any class in G//
(15)        addToCand(c', cand);              //将 c'加入 cand 中//
(16)      end if;
(17)    end if;
(18) end
```

图 15-6　maintCand 函数的伪码

```
addToCand(c, cand)
(1)   begin
(2)     find = 0; count = 1;
(3)     for each candidate itemset c_i in cand do
(4)       if c = c_i then
(5)         c_i.wcount = c_i.wcount + 1;
(6)         c_i.lcount = c_i.lcount + 1;
(7)         find = 1;
(8)       else
(9)         if ancetedent(c) = ancetedent(c_i) then
(10)          c_i.lcount = c_i.lcount + 1;
```

图 15-7　addToCand 函数的伪码

```
(11)            count = count + c_i.lcount;
(12)        end if;
(13)    end for;
(14)    if find = 0 and (consequent of c is not equal to q) then
(15)        c is included in cand with c.lcount = count and c.wcount = 1;
(16)    end if;
(17) end;
```

图 15-7 addToCand 函数的伪码（续）

这样，GARC 算法最终产生的规则都满足事先设定的最小支持度和最小置信度，并且不存在冲突和冗余。此外，算法最多对训练集扫描 m 遍后停止（m 是属性的个数）。

15.5.2　数据实验与方法比较

一般来说，对于商务智能方法的评估，除了进行理论性质分析，更重要的是进行全面的数据实验，以进一步检验其性能和效果。可以使用通用基准（Benchmarking）数据来进行实验，便于说明和比较。在此，为了能更好地说明 GARC 算法的价值，所使用的实验数据是在商务智能领域比较通用的 UCI 基准数据库中的 30 个数据集[341]。实验包括四部分内容：第一部分是 GARC 方法与其他方法的分类准确率比较；第二部分是探讨阈值对 GARC 分类准确率的影响；第三部分检测信息熵的作用；第四部分是比较 GARC 与 CBA 分类器的规则数目。更为详细的实验细节和环境参数等请见文献[332]。

1．分类准确率

将 GARC 方法与当前若干主流分类方法（如 CBA、决策树（C4.5 类））、神经元网络（NN）、支持向量机（SVM）、CMAR、RIPPER、RSES 类和 RIONA 等[332-334]）的分类准确率进行比较，可知 GARC 方法也能获得满意的分类准确率，这与其他方法在分类准确率方面没有显著性差异。以与 CBA 和 C4.5 的比较为例，表 15-5 所示的算法准确率均值显示了 GARC 与 CBA 的准确率类似，比 C4.5 略高；而方差则显示 GARC 比 CBA 和 C4.5 稳定。GARC 与其他方法分类准确率均值差的置信区间如表 15-6 所示，它给出了基于 t 检验的准确率均值差在 95%水平上的置信区间。结果显示，从统计意义上讲，GARC 与其他分类器在分类准确率上无显著区别。

2．GARC 阈值的设定

针对同一个数据集，不同的置信度和支持度阈值会影响分类准确率，由此可以得到最大化分类准确率的阈值。显然，不同的数据集其最佳的阈值也不同。实验显示，在阈值不断增加的过程中，准确率会首先增大，然后减小。这是因为，若阈值过低，则会产生大量富含噪声信息的规则，干扰分类效果；若阈值过高，则分类器包含的规则太少，很多记录会被分到默认类别，降低准确率（如表 15-7 所示）。此外，出于方便考虑，需要采用单一阈值设置（如选择 Min_supp=0.01 和 Min_conf=0.7）。

表 15-5　C4.5、CBA 和 GARC 的算法准确率

	数　据　集	C4.5	CBA	GARC
1	anneal	88.70%	98.00%	89.30%
2	australian	87.00%	86.96%	87.39%
3	auto	62.70%	72.46%	71.32%
4	breast	95.70%	96.57%	94.85%
5	cleve	77.20%	81.19%	80.13%
6	crx	83.00%	83.50%	82.50%
7	diabetes	69.10%	74.22%	71.03%
8	german	73.40%	76.35%	75.20%
9	glass	62.50%	65.28%	68.06%
10	heart	83.30%	83.33%	80.57%
11	hepatitis	80.80%	76.92%	86.69%
12	horse	85.30%	80.88%	75.00%
13	hypothyroid	99.20%	98.20%	94.79%
14	ionosphere	88.00%	93.16%	90.64%
15	iris	92.00%	94.00%	94.01%
16	labor	82.40%	88.24%	82.35%
17	led7	67.50%	57.67%	56.53%
18	lymph	70.00%	84.00%	77.56%
19	pima	76.60%	76.17%	73.83%
20	sick	99.00%	96.50%	93.83%
21	sonar	74.30%	64.29%	74.30%
22	tic-tac-toe	82.20%	99.06%	100.00%
23	vehicle	67.70%	70.21%	61.89%
24	waveform	70.40%	75.66%	71.15%
25	wine	85.00%	86.67%	83.46%
26	zoo	85.30%	79.41%	82.35%
27	balance	77.50%	72.73%	71.29%
28	lenses	62.50%	62.50%	75.32%
29	Monk2	65.00%	67.13%	65.74%
30	vote	97.00%	95.56%	89.67%
	均值	79.68%	81.23%	80.03%
	方差	1.23%	1.40%	1.15%
	标准差	11.09%	11.84%	10.72%

注：GARC 的阈值设定为 Min_supp =0.01, Min_conf =0.7。

表 15-6　GARC 与其他方法分类准确率均值差的置信区间

	置信水平	置信区间	均值差显著性
GARC—CBA	95%	[−6.92%, 4.51%]	No
GARC—C4.5	95%	[−5.17%, 5.87%]	No

3. 信息熵的影响

进一步的数据实验表明，使用信息熵（IG）与不使用信息熵（NIG）对 GARC 的分类准确率没有显著影响，但是对分类器规则数目则有显著影响。以规则数目比较实验为例，表 15-8 显示了使用信息熵得到的分类规则要少于不使用信息熵的情况。这主要是因为信息熵能大幅减

表 15-7 阈值对准确率的影响

数据集	最高准确率			Min_supp = 0.01 时的最高准确率		Min_supp = 0.01, Min_conf = 0.7 时的准确率/%
	%	Min_supp	Min_conf	%	Min_conf	
anneal	96.67	0.01	0.95	96.67	0.95	89.33
australian	87.39	0.01	0.7	87.39	0.7	87.39
auto	71	0.01	0.7	71	0.7	71.07
balance	73.21	0.01	0.85	73.21	0.85	71.29
breast	95.71	0.01	0.95	95.71	0.95	94.85
cleve	81.19	0.01	0.9	81.19	0.9	80.2
crx	85.5	0.05	0.9	84.5	0.9	82.5
diabetes	74.61	0.01	0.85	74.61	0.85	71.48
german	76.35	0.01	0.75	76.35	0.75	76.05
glass	68.06	0.01	0.7	68.06	0.7	68.06
heart	88	0.01	0.5	88	0.5	81.11
hepatitis	86.54	0.01	0.7	86.54	0.7	86.54
horse	88.24	0.01	0.85	88.24	0.85	75
hypothyroid	94.79	0.01	0.7	94.79	0.7	94.79
ionosphere	94.87	0.01	0.95	94.87	0.95	91.45
iris	96	0.01	1	96	1	94
labor	82.35	0.01	0.7	82.35	0.7	82.35
led7	67.47	0.02	0.5	66.33	0.5	57
lenses	87.5	0.07	0.8	75	0.7	75
lymph	80	0.02	0.8	78	0.8	78
monk2	74.54	0.01	0.95	74.54	0.95	67.13
pima	76.17	0.01	0.85	76.17	0.85	73.83
Sick	93.83	0.01	0.7	93.83	0.7	93.83
sonar	74.3	0.01	0.7	74.3	0.7	74.3
tic-tac-toe	100	0.01	0.7	100	0.7	100
vehicle	67.36	0.01	0.7	67.36	0.7	67.36
vote	96.3	0.01	0.95	96.3	0.95	89.67
waveform	71.55	0.02	0.7	69.51	0.9	71
wine	86.67	0.09	0.7	83.33	0.7	83.33
zoo	85.29	0.05	0.95	82.35	0.7	82.35

少候选集的个数。平均来看，使用信息熵后得到规则数约为不使用信息熵的 39%，而平均运行时间的比值为 3.2%，而分类准确率没有显著变化。

4．规则数目

规则数目显著影响到分类器的可解释性，较少的规则会更易于解释与理解。与经典的关联分类器 CBA 比较，GARC 生成的关联分类器的规则数目要少得多。表 15-9 显示了两者在 30 个数据集上的规则数目的比较。明显，GARC 分类器的平均规则数目约为 CBA 的 4.3%，在保持了分类准确率不降低的前提下，展现出更强的可解释性。

表 15-8　使用信息熵与否对应的规则数及运行时间

	规则数目			规则数目	
	IG	NIG		IG	NIG
anneal	72	85	labor	15	42
australian	17	17	led7	33	51
auto	650	2156	lenses	12	13
balance	4	10	lymph	17	17
breast	21	25	monk2	2	2
cleve	23	37	pima	6	6
crx	21	64	sick	56	56
diabetes	11	13	sonar	16	33
german	78	188	tic-tac-toe	26	26
glass	17	21	vehicle	112	543
heart	12	12	vote	32	96
hepatitis	23	23	waveform	25	168
horse	26	26	wine	16	16
hypothyroid	48	48	zoo	90	151
ionosphere	67	67	均值	51.83	134.07
iris	7	10	IG/NIG	≈39%（平均运行时间比值为3.2%）	

表 15-9　CBA 与 GARC 的规则数目的比较

	GARC	CBA		GARC	CBA
anneal	72	533	labor	15	52
australian	17	1518	led7	33	533
auto	650	4505	lenses	12	12
balance	4	147	lymph	17	2172
breast	21	21	monk2	2	397
cleve	23	478	pima	6	21
crx	21	2686	sick	56	1659
diabetes	11	40	sonar	16	883
german	78	1501	tic-tac-toe	26	200
glass	17	32	vehicle	112	3043
heart	12	166	vote	32	1953
hepatitis	23	700	waveform	25	3851
horse	26	988	wine	16	738
hypothyroid	48	1557	zoo	90	2869
ionosphere	67	2891	均值	51.83	1205.33
iris	7	14	GARC/CBA	≈4.3%	

小　结

关联分类是关联规则应用于分类的产物。分类关联规则是关联规则的特例，可以表示为

$X \Rightarrow C_i$ 的形式，其中 C_i 为类别属性值。关联分类通常包括三个步骤：第一，从训练集中挖掘出分类关联规则；第二，对分类关联规则进行剪枝；第三，构建分类器。生成分类关联规则可以使用 Apriori 的扩展算法，也可以采用 FP-tree 的方式。有两种规则剪枝策略（方式），它们分别是后剪枝策略和先剪枝策略。

CBA 是经典的关联分类方法，采用悲观错误率法作为后剪枝策略。CMAR 采用 χ^2 检验法作为后剪枝策略，而 GARC 采用信息增益和冲突、冗余消除手段作为先剪枝策略。CMAR 和 CPAR 是两种比较典型的多规则分类方法，ADT、ART 和 LB 是将关联分类方法与其他分类方法相结合的混合分类算法。

与 χ^2 检验相似，蕴含强度是一种衡量关联规则兴趣度的测度，它表示的是符合规则前项样本的类别分布与随机抽取样本的类别分布之间的偏差。

GARC 与其他方法相比具有相似的分类准确率。GARC 的剪枝策略可以在保证分类准确率的同时显著减少规则数目，从而提高分类器的可解释性。GARC 的扩展方法（即 GARCII 和 GEAR）进一步使此优势更加突出。

思考与练习

15.1 决策树分类方法同样可以表示为规则的形式，其规则与关联规则分类中的规则有何不同？

15.2 概述使用 Apriori 扩展方法挖掘满足阈值限制的分类关联规则的步骤。

15.3 某分类训练集如下所示。

obj.	a	c	d	e	Class
1	1	1	2	2	1
2	2	2	2	1	1
3	2	2	2	1	0
4	1	1	2	2	1
5	1	2	1	1	1
6	2	1	1	1	1
7	1	1	1	1	1
8	2	1	1	1	0
9	1	2	1	2	1
10	2	2	2	1	1
11	1	1	2	2	1
12	1	2	2	1	1
13	2	1	2	1	0
14	1	1	1	1	1
15	2	1	2	2	1
16	1	2	1	1	1
17	2	1	1	1	0
18	1	2	1	1	1
19	2	1	1	1	0
20	1	2	2	2	1

基于该数据，计算分类关联规则。（给定最小支持度为 0.2，最小置信度为 0.8）。

15.4 使用 GARC 中简洁规则集的概念对题 15.3 的结果进行剪枝。

15.5 根据 GARC 方法得到题 15.3 中数据的分类关联规则。

15.6 根据 GARC II 的方法得到题 15.3 中数据的分类关联规则。

15.7 对比题 15.5、题 15.6 的结果，证明：当分类数据中类别种类为 2 时，GARC 方法与 GARC II 方法得到的结果相同。

15.8 证明，当最小置信度大于 50% 时，不可能同时存在合格的 $X \Rightarrow C_i$ 与 $X \Rightarrow C_j$ （$i \neq j$）。

第 16 章

不确定性知识发现

BI

"月朦胧，鸟朦胧，帘卷海棠红。"朱自清先生曾用这充满诗意的词句为人们勾勒出优美而独特的意境。朦胧即一种模糊不清的状态，人们之所以为之所动是因为它既虚幻又真实，似乎触手可及，却又难以名状，这似乎才是生活的本来面目。真实的生活中充满着各种模棱两可、似是而非的事物和关系，用语言尚无法准确地表达它们，更不要说用数据来描述了。然而，信息时代的发展又对数字化表达真实世界提出了更高的要求。如果计算机也能无障碍地存储并识别人类语言中诸如"年轻""不错""干净"等这些天天使用的词汇，商务智能必然迈向新的台阶。基于模糊集理论和隶属函数概念恰恰为上述对不确定信息和知识的表达及处理提供了一系列模式和方法。

本章学习重点
- ❖ 不确定性信息表达
- ❖ 分区中的边界问题
- ❖ 数据间的部分隶属性问题
- ❖ 不完整数据依赖问题

人们在进行商务活动和业务决策时会经常面对不确定性的情形，如在投资决策中影响收益水平的风险，市场对开发的新产品的接受程度，竞争对手可能采取的博弈动作，客户信息及其行为认知的不完整性，网络信息搜索中的近似匹配，管理实践中语言表达的概括性和不精确性等。这些不确定性反映了现实世界表象和本质的部分特征，也是企业信息化中业务建模和分析的重要内容。

在信息和通信技术飞速进步、移动和社会网络广泛应用、经济和社会生活日益数字化的今天，许多传统的商务活动和业务决策变成了信息活动和基于信息的决策。换句话说，现实世界的现象和特征大量地通过数据和信息反映出来，使得管理和决策过程越来越依赖于数据存取、信息分析和知识发现。毋庸置疑，表达和处理数据、信息、知识中的不确定性是大数据环境下商务智能领域需要关注的重点。

不确定性有多种形式。本章将围绕随机性和模糊性两种不确定性形式，侧重讨论相关的知识表达和知识发现方法。值得一提的是，通常不确定性表达和处理的相关理论和方法是传统理论和方法的扩展（Generalization），因而本章介绍的不确定性知识发现理论和方法是传统商务智能相关理论和方法的扩展。换句话说，传统商务智能理论和方法是不确定性知识发现理论和方法的特例。具体说来，本章主要内容如下。

(1) 不确定性信息表达。关注不确定性的两种主要形式（即随机性和模糊性），并重点介绍模糊信息的表达方式。

(2) 分区中的边界问题。关注连续数据属性情形下的关联知识发现问题。首先考虑将连续数据通过分区方式离散化时区间边界的确定（如是"明晰"划分还是"渐进"边界），进而讨论关联规则及蕴含关联知识形式的表达（如"高"收入 $\Rightarrow_{蕴含}$ "高档"住房）和挖掘方法。

(3) 数据间的部分隶属性。关注数据层级结构及其隶属关系，特别是部分隶属关系（如西红柿属于蔬菜还是属于水果）。同时，讨论在这种部分隶属关系下，关联规则知识形式的表达（如"热带"水果 $\Rightarrow$ "高档"饮料）和挖掘方法。

(4) 不完整数据依赖。关注不完整数据（如噪声、冲突和空值等）情形下的依赖关联知识形式。重点讨论函数依赖（如身份标识 $\rightarrow_{大致}$ 住址）容忍不完整数据的表达和挖掘方法。

16.1 不确定性信息表达

不确定性的两种最常见和重要的形式是随机性（Randomness）和模糊性（Fuzziness）。简单来说，随机性的不确定性特征体现在：对于一个事件来讲，人们知道此事件发生后的各种可能的结果，但是此事件发生前不确定知道将会出现哪一种结果。以掷硬币事件为例，在投掷硬币之前人们知道可能出现两种结果（即正面和反面），但是在一次投掷之前却不能确定出现硬币的哪一面。为了反映这种现象，通过伯努利实验和频率逼近来刻画事件的概率特征，通过描述随机变量和抽样设计获得在统计意义上的群体典型特征。现代概率论和数理统计是表达和求解随机性问题的重要和有效的理论方法[342,343]，并且在经济、金融、企业管理、工程、社会科学等诸多领域获得了广泛和成功的应用。

模糊性作为另一种不确定性形式，其不确定性特征主要体现在概念上的模糊性，并通常通过"边界问题"反映出来。简单说来，当人们定义一个概念时（如"奇数"），实际上是在一个特定的论域（如自然数集合 **N**）上定义一个子集。概念的定义就是描述概念语义，以便可以将论域中的符合概念语义的元素辨别出来。从这个意义上讲，定义"奇数"是"确定"的，因为论域中元素的辨别可以是完全"明晰"的。换句话说，"奇数"$=\{1,3,5,7,9,\cdots\}\subset \mathbf{N}$。此时，不存在概念上的模糊性。然而，如果人们希望定义"大数"这个概念时，却很难自然地在论域上划定一个边界，使得符合"大数"概念语义的元素构成 **N** 的一个子集。因为，此时元素的辨别存在不完全"明晰"的情形。如果认为 10^{10} 是一个大数，那么 $10^{10}-1$ 似乎也应该是大数，那么 $10^{10}-2$ 呢？如果认为 100 是一个大数，那么 99 呢？依此类推。这就是所谓的"边界问题"，即在概念定义中，由于难以在论域中完全"明晰"地辨别那些符合概念语义的元素，则难以在论域上自然划定一条"明晰"的边界以定义相应的子集。这里，边界的划定强调自然且符合常理及概念语义。显然，如果硬性规定 10^{10} 为边界，就不是这样一个自然划定了。

概念上的模糊性普遍存在于人们的认知、推理过程和语言表达中。"高档电器""时尚青年""良好业绩""中年客户""大量、非常、可能、大致"等概念和语义都具有模糊性的特点。描述模糊性的主要思路是通过一种渐进隶属关系刻画论域元素与概念语义的符合程度。例如，人们可以把 $10^{10}, 10^{10}-1, \cdots, 100, 99$ 等都看作属于"大数"，但程度不同。1965 年，Zadeh 教授提出的模糊集合理论（Fuzzy Set Theory）[344,345]是表达和求解模糊性问题的重要和有效的理论和工具。例如，在控制、决策、语言处理、模式识别等智能应用方面，涉及经济、管理、工程、数理等广阔领域。具有模糊性的应用例子包括：数据的不精确性（如网上购物客户的年龄值为"年轻"、收入值为"中等"），数据的相似程度（如网上评论的相似程度，关键词搜索的相关程度，图片比对的贴近程度），规则的近似匹配（如某商城规定"如果客户的购买金额超过 10 万元，则对该客户进行 VIP 服务"。假定有客户购买了 9.99 万元，应该对其提供什么服务？），语言的概括性（如基层经理拟对销售业绩超过 100 万元的销售员进行奖励，其根据的是中层经理对于销售业绩好的销售员进行奖励的指示，而高层经理的意思是对工作表现好的员工进行奖励），模式的关联性（如网上浏览轨迹的归类，信用卡消费行为的联系，不同股票价格间的联动），等等。这些反映了在大量现实生活中，人们在观察现象和决策过程中的部分认知性和不同的关注粒度。

近几十年来，人们把表达和求解各种不确定性问题的理论和方法统称为软计算（Soft Computing）[346]。软计算是一个领域集成，涵盖神经元网络、遗传算法、贝叶斯推理、证据理论、粗糙集理论和模糊集合理论等。

本节将介绍模糊集合理论的一些初步思路和概念，以简要反映模糊信息表达的若干知识基础。

1. 模糊集合

模糊集合是普通集合的一种扩展。给定论域 U，定义在 U 上的模糊集合（Fuzzy Set）F 可以由一个隶属函数 μ_F 来刻画。这里 μ_F 是从 U 到 $[0,1]$ 的映射，将 U 中的每个元素 u 都对应到一个 0 与 1 之间的值 $\mu_F(u)$ 上。$\mu_F(u)$ 表达 u 隶属于 F 的程度，也就是说，$\mu_F(u)$ 是 u 符合 F 语义的程度。$\mu_F(u)=0$ 表示不隶属，$\mu_F(u)=1$ 表示完全隶属，而 $0<\mu_F(u)<1$ 则表示部分隶属。用符号表示，模糊集合 F 可以为

$$F=\{\mu_F(u)/u \mid u\in U\} \tag{16.1}$$

式中，$\mu_F:U\to[0,1]$，$\forall u\in U$，$\mu_F(u)\in[0,1]$。如果 $\exists u_0\in U$，使得 $\mu_F(u_0)=1$，就称 F 为一个规范模糊集合。

以定义"大数"为例，可以通过在 $\mathbf{N}$ 上定义模糊集合 L 来表示。一个可能的隶属函数为 $\mu_L:\mathbf{N}\to[0,1]$，$\forall n\in\mathbf{N}$，即

$$\mu_L(n)=\frac{1}{1+\left(\dfrac{1000}{n}\right)^2}$$

此隶属函数曲线如图 16-1 所示。

在此，论域 $\mathbf{N}$ 中的每一个元素 n 都可以被看作是"大数"，但各自作为"大数"的程度不同。根据图 16-1 刻画的"大数"语义，1000 属于"大数"的程度为 0.5，10^5 属于"大数"的程度为 10000/10001。

图 16-1 模糊集合"大数"的隶属函数曲线

另一个模糊集合的例子是定义（年龄）"年轻"。设 A 为年龄的论域，则"年轻"具有概念上的模糊性，因为明显存在"边界问题"。表达这种模糊性的方法仍是通过定义一个渐进取值的隶属函数来获得相应的模糊集合。具体说来，模糊集合"年轻"（Y）的隶属函数可以定义为：$\mu_Y:A\to[0,1]$，$\forall a\in A$，即

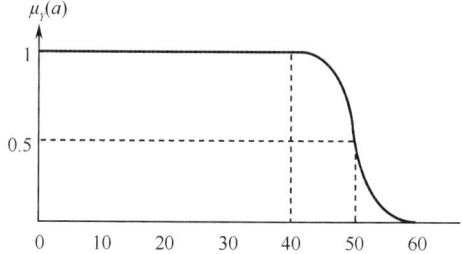

$$\mu_Y(a)=\begin{cases}1, & a<40\\ 1-2[(a-40)/20]^2, & 40\leq a\leq 50\\ 2[(60-a)/20]^2, & 50<a\leq 60\\ 0, & a>60\end{cases}$$

其隶属函数曲线如图 16-2 所示。此模糊集合"年轻"的语义表示，不足 40 岁被看作完全年轻，60 岁

图 16-2 模糊集合"年轻"的隶属函数曲线

（含）以上被看作完全不年轻，而 40～60 岁均被看作年轻但程度不同。例如，根据隶属函数 μ_Y，50 岁属于年轻的程度为 0.5，55 岁属于年轻的程度为 0.125。

有时为表达和应用方便，人们常采用直线线段函数表示隶属函数，如图 16-3 中的 Y、

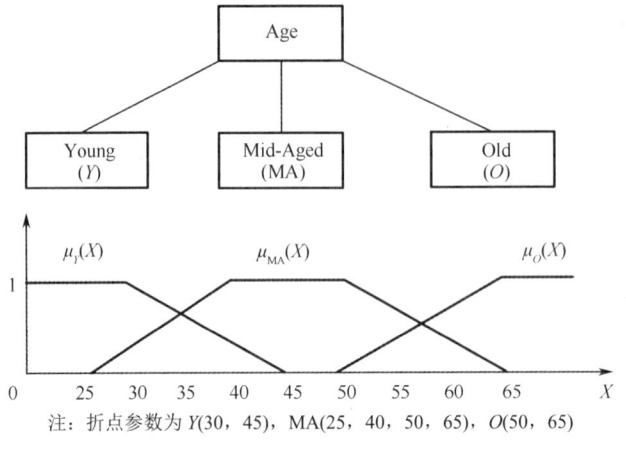

图 16-3 语言变量"年龄"及其语言词取值

注：折点参数为 Y(30, 45)，MA(25, 40, 50, 65)，O(50, 65)

MA 和 O 的情形。相应的隶属函数可以直接通过折点参数表示，如 Y(30,45)，MA(25,40,50, 65)，O(50,65)。此外，值得指出的是，模糊集合的语义是"背景相关（Context-Dependent）"的。意思是说模糊集合所定义的概念语义与问题背景和人们的认知有关。例如，不同职业背景的人对于大数有不同的理解和看法（如天文学科中的"大数"与人口学科中的"大数"的区别），不同个人对于年轻也会有不同理解和看法（如是 60 岁还是 70 岁为完全不年轻）。这是现实生活中的常见现象，而隶属函数为体现这些理解和看法的差异提供了表达手段。这种表达能力无疑是符合实际常理且有意义的，也具有智能特点，是模糊集合理论的一个长处。

此外，传统集合论中的普通（子）集合可以看作是模糊集合的一个特例，因为在传统（非模糊）情形下，隶属函数退化成从论域映射到 0 和 1 两点，即 $U \to \{0,1\}$。

模糊集合提出后，传统集合运算也得到了扩展[347,348]。设 A,B 为论域 U 上的模糊集合，其隶属函数分别为 μ_A 和 μ_B，则有如下结论。

（1）并集 $A \cup B$ 为 U 上的模糊集合，其隶属函数 $\mu_{A \cup B}: U \to [0,1]$，即
$$\forall u \in U, \mu_{A \cup B}(u) = \max\left[\mu_A(u), \mu_B(u)\right]$$

（2）交集 $A \cap B$ 为 U 上的模糊集合，其隶属函数 $\mu_{A \cap B}: U \to [0,1]$，即
$$\forall u \in U, \mu_{A \cap B}(u) = \min\left[\mu_A(u), \mu_B(u)\right]$$

（3）补集 A' 为 U 上的模糊集合，其隶属函数 $\mu_{A'}: U \to [0,1]$，即
$$\forall u \in U, \mu_{A'}(u) = 1 - \mu_A(u)$$

（4）模糊集合的包含关系可被定义为
$$A \subseteq B: \forall u \in U, \mu_A(u), \mu_B(u)$$

（5）设 A,B 分别为论域 U,V 上的模糊集合，其隶属函数分别为 μ_A 和 μ_B，则笛卡儿积 $A \times B$ 为 $U \times V$ 上的模糊集合，其隶属函数 $\mu_{A \times B}: U \times V \to [0,1]$，即
$$\forall (u,v) \in U \times V, \mu_{A \times B}(u,v) = \min\left[\mu_A(u), \mu_B(v)\right]$$

进而，人们可以证明得到模糊集合的一系列性质。例如，设 A,B,C 为 U 上的模糊集合，可以得到

$$(A \cup B)' = A' \cap B' \qquad (A \cup B) \cup C = A \cup (B \cup C)$$
$$(A \cap B)' = A' \cup B' \qquad (A \cap B) \cap C = A \cap (B \cap C)$$
$$A \cup A = A \qquad A \cup (A \cap B) = A$$
$$A \cap A = A \qquad A \cap (A \cup B) = A$$
$$A \cup B = B \cup A \qquad A \cup (B \cap C) = (A \cup B) \cap (A \cup C)$$
$$A \cap B = B \cap A \qquad A \cap (B \cup C) = (A \cap B) \cup (A \cap C)$$

此外,对于有限离散论域及其模糊集合 $F = \{\mu_F(u_i)/u_i \mid u_i \in U, i = 1, 2, \cdots, m\}$,模糊集合的秩(元素个数)$|F|$通过$\Sigma$count 来计算,即

$$\sum \text{count}(F) = \sum_1^m \mu_F(u_i) \leqslant m \tag{16.2}$$

2. 模糊蕴含算子

模糊集合理论的一个重要应用领域是近似推理。这主要基于模糊集合理论在传统布尔逻辑上的扩展,其中模糊蕴含算子(Fuzzy Implication Operator,FIO)的作用举足轻重。

首先,回顾布尔逻辑中的算子($\rightarrow$)的真值表(如表 16-1 所示),可以看到$\rightarrow$是一个从 $\{0,1\} \times \{0,1\}$ 到 $\{0,1\}$ 的映射。换句话说,a 的取值为"假"和"真"两个值,记作 $a \in \{0,1\}$,同样,$b \in \{0,1\}$,则"a 蕴含 b"(即 $a \rightarrow b$)的取值也为"假"和"真"两个值,记

表 16-1 蕴含算子($\rightarrow$)真值表

a	b	$a \rightarrow b$
0	0	1
0	1	1
1	0	0
1	1	1

作 $(a \rightarrow b) \in \{0,1\}$。而模糊蕴含算子(FIO)可以表达 a,b 及 $(a \rightarrow b)$ 可能"部分为真"的情形,也就是说,$a \in [0,1]$,$b \in [0,1]$,$(a \rightarrow b) \in [0,1]$。在此,FIO 是一个从 $[0,1] \times [0,1]$ 到 $[0,1]$ 的映射。

将取值范围从 $\{0,1\}$ 扩展到 $[0,1]$,可能产生不同形式的模糊蕴含算子,这主要是由人们具体进行扩展时采用的角度和手段可能不同所造成的。举例来说,在传统布尔逻辑中,有下列真值等价关系

$$(a \rightarrow b) \equiv (\neg a \vee b) \tag{16.3}$$

基于此等价关系角度,使用"max"扩展逻辑"或"(即$\vee$),"1-"扩展逻辑"否"(即$\neg$),则可以获得 Kleene-Dienes 模糊蕴含算子,记作 KD,即

$$\text{KD}(a,b) = \max(1-a, b) \tag{16.14}$$

如果仍然出于同样的等价关系角度,但对于"或"采取不同的扩展手段(即使用"+"),就可以获得 Lukasiewicz 模糊蕴含算子,记作 L,即

$$L(a,b) = \min(1, 1-a+b) \tag{16.5}$$

如果从 a 和 b 的相对关系角度出发,有 Gödel-Brower 模糊蕴含算子 GB 如下

$$\text{GB}(a,b) = \begin{cases} 1, & a \leqslant b \\ b, & a > b \end{cases} \tag{16.6}$$

还可以验证上述这三个模糊蕴含算子 $[KD(a,b), L(a,b), GB(a,b)]$ 满足下列重要性质：

（1）FIO(1, 0) = 0；FIO(0, 1) = FIO(1, 1) = FIO(0, 0) = 1。

（2）FIO(1, b) = b，$\forall b \in [0, 1]$。

（3）FIO(0, b) = 1，$\forall b \in [0, 1]$。

（4）FIO(a, 1) = 1，$\forall a \in [0, 1]$。

（5）FIO(a, ·) 是减函数（给定 a）；FIO(·, b) 是增函数（给定 b）。

（6）FIO[a, FIO(b, c)] = FIO[b, FIO(a, c)]。

（7）FIO(a, b) ≥ min(a, b)。

对于其他模糊蕴含算子及其他性质的详细讨论，请进一步参见文献[347]。

3．语言变量

语言变量的提出旨在表达自然语言所反映的概念上的模糊性及语言的语义概括和数据不精确的特点。语言变量是一种以自然语言词句为取值的变量。通过模糊集合理论对语言变量进行表达和处理，使得自然语言词句具有"可计算性"，进而大大提升了其应用领域的智能化程度。显然，在面向管理决策的商务智能领域，对语言变量的表达和处理尤为重要。

为简单说明起见，下面通过举例来解释语言变量。考虑论域 U 上的属性"年龄"，由于其取值可以为语言词（Linguistic Term）（如年轻、中年和老年等），则"年龄"可以被看作一个语言变量 X = "年龄"。通常，X 的取值（语言词）可以通过定义在 U 上的模糊集合来描述。图16-3是语言变量 X = "年龄（Age）"及其三个语言词取值"年轻（Young）""中年（Mid-Aged）""老年（Old）"的示意图，其中 μ_Y、μ_{MA} 和 μ_O 分别为描述语言词的模糊集合的隶属函数。

在自然语言中，语言词常常可以进一步修饰，如"非常年轻""大致中年"等。这些修饰词（Modifier/Hedge）（如非常、大致、稍微、类似等）本身通常不像语言词那样通过模糊集合来描述，而是作为作用在模糊集合上的算子来描述。具体说来，设 $F(U)$ 是论域 U 上模糊集合的全体，修饰词算子 $H_\lambda [\lambda \in [0,\infty)]$ 是一个从 $F(U)$ 到 $F(U)$ 的映射，使得 $\forall A \in F(U)$，即

$$H_\lambda(A) = A^\lambda \in F(U) \tag{16.7}$$

或 $\forall a \in U$

$$\mu_{H_\lambda(A)}(a) = [\mu_A(a)]^\lambda \in [0,1] \tag{16.8}$$

当 $\lambda > 1$ 时，被修饰的模糊集合的隶属函数值被减少，H_λ 被称为浓缩算子（CONcentration operator，CON）。以 $\lambda = 2$ 为例，CON(A) = $H_2(A)$，则

$$\mu_{H_2(A)}(a) = [\mu_A(a)]^2 \tag{16.9}$$

通常被用来描述"非常（Very）"，即 $H_2(A)$ 的语言语义为"非常 A"。在 A = "年轻"的情况下，$H_2(A)$ 表达了"非常年轻"的含义。

当 $\lambda < 1$ 时，被修饰的模糊集合的隶属函数值被增加，H_λ 被称为膨胀算子（DILation operator，DIL)。以 $\lambda = 1/2$ 为例， $DIL(A) = H_{1/2}(A)$ ，则

$$\mu_{H_{1/2}(A)}(a) = [\mu_A(a)]^{1/2} \tag{16.10}$$

通常被用来描述"大致 (More-or-Less)"，即 $H_{1/2}(A)$ 的语言语义为"大致 A"。在 $A =$ "年轻"的情况下， $H_{1/2}(A)$ 表达了"大致年轻"的含义。

对 CON 和 DIL 的性质及其他语言修饰词感兴趣的读者，可以进一步参考文献[347]。

4．相近性

传统普通集合之间"相等（Equality:=)"的概念可以被扩展到模糊集合领域，以表达模糊集合之间"相近（Closeness: ≈)"的概念。这个扩展工作是非常重要的，因为许多智能方法的应用需要解决模糊集合之间的相近"匹配（Matching)"问题。

对于论域 U 上两个模糊集合 A 和 B，两者之间的相近性度量 ≈ 是一个从 $F(U) \times F(U)$ 到 $[0, 1]$ 的映射，即 $\forall A, B \in F(U)$， $\approx (A, B) \in [0, 1]$ ，其中 $F(U)$ 是 U 上所有模糊集合的全体。与其他模糊扩展的情形一样， ≈ 对 = 的扩展也有多种形式。下面简单介绍两种扩展形式：基于距离的相近性度量（ $\approx_D$ ）与基于高度的相近性度量（ $\approx_H$ ）。

(1) 基于距离的相近性度量有

$$\approx_D (A, B) = \inf_{x \in U} [1 - |\mu_A(x) - \mu_B(x)|] \tag{16.11}$$

式中，inf 为下确界（或离散情况下为 min)， μ_A 和 μ_B 分别为在 U 上的模糊集合 A 和 B 的隶属函数。图 16-4 给出了 $\approx_D$ 的一个图示描述，图中的 x_0 点可以得到

$$\approx_D (A, B) = 1 - [\mu_A(x_0) - \mu_B(x_0)] = 1 - b = a + c$$

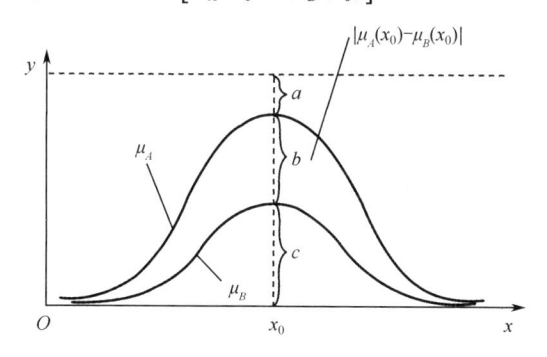

图 16-4　基于距离的相近性度量

(2) 基于高度的相近性度量有

$$\approx_H (A, B) = \sup_{x \in U} \min [\mu_A(x), \mu_B(x)] \tag{16.12}$$

式中，sup 为上确界（或离散情况下为 max), μ_A 和 μ_B 分别为在 U 上的模糊集合 A 和 B 的隶属函数。 $\approx_H (A, B)$ 也经常被称作 A 与 B 的交集 $A \cap B$ 的高度。图 16-5 给出了相应的图示描述，即 $\approx_H (A, B) = e$ （见 x_2 点）。相比较，可以看到 $\approx_D (A, B) = d$ （见 x_1 点）。

相近性度量的性质是理论与应用领域都很关注的问题。例如， $\approx (A, B) \in [0, 1]$ ，

图 16-5　$\approx_D (A, B) = d$ 与 $\approx_H (A, B) = e$

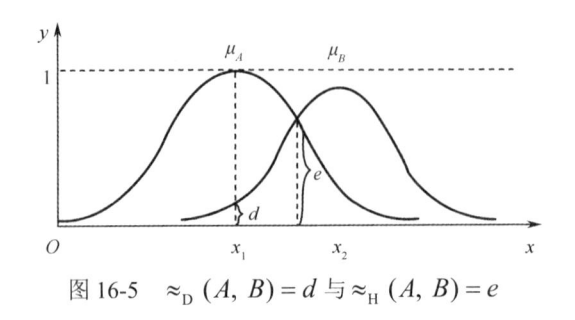

$\approx(A, B) = \approx(B, A)$（对称性），$\approx(A, A) = 1$（自反性），等等。容易验证，$\approx_D$ 满足这三个性质，$\approx_H$ 对于规范模糊集合也满足这三个性质。对于其他性质及其他相近性度量形式的讨论，可以参见相关文献[348,345]。

16.2　分区中的边界问题

在前面讨论关联规则（Association Rule，AR）时可以看到，关联规则反映的是事件之间发生与否的关联情况。以超市为例，$X \Rightarrow Y$ 的语义表明"购买 X 商品（事件 X）的客户会同时购买 Y 商品（事件 Y）"。从关系数据库的角度说，关联规则涉及的数据取值是二值的，即 1（事件发生）或 0（事件没有发生）。如果数据库中数据的取值非 1 即 0，就称这样的数据库为二值数据库（Binary Database）。针对二值数据库的关联规则为布尔关联规则（Boolean Association Rule）。本书前面讨论的关联规则和 Apriori 方法都是关于布尔关联规则的，并基于二值数据库。

通常，关联规则挖掘所使用的实际数据存储在关系数据库中，或者存储于日常事务数据集（Transaction Dataset）中。日常事务数据集可以被转换到关系数据库，并易于使用 Apriori 方法进行挖掘。表 16-2 是这种数据转换的一个示例，说明日常事务数据集 T 有 5 条记录（也称为元组），分别涉及不同的数据项 I_1, I_2, I_3, I_4。例如，超市数据中的客户 5 次分别购买不同商品的记录。该数据集可以被转换到关系数据库 D 中，其中数据项 I_1, I_2, I_3, I_4 成为数据库的属性，而对应于 5 条记录的属性值均是 $\{0, 1\}$，反映这些记录在 T 中对应事件（包含相应数据项）发生的真值。这里，数据库 D 是一个二值数据库。

表 16-2　事务数据集与二值数据库

T				D	I_1	I_2	I_3	I_4
ID1	I_1	I_3		ID1	1	0	1	0
ID2	I_2			ID2	0	1	0	0
ID3	I_1	I_3	I_4	ID3	1	0	1	1
ID4	I_2	I_3		ID4	0	1	1	0
ID5	I_3	I_4		ID5	0	0	1	1

虽然布尔关联规则在许多管理决策中是很有意义的知识形式，但实际问题中还经常存在

着多值和连续数据属性的情形。月份、年龄、收入、产品数量、股票价格等例子比比皆是。表 16-3 就是一个年龄（Age）与收入（Income）数据库例子，其中属性 Age 与 Income 的值域可以是实数域（或其子集）。

表 16-3 年龄与收入数据库

D	Age/岁	Income/元	D	Age/岁	Income/元
ID1	30	8890	ID5	68	3500
ID2	25	12500	ID6	29	16000
ID3	31	7900	ID7	56	4800
ID4	47	21500		/	

这里把基于多值和连续数据属性的关联规则称为数量关联规则（Quantitative Association Rule，QAR）。显然，基于二值数据库的 Apriori 方法无法直接应用于数量关联规则的挖掘。一个解决方案仍是进行数据转换[195]。转换的基本思路是对连续（包含多值）属性的值域进行划分（Partitioning）。例如，将表 16-3 中属性 Age 的值域$(0,\infty)$分为$(0,30]$、$(30,60]$、$(60,\infty)$三个区间，以形成三个新属性：Age$(0,30]$、Age$(30,60]$、Age$(60,\infty)$。同样，将属性 Income 的值域$[0,\infty)$分为$[0,5000)$、$[5000,15000)$、$[15000,\infty)$三个区间，形成新属性：Income$[0,5000)$、Income$[5000,15000)$、Income$[15000,\infty)$。进而，根据表 16-3 中初始数据库 D 的属性值是否落在这些划分的区间的情况，可以获得一个相应的以 0、1 取值的二值数据库 D'（如表 16-4 所示）。这种数据转换的结果是将挖掘数量关联规则的问题转换成挖掘布尔关联规则的问题，使得人们可以应用 Apriori 方法。此时，获得的关联规则仍反映了事件发生与否的关联情况，但是事件本身具有数量的含义。

表 16-4 通过区间划分转换连续数据

D'	Age/岁 $(0, 30]$	Age/岁 $(30, 60]$	Age/岁 $(60, \infty)$	Income/元 $[0, 5000]$	Income/元 $(5000, 15000]$	Income/元 $(15000, \infty)$
ID1	1	0	0	0	1	0
ID2	1	0	0	0	1	0
ID3	0	1	0	0	1	0
ID4	0	1	0	0	0	1
ID5	0	0	1	1	0	0
ID6	1	0	0	0	0	1
ID7	0	1	0	1	0	0

以超市为例，$X \Rightarrow Y$ 的语义表明"购买一定数量范围 X 商品的客户会同时购买一定数量范围 Y 商品"。以表 16-4 的数据库 D' 为例，可能发现的关联规则知识形式如 Age$(0,30] \Rightarrow$ Income$(5000,15000]$，表明"30 岁以下人的收入在 5000～15000 之间"（Dsupp = 2/7，Dconf = 2/3）。D 与 D' 的属性值的区别在于，对于 D 中的任意元组 d 和属性 I_k，$d[I_k] \in \{0,1\}$；而对于 D' 中的任意元组 d' 和属性 I'_k，$d'[I'_k] \in \{0, 1\}$。其中，$I_k \in I$，$I'_k \in I'$，I 和 I' 分别为 D 和 D' 的属性全体，I'_k 对应着 I_k 值域（U_{I_k}）的一个子集。

区间划分的方式有等区间划分、平均划分、聚类划分等。从上述例子易知，划分值域的方式不同会影响转换后的数据库 D' 的数据库模式和属性取值，进而影响数据挖掘的结果。实际上，这种数据转换是一种离散化的过程，因此在粒度和信息保持方面需要平衡考虑。在此，区间的"明晰"边界是一个问题，可能导致对边界附近数据的高估或低估，从而影响对关联知识语义的准确表达。

如前所述，可以引入模糊集合理论来解决这类边界问题。一个基本思路是在值域上定义模糊集合。例如，对于年龄属性 Age，可以在其值域 U_{Age} 上定义模糊集合"年轻（Y）""中年（MA）""老年（O）"，由此将原连续数据属性数据库 D 转换为模糊数据库 D''。D'' 与 D 的属性值的区别在于：对于 D'' 中的任意元组 d'' 和属性 I''_k，$d''[I''_k] \in [0,1]$，其中，$I''_k \in I''$、I'' 为 D'' 的属性全体，I''_k 对应着 I_k 值域（U_{I_K}）上的一个模糊集合。表 16-5 给出了这样的连续数据转换的示例。表 16-5 的数据库 D'' 由表 16-3 中的数据库 D 转换而成，D 中属性 Age 在 D'' 中由 Young-Age、Middle-Age、Old-Age 三个新属性表示，分别反映图 16-3 定义的模糊集合 Y、MA 和 O 的语义。以 ID3[Young-Age]的取值为例，ID3[Young-Age] = $\mu_Y(31) = 0.93$。

表 16-5　通过模糊集合转换连续数据

D''	Young-Age	Middle-Age	Old-Age	...
ID1	1.00	0.33	0.00	...
ID2	1.00	0.00	0.00	...
ID3	0.93	0.40	0.00	...
ID4	0.00	1.00	0.00	...
ID5	0.00	0.00	1.00	...
ID6	1.00	0.27	0.00	...
ID7	0.00	0.60	0.40	...

针对 D'' 这样的模糊数据库进行数据挖掘，首先需要扩展布尔关联规则中的支持度（Dsupp）和置信度（Dconf）的概念，因为这两个测度都是基于传统集合的计数（如 $\|X\|$ 表示数据库中包含属性集合 X 的记录个数）来计算的。为便于说明，考虑单个属性（即 $X = \{I_i\}$），则在二值数据库中，I_i 作为属性对应着一个普通子集，该子集包含在此属性上取值为 1 的那些数据库记录。求和计算这些"1"值，就得到了支持属性 I_i 的记录个数，也就是计数 $\|\{I_i\}\|$。而在模糊数据库（即 $D''(I'')$，$I'' = \{I''_1, I''_2, \cdots, I''_{m''}\}$）中，$I''_i$（$i = 1,2,\cdots,m''$）作为属性对应着一个模糊集合，$I''_i$ 的取值不仅为 0 和 1，也可以是 0 和 1 之间的数，以反映一个记录部分支持属性 I''_i 的程度。这样，通过 $\sum \text{count}(I''_i)$ 可以得到支持属性 I''_i 的记录个数"之和"。由于有的记录对属性 I''_i 的支持是完全的，有的记录对属性 I''_i 的支持是部分的，$\sum \text{count}(I''_i)$ 的计算结果不一定是整数，而是一种"等价个数"的计量。举例说明，根据表 16-5

$$\sum \text{count (Middle-Age)} = 0.33 + 0.40 + 1.0 + 0.27 + 0.60 = 2.60$$

以此可以得到一个支持度的扩展为 $\text{Dsupp}(\{I''_i\}) = \|\{I''_i\}\|/|D''| = \sum \text{count}(I''_i)/|D''|$，即

$$\text{Dsupp}(\{I''_i\}) = \sum_{t \in D''} t[I''_i]/|D''| \tag{16.13}$$

式中，$|D''|$ 为数据库 D'' 的记录数总和，I''_i 为模糊数据库 D'' 的一个属性，$t[I''_i]$ 为数据库中记

录 t 在 I_i'' 上的取值，$t[I_i''] = \mu_{I_i''}(t) \in [0,1]$。仍以表 16-5 为例，Dsupp(Middle-Age) = 2.6/7。更具一般性，对于 X 包含多个数据属性的情形，即 $X = \{I_{i_1}'', I_{i_2}'', \cdots, I_{i_p}''\} \subseteq I''$，$X$ 的支持度为

$$\text{Dsupp}(X) = \frac{\sum_{t \in D''} \bigwedge_{J \in X} t[J]}{|D''|} \tag{16.14}$$

式中，$\wedge$ 为模糊"且"算子，是一个 $[0,1] \times [0,1]$ 到 $[0,1]$ 的映射，如取最小（min）和算术乘（×）等。

进而，给定 $X, Y \subseteq I''$，关联规则 $X \Rightarrow Y$ 的支持度和置信度的扩展形式可分别定义为[349]

$$\text{Dsupp}(X \Rightarrow Y) = \frac{\sum_{t \in D''} \bigwedge_{J \in X \cup Y} t[J]}{|D''|} \tag{16.15}$$

$$\text{Dsupp}(X \Rightarrow Y) = \frac{\sum_{t \in D''} \bigwedge_{J \in X \cup Y} t[J]}{\sum_{t \in D''} \bigwedge_{J \in X} t[J]} \tag{16.16}$$

这里有两点值得注意：一是 $\text{Dconf}(X \Rightarrow Y) = \text{Dsupp}(X \Rightarrow Y) / \text{Dsupp}(X)$ 仍然成立；二是在二值数据库下，$t[J]$ 仅取值 0 和 1，此扩展形式将还原为传统支持度和置信度的情形。

基于扩展的支持度（见式(16.15)）和置信度（见式(16.16)），人们可以进一步扩展 Apriori 方法。这里的一个重点是考察导致 Apriori 方法非常便捷有效的一条性质在扩展后是否仍然成立。具体说来，Apriori 方法利用 $\text{Dsupp}(XY) = \|XY\|/|D| \leqslant \|X\|/|D| = \text{Dsupp}(X)$ 这样一条性质作为算法剪枝策略，使得在候选项集生成过程中只考虑那些子项集均为频繁集的超集。这是因为，若一个项集是频繁的（$\text{Dsupp}(XY) \geqslant \alpha$），则其子集也是频繁的（$\text{Dsupp}(X) \geqslant \alpha$）。等价的逆否命题为：若一个项集不是频繁的，则其超集也不是频繁的。这样，当发现有项集不是频繁项集后，所有包含此项集的超集就都不必在后面的挖掘过程中考虑了，从而大大减少了扫描数据库进行支持度计数的次数，提高了方法的效率。

通常，定义模糊"且"算子 $\wedge$ 满足：$\forall a, b \in [0,1]$，$a \wedge b \leqslant b$（如 min 和×），则对于 t 有

$$\bigwedge_{J \in X \cup Y} t[J] \leqslant \bigwedge_{J \in X} t[J]$$

即 $\text{Dsupp}(XY) \leqslant \text{Dsupp}(X)$。这是一个重要结果，使得在模糊数据库下，基于扩展的支持度和置信度测度（见式(16.15)和式(16.16)）可以有效地对 Apriori 方法进行扩展，从而保证关联规则挖掘过程便捷有效。由于此时的 X 和 Y 包含由模糊集合描述的属性，通过数据挖掘方法发现的关联规则知识形式 $X \Rightarrow Y$ 就具有了语言概括特征。例如，Young-Age $\Rightarrow$ Middle-Level Income，表明"年轻人具有中等收入"。此时的关联规则称为模糊关联规则（Fuzzy Association Rule，FAR）。

这里讨论的关联规则 $X \Rightarrow Y$，通过支持度和置信度来反映在频繁的意义上包含 X 的数据同时包含 Y 这样一种关联。X 与 Y 的同时发生（数据包含 XY）是用"且"（$\wedge$）进行连接的。从 X 与 Y 的连接关系出发，人们试图分析在 X 与 Y 发生之间是否存在着某种逻辑上的蕴含关系。针对模糊数据库 D''，下面给出一个蕴含度（Degree of implication，Dimp）描述

$$\text{Dimp}(X \Rightarrow Y) = \frac{\sum_{t \in D''} \text{FIO}(\bigwedge_{J \in X} t[J], \bigwedge_{J \in Y} t[J])}{|D''|} \tag{16.17}$$

式中，FIO 是模糊蕴含算子，∧ 是模糊"且"算子。基于测度 Dsupp（见式(16.15)）和 Dimp（见式(16.17)）得到的关联规则称为基于支持蕴含的关联规则（support-implication-based Association Rule，ARsi）。显然，ARsi 也是一类模糊关联规则。

从扩展 Apriori 及优化算法的角度考虑，FIO 和 ∧ 的选择很重要。首先，对于 ARsi 和 ∧（∧ 满足：$\forall a, b \in [0,1]$，$a \wedge b \leq b$），性质 Dsupp$(XY) \leq$ Dsupp(X) 成立。这可以大大减少在计算 Dsupp 生成频繁项集时对数据库的扫描。其次，若干 ∧ 和 FIO 组合可以产生一些良好的性质[350]。特别是可以用于减少在计算 Dimp 生成 ARsi 时对数据库的扫描。以组合 [∧ = min(a,b), FIO = $L(a,b)$ = min$(1, 1-a+b)$] 为例，可以获得下列性质，即

$$\text{Dimp}(X \Rightarrow Y) = 1 - \text{Dsupp}(X) + \text{Dsupp}(XY) \tag{16.18}$$

该性质说明在已知 Dsupp(X) 和 Dsupp(XY) 的情况下，Dimp$(X \Rightarrow Y)$ 可以通过直接计算获得而不必根据定义扫描数据库获得。

16.3 数据间的部分隶属性

在商务智能领域关注的应用中，数据之间通常存在着一定的隶属关系，如产品目录、图书分目、行业划分、组织机构等。以超市数据为例，客户购买的商品都属于最基本的数据项。布尔关联规则（AR）挖掘发现的知识就是客户同时购买这些商品的关系，即对应的数据项在支持度和置信度意义上的联动。由于在超市中，这些商品一般都按类别进行隶属关系分目，如"苹果"和"香蕉"都属于"水果"，"Levi's"和"Lee"都属于"牛仔服装（Jeans）"。这种数据关系被称为"数据层次结构（Taxonomy）"。上下层之间多为超类/子类（superclass/subclass）或"isa"关系。在具有数据分类结构的关联规则挖掘中，不仅低层数据间的关联是有意义的，高层数据间的关联也是有意义的。一方面，高层数据间的关联同样是管理决策知识；另一方面，低层数据间的关联不明显时（如相对于阈值），高层数据间关联则可能明显。例如，如果 Lee$\Rightarrow$EMI（"购买 Lee 牌牛仔服的客户也购买 EMI 唱片"）和 Guess$\Rightarrow$Deca（"购买 Guess 牌牛仔服的客户也购买 Deca 唱片"）均不满足最小支持度和最小置信度阈值，但是它们有可能在其超类语义层面上出现得足够频繁，进而导致 Jeans$\Rightarrow$MusicCD（"购买牛仔服的客户也购买音乐唱片"）成立。一般来说，包含高层数据间关系的关联规则称作广义关联规则（Generalized Association Rule，GAR）。图 16-6 给出了 AR 与 GAR 的一个示例。

对于 $I = \{I_1, I_2, \cdots, I_m\}$ 和二值数据库 D：$\mathbf{R}(I)$，给定与 I 对应的数据层次结构全体 G，则 $I_1, I_2, \cdots, I_m$ 构成 G 的叶子节点。将 G 中的非叶子节点（高层节点）也加到 I 中可以形成一个新的属性集 I_G 和数据库 $D_G[\mathbf{R}(I_G)]$，使得 $\forall d \in D$，及其对应元组 $d' \in D_G$，考虑任意一

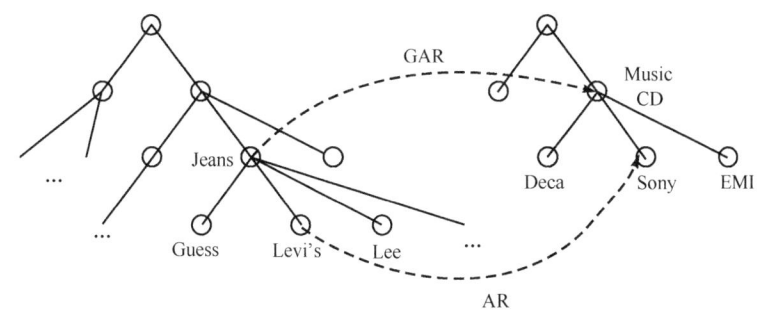

图 16-6　AR 与 GAR 示例

个 I_G 中的属性 J，如果 J 属于 I，则 $d'[J] \in d[J]$；如果 J 不属于 I（即 $J \in I_G - I$），则：① $d'[J]=1$，当存在 J 的一个后代 J_0 时，有 $d[J_0]=1$；② 否则 $d'[J]=0$。显然，D_G 也是二值数据库。不失一般性，$\forall X \subseteq I_G$，当对于任意 X 中的属性 J 都有 $d'[J]=1$ 时，则称为 d' 支持 X。此时，在具有数据层次结构 G 的二值数据库 D 上挖掘关联规则的问题就转换成了在二值数据库 D_G 上挖掘传统布尔关联规则的问题。Apriori 方法可以方便地被应用。

以图 16-7 所示的数据层次结构为例，基于数据层次结构的数据库 D_G 如表 16-6 所示，它是一个数据转换后的数据库 D_G，其中 Apple、Cabbage、Mutton 和 Pork 是叶子节点，其他属性是高层节点。根据叶子节点的数据值及数据关系，可以得到高层节点的数据值。例如，由于 ID1(Apple) = 1，Apple 是 Vegetable-dishes 的后代，则 ID1(Vegetable-dishes) = 1。

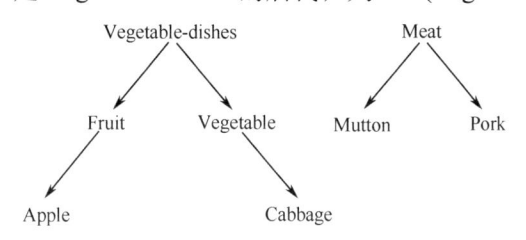

图 16-7　数据层次结构示例

表 16-6　基于数据层次结构的数据库 D_G 示例

D_G	Apple	Fruit	Cabbage	Vegetable	Vegetable-dishes	Mutton	Pork	Meat
ID1	1	1	0	0	1	1	0	1
ID2	0	0	1	1	1	0	0	0
ID3	1	1	0	0	1	1	1	1

上述讨论通过引入数据层次结构来体现实际问题的情况和发现广义关联规则的意义。更进一步，考虑数据间的隶属关系，可能还会存在部分隶属或不唯一隶属的情况。例如，西红柿是水果还是蔬菜？《生物化学原理》是生物书还是化学书？虽然人们可以硬性地或按习惯分类，但是在概念认知上往往可以具有程度的成分。这就使得渐进和柔性知识表达成为智能建模的重要组成部分。

通过在 $[0,1]$ 区间中取值的隶属度来描述数据之间的隶属关系就构成了数据模糊结构 G^f（Fuzzy Taxonomy）。如图 16-8 所示，在特定情况下，西红柿既是蔬菜又是水果，但隶属的程度不同。香肠也并不被完全认为是肉类。

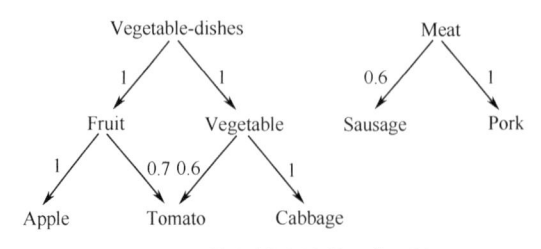

图 16-8 数据模糊结构 G^f 示例

进一步用形式化表述[349, 152]，在 G^f 中任意一个节点 y 属于其前辈 x 的程度可以定义为

$$\mu_{xy} = \underset{\forall l:x \to y}{\oplus} (\underset{\forall e \text{ on } l}{\otimes} \mu_{le}) \tag{16.19}$$

式中，$l:x \to y$ 是从 x 到 y 的路径，e 是路径 l 上直接连接两个节点的一个边，μ_{le} 是边 e 在 l 上的程度（$\mu_{le} \in [0,1]$），$\oplus$、$\otimes$ 分别为"或"和"且"算子。若 x 和 y 之间没有路径，则 $\mu_{xy}=0$。此外，$\oplus$ 与 $\otimes$ 算子的具体形式通常根据现实问题的性质来决定，如 max 和 min。这样，G^f 中任何一个高层节点都可以被看作一个关于叶子节点的模糊集合。例如，Fruit = {1/Apple, 0.7/Tomato}，Vegetable-dishes = {1/Apple, 0.7/Tomato, 1/Cabbage}。

给定数据项的全体 I，二值数据库 D 及数据模糊结构 G^f，人们可以用 16.2 节中讨论 I_G 的方式来生成 I_{G^f}，不过一个不同是 I_{G^f} 中的属性可以是模糊集合。此时得到的数据库 D_{G^f} 成为一个模糊数据库，其中 $\forall t \in D_{G^f}$，$\forall J \in I_{G^f}$，$t[J] = \underset{\forall L \in I}{\max}(\mu_{JL})$。与表 16-6 比较，表 16-7 给出了一个基于数据模糊层次结构 G^f（见图 16-8）的模糊数据库 D_{G^f} 的示例。

表 16-7 基于模糊层次结构 G^f 的模糊数据库 D_{G^f} 的示例

D_{G^f}	Apple	Fruit	Tomato	Cabbage	Vegetable	Vegetable-dishes	Sausage	Pork	Meat
ID1	1	1	1	0	0.6	1	1	0	0.6
ID2	0	0.7	1	1	1	1	0	0	0
ID3	1	1	0	0	0	1	1	1	1

值得注意的一点是，模糊数据库 D_{G^f} 与 16.2 节中的模糊数据库 D'' 在表现形式上是相同的，但是一个不同之处是它们的属性（即 I_{G^f} 与 I''）来自不同的模糊扩展。

对模糊数据库 D_{G^f} 进行关联规则挖掘，可以首先如式 (16.15) 和式 (16.16) 那样扩展支持度 Dsupp 和置信度 Dconf，即

$$\text{Dsupp}(X \Rightarrow Y) = \frac{\sum_{t \in D_{G^f}} \bigwedge_{J \in X \cup Y} t[J]}{|D_{G_f}|} \tag{16.20}$$

$$\text{Dconf}(X \Rightarrow Y) = \frac{\sum_{t \in D_{G^f}} \bigwedge_{J \in X \cup Y} t[J]}{\sum_{t \in D_{G^f}} \bigwedge_{J \in X} t[J]} \tag{16.21}$$

进而相应扩展 Apriori 方法以获得方便有效的挖掘算法。

由于引入了数据模糊结构，高层节点就可以表达概念上的模糊性，并通过模糊集合描述。此时的扩展首先是扩展数据层次结构，即从 G 到 G^f，进而从二值数据库 D_G 到模糊数据库

D_{G^f}。从关联规则知识表达形式的角度（如 Vegetable⇒Meat）看，此时的扩展从基于 G 和 D_G 的广义关联规则（GAR）到基于 G^f 和 D_{G^f} 的模糊广义关联规则（Fuzzy Generalized Association Rule，FGAR）。

进一步，一个相关的扩展尝试是通过引入语言修饰词来进一步描述数据模糊结构中的模糊集合，这些模糊集合通常是以语言词的形式标识的。这样做的好处是丰富了知识表达的概括性和语言特征，符合管理决策的特点，特别是一些高层决策者的宏观概括性和定性表述习惯。

对于数据模糊结构 G^f 和与此相对应的一组语言修饰词集合 H，扩展的基本思路是修饰 G^f 中的语言词，进而获得一个新的数据模糊结构 G^H，被修饰的语言词（如 Sort of Fruit（大致是水果），Very Fresh Vegetable（非常新鲜的蔬菜））作为新的节点加入层次结构，并通过修饰词计算得到相应的隶属程度。图 16-9 是基于语言修饰词的数据模糊结构 G^H 的示例。

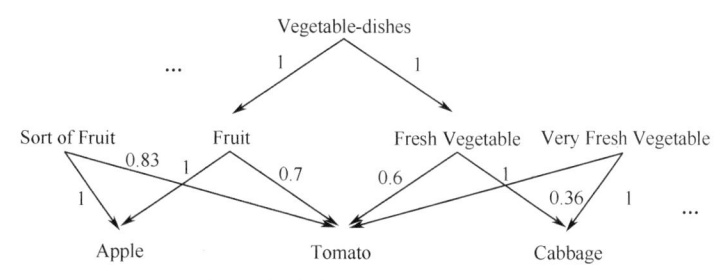

图 16-9 基于语言修饰词的数据模糊结构 G^H 的示例

进而可以得到模糊数据库 D_{G^H}。以这种方式表达和挖掘的关联规则具有一般形式，如 $H_X X \Rightarrow H_Y Y$，其中 H_X 和 H_Y 是分别作用在 X 和 Y 上面的语言修饰词。

上述讨论主要围绕数据层次关系存在部分隶属性，并介绍了涉及广义关联规则的相应的模糊扩展。此外，数据间的部分隶属性还存在于聚类中，即某元素不一定唯一隶属于一个类别，而是可能以不同的程度属于不同的类别。如果把用户的产品评论分成强正面评论、弱正面评论、中性评论、弱负面评论、强负面评论五类，那么一篇评论（根据语气、用词、情感、语境、用户特征等）可能以不同程度分别隶属于不同的类别。相关概念和应用可以进一步参考模糊聚类的文献[351]。

16.4 不完整数据依赖

数据依赖(Data Dependency)是一类关联知识，在数据建模中有着非常重要的作用[348,352]。一方面，数据依赖作为数据间的完整性约束（Integrity Constraint），对数据库设计和避免数据库使用中的修改异常（Update Anomaly）有举足轻重的作用；另一方面，数据依赖本身是一种语义知识，通常反映一定的领域业务规则（Business Rules）。在数据依赖中（如函数依赖、多值依赖、连接依赖、包含依赖和存在依赖等），函数依赖（Functional Dependency，FD）最受人们关注。首先，函数依赖是关系数据库规范化设计的重要概念，并与第二范式（2NF）、第三范式（3NF）和 Boyce-Codd 范式（BCNF）密切相关。其次，函数依赖反映的数据间关系是"决定关系"，即 $X \to Y$ 表示"相同的 X 值决定相同的 Y 值"，其中 X 和 Y 是属性集合。换句话说，给定 m 元关系数据库模式 $R(I)$，$I = \{I_1, I_2, \cdots, I_m\}$ 为属性集合，$X, Y \subseteq I$，r 是模式 $R(I)$ 的一个关系实例。若 $\forall t, t' \in r$，如果 $t[X] = t'[X]$ 则 $t[Y] = t'[Y]$，那么称对于 r，X 决定 Y（或称 Y 依赖 X），记为 $X \to Y$，也称 r 满足 $X \to Y$。如果关系模式 $R(I)$ 的所有关系实例 r 都满足 $X \to Y$，那么 $X \to Y$ 称微在此关系模式上的函数依赖。函数依赖的例子很常见，如职员号码→部门，(学生号码，课程代码)→成绩，等等。

数据库的理想状态是：① 人们在模式设计时知道所有的相关函数依赖；② 在数据库使用中时时刻刻都能够保证相关的函数依赖所表达的完整性约束被关系实例 r 满足。显然，这并不容易。数据库领域中多年来围绕函数依赖挖掘和模式演化（Schema Evolution）的研究就旨在寻求一些答案。

特别指出的是，在大数据背景下，数据的超规模、非结构化和富媒体等特征不仅给分布式数据库、对象数据库和多媒体数据库的理论和应用带来了许多新挑战，也催生了新型数据库理论、体系结构和技术的新探索。然而，在当前的大数据应用中，数据存取的主流数据库模型仍离不开关系数据库。虽然许多数据前台模式和客户端支持 Web 方式和富媒体形态，包括大量不精确和近似匹配等不确定性信息，其数据后台处理、视图转换及数据仓库技术等还是基于成熟的关系数据库平台的。不过，在此新形势下，函数依赖对于关系数据库的作用就不仅是规范化设计，而是更广泛意义的数据分析。换句话说，一方面，针对单个数据库或整合全局视图，函数依赖仍然可以作为数据完整性的重要概念；另一方面，函数依赖可以被独立看作关联关系或业务规则，作为数据挖掘和分析的一类知识模式。

下面主要考虑函数依赖挖掘在容错和效率方面的问题。具体说来，在商务活动大量、频繁地进行数据生成、分发、管理和利用的今天，数据质量变得日益关键。面对海量数据，数据缺失、错误、噪声等问题似乎不可避免。在这样的背景下，函数依赖的挖掘需要考虑容错性和效率两个方面。容错性是指函数依赖在数据库中可以部分被满足，而效率是指挖掘方法对于海量数据应该方便有效。

例如，学生数据库 S（见表 16-8）有 5 个元组，3 个属性分别为证件代码（ID）、系别（Department）和系址（Location），其中#代表噪声数据（如 N/A 等）。

表 16-8　带有噪声的学生数据库

S	ID	Department	Location
t_1	001	CS	#
t_2	002	IS	Building 2
t_3	003	CS	Building 2
t_4	004	CS	Building 2
t_5	005	CS	Building 2

这里有许多候选函数依赖需要在数据库 S 上检验以判断是否满足。X 和 Y 只含单项属性的情况就有 6 个候选函数依赖，即 ID→Department, ID→Location, Department→ID, Department→Location, Location→ID, Location→Department。以此为例，根据传统函数依赖的定义，可以得到 S 满足 ID→Department 和 ID→Location。此外，根据语义常理，Department→Location 应该成立，但是不被 S 中的数据所满足。因为并不是所有元组对 (t, t') 都满足"若 $t[X]=t'[X]$ 则 $t[Y]=t'[Y]$"。例如，t_1[Department] = CS = t_3[Department]，但 t_1[Location] = # ≠ Building 2 = t_3[Location]。注意：当数据库规模很大时，哪怕存在一个微小的不完整数据（如噪声数据 #），就会导致至少一个元组对出现这样的问题，进而使相关的函数依赖不成立。

为解决这个问题，人们引入了函数依赖满足度的概念[353]。给定 $X, Y \subseteq I$，以及模式 $R(I)$ 的一个关系实例 r，$X \to Y$ 被 r 满足的程度定义为 $d_r(X \to Y)$，则

$$d_r(X \to Y) = \frac{\sum_{\forall t_i, t_j \in r, t_i \neq t_j} d_{(t_i, t_j)}(X \to Y)}{\text{NTP}} \tag{16.22}$$

式中，NTP 表示 r 中元组对 (t, t') 的个数，即 NTP = $n(n-1)/2$，$d_{(t_i, t_j)}(X \to Y)$ 是对于元组对 (t, t')，Y 依赖于 X 的程度，则

$$d_{(t_i, t_j)}(X \to Y) = \begin{cases} 0, & t_i[X] = t_j[X] \text{ 且 } t_i[Y] \neq t_j[Y] \\ 1, & \text{其他} \end{cases} \tag{16.23}$$

对于 $d_r(X \to Y) = \alpha \in [0, 1]$，这里记为 $(X \to Y)_\alpha$，并将 $(X \to Y)_\alpha$ 称为具有满足度 α 的函数依赖（Functional Dependency with degree of satisfaction，FD_d）。给定最小满足度阈值 θ，$0 \leq \theta \leq 1$，若 $d_r(X \to Y) \geq \theta$，则 $X \to Y$ 被称为一个满意的 FD_d。

考虑数据库 S（见表16-8），针对上述 6 个候选函数依赖，按照 FD_d 的定义（见式(16.22) 和式(16.23)），可以得到学生数据库 S 相应的 FD_d 示例，如表16-9所示。具体以 Department → Location 为例，

$$\begin{aligned} d_S(\text{Department} \to \text{Location}) &= (d_{(t_1, t_2)} + d_{(t_1, t_3)} + d_{(t_1, t_4)} + d_{(t_1, t_5)} + d_{(t_2, t_3)} + d_{(t_2, t_4)} + d_{(t_2, t_5)} \\ &\quad + d_{(t_3, t_4)} + d_{(t_3, t_5)} + d_{(t_4, t_5)}) / (5 \times 4 / 2) \\ &= (1 + 0 + 0 + 0 + 1 + 1 + 1 + 1 + 1) / 10 \\ &= 0.7 = (\text{Department} \to \text{Location})_{0.7} \end{aligned}$$

概括说来，给定一个元组个数为 n 的数据库实例 r，如果需要验证一个 $FD_d: X \to Y$（$X \cap Y = \varnothing$）是否在 r 上成立，进行元组对比较的计算复杂性级别为 $O(n^2/2)$。根据元组对比较的方法，需要扫描数据库 r 的次数最差情况也为 $O(n^2/2)$（改进的空间可以为 $O(n) \sim O(n^2/2)$）。如果数据库的属性个数为 m，则挖掘中需要验证的候选函数依赖的总数在 $O(3^m)$ 级别上。显而易见，如果仅从定义直接出发挖掘函数依赖 FD_d，其计算复杂性为 $O(3^m) \times O(n^2/2)$。

表16-9 学生数据库 S 相应的 FD_d 示例

FD_d	α
ID→Department	1.0
ID→Location	1.0
Department→ID	0.4
Department→Location	0.7
Location→ID	0.4
Location→Department	0.7

这是从海量数据中进行知识发现所必须解决的问题。

与关联规则挖掘类似，由于扫描数据库非常耗时，人们总是试图通过优化策略来减少在挖掘过程中扫描数据库的次数。一个优化方向是根据已经挖掘出来的 FD_d 推导出新的 FD_d。例如，通过对 FD_d 性质的分析，可以得到下列一组推理规则，以构成一个 FD_d 推理系统（A1′, A2′, A3′），即

A1′：若 $Y \subseteq X$，则 $d_r(X \to Y) = 1$。

A2′：若 $d_r(X \to Y) \geq \alpha$，则 $d_r(XZ \to YZ) \geq \alpha$。

A3′：若 $d_r(X \to Y) \geq \alpha$ 且 $d_r(Y \to Z) \geq \beta$，则 $d_r(X \to Z) \geq \alpha + \beta - 1$。

其中，X, Y, Z 为属性集合，$\alpha, \beta \in [0, 1]$。此时细心的读者可能会注意到，这里的 FD_d 推理系统（A1′, A2′, A3′）是传统关系数据库中 Armstrong 公理系统（A1, A2, A3）的一个扩展。为比较方便，给出 Armstrong 公理系统如下。

A1：若 $Y \subseteq X$，则 $X \to Y$。

A2：若 $X \to Y$，则 $XZ \to YZ$。

A3：若 $X \to Y$ 且 $Y \to Z$，则 $X \to Z$。

根据给定的满意度阈值 θ（$\theta \in [0, 1]$），在挖掘满意的 FD_d 的过程中，可以知道基于该推理系统可以推导出许多函数依赖，并直接与 θ 比较进行判断。这大大有效地减少了通过扫描数据库计算 FD_d 的次数。

在相关挖掘算法设计中，FD_d 传递性推导采用了近似关系的传递计算方法。一个从 V 到 W 的近似关系 p 是从 $V \times W$ 到 $[0, 1]$ 的映射，即 $\forall v \in V$、$\forall w \in W$、$p(v, w) \in [0, 1]$。在利用推理系统（A1′, A2′, A3′）计算推导 FD_d 的过程中，传递推导是根据 A3′ 进行的。对于属性集合 $I = \{I_1, I_2, \cdots, I_m\}$，可以定义一个近似关系 $p: I^2 \times I^2 \to [0, 1]$（$I^2$ 是 I 的幂集），$\forall X, Y \in I^2$，$d_p(X \to Y) \in [0, 1]$。设 $\otimes$ 为对应传递性质 A3′ 的关系运算，则运算 $p \otimes q$ 为 $\forall X, Y, Z \in I^2$，即

$$d_{p \otimes q}(X \to Z) = \max_{Y \in I^2}\{d_p(X \to Y) + d_q(Y \to Z) - 1\} \quad (16.24)$$

式中，p, q 和 $p \otimes q$ 均为 $I^2 \times I^2$ 到 $[0,1]$ 的映射。具体的关系运算采用了分层关系矩阵的思想，算法（MFDD）细节请进一步参见文献[353]。

仍以数据库 S 为例（见表 16-9）。给定满意度阈值 $\theta = 0.6$，如果已经获得 $(ID \to Department)_{1.0}$ 和 $(Department \to Location)_{0.7}$，那么根据 $A3'$，有

$$d(ID \to Location) \geq d(ID \to Department) + d(Department \to Location) - 1$$
$$= 1 + 0.7 - 1 = 0.7 > \theta$$

换句话说，通过推导而不用扫描数据库就可以得到满意的 FD_d：$ID \to Location$。显然，如果数据库规模非常大（即 n 和 m 非常大），这种扫描数据库次数的减少是人们非常希望的。

在上述推理系统的基础上，可以获得一个进一步算法优化的思路。这源于存在下列重要性质：若有 $(A \to B)_\alpha$，则有 $(B \to C)_\beta$，$\beta \geq 1 - \alpha$。一方面，此性质本身可以直接作为一个推导规则，能够计算得到相关的 FD_d 而不必扫描数据库；另一方面，此性质有助于得到若

干其他算法优化策略,进而大大提高挖掘效率。感兴趣的读者可以参见文献关于 e-MFDD 的讨论[354]。

小　结

在商务智能领域,不确定性是常见现象,也是管理决策过程的重要特征。不确定性在一定程度上反映人们的认知局限,包括事件的随机性、概念的模糊性等,并常常体现在数据的不完整性、信息的不精确性、知识的部分性等方面。同时,柔性、自然地表达和处理不确定性使得知识的语义内涵和表现形式(如知识概括能力和语言表达特点)更加丰富,进而大大提升了商务活动和业务运作的智能化水平。

概率统计理论和方法广泛应用于解决随机性问题,模糊集合理论和方法旨在有效解析模糊性现象。模糊性现象随处可见,其典型特征是概念定义中的"边界问题"。

模糊集合提供了论域元素与概念语义之间的一种渐进匹配。相关理论和方法对传统数学的诸多方向进行了深入扩展,实践应用遍及工程、信息科学、经济、管理等领域。模糊蕴含算子、语言变量、相近性等是与本章其他内容相关的几个基本的概念和方法。

连续数据域的分区等离散化处理可能产生对数据作用的高估或低估,进而影响关联规则的挖掘结果。采用分区模糊化一方面解决了"边界问题",另一方面丰富了知识表达的语言概括能力。此外,数据之间可能存在部分隶属关系,这在传统的数据层次结构中无法表达。引入模糊的数据层次结构不仅可以解决这种知识表达问题,而且可以通过修饰词丰富语言表达特点。再者,数据不完整性(如噪声数据等)往往会影响人们对依赖关联的判断。在函数依赖中引入满足度的概念,旨在解决对部分真值的容忍问题,同时可以为数据建模与模式演化及业务模式分析提供一定的更新与知识支持。

不确定性的表达和处理通常是对传统理论和方法的扩展,因此扩展中对传统背景下性质和对扩展背景下性质的验证、探讨就显得十分重要。此外,审视扩展中性质的另一个角度是普适性和特定性,也就是说,既需要关心性质在普遍意义上的特征,也需要关心性质在特定问题意义上的特征。性质应用的一个非常关键的方面是效率优化,这在面向大规模数据的商务智能领域中具有举足轻重的作用。例如,通过构建优化策略来减少扫描大规模数据库的次数是许多数据挖掘方法关注的焦点。总之,在大数据环境中,不确定性扩展在知识表达和发现领域的诸多优势和特色,只有在便捷、有效的挖掘方法的支撑下才能发挥效果,进而达到智能化业务分析和管理决策的目的。

思考与练习

16.1　为什么在商务智能应用中需要考虑不确定性知识发现?
16.2　试分别举例说明随机性和模糊性。

16.3 设课程成绩的论域为[0, 100]，假定成绩"优秀"的概念的描述如下图所示。

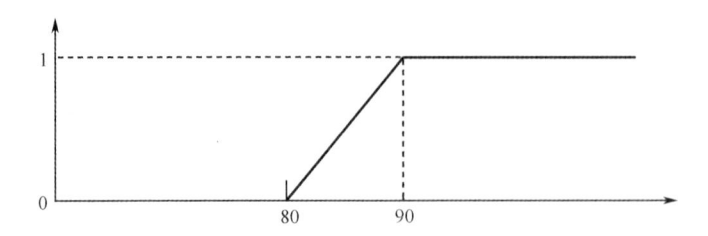

试给出你对成绩"中等"这一概念的描述，并解释其含义。假如需要你比较一下你所定义的"中等"概念与给定的"优秀"概念之间的相似度（假定相似度在[0, 1]区间取值），你会如何进行比较呢？

16.4 对于本章中的模糊蕴含算子（FIO）KD、L 和 GB，验证是否满足下列性质：

（1）若 $a \leqslant b$，则 $\text{FIO}(a, b) = 1$。

（2）若 $\text{FIO}(a, b) \geqslant \theta$，则 $\text{FIO}(a', b') \geqslant \theta$，其中 $a' = \min(a, c)$，$b' = \min(b, c)$。

（3）若 $\text{FIO}(a, b) \geqslant \alpha$ 且 $\text{FIO}(b, c) \geqslant \beta$，则 $\text{FIO}(a, c) \geqslant \min(\alpha, \beta)$。

这里，$a, b, c, a', b', \alpha, \beta, \theta \in [0, 1]$。

16.5 试在收入（Income）的论域上定义"高收入（High Income）""中等收入（Medium Income）""低收入（Low Income）"三个模糊集合，并将表 16-3 中的收入（Income）数据转换到表 16-5 所示的数据库 D'' 中。进而，试分别计算支持度 Dsupp（High Income）、Dsupp（Medium Income）和 Dsupp（Low Income）。

16.6 若在图 16-8 中，西红柿（Tomato）隶属于水果（Fruit）和蔬菜（Vegetable）的程度分别为 0.6 和 0.8，试生成表 16-7 的模糊数据库 D_{Gf}。进而，试分别计算支持度 Dsupp(Fruit)、Dsupp(Vegetable)和 Dsupp(Vegetable-dishes)。

16.7 简述挖掘不完整函数依赖（FD_d）的意义。

16.8 试证明 FD_d 推理系统中的性质 A2'：若 $d_r(X \rightarrow Y) \geqslant \alpha$，则 $d_r(XZ \rightarrow YZ) \geqslant \alpha$。

16.9 在传统关联规则挖掘 Apriori 方法中，性质 $\text{Dsupp}(XY) \leqslant \text{Dsupp}(X)$ 起到了重要的剪枝优化作用。试讨论在考虑数据间的部分隶属的情形下，该性质是否仍然成立。

第 17 章

智能推荐

随着信息通信技术的不断发展,可生成并收集的数据规模成几何倍数增长,带来了人类生活上全方位的数字化变革。对海量信息进行筛选和提炼的智能推荐系统已成为人们生活中不可缺少的部分:当你想要购物时,电商平台会根据你的偏好进行产品的推荐;当你浏览信息时,你会发现平台推送的总是你感兴趣的话题;当进行线上社交时,你会更容易接触到与你志同道合的人;无论你驾车奔驰在野外还是路况复杂的闹市,导航系统都能为你指明最佳的路线。支持这些便捷服务的背后是越来越智能的推荐方法,本章将为读者介绍智能推荐方法的基础知识和最新应用。

本章学习重点
❖ 信息推荐方法
❖ 多模态信息推荐
❖ 序列推荐
❖ 捆绑推荐

互联网的飞速发展使人们处于一个信息爆炸的时代，新的商业环境在为企业提供商机的同时也提出了新的挑战。如何在虚拟世界中吸引消费者，提高购物满意度并增加客户黏性，成为电子商务平台目前追求的首要目标。面对现阶段海量的信息/数据，对信息的筛选和过滤成为衡量一个系统好坏的重要指标。搜索引擎的出现，在一定程度上解决了信息筛选问题，但其局限性在于搜索引擎需要用户主动提供关键词来对海量信息进行筛选。当用户无法准确描述自己的需求时，仅依靠搜索引擎仍然无法帮助用户快速定位到感兴趣的信息。

在此背景下，推荐系统应运而生。推荐系统的任务是联系用户和信息：一方面帮助用户发现对自己有价值的信息；另一方面让信息能够展现在对其感兴趣的人群中，从而实现信息提供商与用户的双赢[355]。随着信息技术融合的深入，推荐系统面临的信息和数据越发复杂。大数据时代的重要特征之一即是数据的多源异构性，而基于大数据的智能推荐系统就必须对复杂多态的数据进行整合、处理和分析。以智能手机为例，通信联络、业务处理、娱乐时尚、虚拟体验、消费服务和网络冲浪等诸多功能的整合集成体现出电信、软件、电子、网络、传媒和制造等行业围绕企业业务和各种商机的交叉服务支持及信息对接。这就使得人们面临的数据类型的"频谱"变得更加宽阔，从传统的单一低维、规范平展的一端，穿越到复合高维、多样复杂的另一端。

毋庸置疑，智能推荐系统面向大规模数据的应用，既需要分析和处理传统文件数据和结构化数据，也不可避免地需要分析和处理多样复杂类型的数据，以应对新形势下推荐服务面临的机遇和挑战。

17.1 信息推荐方法

近年来，推荐方法和技术在多个领域中得到了广泛应用，包括电子商务、电影和视频、音乐、社交网络、阅读、基于位置的服务、个性化邮件和广告等。例如，亚马逊的商品推荐、Facebook 的好友推荐、今日头条的新闻推荐、网易云音乐的音乐或歌单推荐、微信朋友圈里的广告等。在如今互联网信息过载的情况下，信息消费者想方便地找到自己感兴趣的内容，而信息生产者则想将自己的内容更精准地推送给最合适的目标用户。此时，推荐系统正是要充当这两者的中介，将正确的商品或服务推送给正确的人群。以电子商务领域为例，图 17-1 展示了推荐系统的整体框架。

17.1.1 推荐系统概述

在电子商务领域中，推荐系统是指建立在对海量的用户信息、产品信息及用户对产品的偏好反馈信息（如点击、浏览、购买和评分等）挖掘基础上的一种商务智能技术，能够迅速准确地帮助消费者找到喜欢和感兴趣的商品[356]。主流的推荐方法通常分为三大类型：基于

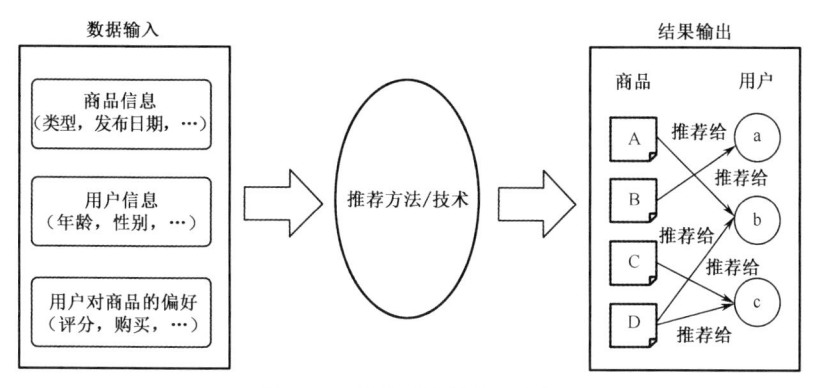

图 17-1 推荐系统的整体框架

内容的推荐方法（Content-based Recommendation，CR）、协同过滤方法（Collaborative Filtering，CF）和混合推荐方法（Hybrid Recommendation，HR），如图 17-2 所示。

基于内容的推荐方法是指充分利用用户和商品的各种属性特征（如电影的上映时间、演员和题材等，用户的年龄、性别和地理位置等），分析其内容相似度，然后将最相似的商品推荐给用户。例如，在电影推荐中，系统首先分析用户评分较高的电影的共同特征，再将其他具有这些特征的电影推荐给用户，如图 17-3(a) 所示；或者首先根据用户的属性（如性别、年龄和兴趣等）建模，根据这些特征计算用户间的相似度，然后向目标用户推荐与其相似用户喜欢的物品，如图 17-3(b) 所示。

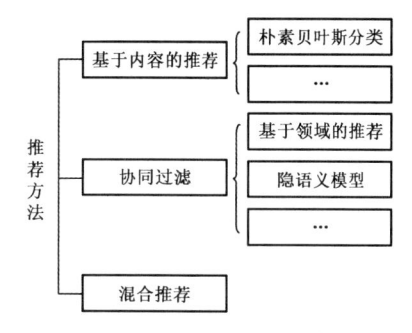

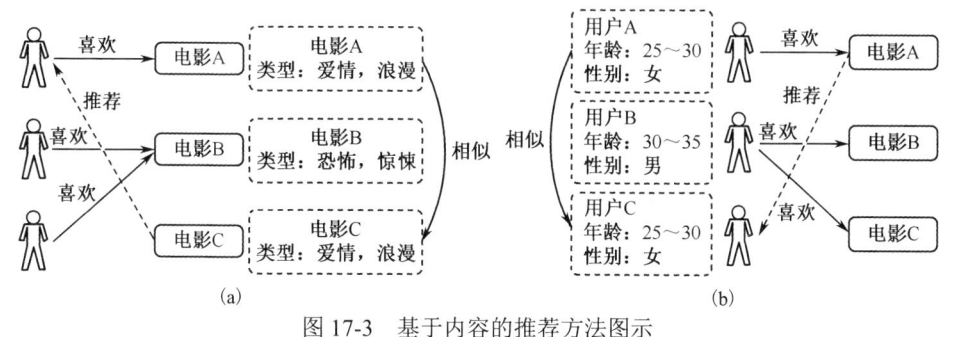

图 17-2 三大类主流的推荐方法

图 17-3 基于内容的推荐方法图示

基于内容的推荐方法的优点是仅需要使用元数据，而不需要用户与系统的交互即可完成推荐，因此不会遭遇冷启动问题（由于缺乏新用户或新产品的历史信息，很难为其进行合适的推荐）；缺点是推荐准确度较低，并且无法挖掘用户的潜在兴趣。

协同过滤方法是推荐方法中最经典的方法之一，主要使用用户与系统交互而形成的反馈数据完成推荐，包括显性反馈（Explicit Feedback）行为和隐性反馈（Implicit Feedback）行为。显性反馈行为包括用户明确表示对物品喜好的行为，如评分；隐性反馈行为指的是那些不能明确反映用户偏好的行为，如页面浏览行为。协同过滤的主要思想在于过去具有相似偏好的用户将来也仍然会具有相似的偏好，是基于历史数据进行推荐的一种方法。因此该方法对新产品和新用户都会有冷启动的问题，且易受到数据稀疏性的限制。该方法进一步又可以分为基于邻域的推荐（分析用户或物品间的相似度）和隐语义模型（对用户和物品进行因式分解，得到各自的隐式特征）等方法。

由于不同的推荐方法都有各自的优/缺点，在实际应用中大部分推荐系统通常是混合使用各种推荐方法。具体的混合方法主要包括加权型混合推荐方法（将来自不同推荐方法生成的候选结果进一步组合加权）、转换型混合方法（采取一定的标准在不同的推荐方法之间变换，以达到更高的预测准确率）、瀑布型混合推荐方法（将不同的推荐方法视为不同粒度的过滤器，前一个方法的输出结果作为后一个方法的输入内容）等[231]。

17.1.2 协同过滤推荐方法

本节介绍协同过滤推荐方法中基于邻域的推荐方法和隐语义模型方法这两种主流的协同过滤推荐方法的基本思想。

1. 基于邻域的推荐方法

基于邻域的推荐方法主要是根据消费者的历史行为数据（如购买历史、关注和收藏行为及打分等）分析用户间或者物品（如书、电影、音乐、食品、衣物和软件等各种网上商品及服务）间的相似性，从而形成推荐信息。其中包括基于用户的协同过滤方法（UserCF），以及基于物品的协同过滤方法（ItemCF）。下面以 ItemCF 为例介绍其主要思想。

基于物品的协同过滤方法主要有两个步骤[355]：① 计算物品之间的相似度；② 根据物品的相似度和用户的历史行为给用户生成推荐列表。

在计算物品的相似度时一般可以利用欧几里得距离、皮尔逊相关系数、Jaccard 公式、夹角余弦相似度等方式计算得到。给定物品 i 和物品 j，$N(i)$ 表示喜欢物品 i 的用户集合，同理，$N(j)$ 表示喜欢物品 j 的用户集合，则一个简单的计算两者相似度的方法是使用 Jaccard 公式，即

$$w_{ij} = \frac{|N(i) \cap N(j)|}{|N(i)|} \tag{17.1}$$

式中，$|N(i)|$ 是喜欢物品 i 的用户数，$|N(i) \cap N(j)|$ 是同时喜欢物品 i 和 j 的用户数，则式(17.1)可以理解为喜欢物品 i 的用户中有多少比例的用户也喜欢物品 j。为了避免总是推荐热门物品（物品 j 是热门商品而使得 j 与任何一个物品的相似度 w_{ij} 都很高），修正后的相似度计算公式可以表示为

$$w_{ij} = \frac{|N(i) \cap N(j)|}{\sqrt{|N(i)||N(j)|}} \tag{17.2}$$

式(17.2)在分母中加入了对物品 j 的权重的考虑，因此缓解了热门物品与很多其他物品相似

的可能性；而缺点在于消费者对物品的偏好仅仅是二值变量，没有考虑不同的偏好程度。当使用用户评分的数据时，一般用皮尔逊相关系数计算物品的相似性，即

$$\text{sim}(i, j) = \frac{\sum_{u \in U_{ij}} \left(R_{ui} - \overline{R_i}\right) \times \left(R_{uj} - \overline{R_j}\right)}{\sqrt{\sum_{u \in U_{ij}} \left(R_{ui} - \overline{R_i}\right)^2} \times \sqrt{\sum_{u \in U_{ij}} \left(R_{uj} - \overline{R_j}\right)^2}} \tag{17.3}$$

式中，U_{ij} 表示同时喜欢物品 i 和 j 的用户集合，R_{ui} 和 R_{uj} 分别代表用户 u 对物品 i 和 j 的真实评分，$\overline{R_i}$ 是物品 i 的平均得分，$\overline{R_j}$ 是物品 j 的平均得分。

在得到物品之间的相似度后，ItemCF 使用式(17.4)来预测用户 u 对于物品 i 的评分，其中 NNs_i 表示与物品 i 相似度较高的物品集合，又称为邻居物品，即

$$\hat{R}_{ui} = \overline{R_i} + \frac{\sum_{j \in \text{NNs}_i} \text{sim}(i, j) \times \left(R_{uj} - \overline{R_j}\right)}{\sum_{j \in \text{NNs}_i} \left(|\text{sim}(i, j)|\right)} \tag{17.4}$$

UserCF 方法与上述 ItemCF 方法类似，只不过将计算物品相似度修改为计算用户的相似度，由于电子商务网站中用户的数量一般要远远多于物品的数量，因此 UserCF 的时间效率要相对更低一些。

2. 隐语义模型方法

隐语义模型（Latent Factor Model，LFM）方法是目前信息推荐准确率较高的一种协同过滤方法，最初是在文本挖掘领域中被提出的，核心思想是通过对用户和物品的矩阵因子分解（Matrix Factorization，MF），找到各自的隐含特征，进而将两者联系起来。对于一个 N 行 M 列的用户评分矩阵 $\boldsymbol{R}$（R_{ui} 表示用户 u 对物品 i 的真实评分），将其分解成为一个 N 行 K 列的用户因子矩阵 $\boldsymbol{P}$（其中 P_{uk} 表示用户 u 对物品隐含特征因子 k 的偏好程度）和一个 M 行 K 列的物品因子矩阵 $\boldsymbol{Q}$（其中 Q_{ik} 表示物品 i 在物品隐含特征因子 k 上的程度），即

$$R_{ui} = \boldsymbol{P}_u \boldsymbol{Q}_i^{\mathrm{T}} = \sum_{k=1}^{K} P_{uk} Q_{ik} \tag{17.5}$$

下面举例说明对评分矩阵 $\boldsymbol{R}$ 的因子分解过程（见图 17-4）。R_{ui} 的数值越大，表示用户 u 喜欢对应物品 i 的程度越大；P_{uk} 数值越大，表示用户 u 喜欢对应物品的隐含特征因子 k 的程度越大；Q_{ik} 数值越大，表示物品 i 在对应物品隐含特征因子 k 的程度越高。分解完后，就能利用 $\boldsymbol{P}$ 和 $\boldsymbol{Q}$ 来预测原来评分矩阵中的缺失值（如图 17-4 中用户 A 对物品-c 的评分值）。

同时，消费者在给物品打分时还会受到评分者本身的打分习惯及物品已有评分情况的影响。例如，一个严格的用户对所有物品的打分都偏低；某个物品已有评分都比较高，则新的用户也会倾向给较高的评分。因此，一些学者对矩阵因子分解模型进行了修正，不仅仅考虑用户与物品之间的相互作用，还在模型中引入了用户 u 和物品 i 各自的偏差。相关具体细节，感兴趣的读者可以参考文献[357]。

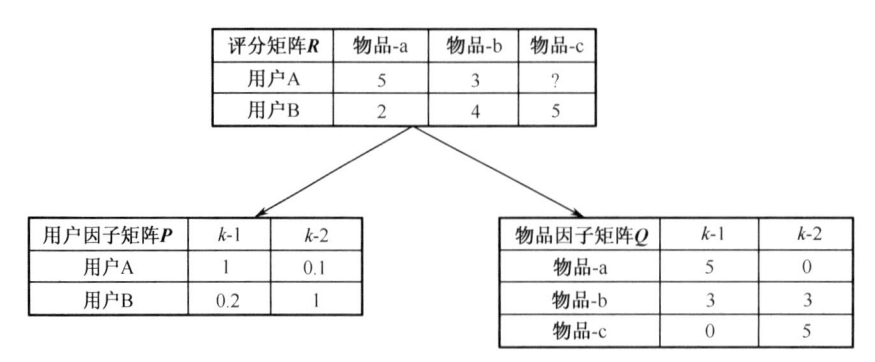

评分矩阵 R	物品-a	物品-b	物品-c
用户A	5	3	?
用户B	2	4	5

用户因子矩阵 P	k-1	k-2
用户A	1	0.1
用户B	0.2	1

物品因子矩阵 Q	k-1	k-2
物品-a	5	0
物品-b	3	3
物品-c	0	5

图 17-4 对评分矩阵 R 的因子分解

17.1.3 推荐系统评测指标

好的推荐系统应该在推荐准确的基础上，给所有用户推荐的物品尽量广泛，给单个用户推荐的物品尽量覆盖多个类别，同时不要给用户推荐太多热门物品。具体来说，首先推荐系统存在用户、物品提供者和网站平台三个参与方。因此在评测推荐方法时，应该同时考虑三方的利益，实现所有参与者的共赢，即首先需要满足用户的需求，给用户推荐那些令他们感兴趣的商品；其次，要尽量使各个供应商的产品都能被推送给合适的用户，而不是仅仅推荐畅销产品；最后，好的推荐系统应能够让系统本身收集到高质量的用户反馈，不断完善推荐的质量。

为了全面评测推荐系统对三方参与者的影响，需要使用不同的测度和指标对推荐方法评估，主要包括预测准确率（accuracy）、覆盖率（coverage）、多样性（diversity）、新颖性（novelty）和惊喜度（serendipity）等。值得一提的是，这些测度和指标反映了对于相关概念及其语义的刻画，并基于不同的数学性质和特定的情境特征具有不同的表示方式和定义。

1．预测准确率

预测准确率是衡量一个推荐系统质量最重要的指标，是用来度量一个推荐方法预测用户行为的能力，一般通过离线实验来计算。常用的标准数据集包括 Netflix 大赛数据集和 MovieLens 数据等。首先将离线数据集分成训练集和测试集，然后通过在训练集上建立用户的偏好模型来预测在测试集上的行为，最后计算预测行为与实际行为的重合度并将其作为预测准确率。对推荐方法的评测通常有评分预测和排序预测两个方向，两者分别使用不同的测度。

1）评分预测

评分预测的准确率一般通过均方根误差（Root Mean Square Error，RMSE）和平均绝对误差（Mean Absolute Error，MAE）计算。令 R_{ui} 是用户 u 对物品 i 的实际评分，$\hat{R}_{ui}$ 是推荐方法得到的预测评分，T 表示测试集，则 RMSE 的定义为

$$\text{RMSE} = \sqrt{\frac{\sum_{u,i \in T}\left(R_{ui} - \hat{R}_{ui}\right)^2}{|T|}} \tag{17.6}$$

MAE 采用绝对值计算预测误差，定义为

$$\text{MAE} = \frac{\sum_{u,i \in T} \left| R_{ui} - \hat{R}_{ui} \right|}{|T|} \quad (17.7)$$

2）排序预测

网站在提供推荐服务时，一般是对每个用户提供个性化的产品排序列表，被称为 Top-k 推荐。对产品排序结果的评估一般是借鉴信息检索领域的传统测度，如查全率（recall）、查准率（precision）[358]、平均查准率（MAP）[359]和 Ndcg[360]等。

令 $R(u)$ 是预测得到的推荐列表，而 $T(u)$ 是用户真实的产品偏好列表，则推荐结果的查全率和查准率分别为

$$\text{recall} = \frac{\sum_{u \in U} |R(u) \cap T(u)|}{\sum_{u \in U} |T(u)|} \quad (17.8)$$

$$\text{precision} = \frac{\sum_{u \in U} |R(u) \cap T(u)|}{\sum_{u \in U} |R(u)|} \quad (17.9)$$

为了全面评测 Top-k 推荐的查全率和查准率，一般会选取不同的推荐列表长度 k，分别计算对应的 recall 和 precision，并画出 PR 曲线。其他测度的具体公式可参见文献[361]。

2．覆盖率

覆盖率是内容提供商较为关注的指标，描述了一个推荐系统对网站平台上长尾商品的挖掘能力[361]。有多种指标可以来衡量推荐方法的覆盖率，如被推荐的商品占所有商品的比例。令系统的用户集合为 U，商品集合为 I，推荐系统给每个用户推荐一个长度为 N 的商品列表 $R(u)$，则覆盖率可为

$$\text{coverage} = \frac{\left| \sum_{u \in U}(u) \right|}{|I|} \quad (17.10)$$

此外，可以使用信息熵和基尼系数来描述推荐系统覆盖率指标，具体可参见文献[361]。

3．多样性

多样性描述了推荐结果中商品两两之间的不相似性，以覆盖用户多个方面的兴趣点，增加用户找到感兴趣产品的概率。在定义多样性时，可以从相似性入手，假设 $\text{sim}(i,j) \in [0,1]$ 定义了商品 i 与 j 之间的相似度，则用户 u 的推荐结果集合 $R(u)$ 的多样性可以定义为

$$\text{diversity}(R(u)) = 1 - \frac{\sum_{i,j \in R(u), i \neq j} \text{sim}(i,j)}{\frac{1}{2}|R(u)||R(u)-1|} \quad (17.11)$$

推荐系统整体的多样性可以由所有用户推荐结果的多样性的平均值得到，即

$$\text{diversity} = \frac{1}{|U|} \sum_{u \in U} \text{diversity}(R(u)) \quad (17.12)$$

4．新颖性和惊喜度

若用户没有听说过推荐列表中的大部分物品，则说明该推荐系统的新颖性较好。最简单的方法是通过推荐结果的平均流行度来获得[362, 363]，若推荐结果中物品的平均热门程度较低，则推荐结果拥有较高的新颖性。新颖性的价值在于可能给用户带来更多新鲜感的选择，这在竞争越来越激烈的在线购物环境中越来越受到关注。

惊喜度与新颖性的区别在于：如果推荐结果与用户的历史兴趣不相似但让用户很满意，就可以说这是一个让用户惊喜的推荐，而推荐的新颖性只取决于用户是否听说过这个推荐结果。目前还没有公认的惊喜度指标定义方式，一般是定性地通过推荐结果与用户历史兴趣的相似度和用户满意度来衡量，具体可参见文献[364]。

17.1.4　消费者信息搜索过程中的推荐

本节围绕消费者信息搜索（Consumer Information Search，CIS）的在线购物场景，介绍消费者网上产品选择过程和相关推荐方法的简要思路。

1．消费者网上产品选择过程

随着搜索引擎和推荐方法的广泛应用，在线购物平台能够根据消费者以往的购物经历或针对当前的搜索请求提供相应的产品列表。随着在线购物方式的普及，平台方可提供海量的符合搜索请求的产品。相较于线下购买场景，消费者在线浏览并选择待选产品的模式发生了极大的改变。如图 17-5 所示，消费者 A 和消费者 B 具有相似的购买经历，此时均试图找到并购买符合心意的保温杯。平台根据该搜索请求筛选生成符合条件的产品列表，并基于消费

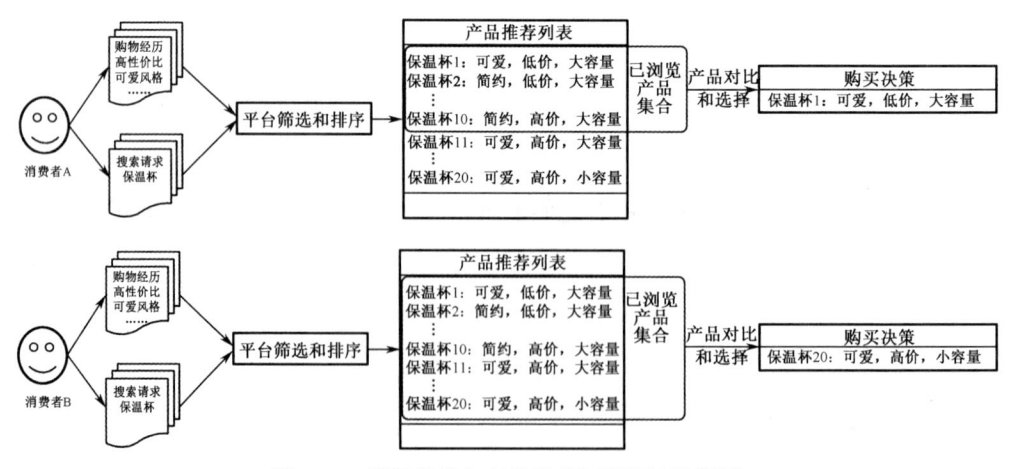

图 17-5　消费者线上产品搜索和浏览过程示例

者以往购物经历所表现的偏好，对产品列表进行购买倾向排序。但是，由于浏览产品（时间或注意力）成本的存在，消费者往往在浏览了列表中部分产品后就做出购物决策。消费者 A 和消费者 B 虽然面临相同的保温杯推荐列表，但二者已浏览的保温杯集合大小不同，这可能使得之后的购买决策有所差异。因此，在研究消费者线上产品购买决策问题时，消费者的产品浏览过程也需要被纳入考虑。

面对此类问题，一种通常的做法是构造二阶段的消费者网上产品选择过程。如图 17-6 所示，消费者在提供的产品列表中浏览一部分产品，从中选择感兴趣的产品并进一步仔细评估，最后在经过仔细评估的产品中选择一件进行购买[365]。其中，平台提供的产品列表被称为推荐集合（Recommendation Set），消费者选择进一步仔细查看的产品集合被称为考虑集合（Consideration Set 或 Choice Set、Evoked Set）。在推荐集合中选择考虑集合的过程被称为考虑阶段（Consideration Stage），从考虑集合中选择最终购买产品的过程被称为选择阶段（Choice Stage）。

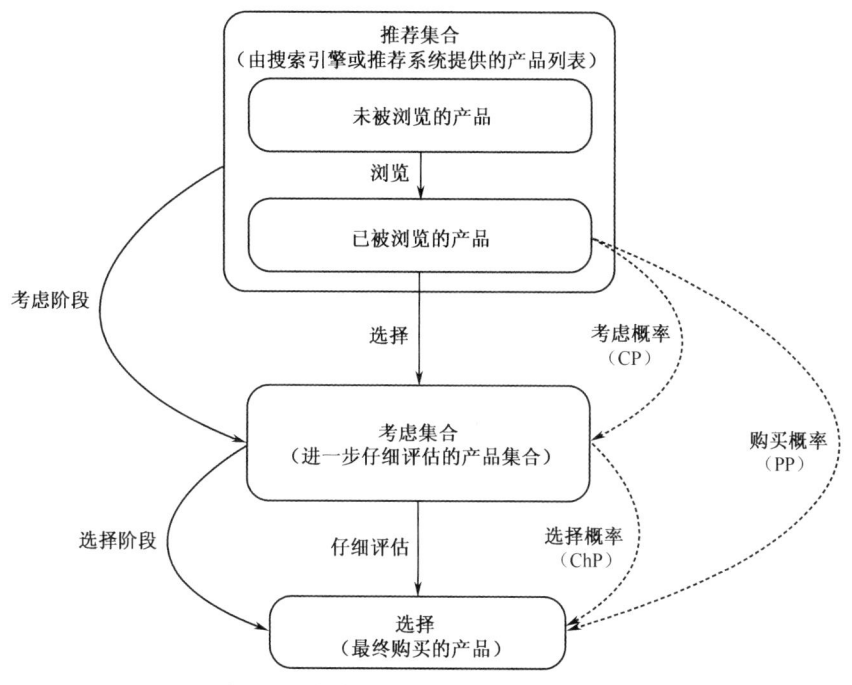

图 17-6 消费者对网上产品的选择过程[366]

在消费者对网上产品的选择过程中，推荐集合中未被浏览的产品在经过消费者的点击、查看等浏览行为后成为已被浏览的产品，并以一定的概率被选入考虑集合。这一概率被称为考虑概率（Consideration Probability，CP）。考虑集合中的产品会以一定概率成为最终购买的产品。这个概率被称为选择概率（Choice Probability，ChP）。产品在被浏览之后到最终成为被购买产品的概率被称为购买概率（Purchasing Probability，PP）。由定义可知购买概率即为考虑概率与选择概率的乘积，即 PP=CP×ChP [365]。

关于产品购买概率，也即购买转化率（Purchasing Conversion Rate）的预测在实践中具有重要意义。对于商家而言，购买概率可用于识别目标客户并评估投放广告的收益；对于购物平台而言，购买概率也可用于产品广告排序机制的设计从而使得广告收益最大化。由购买概率的计算公式可知，考虑概率是其重要影响因素。同时，考虑概率体现了消费者对于产品的体验兴趣，更能帮助商家识别目标客户。对于考虑概率的预测是消费者网上产品选择过程中的重要问题[366]。

另一方面，消费者在浏览搜索引擎或推荐系统提供的推荐集合时，往往面临数目巨大的产品。虽然浏览越多的产品可能使消费者获得更高的收益，但会增加成本。最理想的情况是，消费者在净收益最大时停止浏览产品，从而使得网上产品选择过程的效用最大化。然而，实际中消费者往往浏览"过多"或"过少"的产品。因此，需要提供相应的网上互动决策辅助功能提供浏览停止策略，帮助消费者判断是否已经获得最大收益，从而判断是否需要继续浏览推荐集合。预测继续浏览产品的收益增益是设计停止策略的重要环节，也是消费者网上产品选择过程中的重要问题[367]。

2. 预测性推荐

针对上述消费者网上产品选择过程中的两个方面的问题，向消费者提供关于考虑概率的预测性推荐，以及提供继续浏览产品的收益增益的预测性推荐很有意义。相关预测性推荐方法包括消费者产品考虑概率预测和消费者信息搜索价值增益预测两种。

1）消费者产品考虑概率预测

在电子商务环境下，利用购物平台积累的用户历史记录，如对推荐产品的点击浏览及添加至购物车等行为，可对产品的考虑概率进行预测，从而为消费者提供个性化的产品推荐排序[366]。以购物平台上的某消费者 $c \in C$（某中 C 表示平台上所有消费者的集合）为例，平台向其提供推荐集合 S。根据消费者 c 的点击浏览等行为可以判断该消费者已浏览的产品集合 S_c 及尚未浏览的产品集合 $\bar{S}_c$。进而，该消费者对于任何已浏览产品 s 的考虑情况 a_{cs}，可以通过其对该产品的操作记录（如加入购物车或比较矩阵等）进行判断。若消费者将产品加入考虑集合，则记为 $a_{cs}=1$，否则为 0。消费者产品考虑概率预测的目标即是为消费者预测其对未被浏览产品 $s \in \bar{S}_c$ 的考虑概率 $P_r(a_{cs}=1)$。

产品考虑概率的预测是概率分布估计，可以通过潜在类别模型（Latent Class Model, LCM）[368]进行刻画。潜在类别模型通常假设：① 根据消费者将产品选入考虑集合情况的不同，可将其归入不同的消费者群体中，即潜在类别；② 同一类别中的消费者具有相似的偏好，即对同一产品的考虑概率服从相同的概率分布；③ 给定消费者的潜在类别，其对于未被浏览产品的考虑概率属于独立变量。因此，利用潜在类别模型进行考虑概率的预测，可以通过判断消费者所属的潜在类别并分析该潜在类别内其他消费者对于该产品的考虑概率来进行。在此基础上，可以采用一种两阶段预测策略。在第一阶段，可以设计一个增强的潜在类别模型（Enhanced Latent Class Model，ELCM），用于估计消费者 c 对于产品 s 的偏好程度；在第二阶段，根据估计出的偏好程度，可以建立一个生成函数来推测考虑概率。实验结果表明，此二阶段预测策略在预测精度上较传统的潜在类别模型方法有显著提升，进而可以更有效地帮助消费者进行产品考虑概率的预测，辅助消费者的网上产品选择过程。有关相关考虑概率预测的详细内容，感兴趣的读者可以阅读文献[366]。

2）消费者信息搜索价值增益预测

在电子商务环境下，利用购物平台积累的消费者评分记录，可对消费者购买或使用产品的效用进行预测，从而估计消费者继续进行产品搜索的收益增益，进而设计产品浏览的停止策略[367]。以购物平台上的某一消费者 c 为例，假设其浏览了推荐集合 S 中的一个子集 $S_1 \subset S$ 后，选择了其中的某产品 s_1^*，则认为该消费者浏览产品集合 S_1 的收益为最终选择产品 s_1^* 对于该消费者的效用 $u_{cs_1^*}$，即

$$B(c, S_1) = u_{cs_1^*}$$

若该消费者在浏览了集合 S_1 后并未选择任何产品，而是继续浏览了产品集合 S_2 并最终选择了产品 s_2^*，此时消费者浏览产品集合 $S_1 \cup S_2$ 的收益为

$$B(c, S_1 \cup S_2) = u_{cs_2^*}$$

因此，消费者 c 在浏览了产品集合 S_1 后继续浏览产品集合 S_2 的收益增益是

$$B(c, S_1) = u_{cs_2^*} - u_{cs_1^*}$$

通常消费者在浏览产品后会选择对其效用最大的商品，即

$$u_{cs_1^*} = \max_{s \in s_1}(u_{cs})$$

因此，预测消费者继续浏览推荐集合收益增益的主要问题在于估计消费者在浏览的产品集合中效用最高的产品评分 $\max_{s \in s_1}(r_{cs})$，可以使用基于点估计和基于分布估计的方法。不过，这两种方法均存在一些局限。为此，可以考虑采取一种基于消费者类别假设的搜索增益预测方法，以克服这些局限并获得满意的预测性推荐结果。对于更详细的相关内容，感兴趣的读者可以参见文献[367]。

17.2　多模态信息推荐

线上信息服务过程中，消费者可以接收图片、评论文本等多种多样的数据资源，在获取更丰富信息的同时，也意味着需要面临更严重的信息过载问题。为了缓解这一矛盾，推荐系统需要接纳和整合多源异构的信息资源，从多个感知层面刻画消费者偏好，帮助消费者进行商品搜索和决策，为其提供个性化的推荐服务。

例如，对于如图17-7，系统向消费者推荐保温杯，推荐结果可能附有这样的文本描述：

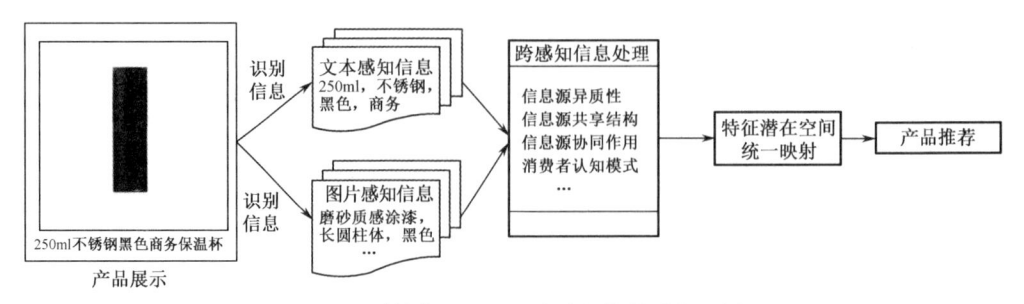

图 17-7 系统产品展示及跨感知推荐过程示例

"250ml，不锈钢，黑色，商务"，这是文本信息对商品的描述。对于消费者而言，文本描述并未提供保温杯款式形状细节、表面质感等信息，还需要观察推荐结果附带的图像。换言之，图像通过显示这些额外的相关信息补充了消费者对商品的认知，缩小了信息不对称。本例中，文本和图像对商品有共同的信息显示（如颜色），也有互补的信息显示（如文本-不锈钢、图像-磨砂质感涂漆）。因此，基于消费者感知到的产品图像和文字内容等多模态信息，并进行跨感知（Cross-Perception）的信息整合，相较于基于单模态信息，可以更有效地提高推荐的质量。

基于多模态数据的跨感知信息推荐包含如下步骤。首先需要具备识别处理和提取多个信息源数据的能力，同时，推荐系统需要将不同数据类型之间潜在的协同作用和消费者不同的认知模式纳入考虑。因此，多模态信息推荐的重点不仅仅在于对多个视图的信息提取，更在于如何对这些信息进行结构上的组织和全局上的整合。最终的整合信息需要保留每个信息源的异质性与共享结构，也需对信息之间的协同作用进行刻画，还需要针对不同消费者进行个性化处理。这个过程需要充分理解消费者在面对不同信息时的决策过程和动机，以及深入掌握方法的机理。具体而言，多源异构的商品信息需要采用不同的数据挖掘技术来确保对每个视图的信息都进行适当的表征，而对消费者的个性化处理需要反映消费者对商品信息每个视图的不同偏好。这需要对算法的整体机制进行设计，针对消费者不同的认知方式和偏好对每个视图的信息进行表征。而多模态信息推荐使用表示学习技术将异构的商品信息（如视觉内容和文本内容）映射到统一的潜在空间中，并引入认知因子来表征消费者认知风格的异质性，利用嵌入（Embedding）方法自动学习多模态信息之间的交互及个性化的认知风格。本节将介绍一种深度多视图信息集成模型（Deep-MINE）的算法框架，对更详细的算法细节感兴趣的读者可以参见文献[369]。

17.2.1 多模态信息表征

Deep-MINE 是通过表示学习将异构信息映射到统一的潜在空间中，在这个空间中，通过深度神经元网络获得代表信息来源的潜在因子（Latent Factor）。Deep-MINE 方法可有效对多模态信息来源，包括消费者认知、商品图像、商品描述和商品评论文本，进行有效整合分析。

在跨感知推荐场景中，对于商品集合 J 中的商品 j，除消费者与商品交互的邻接矩阵 X 之外（$X_{ij}=1$ 表示消费者 i 购买过商品 j），消费者可以感知到的信息还包括对应的图片（像）集合 M_j 和描述文本 D_j，以及数量为 m 的评论集合 R_j。消费者的购买行为可被视为消费者的潜在偏好。换言之，消费者 i 选择购买商品 j 而非商品 j'，一定程度上可以说明消费者更加偏好商品 j。将消费者 i 购买过的所有商品用 J_i^+ 表示，则消费者的偏好关系可被形式化为

$$S = \{(i,j,j') \mid j \in J_i^+, j' \in J - J_i^+\}$$

或

$$S = \{(i,j,j') \mid X_{ij}=1,\ X_{ij'}=0\}$$

1. 图像表示

商品图像为消费者提供视觉线索，降低感知风险。在过去的几年里，深度学习技术的进步使人们可以对图像内容进行更深入的分析。Deep-MINE 设计了一种 6 层栈式卷积自编码网络[370]（Stacked Convolutional Auto-Encoder Network）。正如本书第 12 章的介绍，卷积网络能够在潜在特征的表征过程中保持输入邻域和空间关系，因此在图像分类任务中表现出优越的性能，而自编码结构则可以尽可能多地保留分类信息。

Deep-MINE 假设商品 j 的初始输入图像为 M_0，则每层 l 的参数 W_l 的每列 k 均服从正态分布，偏差参数（Bias Parameters）b_l 同样服从正态分布。在 1、2、5、6 层，每层的输出依赖于网络的卷积操作及上一层的输出，即 $M_l = \sigma(W_l * M_{l-1} + b_l)$，其中 * 代表卷积操作，$\sigma$ 为 Sigmoid 函数。而在 3、4 层，$M_l = \sigma(W_l \cdot M_{l-1} + b_l)$，其中 · 代表矩阵乘积。中间层的输出 M_3 代表商品 j 的视觉特征表征。编码器网络（Encoder Network）和解码器网络（Decoder Network）共享相同的权重矩阵，可分别表示为

$$M_3 = \sigma\{W_3 \cdot \sigma[W_2 * \sigma(W_1 * M_0 + b_1) + b_2] + b_3\} \tag{17.13}$$

$$M_6 = \sigma\{W_1' \cdot \sigma[W_2' * \sigma(W_3' * M_3 + b_4) + b_5] + b_6\} \tag{17.14}$$

2. 非结构化文本处理

对于非结构化文本，Deep-MINE 针对每个商品进行词袋表征，并设计一个 4 层栈式自编码网络，通过逐层降维获得其潜在表征。类似于图像表征，Deep-MINE 假设商品 j 的输入文本描述为 D_0，则对于每层 l，该层权重参数矩阵 Q_l 的每列 k 服从正态分布，偏差参数 c_l 也是同样。每层的输出依赖于网络的权重矩阵、偏差参数及上一层的输出，即 $D_l = \sigma(Q_l \cdot D_{l-1} + c_l)$。中间层的输出 D_2 代表商品 j 的描述文本表征。因此，编码器网络和解码器网络分别表示为

$$D_2 = \sigma[Q_2 \cdot \sigma(Q_1 \cdot D_0 + c_1) + c_2] \tag{17.15}$$

$$D_4 = \sigma[Q_1' \cdot \sigma(Q_2' \cdot D_2 + c_3) + c_4] \tag{17.16}$$

除了商品描述，商品评论 R_0 作为非结构化文本，同样可以使用 4 层栈式自编码网络来表征。类似地，中间层的输出 R_2 代表商品 j 的评论文本表征。最终，三类网络均使用均方误差（Mean-Square Error，MSE）来构造损失函数，并进行相关参数的学习。

17.2.2 多视图信息整合

从认知风格的维度来看，不同消费者在信息处理上可能存在着异质性，即一些消费者可能更重视图像，另一些消费者可能更关注文本。认知风格往往是在实验室中通过对参与者调查获得。然而真实网络购物环境中通常有数十万消费者，通过实验方法来准确评估所有消费者的认知风格是极其困难的。因此，Deep-MINE 在多视图信息整合操作中以数据驱动的方式学习消费者的认知风格，即在模型架构中增加了一个认知层。具体而言，在三个不同的视图上（即图像、描述和评论）施加一个三维向量来代表个人的认知风格。根据 17.2.1 节，商品图像、描述和评论的潜在特征是由栈式自编码网络中的 M_3、D_2、R_2 来表征，即消费者 i 所感知的信息可表示为 $[a_{i_1} \cdot M_3, a_{i_2} \cdot D_2, a_{i_3} \cdot R_2]$，其中 $a_{i_1}, a_{i_2}, a_{i_3}$ 为待学习的认知权重参数。

Deep-MINE 的多视图信息整合步骤如下。

首先，堆叠层可表示为

$$f^c = c(a_{i_1} \cdot M_3, a_{i_2} \cdot D_2, a_{i_3} \cdot R_2) \tag{17.17}$$

式中，$c(\cdot)$ 表示级联（Concatenation）。

然后，在嵌入层将连接的因子转换为较低维的因子，即

$$f_j = W_{fu} \cdot f^c \tag{17.18}$$

类似于认知因子，在 W 中的具体权重 W_{fu} 是难以预定义的，需要在模型训练阶段学习，f_j 可以被认为是内容因子。

除了图片、描述和评论，可能还存在其他潜在影响消费者购买行为的商品信息，因此 Deep-MINE 引入因子 v_j 来捕获隐藏信息。最终，聚合项因子 item_j 由隐藏信息和内容因子组成，即

$$\text{item}_j = c(v_j, f_j) \tag{17.19}$$

17.2.3 商品推荐场景

商品推荐实质上是构造消费者 i 对于商品 j 的偏好 x_{ij}。f_j 和 v_j 分别代表商品 j 的内容因子和未知隐藏信息，在此基础上，令 θ_i 和 u_i 分别为消费者 i 对于 f_j 和 v_j 的感知权重，α_i 和 β_j 分别表示消费者偏差和商品偏差，则可定义偏好为

$$x_{ij} = \alpha_i + \beta_j + u_i^T v_j + u_i^T f_j \tag{17.20}$$

在具体推荐时，消费者 i 更加偏好商品 j，即 $j > i, j'$ 的概率的定义为

$$P(j > ij') = \sigma(x_{ij} - x_{ij'}) = \frac{1}{\{1 + \exp[-(x_{ij} - x_{ij'})]\}} \tag{17.21}$$

具体参数学习过程可参见文献[369]。

17.3 序列推荐

除了不同类型数据之间潜在的协同作用，同一类型数据在不同时间点之间的交互也极大地影响着推荐系统的性能表现。在实际应用中，消费者的兴趣通常会随着时间的推移而改变，并可能受到其最近交互的影响。在现实世界的场景中，消费者与商品的交互可以形式化为一个行为序列，代表着消费者偏好的动态演化。为了模拟这类偏好的演化动态，相关研究工作基于各种序列架构[371]生成序列推荐[372,373]（Sequential Recommendation）。

序列推荐一般存在预定义的全局假设，即消费者的决策序列之间具有交互影响。然而，基于现实观察可以发现，这样的交互作用存在一定的不确定性，甚至不一定呈现序列上直接的先后顺序。如图 17-8 所示，在网上购物时，消费者购买了一台笔记本电脑，之后可能会购买配件（如鼠标或键盘），也有可能不会购买。另一方面，在某些场景下，决策之间虽然并不具有直接的先后顺序关系，但是在语义上却有实质上的序列表现。例如，同为悬疑类型（即在语义上有序列性）的两部电影在消费者交互序列中可能很少出现在相邻位置。然而，这样的关系不一定能被序列模型所捕获，需要引入额外的计算结构。

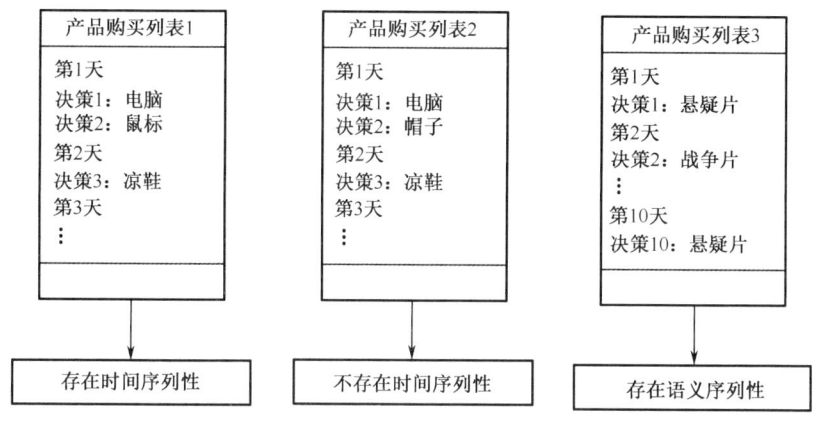

图 17-8 消费者序列决策场景示例

针对以上序列推荐问题，本节将简要介绍一种基于 SASRec[373]（Self-Attention based Sequential Recommendation）的改进模型。该方法通过刻画商品关系图，引入平滑嵌入以保持序列模型中的全局相似性结构。首先，该方法基于消费者-商品交互数据构建序列项图，并通过商品属性构建语义项图。然后，该方法结合序列项图和语义项图生成一个包含多项目关系的混合项目图。再对混合项目图执行图卷积，并通过去除图卷积网络（Graph Convolutional neural Networks，GCN）[374]中的冗余非线性来实现一个简化的、专门为推荐问题量身定制的图卷积。最后，使用平滑项嵌入作为序列模型的输入信息来生成推荐。这样，序列模型在预测下一个商品时，输入既包含了消费者交互的商品，也包含了与之语义相关的商品，从而提高了模型泛化能力。

在该方法中，消费者集合为 $U = \{u_1, u_2, \cdots, u_{|U|}\}$，商品集合为 $I = \{i_1, i_2, \cdots, i_{|I|}\}$。交互序列为 $S^u = \{i_1^{(u)}, i_2^{(u)}, \cdots, i_{n_u}^{(u)}\}$，其中，$n_u$ 是交互序列的长度，而序列推荐则是根据历史记录 S^u 预测下一时刻交互商品 $i_{n_u+1}^{(u)}$ 的概率，即 $p(i_{n_u+1}^{(u)} | S^u)$。

1. 序列项图（Sequential Item Graph）

在构造序列项图时，令 $A_{\text{seq}} \in \mathbf{R}^{|I| \times |I|}$ 为序列项图的邻接矩阵，该矩阵包含所有消费者交互序列中两个商品项目（Item）相邻的频率。本节所介绍的方法将所有消费者交互序列聚合在一起，构建一个全局序列项图，以反映基于消费者行为的商品之间的关系。在该方法中，序列项图被构建为一个无向加权图。基于消费者-商品交互的序列项图反映了消费者在商品上的转换模式。

SASRec 方法通过自注意（Self-Attention）结构对序列依赖进行建模。具体而言，SASRec 首先通过嵌入操作将消费者交互序列转换为向量序列；然后使用具有两个前馈层的自注意层对序列进行编码；接着将具有残差连接的自注意层叠加后，将在时间 t 处的最终表征向量作为序列的表征；最后利用点积法计算序列表征与候选项嵌入之间的相似度得分，并采用交叉熵损失法进行模型训练。

2. 语义项图（Semantic Item Graph）

语义项目关系对于测量推荐结果中的商品相似性至关重要，而传统的序列模型不一定能捕捉到这类相似性。因此，需要在序列推荐模型中考虑语义项关系，并进行补充和正则化。

具体而言，语义项关系是指商品之间存在属性或特征方面的联系，可以从商品信息中获取。例如，在一个小区域内相同类型的书籍可以被认为是语义相关的，模型中可以根据此类的语义项关系构造语义项图。在本节方法中，$A_{\text{sem}} \in \mathbf{R}^{|I| \times |I|}$ 被设置为语义项图的邻接矩阵，并且被构造为一个无向加权图，图中的边权重反映了语义项关系的强度。

3. 图卷积（Graph Convolution）

在整合操作中，需要将序列项图 A_{seq} 和语义项图 A_{sem} 结合起来，并进行平滑嵌入。不仅如此，还需要考虑序列关系和语义关系之间的传递性。例如，消费者在商品 A 后购买了商品 B，并且商品 B 与商品 C 具有相似的特征，那么商品 A 和商品 C 可能是高度相关的。而如果分别对商品图进行嵌入平滑处理，则这种关系难以被模型捕捉。为此，SASRec 改进方法在嵌入之前先进行项目图的整合操作。

首先，该方法将序列项图和语义项图融合为混合项图，令 α 和 β 分别为序列项图和语义项图的权重系数。这类权值可以被直观视为从一个商品到其序列/语义邻居的非标准化概率，则混合项图可被定义为

$$A_{\text{hyb}} = I + \alpha A_{\text{seq}} + \beta A_{\text{sem}} \tag{17.22}$$

其次，在混合项图 A_{hyb} 上进行图卷积以获得平滑项嵌入。令 $V^{(k)} \in \mathbf{R}^{|I| \times d}$ 和 $W^{(k)} \in \mathbf{R}^{d \times d}$ 为

第 k 层中项目和可训练参数矩阵的隐藏表征，$\hat{A}$ 为项目图对称归一化后的邻接矩阵。那么，用于嵌入平滑的公式为

$$V^{(k)} = \sigma[\hat{A}V^{(k-1)}W^{(k)}] \tag{17.23}$$

与基于图的推荐模型相比，神经元网络模型不一定能捕捉商品节点的跳跃传递性。也就是说，在生成推荐时，此类方法不善于支持消费者-商品交互图的全局结构。例如，在消费者-商品交互图中的三跳（3-hop）项目的排名应该高于五跳（5-hop）项目这类情形。SASRec 改进方法通过嵌入显式编码图结构来解决这个问题。此外，尽管 GCN 在基于图的半监督分类问题上性能优异，但可能不适用于推荐问题中的嵌入平滑。在半监督节点分类中，GCN 的输入节点一般具有丰富的特征，如文章中的单词等，此时，多层非线性变换有助于提高模型的表达力。然而，在本节场景中，商品是由嵌入在推荐模型中的 ID 表示的，进行多层非线性变换可能会影响 ID 嵌入的学习，导致推荐效果不佳。因此，SASRec 改进方法去除了 GCN 层中的非线性变换（见式(17.23)），将其替换为一个简单的图卷积，用来作为平滑序列推荐模型的嵌入，即

$$V^{(k)} = \hat{A}V^{(k-1)} \tag{17.24}$$

有关损失函数构建和参数学习过程，感兴趣的读者可参见文献[375]。

17.4　捆绑推荐

商品捆绑销售将多个商品作为一个商品组合进行销售，是一种被广泛使用的营销策略[376,377]。消费者往往会出于各种动机购买捆绑商品，包括预算驱动（如免运费）、偏好驱动（如功能、品牌和独特性）等。而在网络购物中，捆绑销售变得更加突出。在线消费者只需点击几下鼠标，就能访问并且更有可能被导向购物网站推荐的捆绑商品。在精准营销和消费者定位营销领域，向不同的消费者推荐针对性的商品捆绑组合是广受关注的重要研究问题[378]。

为了对商品捆绑的溢出效应进行建模，一个直接方法是进行关联规则挖掘[379]，找到消费者经常购买的商品组合。而经由关联规则发现的商品组合可以被视为捆绑商品，并将其推荐给潜在消费者。换言之，商品捆绑推荐过程分为两步：一是发现可能的商品捆绑组合，即关联模式的挖掘；二是找到组合对应的消费者群体，即消费者的个性化偏好的定位。这需要了解消费者对商品的偏好，设计个性化的推荐方法，挖掘和表征消费者对不同类型商品组合的偏好。

通过对现实购物场景的观察，可以发现每件商品都具备品牌、价格、功能等特征，因此可以根据这些特征将商品分类为不同的组别。综合而言，当消费者决定购买一个商品捆绑包时，消费者不仅会考虑每个单独的商品，也会考虑如何在购买中放大商品捆绑包中商品的协同作用。如图 17-9 所示，消费者 A 购买了高奢香水 c、高奢香水 d 及低价香水 e，消费者 B

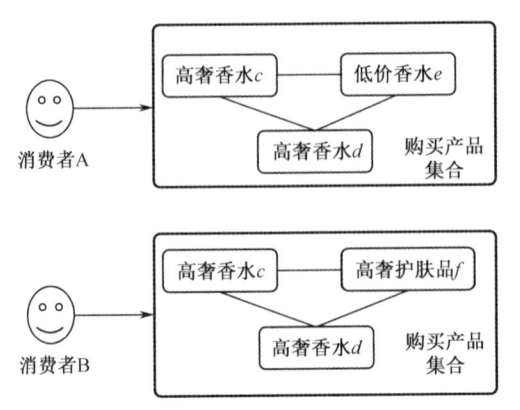

图 17-9 不同消费者的商品捆绑组合示例

购买了高奢香水 c、高奢香水 d 和高奢护肤品 f。尽管消费者 A 和消费者 B 的购买产品集合中都出现了 c-d 的组合，但购买动机是不同的。对于消费者 A 而言，c-d 组合的动机可能是"香水"；而对于消费者 B 而言可能是"高奢"。而商家需要理解消费者购买商品捆绑包的行为模式和内在动机，并推荐适合消费者购买偏好的商品捆绑包。

针对以上问题，本节介绍的 BPM（Bundle Purchase With Motives）概率模型方法不仅考虑捆绑策略，更考虑消费者的偏好和商品捆绑的购买动机，从而进一步理解消费者购买捆绑商品的决策逻辑[380]。在该方法中，每个购买的商品捆绑包都被定义为一个捆绑图（Bundle Graph），以商品作为节点，将捆绑图中商品-商品对之间的关联视为捆绑图中的边，而商品之间关系的形成即可以用捆绑图中边的形成来表征。为分别描述商品-商品及商品-特征之间的关系，该方法额外引入了两个潜在因子：节点类型和边类型。最后，根据从模型中推断出的偏好，可以估计消费者将已经购买的商品与购物车中的商品相关联的概率。

令 U 为消费者集合，I 为商品集合，F 是商品的特征集合（如价格、品牌和功能）。消费者 u 的交易商品集合为 T_u，其中每个交易 t 可以涵盖多个商品，涵盖两个或两个以上商品的交易可被视为商品捆绑包（Product Bundles）。因此，该方法不是建模消费者对单个商品的偏好，而是建模对商品捆绑包的偏好，在整体上揭示商品之间的关系，进一步解释消费者的购买动机。最终，该方法向消费者推荐一份商品清单，即针对性的商品捆绑包。该方法的具体管理情境为：给定消费者 u 和已经加入购物车的商品 $i \in I$，进一步解释消费者的购买动机，并推荐基于商品 i 形成的面向消费者 u 的商品捆绑包。商品捆绑图被定义为 $G_t = (V_t, E_t)$，其中，V_t 为商品节点，E_t 为商品节点之间的关系边。为了对商品捆绑图的形成过程建模，需要对所有节点和边及节点特征的生成过程建模。

1. 商品-商品关系

在商品捆绑图中，每条边 e 连接一对商品节点 x 和 y，并引入潜在节点类型因子，商品捆绑图中的所有节点都可以被聚类在一定的节点类型上，用节点类型 z 表示。此处，边类型（Edge-Type）可以在语义上被解释为商品之间的关系形式，更深入地反映了消费者购买商品捆绑包的动机。每条边都有一定概率属于某类型 z，这种程度用概率分布来刻画。

此外，若仅单独考虑每条边，则不能反映商品捆绑图的整体特征及消费者对于整个商品捆绑的偏好。本节方法假设整合后的商品关系一起构成了特定类型的商品捆绑图。不同的捆绑图代表了不同的购买模式，对应消费者在捆绑购买方面的不同偏好，需要进行针对性推荐。而消费者对商品捆绑包的偏好可以分解为对不同商品之间关系的偏好。因此，消费者的偏好可以被建模为边类型的混合。例如，对于图 17-9，消费者 A 和消费者 B 购买商品捆绑组合 c-d 的动机是不同的，即商品捆绑图中 c-d 的边类型是不同的。因此，最终捆绑图中，边类型的混合是不同的，从而形成了具有不同购买动机的商品捆绑包。

本节介绍的方法用多项分布 $\Omega_{z,x}$ 表示商品节点 x 属于边类型 z 的程度，则对于连接商品节点 x 和 y 的边 e 而言，其边类型 l_e 可表示为 (z^x, z^y)。而节点类型 z 属于边类型 l 的程度由分布 $\Upsilon_{z,x}$ 决定。此外，消费者的偏好在商品捆绑图中表现为边类型的混合，边类型 l_e 由消费者对边类型的偏好 $\Pi_{u,l}$ 生成。

2. 商品-特征关系

进一步，对于商品网络中的节点 x'，其对应特征为 $(f_1^x, f_2^x, \cdots, f_n^x)$。商品节点-特征类型边 z' 由先验 Θ 生成。而 z' 和节点 x' 之间的关系类型与 $\Omega_{z,x}$ 共享分布。与此同时，对应特征 f 基于类型 z 由多项分布 $\Phi_{z,f}$ 采样生成。最后，共享分布 $\Omega_{z,x}$ 将商品-商品关系与商品-特征关系进行了有效整合。该商品捆绑图的概率分布如图 17-10 所示。

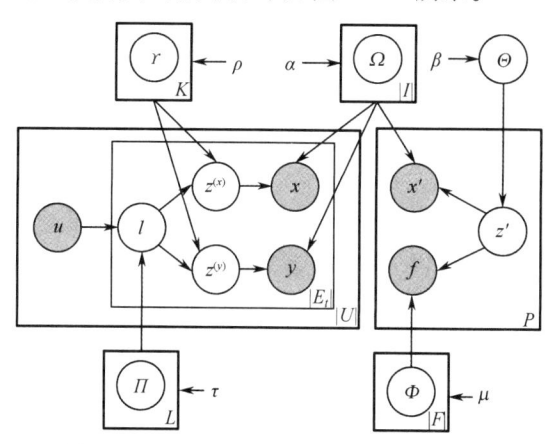

图 17-10　BPM 商品捆绑图的概率分布[380]

本节介绍的 BPM 方法旨在揭示消费者对不同商品捆绑类型的偏好，并通过潜在因子和相应的概率模型进一步解释消费者的购买动机。基于以上概率生成过程，BPM 可以推荐与已知商品捆绑在一起的补充商品。即给定消费者 u 在交易 t 中已经选择的目标商品 x，为消费者推荐一个商品列表，以形成商品捆绑购买组合。该方法的具体推断学习过程可见参考文献[380]。

小　结

　　大量数据具有各种各样的复杂形式，如结构化或非结构化、超文本和多媒体等。因此复杂数据类型的挖掘，包括对象数据、空间数据、多媒体数据、时序数据、文本数据和 Web 数据，已经成为智能推荐中日益重要的研究内容。

　　针对多源异构信息，智能推荐需要结合具体的推荐场景和消费者个性化需求，进行跨感知信息的筛选、提炼与整合。这不仅仅需要具备对多视图信息处理的能力，也需要进行针对性的整合框架设计，考虑每个视图之间的协同作用等。

　　在进行推荐时，除了商品和用户本身的信息，同一类型数据在不同时间点之间的交互也极大地影响着推荐系统的性能表现。此外，商品之间的溢出效应、消费者的认知风格等也可被视为推荐系统设计时重要的表示和输入特征。

思考与练习

　　17.1　结合日常生活和工作中的观察，列举出复杂类型数据的具体例子。

　　17.2　多媒体搜索是目前得到广泛关注的互联网技术。目前采用的搜索和挖掘方法主要是基于特征分析和提取，如关键字、大小和内容描述等。请结合自己的知识和经验，说明在互联网上进行有效、快速的多媒体搜索的主要困难和挑战。

　　17.3　请设计一个在教务系统中根据学生选课记录向学生进行课程推荐的系统，依次考虑以下三个层次的系统的实现：

　　（1）按学生特征进行推荐

　　（2）按课程特征进行推荐

　　（3）按课程-学生交互特征进行推荐

　　17.4　在上一题设计的系统中，如何利用社交网络信息进行推荐？当推荐目标分别为学业成绩的提高和学生课堂的满意度时，系统设计有何不同？

　　17.5　请基于多媒体数据的关联规则挖掘算法，设计一个跨感知的推荐算法。

第 18 章
商务智能的经济社会影响与发展

BI

物联网、云计算、大数据、人工智能等技术概念的兴起标志着计算和分析能力瓶颈一再被突破,使得商务智能的应用场景进一步扩展和延伸,并逐渐深入浸润人们的日常生活。在这样的背景下,企业掌握信息资源的多寡、分析信息资源能力的强弱、利用得到知识进行管理决策手段的丰富程度将成为判别企业竞争实力的新标尺。在数字经济时代,随着基于商务智能的知识发现为企业提供越来越多的创新空间和竞争优势,人们将会看到商务智能形态发生了更多的有效转变,商务智能也将对经济社会产生更多、更深远的影响。

本章学习重点
❖ 商务智能对社会发展的影响
❖ 商务智能的发展趋势

随着商务智能技术的不断成熟，其在各行各业的应用也得到了广泛的普及和迅速的渗透。这一发展趋势向人们展示了商务智能的巨大商业价值，也给经济和社会的方方面面带来了深刻的影响，推动着产业结构与竞争环境的持续变化和不断革新，给现代企业带来了种种新的机遇和挑战，也冲击着人们的生活习惯与思维方式。另外，现代经济环境的全球性和动态性特征不断给商务智能技术与应用创造着新的要求和新的发展空间。本章将从经济与社会的视角讨论商务智能所带来的影响，并对未来的主要发展方向进行介绍。

18.1 商务智能与管理决策

新兴科技与社会经济的深入融合，将人们带入了大数据时代。从数据库、信息系统、移动设备、社交网络和传感器等持续生成的各类海量数据，将社会经济生活的各维度以更细粒度的数据形式呈现，进而提升社会整体的"像素"水平；整个社会"像素"的增加则促进了数字"成像"的发展，使得社会经济活动情境可以通过数据被更为清晰地描绘[381]。在此背景下，管理决策与数据间的关系越发紧密，基于数据的商务智能和商务分析正在成为使能创新的核心竞争力。

海量、多样、高速率的大数据为企业提供了更多洞察客户需求、竞争对手战略、市场动态的无限可能性，因而也将推动企业塑造全新的管理运营方式，带动企业向基于数据的决策方式转变。大数据背景下，基于商务智能的管理决策中各参与方角色和信息流向更趋于多元和交互，决策范式在信息情境、决策主体、理念假设、方法流程等决策要素上发生了深刻的转变[382]。

在信息情境方面，决策所涵盖的信息范围从单一领域向跨域融合转变，管理决策过程中利用的信息从领域内拓展延伸至领域外，即"跨域转变"。领域外大数据与领域内传统信息的结合，使决策要素的测量更完善可靠，进而提升管理决策的准确性；同时，领域外大数据的引入，使得在经典模型中添加新的决策要素成为可能，对于不能完全用领域内信息刻画和解释的现实问题，大数据融合分析可以有效地突破领域边界，为管理决策提供大幅拓宽的视野。例如，面对信用记录的缺失可能导致更高的贷款利率、更低的信用额度，进而导致潜在客户放弃贷款或信用卡的不利局面。为此，除了传统常规的信贷记录，银行可以引入外部社交网络、电信、公用事业、电子商务领域等多渠道的客户信息，通过跨域信息的融合分析挖掘和评估潜在客户的信用信息，以此解决公民信用记录缺失带来的信用评估难题，有效提升信用记录缺失或很少的情况下客户信用评估的准确性，从而提升银行决策的速度和准确度，同时增加客户贷款或办理信用卡的可能性，带动业绩提升。

在决策主体方面，决策者与受众的角色在交互融合，特别是决策形式从人运用机器向人机协同转变；从人作为决策主导、以计算机技术为辅助，逐渐向人与智能机器人（或人工智能系统)并重转变,即"主体转变"。数据环境的繁荣和开放使得部分决策受众参与进决策过程中,成为决策主体的一部分。例如,在许多情境中,产品的消费者已经能够参与到产品的设计和生产过程中。另外,伴随着人工智能技术的迅速发展,智能系统越来越多地主动参与到决策过程之中。在某些领域,如自动驾驶,完全由智能系统和计算机算法直接做出决策正一步步成为现实。一个决策主体转变的现实例证出现在保险行业中。传统依靠人力和简单数据判别保险欺诈的途径受限于调查人员的经验性与主观性,精准度有极大的提升空间。保险公司将现代化的反欺诈系统纳入其保险欺诈识别的决策过程中,并作为主要的决策主体代替人工决策,反欺诈系统将保险行业的各种数据模型与来自内外部的信息(如索赔系统、黑名单、第三方、非结构化文本等)相结合,在单一环境中提供各种高级分析和嵌入式人工智能技术,有效提升了保险欺诈识别的精准度。

在理念假设方面,决策时的理念立足点从经典假设向宽假设,甚至无假设条件转变,支撑传统管理决策方法的诸多经典理论假设被放宽或取消,即"假设转变"。传统管理决策中,通常需要基于领域内的经典理论假设构造模型,进而提出并解决具体的现实问题。在大数据环境下,管理决策对于理论假设的依赖大幅降低。首先,大数据提供的新途径和新手段能够帮助人们识别经典假设与现实情况之间的差异,拟合更为真实复杂的数据分布情形。其次,通过更多、更丰富的数据获取渠道和手段,大数据可以放宽视角,突破那些为了简化问题而设置的原有假设的限制。假设转变的一个典型例子是运营管理决策。对于库存管理等典型运营管理决策问题,可以根据具体问题的情境特点建立不依赖于传统特定假设的新模型,并借助大数据及其分析方法来完成模型求解和影响机理探究,进而提升管理决策效果。

在方法流程方面,决策从线性、分阶段过程向非线性过程转变,线性模式转变为各管理决策环节和要素相互关联反馈的非线性模式,即"流程转变"。传统管理决策通常遵循线性的过程展开,按照目标制定、信息获取、提出方案、选择方案、评估方案等环节按步骤生成解决特定问题的决策结果。在大数据环境下,大数据及其融合分析方法使对全局刻画成为可能。由于现实情境常具有多维交互、全要素参与的特征,且涉及的问题往往复杂多样,使得多维整合并能针对不同决策环境进行情境映现和评估的非线性流程更为适用。另外,信息的实时捕捉和反馈提升了管理决策范式在新情境下的效力,出现了面向连续、实时、全局决策且允许信息反馈的非线性决策流程转变。典型的例子是在营销领域中,在大数据环境下,传统"营销漏斗"理论的"意识—考虑—购买—忠诚—宣传"模式向面向消费者的全生命周期、非线性的市场响应型营销管理决策新模式转变,增加了营销策略的灵活性和准确性,优化了决策效果。

上述决策要素的转变将引出诸多新的管理问题,拓展了创新机遇和发展空间,也给决策思路和求解策略带来了新的挑战。例如,在问题求解的方法论方面,可以采用"外部嵌入、技术增强、使能创新"的新型方法论[381]。简单说来,通过外部嵌入,将传统模型视角之外的重要变量(包括构念、因素等)引入自身领域内;同时,可以通过技术增强,利用合适的数据驱动方法和技术，处理外部嵌入的富媒体、潜隐性或传统上不可测不可获得的变量，以获得更深入和更具解释力的管理决策洞见和策略。进而，结合外部嵌入与技术增强，可以通过构建包括大数据战略、大数据基础设施、大数据分析方法与技术等在内的大数据能力，带动新洞察、新模式、新机会的发现，进而推动产品/服务的创新和商业模式的创新，最终实现企业的价值创造，完成大数据环境下的企业使能创新过程。

18.2 商务智能的发展趋势

作为一个相对新兴的领域，商务智能仍然处于日新月异的发展和变化之中。一方面，商务智能的研究和应用与社会活动与组织运作联动，面向实际问题和决策分析需求，不仅涉及传统行业和各类运作模式，也涉及新兴行业和组织形态；另一方面，商务智能的研究和应用与技术演进和数字化进程联动，面向学科交叉和方法创新，不仅关注传统和成熟技术领域，也关注新兴技术和前沿动向，包括新兴的学科和领域。商务智能的发展趋势涵盖许多方面的内容，本节将举例讨论商务智能的四个主要发展趋势，即移动商务智能、人工智能赋能、数据安全与隐私保护、数据治理。

18.2.1 移动商务智能

随着移动通信技术和应用的普及和多样化，移动商务成为电子商务发展的一个新的方向，具有广阔的应用前景。移动商务利用移动互联网技术，通过笔记本电脑、智能手机、平板电脑等移动终端进行商务活动。与传统的电子商务相比，移动商务将在很大程度上改变商务和运作的模式，从而也将给企业的组织结构带来深刻的变革。随着4G/5G网络的实施，移动商务市场开始进入高速成长期。

在此背景下，商务智能应用也开始向移动网络的方向发展，进一步迈向"随时随地的商务智能"。功能强大的移动终端设备，以及带宽不断提升的移动通信网络，使得以往只能通过固定设备访问的商务智能系统获得了在各种不同地点、不同环境下接入并访问的能力。支持互联网的移动设备的大规模普及加快了信息的流动和更新，带动了企业业务流程节奏增速，推动了企业更为灵活敏捷地决策以维持其竞争优势。移动商务智能的发展，为商务智能应用和企业运营决策带来了巨大的灵活性。

无线终端设备的连接方式大体上可以分为三类：一是移动电话网络，目前已经实际应用的包括第二代（2G）的 GSM 网络，第二代扩展（2.5G）的 GPRS、EDGE、CDMA1X 网络，第三代（3G）的 WCDMA、CDMA 2000、TD-SCDMA 网络，第四代（4G）的 LTE-FDD、LTE-TDD 等网络，以及第五代（5G）包括 FR1、FR2 的 NR 网络；二是无线计算机网络，包括用于短距离接入的 Wi-Fi（IEEE 802.11）技术及用于长距离互连的 WiMAX（IEEE 802.16）技术；三是近距离设备连接技术，包括红外线连接、蓝牙（Bluetooth）、近场通信（Near-Field Communication，NFC）等。这几类技术都处于迅猛的发展之中，为移动条件下的商务智能系统访问提供了可能性。

通过移动终端设备，用户可以随时随地地访问企业商务智能门户，获得各种实时数据和信息并进行快速的查询分析；可及时获得系统根据预设的模型及分析条件主动发出的预警信息，从而快速掌握企业经营状况的动态变化，并在第一时间内做出响应和决策。移动商务智能系统能够有效提高企业数据信息的可用性，加快企业对各类事件的响应速度，改善企业内部沟通协作并精简工作流程，最终提高企业运营的效率。例如，一台移动设备终端上可以汇集数据钻取、图表展示、趋势分析、绩效监控和指标预警等全方位的功能。目前最新的移动商务智能系统进一步集成了图像识别、文本分析、关键驱动因素分析、机器学习模型创建等多种功能，旨在利用大数据与人工智能帮助用户发掘和理解数据中的深层意义，提升用户业务决策能力。

18.2.2 人工智能赋能

人工智能应用并不局限于一种或几种形式，而是不同技术协同工作的组合，是一种普遍的经济、社会和组织现象[383]。自 20 世纪 50 年代起源以来，人工智能的发展几经浮沉，经历过高速发展的黄金年代，也经历过沉寂的寒冬时期。过去十余年间，人工智能应用的突破性进展进入了新篇章，在诸多商务领域产生了深刻影响，如网络搜索、广告营销、电子商务、金融服务、物流配送、媒体传播、人才管理和财务决策等。

从企业的角度，人工智能正在改变企业日常运营、管理业务流程、战略实施的方式。得益于大数据时代的来临，商务智能可以利用的数据比过去丰富得多，传统的商务智能工具已不足以满足企业商业分析的需要。人工智能赋能的商务智能可以帮助企业从海量数据中获得有价值的深度商业见解，使企业能够通过智能化决策更有针对性地改进产品服务、改善客户体验、优化运营决策、创新商业模式并最终实现高质量发展。

人工智能可以为商务智能带来许多优势，从效率和有效性两方面同时提升商务智能的表现[384]。在提升效率方面，人工智能可以大幅缩短从原始数据到有价值的商业见解和具体措施建议所需的时间，通过自动执行任务、执行质量控制和简化工具等来提高商务智能效率。人工智能可以自动快速识别数据类型并构建整个数据模型，减少分析人员处理数据的时间，提高数据分析师的效率和生产力。人工智能可以不断学习人为错误模式，并检查数千条记录以检测潜在的缺陷，最终实现通过自动化质量控制避免人为错误来提高质量和效率。人工智能还可以通过提供更自然的数据交互方式，使商务智能工具更易于用户使用，如提供简单语音输入或键入查询数据功能、根据用户过去的活动和偏好定制可视化和推荐报告等，最终通过简化工具实现商务智能效率的提升。在提升有效性方面,人工智能可以最大限度地提高用户从数据中获得的启示和结果的价值性,进而提升商务智能有效性。人工智能可以自动为用户揭示商业见解与管理启示,用户通过简单点击就可以查看图表或界面中的指标报告,有些商务智能工具甚至可以进一步推荐后续具体举措来实现整个分析过程的完整闭环。人工智能还可以帮助用户过滤大型数据集,转化非结构化数据,匹配数据之间的关系,最终提供高度凝练、可操作的业务指导作为参考。

尽管人工智能为商务智能带来了提升,但也面临着诸多不可忽视的挑战[384]。一个主要的技术挑战是当前主流的一类人工智能技术方法(如深度神经元网络等)具有典型的"黑箱(black-box)"特征,即在获得良好拟合性质与预测精度的同时,算法在内在层级和学习参数方面缺乏相关机理和语义方面的解释。这给人工智能赋能的商务智能应用带来局限,因为商务智能是面向管理决策的,而管理决策"既需要关联又需要因果",特别是在复杂且涉及重要决策成本的情形中。当前,可解释性人工智能成为人工智能领域重要的攻关方向,其创新性进展将为商务智能带来高阶技术升级和深度决策的应用。

18.2.3 数据安全与隐私保护

技术的进步和新应用、新设备(如微型传感器、智能移动设备、云系统、社交网络平台和物联网)的涌现,使得随时随地收集、存储和处理大量数据成为可能,这为不同领域的数据密集型新应用提供了迅猛发展的机会。商务智能能够利用这些海量数据预测商业趋势、发掘商业见解并提供优化的决策建议。海量数据带来了机遇,也同样带来了一些新的问题与挑战。除了传统存储空间不足的问题,更棘手的一个问题是,随着数据在全球范围内被更广泛地共享,确保数据安全和保护个人信息隐私变得越来越困难。数据的损坏和滥用不仅会影响个体或组织,还可能对整个社会产生负面影响,用户通过网络紧密连接的现实情况更是使得各类威胁数据安全和隐私的问题扩散概率成倍增加。因此,在商务智能系统收集、存储、处理、使用数据的过程中,数据安全和隐私保护正在成为一个不可忽视的重要话题。

数据安全和隐私问题并非一个全新的问题,致力于解决这个问题的研究可以追溯到 20 世纪 70 年代初[385]。早期的安全和隐私技术是为存储在企业数据库系统中的数据而设计的,如今企业需要补充和调整这些早期技术,适应大数据时代的新格局,为商务智能中涉及的数据提供全方位的安全保护。

从传统意义上说,数据安全保护有三个主要要求,即数据保密性(Confidentiality)、数据完整性(Integrity)和数据可用性(Availability),常用 CIA 三要素(CIA Triad)来表述[386]。数据保密性是指保护数据免遭未经授权的披露,限制企业未授权用户访问数据。数据完整性是指保护数据免遭未经授权和不当的数据修改,阻止未授权的用户修改数据。目前,对于数据完整性的要求已进一步推广到数据可信度(Trustworthiness),数据可信度不仅要求确保数据不被未经授权的主体修改，还要确保数据没有错误、时效性强且来自信誉良好的来源。数据可用性是指确保数据可供已获得授权用户使用，保证数据资源的访问不间断。

除了 CIA 三要素，近年来数据隐私（Privacy）逐渐成为一项新的关键性要求[387]。数据隐私的概念随着获取个人信息的手段的演变而不断发展，目前最常用的定义是个人、团体或机构决定何时、如何及在多大程度上将有关自身的信息传达给他人的主张。数据隐私的要求常常与数据保密性相似，如果数据没有受到保护、无法阻止未经授权的访问，就无法确保隐私，但相较于保密性，数据隐私需要进一步考虑相关法律法规的要求和个体的隐私偏好问题。例如，各国家（或地区）对于个人数据使用的控制力度不同；对于某些个体而言愿意分享的数据对于另外一些个体来说可能是不愿意分享的数据，个体偏好也可能随时间推移而变化等。因此，解决隐私问题不仅需要企业落实访问控制策略来管理对数据的访问，还需要结合相关法律法规，考虑个体对数据的隐私需求。

数据安全和隐私保护是商务智能有效和成功的核心之一。为保证商务智能过程中的数据安全和隐私保护，过去十几年有许多技术被开发出来，如数据加密技术、数据匿名化技术、高级访问控制模型等。一些典型的商务智能数据安全策略[388]包括：

（1）数据来源过滤。密切关注数据来源，以确保收集的数据不是恶意的，尽可能实现数据防篡改、受损数据的检测和过滤等。

（2）数据去识别化。去标识化技术主要有统计工具（Statistical Tools）、密码工具（Cryptographic Tools）、抑制技术（Suppression Techniques）、假名化技术（Pseudonymization Techniques）、泛化技术（Generalization Techniques）、随机技术（Randomization Techniques）、合成数据（Synthetic Data）等。使用去识别化技术后的隐私测量模型有 K 匿名模型（K-anonymity model）和差分隐私模型（Differential privacy model）等[389]。

（3）数据加密。数据加密的本质是通过某些算法将原始明文文件或数据转换为一串不可读的代码，通常称为密文。加密系统中的两种主要类型的密钥是对称密钥和公钥（也称为非对称密钥）。常见的加密技术如基于身份加密（Identity-Based Encryption，IBE）、基于属性加密（Attribute-Based Encryption，ABE）、同态加密（Homomorphic Encryption）、可搜索加密（Searchable Encryption）等。

（4）访问控制。保护商务智能系统最基本的安全技术是对数据进行访问控制，只有得到企业授权的人员才能访问开发环境。访问控制的类型主要有基于属性的访问控制（Attribute-Based Access Control）、基于角色的访问控制（Role-Based Access Control）、自主访问控制（Discretionary Access Control）、强制访问控制（Mandatory Access Control）等。

一般而言，商务智能应用中的数据安全和隐私保护包括三个主要的方向：一是从社会规范、法律法规的角度加以保护；二是从技术实现方式上通过数据管理手段和相关算法设计等方面来提升；三是从行业自律和商业伦理的角度去尊重客户隐私，避免信息非法泄露。目前数据安全和隐私保护已不单是个体用户和企业等需要关心的问题，也越来越与国家社会的安全息息相关。一些国家和地区政府陆续出台了一些相应法律法规文件，如欧盟的《通用数据保护条例》（General Data Protection Regulation，GDPR），以及中国 2021 年出台的《中华人民共和国数据安全法》《中华人民共和国个人信息保护法》等，从法律法规层面对数据使用进行规范，以维护个人、企业乃至地区、国家、社会层面的数据安全和隐私。

18.2.4 数据治理

数据被视为有价值的企业资产。随着企业业务的增长，企业内生成越来越多高价值、多结构的数据集，如何合理有效地治理这些数据成为亟待解决的重要问题，也对传统的数据管理手段和方法提出了新的挑战。在此背景下，数据治理迅速成为信息系统和商务智能领域的新兴话题，它被认为是企业维持数据质量、改善数据使用效果的一种有效方法。在数字经济蓬勃发展的今天，数据治理在营造良好数字经济环境方面发挥着越来越重要的作用，也引起社会各界日益广泛的关注。

数据治理包括管理、控制和保护企业数据资产所需的人员、流程和技术，以保证企业数据的正确性、完整性和安全性。根据国际数据管理协会（Data Management Association International）的定义[390]，数据治理是对数据资产管理行使权力和控制活动的集合。根据国际数据治理研究所（The Data Governance Institute）的定义[391]，数据治理是一个通过一系列信息相关过程来实现决策权和职责分工的系统，这些过程按照商议达成共识的模型来执行，该模型描述了信息合规使用时的信息使用者的身份（Who）、具体使用方法（What Methods）、具体信息范围（What Information）、具体时间点（When）和具体情形（What Circumstances）。

数据治理的核心是建立方法、明确责任和规划流程以标准化地集成、保护和存储企业数据。一种常见的数据治理框架是考虑五个数据治理相关的决策域，分别是数据准则（Data Principles）、数据质量（Data Quality）、元数据（Metadata）、数据访问（Data Access）和数据生命周期（Data Life Cycle）[392]。数据准则在整体数据框架的顶部，阐明数据作为资产的作用，旨在为所有其他决策域建立总体的方向，确定哪些具体的政策、标准和准则是合适的，为数据资产的使用明确边界要求。数据质量确定数据预期用途的相关要求，提供有关各个方面数据质量的基础标准，定义持续传递数据的机制，并描述评估数据质量的程序。元数据被定义为有关数据的数据，描述数据的内容，并提供一种简洁一致的表示数据的机制，从而帮助解释数据的含义或"语义"。数据访问定义不可接受的数据使用行为，规定数据隐私性、可用性、可审查性的具体要求，并提供物理和逻辑层面的具体实施标准。最后，数据生命周期决策定义了数据资产的生产、保留和报废标准，这对于将数据准则具体落实到 IT 基础架构中有着重要意义。

对于商务智能来说，良好的数据治理能够带来许多优势。例如，数据治理使得整个企业中数据和流程更为一致、统一，为更好、更全面的商务智能分析创造了有利的先决条件；数据治理对企业的流程更改和数据使用规定明确的规则，在技术、业务和组织层面上均提高了商务智能的可用性和可扩展性；数据治理可以提升管理者对数据和商务智能产出结果的信心，通过监控和审查隐私政策来保护内、外部数据和商务智能系统产出结果的安全性，通过减少冗长的协调流程提高商务智能系统运行的效率等。

数据治理也可以解决一些阻碍商务智能潜力发挥的问题，如不一致的数据定义、多个数据"真实版本"、数据安全和隐私问题及整个企业范围的有限采用率等。这些问题都可以通过更好的数据治理来解决。正是在这种背景下，各类企业的商务智能团队应当致力于开发数据治理手段，向用户普及核心数据治理的重要性。通过健全的数据治理，用户能够更加信任商务智能产出的分析和见解，进而促成更多的业务成功案例，提高商务智能采用率，优化商务智能核心策略，形成良好的商务智能循环使用体系。归根结底，数据治理能够成为商务智能成功的一种驱动力，健全的数据治理是将商务智能从一种可能成功的尝试转变为可持续成功实践的有力促进因素。

最后，值得一提的是，从狭义的角度来说，数据治理主要关注数据作为资产的自身属性，诸如数据的概念、质量、语义、访问和生命周期等。此外，数据治理涉及数据的使用及相关活动，所以数据治理与数据使用的方法、技术及其价值创造环节有关。也就是说，从更广泛的意义上讲，数据治理也涵盖算法治理的内容，如对于"大数据杀熟""平台垄断"等的管理和规制。

小　结

本章讨论了商务智能所带来的影响，并对未来的主要发展方向进行了介绍。

大数据背景下，基于商务智能的管理决策中各参与方的角色和信息流向更趋于多元和交互，决策范式在信息情境、决策主体、理念假设和方法流程等决策要素上发生了深刻的转变。大数据的赋能使得商务智能能够进一步帮助企业与管理者利用海量信息做出更明智的决策，实现大数据驱动的全新价值创造。

决策要素的转变引出诸多新的管理问题，一方面拓展了创新机遇和发展空间；另一方面也给决策思路和求解策略带来了新的挑战。例如，在问题求解的方法论方面，可以采用"外部嵌入、技术增强、使能创新"的新型方法论。

现代经济环境的全球性与动态性特征也不断给商务智能技术和应用创造着新的要求和新的发展空间。目前，商务智能仍然处于日新月异的发展和变化之中，其中移动商务智能、人工智能赋能、数据安全与隐私保护、数据治理已成为四个重要的发展方向。

思考与练习

18.1 试分别举出一个跨域转变、主体转变、假设转变、流程转变的例子。

18.2 以"人肉搜索"为例，试讨论如果采用商务智能方法深度挖掘客户的消费偏好等个人特征，可能涉及哪些方面的隐私保护问题。

18.3 简述商务智能在实时和移动决策分析中的作用。

18.4 试举例说明人工智能在商务智能中的应用。

参考文献

第 1 章

[1] 陈国青，郭迅华. 信息系统管理[M]. 北京：中国人民大学出版社，2005.

[2] 薛华成. 信息资源管理[M]. 北京：高等教育出版社，2002.

[3] 陈国青，雷凯. 信息系统的组织、管理与建模[M]. 北京：清华大学出版社，2002.

[4] Ayres I. Super Crunchers: Why Thinking-By-Numbers is the New Way to Be Smart[M]. York: Bantam House, 2008.

[5] Power D J. A brief history of decision support systems[J]. DSSResources.com, 2007, 3., http://DSSResources.COM/history/dsshistory.html, 2002-11-12.

[6] IBM. What is business intelligence [EB/OL]. [2022-9-19]. https://www.ibm.com/cn-zh/analytics/business-intelligence.

[7] Stackowiak R, Rayman J, Greenwald R. Oracle data warehousing & business intelligence SO[M]. John Wiley & Sons, 2007.

[8] Ariyachandra T, Watson H. Benchmarks for BI and data warehousing success[J]. DM Review Magazine, January, available at: www. dmreview. com/article_sub. cfm, 2006.

[9] Moss L T, Atre S. Business intelligence roadmap: the complete project lifecycle for decision-support applications[M]. Addison-Wesley Professional, 2003.

[10] Larson B. Delivering business intelligence with microsoft SQL server 2005[M]. McGraw-Hill, Inc., 2006.

[11] Javaid N, Sher A, Nasir H, et al. Intelligence in IoT-Based 5G Networks: Opportunities and Challenges[J]. IEEE Commun. Mag. 2018, 56(10): 94-100.

[12] Lee I, Lee K. The Internet of Things (IoT): Applications, investments, and challenges for enterprises[J]. Bus. Horiz. 2015, 59(4): 431-440.

[13] Al-Aqrabi H, Liu L, Hill R, et al. Cloud BI: Future of business intelligence in the Cloud[J]. J. Comput. Syst. Sci. 2015, 81(1): 85-96.

[14] LYNCH C. Big Data: How Do Your Data Grow?[J]. Nature, 2008, 455(7209): 28-29.

[15] David Reinsel J F G, John Rydning. Worldwide Global DataSphere Forecast, 2021–2025: The World Keeps Creating More Data—Now, What Do We Do with It All?. 2021.

[16] BUGHIN J, CHUI M, MANYIKA J. Clouds, Big Data, and Smart Assets: Ten Tech-enabled Business Trends to Watch[J]. McKinsey Quarterly, 2010: 1-14.

[17] HILBERT M, LOPEZ P. The World's Technological Capacity to Store, Communicate, and Compute Information[J]. Science, 2011, 332(6025): 60-65.

[18] LAVALLE S, LESSER E, SHOCKLEY R, et al. Big Data, Analytics and the Path From Insights to Value[J]. MIT Sloan Management Review, 2011, 52(2).

[19] MANYIKA J, CHUI M, BROWN B, et al. Big Data: The Next Frontier for Innovation, Competition, and Productivity[M]. INSTITUTE M G. McKinsey & Company, 2011.

[20] DAVENPORT T H, BARTH P, BEAN R. How "Big Data" Is Different[J]. MIT Sloan Management Review, 2012, 53(5).

[21] 陈国青，任明，卫强，等. 数智赋能：信息系统研究的新跃迁[J]. 管理世界，2022.

[22] 孟祥茹.第三方物流企业中的商务智能技术应用[J]. 商业时代，2005(32).

[23] Brynjolfsson E, Hitt L M. Beyond Computation: Information Technology, Organizational Transformation and Business Performance[J]. Journal of Economic Perspectives, 2000, 14(4): 23.

[24] Mott J D, Granata G. The Value of Teaching and Learning Technology: Beyond ROI[J]. EDUCAUSE Quarterly, 2006, 29(2).

[25] Shinde P P, Shah S. A Review of Machine Learning and Deep Learning Applications[G]. Proc. - 2018 4th Int. Conf. Comput. Commun. Control Autom. ICCUBEA 2018.

[26] Bishop C M, Nasrabadi N M. Pattern recognition and machine learning[M]. New York: springer, 2006.

[27] Buneman P. Semistructured data[R]. Proc. ACM SIGACT-SIGMOD-SIGART Symp. Princ. Database Syst. - Pod. 1997: 117-121.

第 2 章

[28] 王苗，顾洁. 三位一体的商务智能（BI）：管理，技术与应用[M]. 北京：电子工业出版社，2004.

[29] Gartner. Analytics and Business Intelligence Platforms Reviews and Ratings [EB/OL]. [2022-09-19]. https://www.gartner.com/reviews/market/analytics-business-intelligence-platforms.

[30] B Agard, A Kusiak. Computer Integrated Manufacturing: A Data Mining Approach, in the Engineering Handbook, Second Edition[M/OL]. RC Dorf (ed.), CRC-Taylor and Francis, Boca Raton, FL. 2005: 192.1-192.11.

[31] Fatorachian H, Kazemi H. A critical investigation of Industry 4.0 in manufacturing: theoretical operationalisation framework[J]. Production Planning & Control, 2018, 29(8): 633-644.

[32] Kusiak A. Smart manufacturing[J]. International Journal of Production Research, 2018, 56(1-2): 508-517.

[33] Majeed A, Zhang Y, Ren S, et al. A big data-driven framework for sustainable and smart additive manufacturing[J]. Robotics and Computer-Integrated Manufacturing, 2021, 67: 102026.

[34] Jeon J, Sohn S Y. Product failure pattern analysis from warranty data using association rule and Weibull regression analysis: A case study[J]. Reliability Engineering & System Safety, 2015, 133: 176-183.

[35] Gertosio C, Dussauchoy A. Knowledge discovery from industrial databases[J]. Journal of Intelligent Manufacturing, 2004, 15(1): 29-37.

[36] Jayanthi S, Roth A V, Kristal M M, et al. Strategic resource dynamics of manufacturing firms[J]. Management Science, 2009, 55(6): 1060-1076.

[37] Asadpour A, Wang X, Zhang J. Online resource allocation with limited flexibility[J]. Management Science, 2020, 66(2): 642-666.

[38] Yang L, Su G, Yuan H. Design principles of integrated information platform for emergency responses: the case of 2008 Beijing Olympic Games[J]. Information Systems Research, 2012, 23(3-part-1): 761-786.

[39] Lee E K, Maheshwary S, Mason J, et al. Large-scale dispensing for emergency response to bioterrorism and infectious-disease outbreak[J]. Interfaces, 2006, 36(6): 591-607.

[40] Gao S Y, Simchi-Levi D, Teo C P, et al. Disruption risk mitigation in supply chains: the risk exposure index revisited[J]. Operations Research, 2019, 67(3): 831-852.

[41] Carneiro E M, Dias L A V, Da Cunha A M, et al. Cluster analysis and artificial neural networks: A case study in credit card fraud detection[C]//2015 12th International Conference on Information Technology-New Generations. IEEE, 2015: 122-126.

[42] Han J, Pei J, Tong H. Data mining: concepts and techniques[M]. Morgan kaufmann, 2022.

[43] Klsgen W, Zytkow J M. Handbook of Data Mining and Knowledge Discovery[M]. Springer US, 2002.

[44] Berka P. PKDD Discovery challenge on financial Data[C]//Proceedings of the First International Workshop on Data Mining Lessons Learned(DMLL-2002), 2002: 8-12.

[45] Hendershott T, Zhang X, Zhao J L, et al. FinTech as a game changer: Overview of research frontiers[J]. Information Systems Research, 2021, 32(1): 1-17.

[46] Alyakoob M, Rahman M S, Wei Z. Where you live matters: Local bank competition, online marketplace lending, and disparity in borrower benefits[J]. Information Systems Research, 2021, 32(4): 1390-1411.

[47] Chod J, Lyandres E. A theory of icos: Diversification, agency, and information asymmetry[J]. Management Science, 2021, 67(10): 5969-5989.

[48] Fu R, Huang Y, Singh P V. Crowds, lending, machine, and bias[J]. Information Systems Research, 2021, 32(1): 72-92.

[49] Zhao F, Li J, Zhang L, et al. Multi-view face recognition using deep neural networks[J]. Future Generation Computer Systems, 2020, 111: 375-380.

[50] 郭烁，李俊葶. 中国深度场景金融风险监管探究——以享车事件为例[J]. 财会通讯，2021.

[51] Li Q, Chen Y, Wang J, et al. Web media and stock markets: A survey and future directions from a big data perspective[J]. IEEE Transactions on Knowledge and Data Engineering, 2017, 30(2): 381-399.

[52] Li Q, Tan J, Wang J, et al. A multimodal event-driven lstm model for stock prediction using online news[J]. IEEE Transactions on Knowledge and Data Engineering, 2020, 33(10): 3323-3337.

[53] 王长宇. 个股层面的互联网搜索数据与股票价格相关性研究[D]. 北京：清华大学，2014.

[54] Zhang L, Chen G, Brijs T, et al. Discovering during-temporal patterns (DTPs) in large

temporal databases[J]. Expert Systems with Applications, 2008, 34(2): 1178-1189.

[55] Zhang X, Fuehres H, Gloor P A. Predicting stock market indicators through twitter "I hope it is not as bad as I fear"[J]. Procedia-Social and Behavioral Sciences, 2011, 26: 55-62.

[56] Sprenger T O, Tumasjan A, Sandner P G, et al. Tweets and trades: The information content of stock microblogs[J]. European Financial Management, 2014, 20(5): 926-957.

[57] Shi L, Teng Z, Wang L, et al. DeepClue: visual interpretation of text-based deep stock prediction[J]. IEEE Transactions on Knowledge and Data Engineering, 2018, 31(6): 1094-1108.

[58] Cortes C, Pregibon D. Signature-based methods for data streams[J]. Data Mining and Knowledge Discovery, 2001, 5(3): 167-182.

[59] Mitra S, Saraf P, Bhattacharya A. Tips: mining top-k locations to minimize user-inconvenience for trajectory-aware services[J]. IEEE Transactions on Knowledge and Data Engineering, 2019, 33(3): 1238-1250.

[60] Andersen L M, Harden S R, Sugg M M, et al. Analyzing the spatial determinants of local Covid-19 transmission in the United States[J]. Science of the Total Environment, 2021, 754: 142396.

[61] Wei K K, Teo H H, Chan H C, et al. Conceptualizing and testing a social cognitive model of the digital divide[J]. Information Systems Research, 2011, 22(1): 170-187.

[62] Huang Q, Chen Y, Liu L, et al. On combining biclustering mining and AdaBoost for breast tumor classification[J]. IEEE Transactions on Knowledge and Data Engineering, 2019, 32(4): 728-738.

[63] Feyyad U M. Data mining and knowledge discovery: Making sense out of data[J]. IEEE expert, 1996, 11(5): 20-25.

[64] Kleinsmith L J, Kish V M. Principles of cell and molecular biology[M]. New York: HarperCollins, 1995.

[65] Singh G B. Learning Information Patterns in Biological Databases[M]//Data Mining and Knowledge Discovery Handbook. Springer, Boston, MA, 2005: 1139-1158.

[66] Cheng L, Shi Y, Zhang K, et al. GGATB-LSTM: Grouping and Global Attention-based Time-aware Bidirectional LSTM Medical Treatment Behavior Prediction[J]. ACM Transactions on Knowledge Discovery from Data (TKDD), 2021, 15(3): 1-16.

[67] Chen L, Li X, Sheng Q Z, et al. Mining health examination records—a graph-based approach[J]. IEEE Transactions on Knowledge and Data Engineering, 2016, 28(9): 2423-2437.

[68] Gao S, Tan A H, Setchi R. Learning ADL daily routines with spatiotemporal neural networks[J]. IEEE Transactions on Knowledge and Data Engineering, 2019, 33(1): 143-153.

[69] Mano R. Online health information, situational effects and health changes among e-patients in Israel: A 'push/pull' perspective[J]. Health Expectations, 2015, 18(6): 2489-2500.

[70] Abd-Elaziz M M, El-Bakry H M, Elfetouh A A, et al. Enhanced data mining technique to

measure satisfaction degree of social media users of Xeljanz drug[J]. ACM Transactions on Knowledge Discovery from Data (TKDD), 2020, 14(3): 1-13.

[71] Lu W, Wu H. How Online Reviews and Services Affect Physician Outpatient Visits: Content Analysis of Evidence From Two Online Health Care Communities. Jmir Medical Informatics[G]. 2019, 7(4): 373-394.

[72] Sidana S, Mishra S, Amer-Yahia S, et al. Health monitoring on social media over time[C]//Proceedings of the 39th International ACM SIGIR conference on Research and Development in Information Retrieval. 2016: 849-852.

[73] Chen X, Fang Y, Yang M, et al. Purtreeclust: A clustering algorithm for customer segmentation from massive customer transaction data[J]. IEEE Transactions on Knowledge and Data Engineering, 2017, 30(3): 559-572.

[74] Kim J W, Han S Y, Kim D S. Association rules application to identify customer purchase intention in a real-time marketing communication tool[C]//2012 Fourth International Conference on Ubiquitous and Future Networks (ICUFN). IEEE, 2012: 88-90.

[75] Guidotti R, Rossetti G, Pappalardo L, et al. Personalized market basket prediction with temporal annotated recurring sequences[J]. IEEE Transactions on Knowledge and Data Engineering, 2018, 31(11): 2151-2163.

[76] 戴艳红. 基于数据挖掘技术的交叉销售分析[J]. 中国管理信息化：综合版, 2007, 10(6): 2.

[77] Liebman E, Saar-Tsechansky M, Stone P. The right music at the right time: Adaptive personalized playlists based on sequence modeling[J]. MIS Quarterly, 2019, 43(3).

[78] Linoff G S, Berry M J A. Data mining techniques: for marketing, sales, and customer relationship management[M]. John Wiley & Sons, 2011.

[79] 裴学亮, 邓辉梅. 基于淘宝直播的电子商务平台直播电商价值共创行为过程研究[J]. 管理学报, 2020, 17(11): 11.

[80] Schmittlein D C, Cooper L G, Morrison D G. Truth in Concentration in the Land of (80/20) Laws[J]. Marketing Science, 1993, 12(2): 167-183.

[81] Wang C D, Lai J H, Philip S Y. NEIWalk: Community discovery in dynamic content-based networks[J]. IEEE transactions on knowledge and data engineering, 2013, 26(7): 1734-1748.

[82] Zaglia M E. Brand communities embedded in social networks[J]. Journal of business research, 2013, 66(2): 216-223.

[83] Laroche M, Habibi M R, Richard M O. To be or not to be in social media: How brand loyalty is affected by social media?[J]. International journal of information management, 2013, 33(1): 76-82.

[84] Lancichinetti A, Fortunato S. Consensus clustering in complex networks[J]. Scientific reports, 2012, 2(1): 1-7.

[85] Ren R, Shao J, Yuhua C, et al. Detecting Hierarchical and Overlapping Network Communities Based on Opinion Dynamics[J]. IEEE Transactions on Knowledge and Data Engineering, 2020.

[86] Senecal S, Nantel J. The influence of online product recommendations on consumers' online choices[J]. Journal of retailing, 2004, 80(2): 159-169.

[87] NGAI E W, GUNASEKARAN A. A Review for Mobile Commerce Research and Applications[J]. Decision Support Systems, 2007, 43(1): 3-15.

[88] MA H, CAO H, YANG Q, et al. A habit mining approach for discovering similar mobile users[C]//Proceedings of the 21st international conference on World Wide Web. ACM, 2012: 231-240.

[89] SCHILLER, JOCHEN et al. Location-based services[M]. Elsevier, 2004.

[90] JUNGLAS I A, WATSON R T. Location-based services[J]. Communications of the ACM, 2008, 51(3): 65-69.

[91] Varshney U, Vetter R. Mobile commerce: framework, applications and networking support[J]. Mobile networks and Applications, 2002, 7(3): 185-198.

[92] Li H, Lu H, Shou L, et al. Finding most popular indoor semantic locations using uncertain mobility data[J]. IEEE Transactions on Knowledge and Data Engineering, 2018, 31(11): 2108-2123.

[93] Zhang J, Chen G, Tang X. Extracting Representative Information to Enhance Flexible Data Queries[J]. Neural Networks and Learning Systems, IEEE Transactions on, 2012, 23(6): 928-941.

[94] Subramani M R, Rajagopalan B. Knowledge-sharing and influence in online social networks via viral marketing[J]. Communications of the ACM, 2003, 46(12): 300-307.

[95] Bruce N I, Foutz N Z, Kolsarici C. Dynamic effectiveness of advertising and word of mouth in sequential distribution of new products[J]. Journal of Marketing Research, 2012, 49(4): 469-486.

[96] Chen X, Nguyen T V, Shen Z, et al. Livesense: Contextual advertising in live streaming videos[C]//Proceedings of the 27th ACM international conference on multimedia, 2019: 392-400.

[97] Zhang H, Cao X, Ho J K L, et al. Object-level video advertising: an optimization framework[J]. IEEE Transactions on industrial informatics, 2016, 13(2): 520-531.

[98] Zhang H, Sun Y, Liu L, et al. Clothing Out: a category-supervised GAN model for clothing segmentation and retrieval[J]. Neural computing and applications, 2020, 32(9): 4519-4530.

[99] Pashkevich M, Dorai-Raj S, Kellar M, et al. Empowering online advertisements by empowering viewers with the right to choose: The relative effectiveness of skippable video advertisements on YouTube[J]. Journal of advertising research, 2012, 52(4): 451-457.

第 3 章

[100] Laudon K C, Laudon J P. Management Information Systems: New Approaches to Organization and Technology (5th ed)[M]. Beijing: Tsinghua University Press, 1998.

[101] 陈国青，李一军. 管理信息系统. 北京：高等教育出版社，2006.

[102] 陈国青，郭迅华，马宝君. 管理信息系统：原理、方法与应用[M]. 3 版. 北京：高等教

育出版社，2019.

[103] Brachman R J, Anand T. The process of knowledge discovery in databases[M]. American Association for Artificial Intelligence, 1996: 37-58.

[104] Ullman J D, Widom J. A First Course in Database Systems[M]. Upper Saddle River, N.J.: Prentice Hall International, 1997.

[105] Martin J. Strategic Data Planning Methodologies[R]. Lancashire, England: Savant Research Studies for Savant Institute, 1980.

[106] Inmon W H. Building the data warehouse[M]. New York. John Wiley & Sons, Inc, 1996.

[107] O'brien J A, Marakas G M. Management information systems[M]. McGraw-Hill Irwin, 2006.

[108] Kunnathuvalappil Hariharan N. Data Sources for Business Intelligence[J]. International Journal of Innovations in Engineering Research and Technology, 2018, 5(11): 75-80.

[109] Breur T. Data analysis across various media: Data fusion, direct marketing, clickstream data and social media[J]. Journal of Direct, Data and Digital Marketing Practice, 2011, 13(2): 95-105.

[110] ASADI N, LIN J. Fast Candidate Generation for Real-time Tweet Search with Bloom Filter Chains[J]. ACM Transactions on Information Systems (TOIS), 2013, 31(3): 13:1-13:36.

[111] CHELMIS C, PRASANNA V K. Social Link Prediction in Online Social Tagging Systems[J]. ACM Transactions on Information Systems (TOIS). 2013, 31(4): 20:1-20:27.

[112] GERANI S, Carman M J, Crestani F. Proximity-based Opinion Retrieval[C]. SIGIR '10, 2010, 403-410.

[113] 复旦大学数字与移动治理实验室. 中国地方政府数据开放报告（2020 下半年）[R/OL]. (2021-01-20).

[114] LABRINIDIS A, Jagadish H V. Challenges and Opportunities with Big Data[C]. Proc VLDB Endow, 2012, 5(12): 2032-2033.

第 4 章

[115] Friedman J H. Data Mining and Statistics: What's the connection?[J]. Computing science and statistics, 1998, 29(1): 3-9.

[116] 彭木根. 数据仓库技术与实现[M]. 北京：电子工业出版社，2002.

[117] 上海证券交易所. 交易技术前沿[EB/OL]. [2022-9-19]. http://www.sse.com.cn/services/tradingservice/tradingtech/sh/transaction/c/ITRDC_TechMag_039_202006.pdf.

[118] 李玲. "互联网+公路工程质量试验检测"关键技术研究[J]. 甘肃科技，2020, 36(4): 2.

[119] 与非网. 结缘数据仓库-中国邮政信息化之路[EB/OL]. [2022-09-19]. https://www.eefocus.com/communication/192557.

[120] Adelman S, Moss L. Data Warehouse Goals and Objectives, Part 2: Short-Term Objectives[J]. Information Management Magazine, 1999(10).

[121] Firestone J M. Data Warehouses and Data Marts: A Dynamic View[J]. White Paper prepared for Executive Information systems, Inc. Wilmington, DE, 1997.

[122] 朱德利. SQL Server 2005 数据挖掘与商业智能完全解决方案[M]. 北京：电子工业出版

社，2007.

[123] 林杰斌，刘明德，陈湘. 数据挖掘与 OLAP：理论与实务[M]. 北京：清华大学出版社，2003.

[124] 吴应良. 管理信息系统的安全问题与对策研究[J]. 计算机应用研究, 1999, 16(11): 22-25.

[125] 周晓光，朱蓉，聂规划. 数据仓库的安全与对策研究[J]. 武汉理工大学学报：信息与管理工程版, 2002, 24(3): 4.

[126] 中国政府法制信息网. 中华人民共和国计算机信息系统安全保护条例[A/OL]. [2022-09-19]. http://www.gov.cn/zhengce/2020-12/25/content_5575080.htm.

[127] 中国政府法制信息网. 中华人民共和国计算机信息网络国际联网管理暂行规定[A/OL]. [2022-09-19]. http://www.gov.cn/zhengce/2020-12/26/content_5574802.htm.

[128] 中国政府法制信息网. 计算机信息网络国际联网安全保护管理办法[A/OL]. [2022-09-19]. http://www.gov.cn/gongbao/content/2011/content_1860856.htm.

[129] 国务院新闻办公室. 互联网出版管理暂行规定[A/OL]. [2022-09-19]. http://www.scio.gov.cn/zhzc/8/5/Document/1014219/1014219_1.htm.

[130] 国务院公告. 中华人民共和国公安部令[A/OL]. [2022-09-19]. http://www.gov.cn/gongbao/content/2006/content_421771.htm.

[131] 国务院公告. 中华人民共和国信息产业部令[A/OL]. [2022-09-19]. http://www.gov.cn/gongbao/content/2005/content_64290.htm.

[132] 工业和信息化部网站. 中华人民共和国工业和信息化部令[A/OL]. [2022-09-19]. http://www.gov.cn/flfg/2009-03/10/content_1255352.htm.

[133] 中华人民共和国公安部网站. 计算机信息系统安全专用产品检测和销售许可证管理办法（公安部令第 32 号）[A/OL]. [2022-09-19]. https://www.gd.gov.cn/zwgk/wjk/zcfgk/content/post_2523412.html.

[134] Ghemawat S, Gobioff H, Leung S T. The Google file system[C]//Proceedings of the nineteenth ACM symposium on Operating systems principles, 2003: 29-43.

[135] Dean J, Ghemawat S. MapReduce: simplified data processing on large clusters[J]. Communications of the ACM, 2008, 51(1): 107-113.

[136] Gartner. Advanced Cloud Computing Technology[EB/OL]. [2022-09-19]. https://www.gartner.com/en/information-technology/insights/cloud-strategy.

[137] Wu J, Ping L, Ge X, et al. Cloud storage as the infrastructure of cloud computing[C]//2010 International conference on intelligent computing and cognitive informatics. IEEE, 2010: 380-383.

[138] Initiative C S. Implementing, Serving, and Using Cloud Storage[EB]. 2010. https://www.snia.org/forums/csi.

[139] Zeng W, Zhao Y, Ou K, et al. Research on cloud storage architecture and key technologies[C]//Proceedings of the 2nd International Conference on Interaction Sciences: Information Technology, Culture and Human, 2009: 1044-1048.

[140] IBM. What is Cloud Computing [EB/OL]. [2022-09-19]. https://www.ibm.com/cloud/learn/cloud-computing.

[141] 姚琼, 白鹤, 李爽, 等. 云数据中心及云平台技术应用研究[J]. 广播与电视技术, 2015, 42(12): 14.

[142] Infor. Democratized analytics infused with artificial intelligence[EB/OL]. [2022-09-19]. https://www.infor.com/solutions/advanced-analytics/business-intelligence/birst.

[143] 用友. 创新中的用友云服务 [EB/OL]. [2022-09-19]. http://www.yonyou.com/product/UAP_BQ.aspx.

[144] Kern T, Lacity M C, Willcocks L. Netsourcing: renting business applications and services over a network[M]. FT Press, 2002.

第 5 章

[145] Dhar V, Stein R. Seven methods for transforming corporate data into business intelligence[M]. Prentice-Hall, Inc., 1997.

[146] Negash S, Gray P. Business intelligence[M]//Handbook on decision support systems 2. Springer, Berlin, Heidelberg, 2008: 175-193.

[147] 沃伦·麦克法兰, 理查德·诺兰, 陈国青. IT 战略与竞争优势: 信息时代的中国企业管理挑战与案例[M]. 北京: 高等教育出版社, 2003.

[148] 望俊成, 王庄, 陈远. 商务智能环境下的人才管理[J]. 科技创业月刊, 2005, 18(9): 2.

[149] Thierauf R J. Effective business intelligence systems[M]. Greenwood Publishing Group, 2001.

第 6 章

[150] Pyle D. Data preparation for data mining[M]. Morgan Kaufmann, 1999.

[151] Romano D. Data mining leading edge: Insurance & banking[J]. Proceedings of Knowledge Discovery and Data Mining, Unicom, Brunel University, 1997.

[152] Famili A, Shen W M, Weber R, et al. Data preprocessing and intelligent data analysis[J]. Intelligent data analysis, 1997, 1(1): 3-23.

[153] Motro A, Smets P. Uncertainty management in information systems: from needs to solutions[M]. Springer Science & Business Media, 1997.

[154] Hernández M A, Stolfo S J. Real-world data is dirty: Data cleansing and the merge/purge problem[J]. Data mining and knowledge discovery, 1998, 2(1): 9-37.

[155] Dixon M, Kohoutkova J, Cook S C, et al. Managing Heterogeneity in Medical Information Systems[J]. in Proceedings of the 10th ERCIM database research Group Workshop on Heterogeneous Information Management, Prague 1996, ERCIM-96- W003: 7.

[156] Chapman A D, Bennett S, Bossard K, et al. Environment Protection and Biodiversity Conservation Act, 1999–Information System[C]//Proceedings of the 17th Annual Meeting of the Taxonomic Databases Working Group, Sydney, Australia 9-11 November 2001.

[157] Beaman R S. Automated georeferencing web services for natural history collections in Symposium: Trends and Developments in Biodiversity Informatics[C]. Indaiatuba, Brazil: 2002.

[158] Weiss S M, Indurkhya N. Predictive data mining: a practical guide[M]. Morgan Kaufmann, 1998.

[159] Klosgen W, Zytkow J M. Handbook of DATA Mining and Knowledge Discovery[M]. Oxford University Press, 2002.

[160] Maletic J I, Marcus A. Data Cleansing: Beyond Integrity Analysis[C]//Iq. 2000: 200-209.

[161] Rocke D M, Woodruff D L. Identification of outliers in multivariate data[J]. Journal of the American Statistical Association, 1996, 91(435): 1047-1061.

[162] Jarke M, Lenzerini M, Vassiliou Y, et al. Fundamentals of data warehouses[M]. Springer Science & Business Media, 2002.

[163] Carter C L, Hamilton H J. Efficient attribute-oriented generalization for knowledge discovery from large databases[J]. IEEE Transactions on knowledge and data engineering, 1998, 10(2): 193-208.

[164] Chaudhuri S, Dayal U. An overview of data warehousing and OLAP technology[J]. ACM Sigmod record, 1997, 26(1): 65-74.

[165] Cai Y. Attribute-oriented induction in relational databases[D]. Theses (School of Computing Science)/Simon Fraser University, 1989.

[166] Gray J, Chaudhuri S, Bosworth A, et al. Data cube: A relational aggregation operator generalizing group-by, cross-tab, and sub-totals[J]. Data mining and knowledge discovery, 1997, 1(1): 29-53.

[167] Han J, Cai Y, Cercone N. Data-driven discovery of quantitative rules in relational databases[J]. IEEE transactions on Knowledge and Data Engineering, 1993, 5(1): 29-40.

[168] Han J, Fu Y. 16 Exploration of the Power of Attribute-Oriented Induction in Data Mining[J]. Advances in Know Ledge Discover and Data Mining. Cambridge: AAAI/'&I1T Press, 1g96, 1996: 399-421.

[169] Han J, Nishio S, Kawano H, et al. Generalization-based data mining in object-oriented databases using an object cube model[J]. Data & Knowledge Engineering, 1998, 25(1-2): 55-97.

[170] Cleveland W S. Visualizing data[M]. Hobart press, 1993.

[171] Devore J L. Probability and Statistics for Engineering and the Science[M]. 4th ed. Duxbury Press, 1995.

[172] Hua J, Xiong Z, Lowey J, et al. Optimal number of features as a function of sample size for various classification rules[J]. Bioinformatics, 2005, 21(8): 1509-1515.

[173] Kononenko I, Šimec E, Robnik-Šikonja M. Overcoming the myopia of inductive learning algorithms with RELIEFF[J]. Applied Intelligence, 1997, 7(1): 39-55.

[174] Cardie C. Using decision trees to improve case-based learning[C]//Proceedings of the tenth international conference on machine learning, 1993: 25-32.

[175] Das S. Filters, wrappers and a boosting-based hybrid for feature selection[C]//Icml, 2001, 1: 74-81.

第 7 章

[176] Agrawal R, Imieliński T, Swami A. Mining association rules between sets of items in large databases[C]//Proceedings of the 1993 ACM SIGMOD international conference on Management of data, 1993: 207-216.

[177] Park J S, Chen M S, Yu P S. An effective hash-based algorithm for mining association rules[J]. Acm sigmod record, 1995, 24(2): 175-186.

[178] Agrawal R, Srikant R. Fast algorithms for mining association rules[C]//Proc. 20th int. conf. very large data bases, VLDB, 1994, 1215: 487-499.

[179] Arora J, Bhalla N, Rao S. A review on association rule mining algorithms[J]. International journal of innovative research in computer and communication engineering, 2013, 1(5): 1246-1251.

[180] Mannila H, Toivonen H, Verkamo A I. Efficient algorithms for discovering association rules[C]// Knowledge Discovery and Data Mining. AAAI Press, 1994.

[181] Savasere A, Omiecinski E R, Navathe S B. An efficient algorithm for mining association rules in large databases[R]. Georgia Institute of Technology, 1995.

[182] Berzal F, Cubero J C, Marín N, et al. TBAR: An efficient method for association rule mining in relational databases[J]. Data & Knowledge Engineering, 2001, 37(1): 47-64.

[183] Han J, Pei J, Yin Y, et al. Mining frequent patterns without candidate generation: A frequent-pattern tree approach[J]. Data mining and knowledge discovery, 2004, 8(1): 53-87.

[184] Srikant R, Vu Q, Agrawal R. Mining association rules with item constraints[Z]. 1997.

[185] Klemettinen M, Mannila H, Ronkainen P, et al. Finding interesting rules from large sets of discovered association rules[C]//Proceedings of the third international conference on Information and knowledge management, 1994: 401-407.

[186] Chen G, Liu D, Li J. Influence and conditional influence-new interestingness measures in association rule mining[C]//10th IEEE International Conference on Fuzzy Systems.(Cat. No. 01CH37297). IEEE, 2001, 3: 1440-1443.

[187] Chen G, Wei Q, Liu D, et al. Simple association rules (SAR) and the SAR-based rule discovery[J]. Computers & Industrial Engineering, 2002, 43(4): 721-733.

[188] International Business Machines. IBM Intelligent Miner User's Guide[Z]. Version 1, Release 1, 1996.

[189] Li J, Chen G. A SAR-based interesting rule mining algorithm[C]//2002 Annual Meeting of the North American Fuzzy Information Processing Society Proceedings. NAFIPS-FLINT 2002 (Cat. No. 02TH8622). IEEE, 2002: 178-183.

[190] Suzuki E, Kodratoff Y. Discovery of surprising exception rules based on intensity of implication[C]//European Symposium on Principles of Data Mining and Knowledge Discovery. Springer, Berlin, Heidelberg, 1998: 10-18.

[191] Han J, Fu Y. Discovery of multiple-level association rules from large databases[C]//VLDB, 1995, 95: 420-431.

[192] Srikant R, Agrawal R. Mining generalized association rules[J]. Future generation computer systems, 1997, 13(2-3): 161-180.

[193] Aumann Y, Lindell Y. A statistical theory for quantitative association rules[C]//Proceedings of the fifth ACM SIGKDD international conference on Knowledge discovery and data mining, 1999: 261-270.

[194] Rastogi R, Shim K. Mining optimized association rules with categorical and numeric attributes[J]. IEEE Transactions on Knowledge and Data Engineering, 2002, 14(1): 29-50.

[195] Srikant R, Agrawal R. Mining quantitative association rules in large relational tables[C]//Proceedings of the 1996 ACM SIGMOD international conference on Management of data, 1996: 1-12.

[196] Wijsen J, Meersman R. On the complexity of mining quantitative association rules[J]. Data Mining and Knowledge Discovery, 1998, 2(3): 263-281.

[197] Yao Y Y, Zhong N. An analysis of quantitative measures associated with rules[C]//Pacific-Asia Conference on Knowledge Discovery and Data Mining. Springer, Berlin, Heidelberg, 1999: 479-488.

[198] Zhang H, Padmanabhan B, Tuzhilin A. On the discovery of significant statistical quantitative rules[C]//Proceedings of the tenth ACM SIGKDD international conference on Knowledge discovery and data mining, 2004: 374-383.

第 8 章

[199] Mitchell T M. Machine learning[M]. New York: McGraw-hill, 1997.

[200] Breiman L, Friedman J H, Olshen R A, et al. Classification and regression trees. Monterey, CA: Wadsworth & Brooks[J]. 1984.

[201] Mehta M, Agrawal R, Rissanen J. SLIQ: A fast scalable classifier for data mining[C]//International conference on extending database technology. Springer, Berlin, Heidelberg, 1996: 18-32.

[202] Quinlan J R. C4. 5: programs for machine learning[M]. Elsevier, 2014.

[203] Pearl J. Probabilistic reasoning in intelligent systems: networks of plausible inference[M]. Morgan kaufmann, 1988.

[204] Duda R O, Hart P E. Pattern classification and scene analysis[M]. New York: Wiley, 1973.

[205] Friedman N, Geiger D, Goldszmidt M. Bayesian network classifiers[J]. Machine learning, 1997, 29(2): 131-163.

[206] Chow C, Liu C. Approximating discrete probability distributions with dependence trees[J]. IEEE transactions on Information Theory, 1968, 14(3): 462-467.

[207] Haykin S. Neural networks: a comprehensive foundation[J]. 2nd ed. Prentice Hall, 1998.

[208] Ripley B D. Pattern recognition and neural networks[M]. Cambridge university press, 2007.

[209] Zurada J. Introduction to artificial neural systems[M]. West Publishing Co., 1992.

[210] 边肇祺. 模式识别[M]. 北京：清华大学出版社，2000.

[211] Cristianini N, Shawe-Taylor J. An introduction to support vector machines and other kernel-

based learning methods[M]. Cambridge university press, 2000.

[212] Soentpiet R. Advances in kernel methods: support vector learning[M]. MIT press, 1999.

[213] Vapnik V. The nature of statistical learning theory[M]. Springer science & business media, 1999.

[214] Hart P E, Stork D G, Duda R O. Pattern classification[M]. Hoboken: Wiley, 2000.

[215] Hastie T, Tibshirani R, Friedman J H, et al. The elements of statistical learning: data mining, inference, and prediction[M]. New York: springer, 2009.

[216] Riesbeck C K, Schank R C. Inside case-based reasoning[M]. Psychology Press, 2013.

[217] Witten I H, Frank E. Data mining: practical machine learning tools and techniques with Java implementations[J]. Acm Sigmod Record, 2002, 31(1): 76-77.

[218] Stone M. Cross-validatory choice and assessment of statistical predictions[J]. Journal of the royal statistical society: Series B (Methodological), 1974, 36(2): 111-133.

[219] JA S. Pickett RM. Evaluation of diagnostic systems: methods from signal detection theory[J]. 1982.

[220] Hanley J A, McNeil B J. A method of comparing the areas under receiver operating characteristic curves derived from the same cases[J]. Radiology, 1983, 148(3): 839-843.

[221] Conover W J. Practical nonparametric statistics[M]. john wiley & sons, 1999.

[222] Dietterich T G. Approximate statistical tests for comparing supervised classification learning algorithms[J]. Neural computation, 1998, 10(7): 1895-1923.

[223] Hanley J A, McNeil B J. The meaning and use of the area under a receiver operating characteristic (ROC) curve[J]. Radiology, 1982, 143(1): 29-36.

[224] DeLong E R, DeLong D M, Clarke-Pearson D L. Comparing the areas under two or more correlated receiver operating characteristic curves: a nonparametric approach[J]. Biometrics, 1988: 837-845.

[225] Breiman L. Bagging predictors[J]. Machine learning, 1996, 24(2): 123-140.

[226] Freund Y, Schapire R E. A decision-theoretic generalization of on-line learning and an application to boosting[J]. Journal of computer and system sciences, 1997, 55(1): 119-139.

[227] Bauer E, Kohavi R. An empirical comparison of voting classification algorithms: Bagging, boosting, and variants[J]. Machine learning, 1999, 36(1): 105-139.

第9章

[228] Dunham M H. Data mining: Introductory and advanced topics[M]. Pearson Education India, 2006.

[229] Tan P N, Steinbach M, Kumar V. Introduction to data mining[M]. Pearson Education India, 2016.

[230] Zhang T, Ramakrishnan R, Livny M. BIRCH: an efficient data clustering method for very large databases[J]. ACM sigmod record, 1996, 25(2): 103-114.

[231] MacQueen J. Classification and analysis of multivariate observations[C]//5th Berkeley Symp. Math. Statist. Probability, 1967: 281-297.

[232] Kaufman L, Rousseeuw P J. Finding groups in data: an introduction to cluster analysis[M]. John Wiley & Sons, 2009.

[233] Ng R T, Han J. E cient and E ective clustering methods for spatial data mining[C]//Proceedings of VLDB, 1994: 144-155.

[234] Guha S, Rastogi R, Shim K. CURE: An efficient clustering algorithm for large databases[J]. ACM Sigmod record, 1998, 27(2): 73-84.

[235] Ankerst M, Breunig M M, Kriegel H P, et al. OPTICS: Ordering points to identify the clustering structure[J]. ACM Sigmod record, 1999, 28(2): 49-60.

[236] Ester M, Kriegel H P, Sander J, et al. A density-based algorithm for discovering clusters in large spatial databases with noise[C]//kdd, 1996, 96(34): 226-231.

[237] Wang W, Yang J, Muntz R. STING: A statistical information grid approach to spatial data mining[C]//Vldb, 1997, 97: 186-195.

[238] Agrawal R, Gehrke J, Gunopulos D, et al. Automatic subspace clustering of high dimensional data for data mining applications[C]//Proceedings of the 1998 ACM SIGMOD international conference on Management of data, 1998: 94-105.

[239] Sheikholeslami G, Chatterjee S, Zhang A. Wavecluster: A multi-resolution clustering approach for very large spatial databases[C]//VLDB, 1998, 98: 428-439.

[240] Guha S, Rastogi R, Shim K. ROCK: A robust clustering algorithm for categorical attributes[J]. Information systems, 2000, 25(5): 345-366.

[241] Karypis G, Han E H, Kumar V. Chameleon: Hierarchical clustering using dynamic modeling[J]. Computer, 1999, 32(8): 68-75.

[242] Michalski R S, Stepp R E. Learning from observation: Conceptual clustering[J]//Machine learning. Springer, Berlin, Heidelberg, 1983: 331-363.

[243] Fisher D H. Knowledge acquisition via incremental conceptual clustering[J]. Machine learning, 1987, 2(2): 139-172.

[244] Rumelhart D E, Zipser D. Feature discovery by competitive learning[J]. Cognitive science, 1985, 9(1): 75-112.

[245] Kohonen T. Self-organized formation of topologically correct feature maps[J]. Biological cybernetics, 1982, 43(1): 59-69.

[246] 毛国君，段立娟，王实. 数据挖掘原理与算法[M]. 北京：清华大学出版社，2007.

[247] Huang Z. Extensions to the k-means algorithm for clustering large data sets with categorical values[J]. Data mining and knowledge discovery, 1998, 2(3): 283-304.

第 10 章

[248] Rainsford C P, Roddick J F. Adding temporal semantics to association rules[C]//European Conference on Principles of Data Mining and Knowledge Discovery. Springer, Berlin, Heidelberg, 1999: 504-509.

[249] F Höppner. Discovery of Temporal Patterns. Learning Rules about the Qualitative Behaviour of Time Series[C]// European Conference on Principles of Data Mining & Knowledge Discovery. Springer-Verlag, 2001: 192-203.

[250] 陈国青，卫强，张瑾. 商务智能原理与方法[M]. 2 版. 北京：电子工业出版社，2014.

[251] Kleinberg J M. Authoritative sources in a hyperlinked environment[J]. Journal of the ACM (JACM), 1999, 46(5): 604-632.

[252] Brin S, Page L. The anatomy of a large-scale hypertextual web search engine[J]. Computer networks and ISDN systems, 1998, 30(1-7): 107-117.

[253] 刘红岩. 商务智能方法与应用[M]. 北京：清华大学出版社，2013.

[254] Yu P S, Li X, Liu B. Adding the temporal dimension to search-a case study in publication search[C]//The 2005 IEEE/WIC/ACM International Conference on Web Intelligence (WI'05). IEEE, 2005: 543-549.

[255] Chakrabarti S. Integrating the document object model with hyperlinks for enhanced topic distillation and information extraction[C]//Proceedings of the 10th international conference on World Wide Web, 2001: 211-220.

[256] Cai D, Yu S, Wen J R, et al. Block-based web search[C]//Proceedings of the 27th annual international ACM SIGIR conference on Research and development in information retrieval, 2004: 456-463.

[257] Bharat K, Henzinger M R. Improved algorithms for topic distillation in a hyperlinked environment[C]//Proceedings of the 21st annual international ACM SIGIR conference on Research and development in information retrieval, 1998: 104-111.

[258] Good I J, Hacking I, Jeffrey R C, et al. The estimation of probabilities: An essay on modern Bayesian methods[J]. Synthese, 1966, 16(2).

[259] B Liu. Web data mining[M]. Springer-Verlag Berlin Heidelberg, 2007.

[260] Flake G W, Lawrence S, Giles C L, et al. Self-organization and identification of web communities[J]. Computer, 2002, 35(3): 66-70.

[261] Kumar R, Raghavan P, Rajagopalan S, et al. Trawling the web for emerging cyber-communities[J]. Computer networks, 1999, 31(11-16): 1481-1493.

[262] Wasserman S, Faust K. Social Network Analysis: Methods and Applications[J]. Cambridge University Press, 1994.

第 11 章

[263] Baum L E, Petrie T, 1966. Statistical inference for probabilistic functions of finite state markov chains [J]. The annals of mathematical statistics, 37(6):1554-1563.

[264] Baum L E, Petrie T, Soules G, et al. A maximization technique occurring in the statistical analysis of probabilistic functions of Markov chains[J]. The annals of mathematical statistics, 1970, 41(1): 164-171.

[265] Baum L E. An inequality and associated maximization technique in statistical estimation for probabilistic functions of Markov processes[J]. Inequalities, 1972, 3(1): 1-8.

[266] Dempster A P, Laird N M, Rubin D B. Maximum likelihood from incomplete data via the EM algorithm[J]. Journal of the Royal Statistical Society: Series B (Methodological), 1977, 39(1): 1-22.

[267] Forney Jr G D. The viterbi algorithm: A personal history[J]. arXiv preprint cs/0504020, 2005.

[268] Reynolds D A. Gaussian mixture models[J]. Encyclopedia of biometrics, 2009, 741: 659-663.

[269] Blei D M, Ng A Y, Jordan M I. Latent dirichlet allocation[J]. the Journal of machine Learning research, 2003, 3: 993-1022.

[270] Carlo C M. Markov chain monte carlo and gibbs sampling[J]. Lecture notes for EEB, 2004, 581: 540.

[271] Koller D, Friedman N. Probabilistic graphical models: principles and techniques[M]. MIT press, 2009.

[272] Pearl J. Probabilistic reasoning in intelligent systems: networks of plausible inference[M]. Elsevier, 2014.

第 12 章

[273] McCulloch W S, Pitts W. A logical calculus of the ideas immanent in nervous activity[J]. The bulletin of mathematical biophysics, 1943, 5(4): 115-133.

[274] Rosenblatt F. The perceptron: a probabilistic model for information storage and organization in the brain[J]. Psychological review, 1958, 65(6): 386.

[275] Werbos P J. Beyond Regression: New Tools for Prediction and Analysis in the Behavioral Science[D]. Thesis (Ph. D.). Appl. Math. Harvard University. Doctoral Dissertation Harvard University, 1974.

[276] McClelland J L, Rumelhart D E, Group P R. Parallel distributed processing: Explorations in the microstructure of cognition. volume i: foundations & volume ii: Psychological and biological models[M]. MIT Press. 1986.

[277] LeCun Y, Boser B, Denker J S, et al. Backpropagation applied to handwritten zip code recognition[J]. Neural computation, 1989, 1(4): 541-551.

[278] LeCun Y, Bottou L, Bengio Y, et al. Gradient-based learning applied to document recognition [J]. Proceedings of the IEEE, 1998, 86(11): 2278-2324.

[279] Hinton G, Deng L, Yu D, et al. Deep neural networks for acoustic modeling in speech recognition: The shared views of four research groups[J]. IEEE Signal Processing Magazine, 2012, 29(6): 82-97.

[280] Krizhevsky A, Sutskever I, Hinton G E, ImageNet classification with deep convolutional neural networks[C]//Advances in Neural Information Processing Systems 25. 2012, 1106-1114.

[281] 邱锡鹏. 神经网络与深度学习[M]. 北京：机械工业出版社，2020.

[282] Nair V, Hinton G E. Rectified linear units improve restricted boltzmann machines[C]// Proceedings of the International Conference on Machine Learning, 2010, 807-814.

[283] Maas A L, Hannun A Y, Ng A Y. Rectifier nonlinearities improve neural network acoustic

models[C]//Proceedings of the International Conference on Machine Learning, 2013.

[284] Cybenko G. Approximations by superpositions of a sigmoidal function[J]. Mathematics of Control, Signals and Systems. 1989, 2: 183-192.

[285] Hornik K, Stinchcombe M, White H. Multilayer feedforward networks are universal approximators[J]. Neural networks, 1989, 2(5): 359-366.

[286] LeCun Y, Bottou L, Bengio Y, et al. Gradient-based learning applied to document recognition Proceedings of the IEEE, 1998, 86(11): 2278-2324.

[287] Simonyan K, Zisserman A. Very deep convolutional networks for large-scale image recognition[J]. arXiv preprint arXiv: 1409, 1556. 2014.

[288] Szegedy C, Liu W, Jia Y, et al. Going deeper with convolutions[C]//Proceedings of the IEEE Conference on Computer Vision and Pattern Recognition, 2015. 1-9.

[289] Szegedy C, Vanhoucke V, Ioffe S, et al. Rethinking the Inception Architecture for Computer Vision[J]. 2015, 2818-2826.

[290] Szegedy C, Ioffe S, Vanhoucke V, et al. Inception-v4, Inception-ResNet and the Impact of Residual Connections on Learning[J]. 2016.//AAAI. 4278-4284.

[291] He K, Zhang X, Ren S, et al. Deep residual learning for image recognition[C]//Proceedings of the IEEE conference on computer vision and pattern recognition, 2016. 770-778.

[292] de Nó, Rafael Lorente. Studies on the structure of the cerebral cortex I The area entorhinalis[J]. Journal Fur Psychologie und Neurologie, 1933, 45: 381-438.

[293] Hopfield J J. Neural networks and physical systems with emergent collective computational abilities[J]. Proceedings of the National Academy of Sciences, 1982, 2554-2558.

[294] Jordan M I. Serial Order: a parallel distributed processing approach[J]. Institute for Cognitive Science Report, 1986.

[295] Williams R J, Zipser D. A learning algorithm for continually running fully recurrent neural networks[J]. Neural computation, 1989, 1(2): 270-280.

[296] Werbos P J. Backpropagation through time: what it does and how to do it[J]. Proceedings of the IEEE, 1990, 78(10): 1550-1560.

[297] Hochreiter S. Untersuchungen zu dynamischen neuronalen Netzen[J]. Diploma, Technische Universität München, 1991, 91(1).

[298] Schmidhuber J. Learning complex, extended sequences using the principle of history compression[J]. Neural Computation, 1992, 4(2): 234-242.

[299] Hochreiter S, Schmidhuber J. Long short-term memory[J]. Neural computation, 1997, 9(8): 1735-1780.

[300] Haykin S. Neural networks and learning machines, 3/E[M]. Pearson Education India, 2009.

[301] Gers F A, Schmidhuber J, Cummins F. Learning to forget: Continual prediction with LSTM[J]. Neural computation, 2000, 12(10): 2451-2471.

[302] Cho K, Van Merriënboer B, Gulcehre C, et al. Learning phrase representations using RNN encoder-decoder for statistical machine translation[J]. arXiv preprint arXiv:1406.1078, 2014.

[303] Chung J, Gulcehre C, Cho K, et al. Empirical evaluation of gated recurrent neural networks on sequence modeling[J]. arXiv preprint arXiv:1412.3555, 2014.

[304] Hidasi B, Karatzoglou A, Baltrunas L, et al. Session-based recommendations with recurrent neural networks[J]. arXiv preprint arXiv:1511.06939, 2015.

[305] Schuster M, Paliwal K K. Bidirectional recurrent neural networks[J]. IEEE transactions on Signal Processing, 1997, 45(11): 2673-2681.

[306] Devlin J, Chang M W, Lee K, et al. Bert: Pre-training of deep bidirectional transformers for language understanding[J]. arXiv preprint arXiv:1810.04805, 2018.

[307] Vaswani A, Shazeer N, Parmar N, et al. Attention is all you need[J]. Advances in neural information processing systems, 2017, 30.

第 13 章

[308] Mikolov T, Sutskever I, Chen K, et al. Distributed representations of words and phrases and their compositionality[J]. Advances in neural information processing systems, 2013, 26.

[309] Le Q, Mikolov T. Distributed representations of sentences and documents[C]//International Conference on Machine Learning, 2014: 1188-1196.

[310] Hofmann T. Probabilistic latent semantic analysis[J]. arXiv preprint arXiv:1301.6705, 2013.

[311] Simonyan K, Zisserman A. Very deep convolutional networks for large-scale image recognition[J]. arXiv preprint arXiv:1409.1556, 2014.

[312] He K, Zhang X, Ren S, et al. Identity mappings in deep residual networks[C]//European conference on computer vision. Springer, Cham, 2016: 630-645.

[313] Zeiler M D, Krishnan D, Taylor G W, et al. Deconvolutional networks[C]//2010 IEEE Computer Society Conference on computer vision and pattern recognition. IEEE, 2010: 2528-2535.

[314] Kingma D P, Welling M. Auto-encoding variational bayes[J]. arXiv preprint arXiv:1312.6114, 2013.

[315] Goodfellow I, Pouget-Abadie J, Mirza M, et al. Generative adversarial networks[J]. Communications of the ACM, 2020, 63(11): 139-144.

[316] Davis S, Mermelstein P. Comparison of parametric representations for monosyllabic word recognition in continuously spoken sentences[J]. IEEE transactions on acoustics, speech, and signal processing, 1980, 28(4): 357-366.

[317] Karpathy, Andrej, et al. Large-scale video classification with convolutional neural networks[C]. Proceedings of the IEEE conference on Computer Vision and Pattern Recognition, 2014.

[318] Simonyan K, Zisserman A. Two-stream convolutional networks for action recognition in videos[J]. Advances in neural information processing systems, 2014, 27.

[319] Tran D, Bourdev L, Fergus R, et al. Learning spatiotemporal features with 3d convolutional networks[C]//Proceedings of the IEEE international conference on computer vision, 2015: 4489-4497.

[320] Yue-Hei Ng J, Hausknecht M, Vijayanarasimhan S, et al. Beyond short snippets: Deep networks for video classification[C]//Proceedings of the IEEE conference on computer vision and pattern recognition, 2015: 4694-4702.

第 14 章

[321] 陈国青，张瑾，王聪，等. "大数据—小数据"问题：以小见大的洞察[J]. 管理世界，2021(2).

[322] Ma B, Wei Q, Chen G, et al. Content and structure coverage: Extracting a diverse information subset[J]. INFORMS Journal on Computing, 2017, 29(4): 660-675.

[323] Guo X, Wei Q, Chen G, et al. Extracting Representative Information on Intra-Organizational Blogging Platforms[J]. MIS Q, 2017, 41(4): 1105-1127.

[324] Zhang Z, Chen G, Zhang J, et al. Providing consistent opinions from online reviews: A heuristic stepwise optimization approach[J]. INFORMS Journal on Computing, 2016, 28(2): 236-250.

[325] Wang C, Chen G, Wei Q. A temporal consistency method for online review ranking[J]. Knowledge-Based Systems, 2018, 143: 259-270.

[326] Chen G, Wang C, Zhang M, et al. How "small" reflects "large"?—Representative information measurement and extraction[J]. Information Sciences, 2018, 460: 519-540.

[327] Shannon C E. A mathematical theory of communication[J]. The Bell system technical journal, 1948, 27(3): 379-423.

第 15 章

[328] Ali K, Manganaris S, Srikant R. Partial classification using association rules[C]//KDD, 1997, 97: p115-118.

[329] Li W, Han J, Pei J. CMAR: Accurate and efficient classification based on multiple class-association rules[C]//Proceedings 2001 IEEE international conference on data mining. IEEE, 2001: 369-376.

[330] Liu B, Ma Y, Wong C K. Improving an association rule based classifier[C]//European Conference on Principles of Data Mining and Knowledge Discovery. Springer, Berlin, Heidelberg, 2000: 504-509.

[331] Janssens D, Wets G, Brijs T, et al. Adapting the CBA algorithm by means of intensity of implication[J]. Information Sciences, 2005, 173(4): 305-318.

[332] Lan Y, Chen G, Janssens D, et al. Dilated chi-square: a novel interestingness measure to build accurate and compact decision list[C]//International conference on intelligent information processing. Springer, Boston, MA, 2004: 233-237.

[333] Chen G, Zhang X, Yu L. An improved GARC algorithm for building accurate and more understandable associative classifiers[J]. Dynamics of Continuous Discrete and Impulsive Systems-Series B-Applications & Algorithms, 2006, 13: 161-165.

[334] Zhang X, Chen G, Wei Q. Building a highly-compact and accurate associative classifier[J]. Applied Intelligence, 2011, 34(1): 74-86.

[335] Müller K R, Mika S, Tsuda K, et al. An introduction to kernel-based learning algorithms[M]//Handbook of Neural Network Signal Processing. CRC Press, 2018: 4-1-4-40.

[336] Müller K R, Mika S, Tsuda K, et al. An introduction to kernel-based learning algorithms[M]//Handbook of Neural Network Signal Processing. CRC Press, 2018: 4-1-4-40.

[337] Gras R, Larher A. L'implication statistique, une nouvelle méthode d'analyse de données[J]. Mathématiques et sciences humaines, 1992, 120: 5-31.

[338] Yin X, Han J. CPAR: Classification based on predictive association rules[C]//Proceedings of the 2003 SIAM international conference on data mining. Society for Industrial and Applied Mathematics, 2003: 331-335.

[339] Berzal F, Cubero J C, Sánchez D, et al. Art: A hybrid classification model[J]. Machine Learning, 2004, 54(1): 67-92.

[340] Meretakis D, Wüthrich B. Extending naive bayes classifiers using long itemsets[C]// Proceedings of the fifth ACM SIGKDD international conference on Knowledge discovery and data mining. 1999: 165-174.

[341] Center for Machine Learning and Intelligent Systems. UC Irvine Machine Learning Repository [EB/OL]. [2022-09-19]. https://archive.ics.uci.edu/ml/index.php.

第 16 章

[342] Freedman D A. Statistical models: theory and practice[M]. cambridge university press, 2009.

[343] 王梓坤. 概率论基础及其应用[M]. 北京：高等教育出版社，1996.

[344] Zadeh L A. Fuzzy sets[M]//Fuzzy sets, fuzzy logic, and fuzzy systems: selected papers by Lotfi A Zadeh. 1996: 394-432.

[345] 汪培庄. 模糊集合论及其应用[M]. 上海科学技术出版社，1983.

[346] L A Zadeh. Fuzzy logic, neural networks, and soft computing[J]. Communications of The ACM, 1994, 37(3): 77-84.

[347] Kerre EE. Introduction to the basic principles of fuzzy set theory and some of its applications[J]. Communication and Cognition, 1993.

[348] Chen G. Fuzzy logic in data modeling: semantics, constraints, and database design[M]. Springer Science & Business Media, 2012.

[349] Chen G, Wei Q. Fuzzy association rules and the extended mining algorithms[J]. Information Sciences, 2002, 147(1-4): 201-228.

[350] Yan P, Chen G. Discovering a cover set of ARsi with hierarchy from quantitative databases[J]. Information Sciences, 2005, 173(4): 319-336.

[351] Bezdek J C, Ehrlich R, Full W. FCM: The fuzzy c-means clustering algorithm[J]. Computers & geosciences, 1984, 10(2-3): 191-203.

[352] 王珊. 萨师煊. 数据库系统概论[M]. 4 版. 北京：高等教育出版社，2006: 123-179.

[353] Wei Q, Chen G. Efficient discovery of functional dependencies with degrees of satisfaction[J]. International journal of intelligent systems, 2004, 19(11): 1089-1110.

[354] Wei Q, Chen G, Zhou X. Properties and pre-processing strategies to enhance the discovery of functional dependency with degree of satisfaction[J]. Control & Cybernetics, 2009, 38(2).

第 17 章

[355] Linden G, Smith B, York J. Amazon. com recommendations: Item-to-item collaborative filtering[J]. IEEE Internet computing, 2003, 7(1): 76-80.

[356] Adomavicius G, Tuzhilin A. Toward the next generation of recommender systems: A survey of the state-of-the-art and possible extensions[J]. IEEE transactions on knowledge and data engineering, 2005, 17(6): 734-749.

[357] Koren Y. Factorization meets the neighborhood: a multifaceted collaborative filtering model[C]//Proceedings of the 14th ACM SIGKDD international conference on Knowledge discovery and data mining, 2008: 426-434.

[358] Kraft D H, Bookstein A. Evaluation of information retrieval systems: A decision theory approach[J]. Journal of the American Society for Information Science, 1978, 29(1): 31-40.

[359] Buckley C, Voorhees E M. Evaluating evaluation measure stability[C]//ACM SIGIR Forum. New York, NY, USA: ACM, 2017, 51(2): 235-242.

[360] Järvelin K, Kekäläinen J. Cumulated gain-based evaluation of IR techniques[J]. ACM Transactions on Information Systems (TOIS), 2002, 20(4): 422-446.

[361] Ricci F, Rokach L, Shapira B. Introduction to recommender systems handbook[M]//Recommender systems handbook. Springer, Boston, MA, 2011: 1-35.

[362] Celma O. Music recommendation[M]//Music recommendation and discovery. Springer, Berlin, Heidelberg, 2010: 43-85.

[363] Vargas S, Castells P. Rank and relevance in novelty and diversity metrics for recommender systems[C]//Proceedings of the fifth ACM conference on Recommender systems, 2011: 109-116.

[364] Murakami T, Mori K, Orihara R. Metrics for evaluating the serendipity of recommendation lists[C]//Annual conference of the Japanese society for artificial intelligence. Springer, Berlin, Heidelberg, 2007: 40-46.

[365] W W Moe. An empirical two-stage choice model with varying decision rules applied to internet clickstream data [J], Journal of Marketing Research, 2006, 43(4): 680-692.

[366] Wang H, Wei Q, Chen G. From clicking to consideration: A business intelligence approach to estimating consumers' consideration probabilities[J]. Decision Support Systems, 2013, 56: 397-405.

[367] Wang H, Guo X, Wei Q, et al. Providing a Service for Interactive Online Decision Aids through Estimating Consumers' Incremental Search Benefits[Z]. 2011.

[368] Guan Y, Wei Q, Chen G. Deep learning based personalized recommendation with multi-view information integration[J]. Decision Support Systems, 2019, 118: 58-69.

[369] Guan Y, Wei Q, Chen G. Deep learning based personalized recommendation with multi-view information integration[J]. Decision Support Systems, 2019, 118: 58-69.

[370] Ouyang Y, Liu W, Rong W, et al. Autoencoder-based collaborative filtering[C]//International conference on neural information processing. Springer, Cham, 2014: 284-291.

[371] Vaswani A, Shazeer N, Parmar N, et al. Attention is all you need[J]. Advances in neural information processing systems, 2017, 30.

[372] Zhou X, Li Y, Liang W. CNN-RNN based intelligent recommendation for online medical pre-diagnosis support[J]. IEEE/ACM Transactions on Computational Biology and Bioinformatics, 2020, 18(3): 912-921.

[373] Kang W C, McAuley J. Self-attentive sequential recommendation[C]//2018 IEEE international conference on data mining (ICDM). IEEE, 2018: 197-206.

[374] Welling M, Kipf T N. Semi-supervised classification with graph convolutional networks[C]//J. International Conference on Learning Representations (ICLR 2017), 2016.

[375] Zhu T, Sun L, Chen G. Graph-based Embedding Smoothing for Sequential Recommendation[J]. IEEE Transactions on Knowledge and Data Engineering, 2021, (99): 1-1.

[376] Adomavicius G, Bockstedt J, Curley S P. Bundling effects on variety seeking for digital information goods[J]. Journal of Management Information Systems, 2015, 31(4): 182-212.

[377] Guidon S, Wicki M, Bernauer T, et al. Transportation service bundling-For whose benefit? Consumer valuation of pure bundling in the passenger transportation market[J]. Transportation Research Part A Policy and Practice, 2019.

[378] Derdenger T, Kumar V. The dynamic effects of bundling as a product strategy[J]. Marketing Science, 2013, 32(6): 827-859.

[379] Liao S H, Chen Y H, Lin Y T. Mining customer knowledge to implement online shopping and home delivery for hypermarkets[J]. Expert Systems With Applications, 2011.

[380] Liu G, Fu Y, Chen G, et al. Modeling Buying Motives for Personalized Product Bundle Recommendation[J]. Acm Transactions on Knowledge Discovery from Data, 2017, 11(3): 28.

第 18 章

[381] 陈国青, 吴刚, 顾远东, 等. 管理决策情境下大数据驱动的研究和应用挑战——范式转变与研究方向[J]. 管理科学学报, 2018, 21(7): 10.

[382] 陈国青, 曾大军, 卫强, 等. 大数据环境下的决策范式转变与使能创新[J]. 管理世界, 2020(2): 95-105.

[383] Rai A, Constantinides P, Sarker S. Next-Generation Digital Platforms: Toward Human-AI Hybrids[Z]. 2019.

[384] Bertino E. Data security and privacy: Concepts, approaches, and research directions[C]//2016 IEEE 40th Annual Computer Software and Applications Conference (COMPSAC). IEEE, 2016, 1: 400-407.

[385] Denning D E, Denning P J. data security*[J]. ACM Computing Surveys, 1979, 11(3): 227-249.

[386] Bertino E, Sandhu R. Database security-concepts, approaches, and challenges[J]. IEEE transactions on dependable and secure computing, 2005, 2(1): 2-19.

[387] Bertino E. Data security and privacy: Concepts, approaches, and research directions[C]//2016 IEEE 40th Annual Computer Software and Applications Conference (COMPSAC). IEEE, 2016, 1: 400-407.

[388] Beleuta V. Data privacy and security in business intelligence and analytics[Z]. 2017.

[389] Youm H Y. An Overview of De-Identification Techniques and Their Standardization Directions[J]. IEICE Transactions on Information and Systems, 2020, E103.D(7): 1448-1461.

[390] Brackett M, Mosley M, Booksx I, et al. The DAMA guide to the data management body of knowledge (DAMA-DMBOK guide), first edition[M]. Technics Publications, LLC, 2009.

[391] Thomas G. The DGI Data Governance Framework; Data Gov[J]. Institute: Orlando, FL, USA, 2006, 20.

[392] Khatri V, Brown C V. Designing data governance[J]. Communications of the ACM, 2010.

索引词检索目录

Apriori，130
AR，127
BPaaS，008
C4.5，148
CBA，266
DBSCAN，167
ETL，48
GAR，136
GARC，265
HITS 算法，193
IaaS，8
k-means，167
LBS，37
OLAP，5
OLTP，5
PaaS，8
PageRank，193
ROC，159
SaaS，8
UGC，12
Web 2.0，8
XML，20
一致性，42
二分社区发现算法，199
下钻，49
大数据，4
上卷，49
小波变换，63
口碑，4
个性化，4
广义关联规则，136
开放数据，19
元组，61
元数据，17

无向图，188
无监督学习，19
云 BI，8
云计算，4
云平台，31
云存储，78
云数据平台，55
支持向量机，18
支持度，128
不完整性，289
不完整数据依赖，288
不确定性，87
区间划分，297
区间属性，138
切片，5
切分，46
切块，49
中介中心性，188
中心分值，197
中心网页，196
中心性，186
中心参与者，187
中心等级，196
内/外部数据融合，9
内给，86
内错误，105
贝叶斯，18
贝叶斯信念网络，153
分区，133
分析处理，5
分类，7
分类关联规则，265
分类器，146
分裂属性，147

分箱，105
文本挖掘，90
文档管理，93
计算范式，4
冗余，24
冗余规则，133
引文耦合，192
可扩展性，54
可视化，8
可理解性，62
布尔关联规则，136
布尔逻辑，293
平行开发模式，65
平均查准率，315
业务建模，289
归约，62
归纳，14
电信领域，39
生物与医药领域，22
代表性信息提取方法，255
用户生成内容，12
用户行为数据，19
用户界面，44
外包，80
外错误，105
主成分分析，19
市场细分，34
训练集，18
边界，105
权威分值，197
权威网页，196
权威等级，196
协同，12
协同过滤，36
在线事务处理，5
有反馈，65
有向图，188
夹角余弦相似度，312
划分方法，75
同引分析，192

网页权威值，196
先剪枝，152
优先度，273
延迟，29
后剪枝，152
合格关联规则，128
企业内部数据，4
企业外部数据，4
企业竞争优势，5
众包，10
多规则分类器，275
多样性，10
多维，5
多维分析，11
冲突，24
冲突规则，269
冲突度，133
交叉领域，6
交叉销售，33
产品/服务推荐，35
产品考虑概率预测，318
决策支持，6
决策树，18
关系型数据库，19
关联，7
关联分析，13
关联规则，17
关联知识，127
关键词查询，12
兴趣性，17
安全性，27
异构数据源，84
异质化，53
异常点，101
技术范围，92
技术透明性，9
技术渗透性，9
技术融合，3
均方差，177
极端数据，4

连接，8
时序数据分析，17
时间序列，26
时态，27
时态关联规则，139
近似匹配，138
近似度，174
邻近权威，190
邻接矩阵，192
条件概率，153
序列模式分析，27
完整性约束，303
评估平台，91
社区，23
社会化，4
社会化推荐，38
社会化商务，22
社会化商务智能，23
社会化媒体，4
社会网络，10
社会网络分析，11
社会性，4
社交网络，23
社群发现，35
词频，53
层次方法，168
层次结构，20
改善度，134
规则冲突，274
规范化，47
抵御作弊，198
范式，4
事务处理，5
软计算，290
制造领域，22
知识发现，5
知识协同，23
知识提取，18
迭代，7
物理模型，59

物联网，4
金融领域，22
采样，116
忽略法，104
单一规则分类器，275
空间数据挖掘，86
实时化，56
实时搜索，31
实体关系模型，67
隶属函数，288
孤立点，28
函数依赖，289
参与者，187
项集，59
挖掘平台，91
挖掘模式，17
标准化，8
查全率，315
查询条件，196
查准率，315
相似度，167
相近性，252
战略竞争优势，87
显性反馈行为，311
星形模型，82
贴近中心性，188
重心，35
复杂类型数据，93
复杂数据类型，93
信息冗余，139
信息过载，231
信息社会，9
信息表达，288
信息推荐，309
信息检索，168
信息提取，12
信息增益，123
信息熵，123
度中心性，188
度权威，190

类别，16
测试集，147
客户关系管理，6
客户服务，29
语言变量，292
语言修饰词，295
神经元网络，19
监督学习，17
特征提取，10
候选项集，131
候选频繁集，130
脏数据，63
准确率，38
病毒营销，38
离散化，62
竞争决策，5
竞争智能，88
部分隶属，288
流量经营，30
流程优化，24
预处理，42
预测，8
描述，3
排除项，279
推荐，10
基于内容的推荐，311
基于网格的方法，168
基于邻域的推荐方法，312
基于密度的方法，168
基于模型的方法，168
基集，197
检索系统，196
雪花模型，68
虚拟化，8
虚拟性，4
距离测度，167
逻辑规则，112
逻辑模型，66
移动广告，19
移动化，80

移动库存管理，36
移动金融，27
移动性，4
移动终端，4
移动商务，23
移动商务智能，23
移动搜索，37
停用词，237
商务价值，53
商务智能，3
商务智能过程，41
商务智能系统软件，86
商务智能环境，83
商务智能组织，83
商务智能基础设施，86
商务智能解决方案，8
旋转，49
剪枝，130
混合推荐方法，311
深度商务分析，7
情感分析，53
惊喜度，314
随机性，244
隐私，101
隐性反馈行为，311
隐语义模型方法，312
趋势分析，30
趋势预测，13
超文本，187
提升度，134
搜索引擎，10
搜索价值增益预测，318
悲观错误率，269
最大流社区发现算法，199
最佳分类属性，273
链入链接，188
链出链接，188
智能化，5
集成，6
集成化，6

鲁棒性，147
富媒体，10
属性选取，115
属性概化，110
概念分层，115
概念描述，16
概念模型，66
概括性，50
零售与营销领域，39
输出功能，93
频繁集，128
路径分析，32
置信度，128
错误率，147
简单关联规则，140
简单规则集，126
简单集，134
简洁规则集，273
新人群，10
新业态，10
新颖性，7
新模式，4
数据仓库，6
数据立方，113
数据对象，11
数据压缩，63
数据字典，43
数据库，16
数据库管理系统，43
数据驱动，6
数据表示，62
数据转换，58
数据依赖，127
数据建模，70
数据项，43
数据挖掘，6
数据消减，99
数据清洗，63
数据集成，47
数据模型，19

数量关联规则，138
聚合模型，67
聚类，16
模式，3
模式匹配，17
模式关联，17
模式识别，17
模块化，88
模型管理功能，92
模糊性，289
模糊集合，290
模糊数据库，298
模糊聚类，303
舆情，4
舆情分析，13
精准营销，37
精益管理，31
蕴含强度，135
蕴含算子，293
影响度，134
潜在新颖性，7
噪声，29
默认类别，149
覆盖率，30
人工智能，4
数据科学，3
机器学习，6
深度学习，9
数字化，4
数字业态，10
数字经济，10
数智化，11
线性回归，18
逻辑回归，18
线性判别分析，18
朴素贝叶斯，18
强化学习，19
马尔可夫过程，205
深度神经元网络，19
应急管理，25

碳排放，25
加密货币，27
区块链，27
金融科技，27
生物识别技术，28
计算机视觉，28
图像处理，28
多模态，29
流媒体，8
数字鸿沟，31
用户画像，31
循环神经元网络，32
RNN，32
卷积神经元网络，39
生成式对抗网络，39
GAN，39
传感器数据，52
政府公开数据，53
公共数据资源，53
数据平台，9
分布式数据平台，55
数据安全，72
单体式架构，56
分布式架构，56
Hadoop 系统，75
Java 语言，75
VR，101
数据归纳，62
数据采样，116
傅里叶变换，120
数据离散化，62
六度分割，186
概率图模型，201
自然语言处理，9
隐马尔可夫模型，201
高斯混合模型，201
LDA 模型，201
PGM，202
贝叶斯网络，202
因子图，202

因果关系，17
EM 算法，203
Gibbs 采样，203
变分推断，203
HMM，206
动态规划，207
GMM，209
高斯分布，154
正态分布，162
主题模型，211
多项分布，212
狄利克雷分布，212
吉布斯采样，213
语音识别，9
人工神经元网络，104
控制论，217
反向传播算法，217
图形处理器，218
GPU，218
前馈神经元网络，157
激活函数，217
词袋模型，221
损失函数，221
交叉熵，221
CNN，222
卷积层，222
滤波器，223
卷积核，223
汇聚层，222
全连接层，222
LeNet-5，224
AlexNet，226
隐藏层，157
序列数据，93
长/短期记忆网络，227
LSTM，227
门控循环单元网络，228
GRU，230
注意力机制，216
多模态数据，236

多模态数据表征，236
文本表征，236
图像表征，236
音频表征，236
视频表征，236
NLP，237
文本分类，211
文本数据，84
情感分析，53
TF-IDF，238
Word2vec 模型，239
词向量，221
特征词，238
Doc2vec 模型，240
段落向量，240
LSA 模型，241
PLSA 模型，242
潜在语义分析，241
概率潜在语义分析，241
反卷积，243
自编码器，243
编码器，243
解码器，243
图像变分自编码器，243
音频分析，244
音频数据，93
频谱图，245
双路 CNN，247
视频数据，226
小数据，61
"大数据—小数据"问题，251
语义反映，251
代表性信息提取，17
一致性信息提取，251
多样性信息提取，251
代表性信息提取问题，251

大数据赋能，252
决策信息不对称性，252
显式语义，253
隐式语义，253
内容覆盖，254
结构覆盖，261
NP-难问题，256
子模性，256
"以小见大"洞察，258
贪心算法，263
模拟退火算法，263
Covc-Select，256
Covc+s-Select，263
eSOP，259
智能推荐，309
多模态信息推荐，309
捆绑推荐，33
序列推荐，230
信息推荐，309
嵌入，94
跨感知，320
序列项图，323
语义项图，323
图卷积，323
Deep-MINE，320
SASRec，323
BPM，326
管理决策，3
决策要素，330
决策范式，330
新型方法论，331
人工智能赋能，332
隐私保护，332
数据隐私，335
数据治理，332
算法治理，337